Gerhard J. Suess, Hermann Scheuerer-Englisch
und Walter-Karl P. Pfeifer (Hg.)

Bindungstheorie und Familiendynamik

Die Herausgeber:
Walter-Karl P. Pfeifer, Diplom-Psychologe, ist seit 1973 Leiter der Abteilung Wissenschaft und Weiterbildung der Bundeskonferenz für Erziehungsberatung und zusammen mit G. Suess Herausgeber des Buches »Frühe Hilfen«.
Hermann Scheuerer-Englisch, Dr. phil., Dipl.-Psych., Psychologischer Psychotherapeut, Familientherapeut und Erziehungsberater, lehrt an der Universität Regensburg und ist Leiter einer Erziehungs-, Jugend- und Familienberatungsstelle in Regensburg.
Gerhard J. Suess, Dr. phil., Dipl.-Psych., Psychologischer Psychotherapeut und Familientherapeut. Dr Suess ist Leiter des Projektes Frühintervention in Hamburg-Langenhorn. Zusammen mit W.-K. Pfeifer Herausgeber des Buches »Frühe Hilfen«.

In der gleichen Reihe ist im Psychosozial-Verlag erschienen:
G. J. Suess und W.-K. P. Pfeifer (Hg.): Frühe Hilfen. Die Anwendung von Bindungs- und Kleinkindforschung in Erziehung, Beratung, Therapie und Vorbeugung. ISBN 3-932133-88-9

edition psychosozial

Gerhard J. Suess,
Hermann Scheuerer-Englisch
und Walter-Karl P. Pfeifer (Hg.)

Bindungstheorie und Familiendynamik

Anwendung der Bindungstheorie
in Beratung und Therapie

Eine Veröffentlichung der
Bundeskonferenz für Erziehungsberatung e. V.

Psychosozial-Verlag

Gewidmet Mary D. S. Ainsworth

Die Deutsche Bibliothek - CIP-Einheitsaufnahme

Bindungstheorie und Familiendynamik :
Anwendung der Bindungstheorie in Beratung und Therapie ;
eine Veröffentlichung der Bundeskonferenz für Erziehungsberatung e. V.
/Gerhard J. Suess ... (Hg.). - Gießen : Psychosozial-Verl., 2001
(Reihe "Edition psychosozial")
ISBN 3-89806-045-4

© 2001 Psychosozial-Verlag
Goethestr. 29, D-35390 Gießen,
Tel.: 0641/77819, Fax: 0641/77742
e-mail: info@psychosozial-verlag.de
www.psychosozial-verlag.de
Alle Rechte, insbesondere das des auszugsweisen Abdrucks
und das der photomechanischen Wiedergabe, vorbehalten.
Umschlagabbildung: Dirk Richter, Leipzig
Umschlaggestaltung: Christof Röhl nach Entwürfen
des Ateliers Warminski, Büdingen
Satz: Christof Röhl
ISBN 3-89806-045-4

Inhaltsverzeichnis

Bindungsforschung und die Praxis
der Kinder- und Familienhilfe
Lothar Krappmann   9

Einleitung: Bindungstheorie
und Familiendynamik
Gerhard J. Suess, Hermann Scheuerer-Englisch
und Walter-Karl P. Pfeifer   15

1. Die Bindungstheorie als Rahmen familienorientierter Beratung und Therapie

Die Geschichte der Bindungsforschung:
Von der Praxis zur Grundlagenforschung und zurück.
Klaus E. Grossmann   29

Bindung und Gleichaltrigenbeziehungen
während der frühen Kindheit
Brian E. Vaughn, Carroll Heller und Kelly K. Bost   53

»Attachment Story Completion Task« (ASCT)
Methode zur Erfassung der Bindungsqualität im
Kindergartenalter durch Geschichtenergänzungen im Puppenspiel
Inge Bretherton, Gerhard J. Suess, Barbara Golby
und David Oppenheim   83

Die Anfänge von Bindungs-Desorganisation in der Kleinkindzeit:
Verbindungen zu traumatischen Erfahrungen der Mutter
und gegenwärtiger seelisch-geistiger Gesundheit
Deborah Jacobvitz, Nancy Hazen, Kimberly Thalhuber   125

Die Psychobiologie der Bindung:
Ebenen der Bindungsorganisation
Gottfried Spangler   157

2. Bindung und Paardynamik

Bindung und romantische Liebe:
Sozialpsychologische Aspekte der Bindungstheorie
Erich H. Witte   181

Bindungen und die Fähigkeit
zu lieben und zu arbeiten
Hans-Peter Hartmann   191

3. Praxis der Eltern-Kind-Therapie und der ausserfamiliären Betreuung von Kindern

Beiträge der Bindungsforschung
zur Praxis der Familientherapie
Robert S. Marvin   209

Anwendung der Bindungstheorie und
Entwicklungspsychopathologie
Eine neue Sichtweise für Entwicklung
und (Problem-) Abweichung
Gerhard J. Suess & Peter Zimmermann   241

Besonderheiten der Beratung und Therapie bei
jugendlichen Müttern und ihren Säuglingen
– die Bedeutung von Bindungstheorie
und videogestützter Intervention
George Downing und Ute Ziegenhain   271

Störungen der Bindungs-Explorationsbalance
und Möglichkeiten der Intervention
Michael Schieche   297

Wege zur Sicherheit
Bindungsgeleitete Diagnostik und Intervention
in der Erziehungs- und Familienberatung
Hermann Scheuerer-Englisch 315

BezugserzieherIn im Heim
– eine Beziehung auf Zeit
Lothar Unzner 347

Autorenverzeichnis 359

Bindungsforschung und die Praxis der Kinder- und Familienhilfe

Lothar Krappmann

Die Beiträge dieses Buches »Bindungstheorie und Familiendynamik« sind für beide Bereiche wichtig, die im Untertitel genannt und verknüpft werden: sowohl für die Beratung und Therapie, der die Bindungstheorie als eine Orientierung der Arbeit für diesen Bereich erschlossen werden soll, als auch für die Bindungsforschung selber, die zwar in Auseinandersetzungen mit der therapeutischen Praxis entstand, aber sich doch immer wieder neu auf die sozialen Realitäten einlassen muss, in denen Bindungs- und andere Beziehungen entstehen und sich wandeln. Schon der diesem vorausgegangene Band »Frühe Hilfen« (herausgegeben von Suess, G. & Pfeifer, W.-K. 1999) stellte einen wichtigen Schritt in der drängenden Aufgabe dar, die Bindungsforschung nicht nur in die verschiedenen Anstrengungen zu integrieren, familiale Entwicklungs- und Erziehungsbedingungen in beratungs- und therapiebedürftigen Situationen zu verbessern, sondern ihre Befunde generell einzubeziehen, wenn Bedingungen guten Aufwachsens in Familien, Kindertagesstätten, Schulen und in den vielfältigen Spiel-, Sport- und Kultureinrichtungen für Kinder und Jugendliche außerhalb von Familien entworfen und gesichert werden sollen. An allen diesen Orten des Kinder- und Jugendlichenlebens treffen Kinder und Jugendliche auf andere, Erwachsene und junge Menschen, mit denen zusammen sie Fähigkeiten, Einstellungen und Handlungsziele ausbilden. In den Lösungen und Misserfolgen dieser Entwicklungs- und Lernaufgaben spiegelt sich auch die Qualität der Beziehungen wider, in denen sich Kinder und Jugendliche erleben.

Unter diesen Beziehungen der Kinder und Jugendlichen gibt es Beziehungen, die sich durch intensive, nicht auf einen Teilbereich des Lebens eingrenzbare Bindung auszeichnen, Beziehungen, die sich beim Zusammenspiel oder in der Zusammenarbeit bilden und die ebenfalls Verlässlichkeit verlangen. Da sind auch Beziehungen, die funktional ausgerichtet sind, ohne die Person herauszufordern, und doch wichtige Erfahrungen vermitteln, und außerdem periphere Beziehungen, die auch nur hilfreich sind, wenn sie angemessen gestaltet werden. Erst allmählich hat sich die Einsicht verbreitet, wie entscheidend es für die

Entwicklung von Kindern und Jugendlichen ist, aber auch für eine erfolgreiche und befriedigende Tätigkeit in allen erzieherischen, lehrenden, beratenden und helfenden Berufen, die Qualität dieser Beziehungen zu beachten, zu schützen und gegebenenfalls zu fördern. Viele Fragen sind durch diese gestärkte Aufmerksamkeit in den Einrichtungen des Kinderlebens ausgelöst worden, Fragen, die sich nicht nur auf die Rolle von Beziehungen in Notsituationen beziehen, sondern zum Beispiel ebenso auf den Wandel der Eltern-Kind-Beziehung durch den Besuch von Kindergarten und Schule, auf die Art der Erzieherin-Kind-Beziehung, auf Beziehungsverluste und Beziehungsgewinne beim Wechsel vom Kindergarten zur Schule, von Schule zu Schule bis hin zu den Folgen für die Beziehungen von Kindern und Jugendlichen bei offenen Gruppen- und Bildungsangeboten in Kindergärten und Schulen.

Eine Beziehungswissenschaft, wie sie sich in der Bindungstheorie und -forschung repräsentiert, kann zu diesen Bereichen des Kinder- und Jugendlebens viele klärende und praxisrelevante Überlegungen beisteuern, wie der vorliegende Band beweist. Diese Erkenntnisse werden aber nur angenommen werden, wenn die in der Bindungsforschung Tätigen auf der einen Seite und die am Aufwachsen und an der Bildung der Kinder und Jugendlichen in vielerlei pädagogischen und anderen unterstützenden Rollen Beteiligten auf der anderen Seite sich gegenseitig mit ihrem jeweils eigenen Blick in die Welt der Heranwachsenden respektieren. In dieser Hinsicht gab es lange Zeit erhebliche Spannungen. Die Mitarbeiterinnen und Mitarbeiter der Kinder- und Jugendhilfe hatten den Verdacht, dass es der Bindungsforschung immer nur um die Bindung an die Mutter in einer unrevidierbaren schicksalhaften Qualität ginge. Sie bemängelten, dass keine positive Vorstellung vom Wandel von Beziehungen entfaltet würde, und kritisierten, dass infolge der Überkonzentration auf Bindung der eigentlich immer mitzudenkende und gleichfalls zu verfolgende Pol der Exploration vernachlässigt worden sei. Der Streit um Krippe und Tagesmütter in den 70er Jahren trug erbitterte Züge und flackerte bei der Reorganisation der Betreuungseinrichtungen in den ostdeutschen Bundesländern noch einmal auf.

Ob in diesen Kontroversen nur Missverständnisse gegeneinander standen oder ob es auch Anlass für skeptische Einschätzungen gab, soll hier nicht untersucht werden. Jedenfalls verfolgten diejenigen, die sich für Kinder und Jugendliche über die Familie hinaus in Einrichtungen und Programmen engagierten, andere Prioritäten, denn sie versuchten jungen Menschen den Weg ins soziale, gesellschaftliche und mitbürgerliche Leben zu bahnen, unterstützten also vor allem die Exploration der Kinder und Jugendlichen und misstrauten dem Bindungskonzept, das in ihren Augen keine Hilfe für Schritte zur selbstverantworteten Lebensgestaltung der Heranwachsenden bot. Wahrscheinlich hat der Begriff der »sicheren Basis«, die ein Kind zur Exploration brauche, mehr als die vorhandenen klugen Darlegungen über das Verhältnis von Bindung, Abhängigkeit und Autonomie dazu beigetragen, diese ineinander verwobenen Prozesse von Unterstützung und Autonomieentwicklung dialektisch zu verstehen und Nachdenklichkeit zu erzeugen.

Allerdings hat die Bindungsforschung, konzentriert auf die Entstehung der ersten Beziehungsmodelle in der frühen Kindheit, der oft wechselvollen Geschichte dieser Beziehungen über Kindheit und Jugend hinweg anfänglich wenig Aufmerksamkeit gewidmet. Inzwischen hat sich der Blick zwar durch Daten aus voranschreitenden Längsschnittuntersuchungen auf Entwicklungsphasen bis ins Erwachsenenalter hinein erweitert. Dennoch fallen nach Meinung der im Feld der Kinder- und Familienhilfe Tätigen den Bindungsforschern immer noch fast ausschließlich »dramatische Lebensereignisse« auf, die die Kontinuität von sicheren Bindungen gefährden, als die vielfältigen, alle Sozialerfahrungen durchtränkenden Lebenswelten, in denen Kinder und Jugendliche aufwachsen. In ihnen gibt es nicht nur die Eltern-Kind-Beziehung als notwendige Unterstützung von Entwicklungsprozessen, sondern Beziehungen verschiedener Art, deren Qualität nicht durch Vergleich mit den familialen Bindungsbeziehungen zu bestimmen ist und die produktiv zu gestalten für Kinder und Jugendliche bei ihren Auseinandersetzungen mit den sie konfrontierenden Entwicklungsaufgaben entscheidend ist. Diese eigenen Bemühungen der Kinder und Jugendlichen um ihre Beziehungen sind durch Elternhilfe nicht zu ersetzen.

Zu den Personen, zu denen Kinder eine fördernde Beziehung gewinnen sollten, gehören nicht nur Erwachsene, Erzieherinnen, Lehrer, vielleicht ein Trainer im Sportverein oder ein Sozialarbeiter auf dem Spielplatz, sondern auch gleichaltrige und ältere Kinder und Jugendliche. Auf dem Hintergrund meiner Studien über Kinder im Klassenzimmer und Unterricht wird deutlich, dass in den Beziehungen zu anderen Kindern und Lehrern Leistungen verlangt werden, die neue Fähigkeiten erfordern, insbesondere solche, die um Anerkennung und Reziprozität, um Partizipation und Solidarität kreisen. Aus den Untersuchungen in der Tradition der Bindungstheorie wissen wir, dass die früh entstandenen Beziehungsmodelle immer noch wirksam sind. Dennoch wird nicht nur auf neue Fälle angewandt, was in Eltern-Kind-Beziehungen grundgelegt wurde, sondern Sozialisationserfahrungen und antwortende Entwicklungsschritte eigener Art kommen hinzu. Auch die Inhalte dieser Beziehungen sind anders und bestimmen mit, was in Kindheit und Jugend in zunehmender Differenzierung als gute, stützende Beziehung erlebt wird: Zusammenarbeit und Lernen, Selbständigkeit und Für-einander-Eintreten, Abenteuer und Risiko, Freundschaft und Sexualität, Vorlieben und Missbilligung. Möglicherweise ist Verlässlichkeit mehr die Dimension der Qualität in diesen Beziehungen als Bindung, und offenkundig ist nicht nur das Nähe suchende Verhalten ein Weg zur Selbstvergewisserung, sondern auch die Differenzierung der Perspektiven und die Abgrenzung der individuellen Handlungsziele. Diese Prozesse können durchaus auch ein Umweg zu einer intensiven, nicht mehr kindlichen Eltern-(erwachsenes)Kind-Beziehung sein, die ein Leben lang bestehen kann.

Diese Schritte des Aufwachsens vollziehen sich in alltäglichen Vorgängen, sie erfordern Anstrengungen, werden von Hoffnungen und Enttäuschungen begleitet, es gibt Streit und Krisen, dann wieder großzügige Hilfen und gute Phasen, Brüche und Neuanfänge, Protest und Anpassung, Auszüge und Rückkehr. Es gibt Misshandlung und Missbrauch, wobei zumeist allein die Familie als Ort des unsensiblen Umgangs, der Vernachlässigung und der Verletzungen zur Kenntnis genommen und darüber vergessen wird, wie viel Rücksichtslosigkeit, Ausbeutung und Instrumentalisierung und wie viele Verstöße gegen kindliche Interessen und Selbstbestimmung auch in anderen Lebens- und Beziehungsbereichen von Kindern und Jugendlichen stattfinden. Die Mitarbeiterinnen und Mitarbeiter der Kinder- und Jugendhilfe haben den Verdacht, die Bindungsforschung interessiere sich dafür nicht, starre auf die Mutter-Kind-Bindung und wisse trotz ihrer Daten über dramatische Lebensereignisse nichts von den alles durchdringenden »lebensweltlichen« Bedingungen des Erwachsenwerdens in Kindheit und Jugend.

Ob dieser Verdacht zu Recht oder zu Unrecht bestand, sei gleichfalls dahingestellt: Das vorliegende Buch bezeugt, dass inzwischen Aufgeschlossenheit für das, was die jeweils andere Seite zu bieten hat, vorhanden ist. Diese Aufmerksamkeit ist an einer Nahtstelle von Bindungsforschung und Lebensalltag von Kindern und Jugendlichen wach geworden, nämlich im Bereich von Erziehungs- und Familienberatung und Therapie. Besonders deutlich fließen hier Problemanalysen aus der Sicht einer Theorie sowie Beziehungen formende und verformende Lebensrealitäten, die an Kindern, Jugendlichen sowie ihren Müttern und Vätern haften, zusammen. Die Beiträge dieses Buches zeigen, dass diese Schnittstellen sowohl für die Theorie und die Untersuchungsziele der

Bindungsforschung als auch für die Praxis derer, die »positive Lebensbedingungen« für Kinder und Jugendliche schaffen wollen (wie das Kinder- und Jugendhilfegesetz die Aufgabe formuliert), eine große Chance enthalten. Die Bindungsforschung wird herausgefordert, die Vielfalt der Beziehungen in ihrer jeweils eigenen Qualität und in ihrem Beitrag zur Entwicklung von Kindern und Jugendlichen zu untersuchen, und kann darüber, wie in diesem Buch nachzulesen ist, auch bereits außerordentlich Wissenswertes berichten. Die Praktiker des außerfamilialen Sozialisationsbereichs von Kindheit und Jugend finden eine Perspektive, unter der sich ein wichtiger Teil ihrer Erfahrungen ordnen lässt. Sie bietet auch Argumentations- und Entscheidungshilfen, wenn das Zusammenspiel zwischen Familie und Einrichtungen gestützt, die personale Beziehung zu wichtigen Personen gesichert, Übergänge zwischen Institutionen erleichtert und Brüche im Entwicklungsweg der Kinder vermieden werden sollen.

Kurzum: Beide Seiten, die hier kooperieren, können hinzugewinnen. Daher wünsche ich, dass dieses Buch in viele Hände gelangt, die Beiträge gelesen und ihre Überlegungen und Empfehlungen in die Forschung der Bindungstheorie und in die Praxis der Kinder- und Familienhilfe umgesetzt werden.

Literatur:

Ainsworth, M. D. (1972): Attachment and dependency. A comparison. In: Gewirtz, J. L. (Hg.): Attachment and dependency. New York (Wiley), S. 97-137.
Bundesministerium für Familie, Senioren, Frauen und Jugend (Hg.) (1998): Zehnter Kinder- und Jugendbericht. Bericht über die Lebenssituation von Kindern und die Leistungen der Kinderhilfen in Deutschland. Bonn (Bundestags-Drucksache 13/11368).
Krappmann, L. (2001, Februar): Bindungsforschung und Kinder- und Jugendhilfe - Was haben sie einander zu bieten? Vortrag beim Symposium »Welten der Kindheit und Familie« anlässlich des 60. Geburtstages von Ludwig Liegle am 2. Februar 2001. Universität Tübingen (zum Druck eingereicht).
Krappmann, L., & Oswald, H. (1995): Alltag der Schulkinder. Weinheim (Juventa), S. 224ff.
Sroufe, L. A., Egeland, B., & Carlson, E. A. (1999): One social world. The integrated development of parent-child and peer relationships. In: Collins, W. A., Laursen, B. u. a. (Hg.): Relationships as developmental contexts. The Minnesota symposia on child psychology, Vol. 30. Mahwah, NJ (Lawrence Erlbaum), S. 241-261.
Suess, G. J., & Pfeifer, W.-K. (Hg.) (1999): Frühe Hilfen. Die Anwendung von Bindungs- und Kleinkindforschung in Erziehung, Beratung, Therapie und Vorbeugung. Gießen (Psychosozial-Verlag).
Zimmermann, P., Becker-Stoll, F., Grossmann, K., Grossmann, K. E., Scheurer-Englisch, H., & Wartner, U. (2000): Längsschnittliche Bindungsentwicklung von der frühen Kindheit bis zum Jugendalter. Psychologie in Erziehung und Unterricht, 47, S. 99-117.

Einleitung: Bindungstheorie und Familiendynamik

Gerhard J. Suess, Hermann Scheuerer-Englisch und Walter-Karl P. Pfeifer

Die Bindungstheorie erlebt gerade einen enormen Aufschwung und zwar nicht nur innerhalb der akademischen Wissenschaft, sondern gerade auch in ihrer Anwendung in der Praxis. Belege und Erklärungen dafür finden sich im gesamten vorliegenden Buch. Vaughn u. a. gehen in ihrem Beitrag in besonderer Weise darauf ein. Natürlich ist auch das vorliegende Buch selbst in gewissem Sinne Ausdruck dieses »Booms« – noch dazu, weil es an den Erfolg des Buches »Frühe Hilfen« (Suess & Pfeifer 1999) anknüpfen will. Und natürlich wollen wir als Herausgeber auch die Anwendung der Bindungstheorie in Beratung und Therapie fördern, weil wir seit langem von dem in ihr liegenden praktischen Potenzial überzeugt sind.

Doch wollen wir auch verhindern, dass gerade dieses lebendige Potenzial der Bindungstheorie infolge des Booms verlorengeht. Dies wäre dann der Fall, wenn die Anwendung der Bindungstheorie nicht mehr fortlaufend und kreativ mit der wissenschaftlichen Bindungsforschung rückgekoppelt werden würde und die Bindungstheorie auf die Eltern-Kind-Dyade beschränkt bliebe. Darum haben wir zum einen eine inhaltlich-theoretische Ausweitung des Themas auf das gesamte Familien- (Marvin, Witte und Hartmann) und Gleichaltrigensystem (Vaughn, Heller und Bost) angestrebt, jedoch auch unterschiedliche Sichtweisen eingebunden, die die derzeitige Ausweitung der Bindungsforschung charakterisieren: eine psychobiologische (Spangler), eine sozialpsychologische (Witte) und eine psychoanalytisch selbstpsychologische Sichtweise (Hartmann). Zum anderen haben wir bewusst Berichte aus Forschung und Praxis nebeneinander gestellt, um den gegenseitigen Dialog zu fördern.

Der enorme Wissenszuwachs auf dem Gebiet der Bindungsforschung macht es für Praktiker zunehmend notwendig, sich aus erster Hand, also direkt an der Forschungsbasis zu informieren, um eine allzu große Vereinfachung und Engführung in der Wahrnehmung und Anwendung der Bindungskonzepte zu vermeiden. Dies widerspricht zwar in manchem unserem Bedürfnis nach Klarheit und Handlichkeit in der Verwertung der Informationen, erhält jedoch gleichzeitig die Bindungstheorie als eine offene und in der Wirklichkeit verankerte Theorie praktischen Handelns. Aus der Praxis können hier wertvolle Anregungen für die Forschung entstehen, ihren Untersuchungsrahmen auszuweiten, wie z. B. Marvin in seinem Beitrag zum Zusammenwirken von Bindungstheorie und Familienforschung aufzeigt.

Die größte fachpolitische Veränderung bei der derzeitigen Bewegung, entwicklungspsychologisches Wissen konkret in der klinischen Arbeit anzuwenden, besteht in dem Aufleben des Dialoges zwischen »empirischen Wissenschaften« und der Anwendungspraxis. Dies wollten wir hier auch deutlich zum Ausdruck bringen, auch wenn dieser Dialog nicht ohne Spannungen verläuft und nicht gerade unkompliziert ist.

Wir setzen sehr auf diesen Dialog und darauf, dass er befruchtend verläuft. Gerade der immer stärker werdende Druck, die eigene Wirksamkeit in Jugendhilfe, Beratung und Therapie belegen zu müssen, erfordert eine intensive Auseinandersetzung mit dem Gegenstand. Wenn man sich nicht alleine auf aus der Wirtschaft und Verwaltung entlehnte Kosten-Nutzen-Modelle und Begrifflichkeiten beschränken will, müssen angemessene empirische Modelle in der Auseinandersetzung mit sozialwissenschaftlichen Forschungsergebnissen, z. B. aus der entwicklungspsychologischen Grundlagenforschung, gefunden werden, die dann zu neuen Handlungsmodellen (siehe Beitrag von Suess & Zimmermann) und inhaltlich-qualitativen Kriterien für gelingende Hilfeprozesse führt. Dies kommt auch im letzten Teil des Beitrags von Klaus Grossmann zum Ausdruck.

Die Bindungstheorie hat von Anfang an in diesem Spannungsfeld von Praxis und Forschung gestanden. John Bowlby hat die Bindungstheorie zunächst aus seiner Arbeit mit Kindern und später als praktizierender Psychoanalytiker heraus mit dem Ziel formuliert, die therapeutische Praxis zu verbessern: Er wollte die Psychoanalyse »auf die Beine stellen«, d. h. empirisch überprüfbar gestalten. Später diente die Bindungstheorie zwar überwiegend im akademisch wissenschaftlichen Bereich als theoretischer Rahmen für richtungsweisende Längsschnittuntersuchungen, deren Ergebnisse nun wiederum die Praxis beeinflussen (siehe Beitrag von Klaus Grossmann), doch auch in dieser »empirischen Phase« der Bindungstheorie haben klinisches Feingefühl und die »Praxiserfahrung« so mancher Forscher dazu beigetragen, dass die empirischen Methoden dem Gegenstand angepasst wurden und nicht umgekehrt (siehe Beitrag von Bretherton, Suess, Golby und Oppenheim). Der Erfolg der Bindungstheorie liegt also nicht darin begründet, dass wissenschaftliche Erkenntnisse auf die

Praxis übertragen werden, sondern insbesondere darin, dass Wissenschaft und Praxis sich innerhalb der Bindungsforschung immer mehr oder weniger miteinander verschränkten. Dies wirkte sich nicht nur auf wissenschaftliche Fragestellungen (context of discovery), sondern insbesondere auch auf die Entwicklung eines besonderen methodischen Vorgehens (context of proof) aus. Nur so konnte das Ziel erreicht werden, der Komplexität von Eltern-Kind-Beziehungen gerecht zu werden.

Es bestanden also immer Beziehungen – wenn auch in unterschiedlicher Intensität über die Zeiten hinweg – zwischen der klinischen Anwendung und der Bindungsforschung. Wissenschaft und Praxis haben sich in diesem Bereich nicht in dem Maße als »nebeneinanderstehende eigene Diskurssysteme ausdifferenziert« (Buchholz 1997, S. 77; s. auch Buchholz 2000), wie dies in anderen Bereichen zu beklagen ist. Damit ist die mit der Anwendung von Bindungstheorie verbundene Hoffnung auf eine empirische Fundierung von Beratung und Therapie nicht gleichzusetzen mit einer naiven Anwendungsgläubigkeit von Wissenschaft in der Praxis. Letzteres trifft insbesondere immer dann zu, wenn eine hierarchische Beziehung in dem Sinne zugrundegelegt ist, dass innerhalb der Wissenschaft Erkenntnisse gewonnen werden, die danach in der Praxis angewandt und umgesetzt werden sollen. Dies wird aufgrund der unterschiedlichen Interessenslagen der beiden Felder zu Frustration auf beiden Seiten führen. Praxis und Wissenschaft müssen vielmehr auf einer Stufe stehen und sich gegenseitig beeinflussen können (s. Siegel 1997, Beitrag von Marvin).

In Anknüpfung an das Konzept des Buches »Frühe Hilfen« haben wir uns wieder um international anerkannte Autoren auf dem Gebiet der Bindungsforschung und der praktischen Anwendung bemüht – Personen gleichsam als Garanten für den Wert und die Verlässlichkeit der Information. Hier sind natürlich gerade in Deutschland Klaus Grossmann und seine Frau Karin Grossmann an erster Stelle zu nennen, die mit ihrem Regensburger Team umfangreiche Erkenntnisse zur kindlichen Bindungsentwicklung von Geburt an bis zum 22. Lebensjahr zusammengetragen haben. Beide gehören zu den Pionieren der Bindungsforschung. Nicht nur deswegen, sondern auch wegen seiner Verdienste um die Weiterentwicklung der Bindungstheorie haben wir uns gefreut, dass Klaus Grossmann einen Beitrag zur Geschichte der Bindungstheorie und -forschung – gleichsam zur Eröffnung unseres Buches – geschrieben hat. Wir erfahren darin unter anderem auch, dass drei weitere Autoren unseres Buches zu den Protagonisten der Bindungsforschung zählen: Bob Marvin und Inge Bretherton zählten zu den ersten Studenten von Mary Ainsworth in Baltimore und Brian Vaughn war einer der ersten Studenten von Alan Sroufe, der etwa zeitgleich mit dem Ehepaar Grossmann richtungsweisende Längsschnittstudien in Minneapolis startete und damit ein weiteres bedeutungsvolles Zentrum der Bindungsforschung in den USA gründete.

Die Ausweitung der Bindungstheorie auf die Welt der eigenständigen Beziehungen des Kindes zu Gleichaltrigen ist das Thema des Beitrages von Vaughn, Heller und Bost. Sie kommen zu dem Ergebnis, dass der Primäreffekt der Eltern-Kind-Interaktion im Aufbau von Bindungssicherheit liegt, die dann wiederum einen entscheidenden Bestimmungsfaktor für den Umgang und die Beziehung mit Gleichaltrigen darstellt. Die Eltern-Kind-Interaktion beeinflusst also nicht direkt den Umgang mit Gleichaltrigen (gleichsam über Instruktionen für sozial kompetentes Verhalten oder durch Modellernen), sondern indirekt über ihre Auswirkungen auf die Bindungsbeziehungen. Obwohl sie den Einfluss der familiären Bindungsbeziehungen auf die Anpassung in einem weiteren wichtigen Sozialisationsfeld, dem der Gleichaltrigen, belegen konnten, geben sie jedoch zu bedenken, dass beide Sozialisationssysteme zumindest bis zu einem gewissen Grad unabhängig voneinander sind und Interventionen in beiden Systemen ansetzen sollten. Sie plädieren dafür, dass Rat suchende Eltern bei Problemen ihrer Kinder mit Gleichaltrigen, z. B. im Kindergarten, nicht angeleitet werden sollten, Lösungen für die Probleme ihrer Kinder zu suchen, sondern sich in erster Linie darauf konzentrieren sollten, ihren Kindern ein Gefühl der Sicherheit zu vermitteln. Dies dürfte neben Erfolgen für die Kinder auch Entlastung für alle Beteiligten bringen. Versuche, mit dem Kind Lösungen seiner Probleme im Kindergarten zu erarbeiten, schlagen ja oftmals nicht nur fehl, sondern rufen bei Kindern oft auch Ablehnung hervor, wie wir aus Beratungssituationen wissen.

In dem Beitrag von Vaughn und anderen wird nicht nur deutlich, wie anspruchsvoll das »Messen« von sozialer Kompetenz ist, sondern es wird auch eine Methode zur Erfassung der Bindungsrepräsentation mittels Bindungsgeschichten verwendet, die von Kindern durch Erzählen und Puppenspiel ergänzt werden sollen. Diese Methode stellt eine Weiterentwicklung der »Attachment Story Completion Task (ASCT)« dar, die der Leser in dem Beitrag von Inge Bretherton u. a. findet. Mit der Veröffentlichung des ASCT kommen wir dem Wunsch vieler Praktiker nach Methoden zur Erfassung von Bindungsqualitäten entgegen. Dass dies möglich war, verdanken wir dem überaus großzügigen Entgegenkommen von Inge Bretherton und des Verlages »University of Chicago Press«, bei dem die englische Originalversion zunächst erschien (Bretherton,

Ridgeway 1990). Die Methode greift auf das Puppenspiel und das Geschichten-Erzählen zurück, was insbesondere ErziehungsberaterInnen und Kinder- und JugendlichenpsychotherapeutInnen vertraut sein dürfte. Die Geschichten des ASCT und die Anweisungen für die Durchführung und Auswertung sollen zu einer Verbesserung der Kompetenz zur Einschätzung des Bindungsgeschehens bei Kindern im Kindergartenalter beitragen. Sie befördern damit die notwendige Fundierung der Anwendung von Bindungswissen in der Praxis – vor allem wenn in dem Beitrag die langjährigen und anerkannten Erfahrungen von Inge Bretherton auf diesem Gebiet der Bindungsforschung zum Ausdruck kommen.

Der Beitrag von Jacobvitz, Hazan und Thalhuber verbindet in anschaulicher Weise die Grundlagenforschung und klinische Bindungsforschung. In klaren und genauen Schilderungen wird die Desorganisation frühkindlicher Bindungsstrategien vorgestellt. Für Praktiker gut nachvollziehbar werden Zusammenhänge zwischen im Gespräch feststellbaren unverarbeiteten traumatischen Erfahrungen von Eltern in der eigenen Kindheit (insbesondere Verlust von Bindungspersonen, Misshandlung und Missbrauch) und Anzeichen von Desorganisation beim eigenen Kind in der Bindungsbeziehung aufgezeigt. Die Fülle der Forschungsergebnisse werden anschaulich zusammengefasst und ein neuer Blick auf traumatische Erfahrungen und die Psychodynamik beim Individuum und im Familienbeziehungssystem möglich. In der klinischen Arbeit relevante Themen, z. B. dissoziative Symptomatik, mütterliche Depression, Alkoholkonsum von Eltern, Suizidalität werden vor einem Bindungshintergrund verstehbar. Die Autorinnen plädieren für ein psychosoziales Unterstützungssystem und ein gesellschaftliches Bewusstsein, das die Bewältigung von Trauma und Verlust im Blick hat, um die Desorganisation und damit die über die Generationen weitergegebene tiefgreifende Verunsicherung von Kindern beenden zu können. In der konkreten Arbeit könnten hier videogestützte Interventionen besonders hilfreich sein (vgl. Beitrag Downing und Ziegenhain).

Einen Blick in die inneren Zusammenhänge und Ebenen der Bindungsorganisation gibt Gottfried Spangler in seinem Beitrag. Als einer der Ersten in Deutschland verbindet er Konzepte aus der Ethologie, der Kognitionspsychologie, Physiologie und Psychobiologie, um die inneren Repräsentationen von Bindung, neurobiologische Vorgänge und beobachtbare Bindungsverhaltensmuster in ein komplexes Erklärungsmodell von Bindung zu fassen, das ein vertieftes Verständnis ermöglicht. Bekannt sind bereits seine Befunde, dass vermeidende und auch desorganisierte Kleinkinder, die sich in Belastungssituationen nicht an die Bindungsperson wenden und die Gefühle nicht offen kommunizieren (können), dennoch auf der physiologischen Ebene eine verlängerte intensive Stressreaktion im Gegensatz zu sicheren Kindern aufwiesen. Spangler weist darauf hin, dass unser (Bindungs-)Verhalten von unterschiedlichen Regulationssystemen gesteuert oder beeinflusst werden kann, von subkortikalen primären »Bindungsmodi«, von einfacheren Verhaltensmodellen verbunden mit emotionalen, z. T. vorsprachlichen Bewertungsprozessen und von kognitiven Repräsentanzen, die mit zunehmendem Alter gebildet werden. Welche Veränderungen auf welcher Ebene durch therapeutische Interventionen angestoßen werden können, wird abschließend diskutiert.

Zwei unserer Autoren widmen sich, nachdem auch Klaus Grossmann schon die Paarbeziehung zwischen erwachsenen Partnern angesprochen hat, explizit diesem Thema: Hans-Peter Hartmann als Praktiker auf einem psychoanalytischen und Erich Witte als Wissenschaftler auf einem sozialpsychologischen Hintergrund. Darin drücken sich zum einen das Anliegen Bowlby's, den Kern der Psychoanalyse zu bewahren und zum anderen das verstärkte Interesse von Sozialpsychologen an der Bindungstheorie zum besseren Verständnis sozialer Systeme (siehe Vaughn u. a.) aus. Dass sich gerade auch im Vergleich dieser Beiträge wieder Unterschiedlichkeiten zeigen, die dieses Buch immer auch bestimmen, wird von uns als kreatives Spannungspotenzial betrachtet. Witte führt auch im ersten Teil die methodischen Schwierigkeiten aus, die sich mit der Erfassung von Bindungs-Modellen durch Fragebogen-, Interview- und Beobachtungsmethoden, durch Selbst- und Fremdeinschätzung ergeben. Gerade beim Verständnis der Prozesse, wie sich frühe Bindungsmodelle auf spätere Liebesbeziehungen erwachsener Partner auswirken, müssen auch außerfamiliäre Einflussgrößen bis hin zu kulturellen Gegebenheiten berücksichtigt werden. Dies dürfte dann auch die »soziale Öffnung« der Bindungsforschung beflügeln.

Für Praktiker bieten die im zweiten Teil von Wittes Beitrag enthaltenen Ausführungen zu den Einflüssen der Bindungsgeschichte auf die Dynamik von Partnerbeziehungen sowie sich daraus ergebende Besonderheiten für die Paartherapie sehr anschauliche Informationen. In dem Beitrag von Hartmann wird die Fähigkeit zu lieben und zu arbeiten als lebenslanger Aneignungsprozess und als ein wesentlicher Bestandteil menschlicher Existenz beschrieben. Seine Sichtweise aus der psychoanalytischen Selbstpsychologie schlägt den Bogen von einer Weiterentwicklung der psychoanalytischen Vorstellungen hin zu den empirischen Konzepten der Bindungstheorie: Beiden gemeinsam ist die Vorstellung der Entwicklung des Selbst im Rahmen einer intimen verlässlichen Beziehung zu einer oder mehreren Bezugspersonen, wo die Fähigkeiten zu Lieben und Arbeiten entstehen können.

Robert S. Marvin leitet mit seinem Kapitel zu »Bindungsforschung und Familientherapie« über zu den Beiträgen, die aus einer praxisbezogenen Perspektive geschrieben wurden – wenngleich eine eindeutige Aufteilung der Beiträge in Praxis- und Theorieteil für das vorliegende Buch nicht möglich ist. Dieser Teil des Buches kann daher für die in erster Linie an der Praxis orientierten Leser besonders interessant sein.

Marvin selbst ist dabei – wie die große Zahl der folgenden Autoren – sowohl aktiv in der Forschung, als auch praktizierender Berater und Therapeut. Er betont die gegenseitige Befruchtung von Familienforschung und -therapie und Bindungstheorie. Er weitet die Bindungskonzepte auf das Familiensystem aus und untersucht in seiner Arbeit, inwieweit die Familienmitglieder, die familiären Beziehungen und Subsysteme in der Lage sind, als eine sichere Basis für das sich entwickelnde Kind zu dienen. Dabei spielen gemeinsame Familienmodelle von Sicherheit, aber auch konfligierende und die Sicherheit herabsetzende Prozesse eine entscheidende Rolle. Umgekehrt stützt er sich auch auf Methoden und Konzepte aus der Familientherapie, insbesondere bei der Intervention.

In Fallbeispielen aus der eigenen Praxis im Rahmen der von ihm geleiteten »Bindungsklinik« wird deutlich, wie sich unter einer Bindungsperspektive die Arbeit, insbesondere die zu bearbeitenden Themen von der Symptomebene und strukturellen Ebene hin zu tiefer verankerten und die Familie wesentlich steuernden »Bindungsthemen« von Verlust, Verunsicherung und Verhalten unter Belastungssituationen verändert.

Suess und Zimmermann führen mit ihrem Beitrag eine ausführliche entwicklungspsychopathologische Sichtweise in die Diskussion ein. Die zentralen Fragen der Bindungsforschung betreffen die Bedeutung früher Erfahrungen und damit auch die Offenheit für Veränderung und die Stabilität einmal entwickelter Bindungsmodelle – und hierfür zeigt sich eine entwicklungspsychopathologische Perspektive hilfreich. Die Autoren zeigen jedoch auch die Bedeutung einer solchen Sichtweise für Anamnese und Therapieplanung anhand eines häufig gerade in Erziehungsberatungsstellen genannten Anmeldegrundes, nämlich Schulprobleme und Hyperaktivität im Grundschulalter, auf.

Besonders bedeutsam dürften auch ihre Erörterungen zur Nähe bzw. Distanz von Kategorien aus der Bindungsforschung zu Störung und Psychopathologie gerade für den Bereich der Jugendhilfe sein. Diese ist ja bemüht, Stigmatisierung zu vermeiden und ressourcenorientierte Ansätze in den Mittelpunkt zu rücken. Dieses Anliegen kommt in allen Praxiskapiteln in diesem letzten Teil des Buches zum Ausdruck. Wenngleich in all den Beiträgen des Buches keine fertigen Antworten auf die Frage, wie es von frühen Erfahrungen zum Problem, zu einer Störung bzw. einer psychischen Erkrankung kommen kann, gegeben werden können. So zeigen Suess und Zimmermann den möglichen Beitrag einer entwicklungspsychopathologischen Perspektive für die Jugendhilfe auf: Sie betont den subklinischen Bereich und bereitet ihn auf. Damit ließen sich Diagnosen in der Jugendhilfe verbessern, eine bessere Abgrenzung von der Zuständigkeit des Gesundheitsbereiches erreichen und der Präventionsbegriff für die Jugendhilfe konkretisieren.

Die Bindungsforschung und ihre Ergebnisse wären nicht denkbar ohne die gleichzeitige Entwicklung der technischen Möglichkeiten von Film und Videographie. Darauf weisen George Downing als Körpertherapeut und Ute Ziegenhain als klinisch orientierte Bindungsforscherin in ihrem Beitrag zur videogestützten Intervention bei jugendlichen Müttern und ihren Säuglingen hin. In gut nachvollziehbaren Schritten wird die Arbeit mit jugendlichen Müttern in deren spezifischem Kontext und der Einsatz von Videosequenzen der Interaktion zwischen Mutter und Kind als gemeinsame Exploration zwischen Therapeut und Mutter im Rahmen einer sicheren und tragfähigen Beziehung skizziert. Die Interventionen werden aus einer Bindungsperspektive begründet und ihr präventiver Charakter besonders herausgestellt. Der Übergang bzw. die Unterscheidung zwischen Beratung und Therapie (unter Einbeziehung von körpertherapeutischen Elementen) und der Vorteil des geschilderten Vorgehens gerade in Bereichen, in denen eine flexible Handhabung von Beratung und Therapie sinnvoll erscheint, z. B. in der Erziehungsberatung, wird dabei aufgezeigt.

Michael Schieche stellt als Bindungsforscher und langjähriger Mitarbeiter in der Münchner Sprechstunde für Schreibabies bei Mechthild Papousek die kommunikationszentrierte Eltern-Säuglings-Beratung vor, die methodisch ebenfalls videogestützte Interventionsformen einsetzt. Schieche verbindet Bindungskonzepte der sicheren Basis mit den entwicklungspsychologischen Befunden und dem kommunikationstherapeutischen Modell von Papousek. Er illustriert die Arbeit an einem konkreten Fallbeispiel. Gerade diese Verbindung der genannten Ansätze ist im Hinblick auf die Integration klinischer Methoden bedeutsam. Frau Papousek fand zusammen mit ihrem kürzlich verstorbenen Mann aufgrund ihrer Beiträge zur Eltern-Kind-Beziehung (neben der

Bindungsforschung des Ehepaars Grossmann) als ein weiteres deutsches Forschungsteam internationale Anerkennung. Sie haben gerade die Frühintervention im deutschsprachigen Raum entscheidend geprägt.

Sowohl Downing und Ziegenhain, als auch Schieche und der Münchener Ansatz (siehe auch Papousek 1998) nutzen die Arbeit mit Videosequenzen. Damit ist es sehr gut möglich, das Beziehungsverhalten von Eltern gegenüber ihren Säuglingen und Kleinkindern unmittelbar der Reflexion zugänglich zu machen und in Verbindung mit eigenen Beziehungserfahrungen der Eltern zu bringen. Diese sind nicht selten vorsprachlich prozedural gespeichert und steuern teilweise unbewusst das elterliche Verhalten gegenüber den Kindern. Aufgrund der dabei erfassten Alltagssituationen kommen neben den Schutz- und Sicherheitsbedürfnissen des Kindes bei allen drei Autoren auch besonders die Erkundungs- und Autonomiebedürfnisse der Kinder in den Blick, die ebenfalls im Rahmen der Bindungsbeziehung »verhandelt« werden.

Sowohl jugendliche Mütter als auch Eltern mit Schreibabies stellen eine besonders belastete Klientengruppe dar, bei denen Erziehungsprozesse in einem schwierigen Kontext zu bewältigen sind. Beide Beiträge liefern überzeugende Argumente, dass hier flexible beraterische und therapeutische Angebote aus einer Bindungsperspektive als Prävention besonders notwendig und auch effektiv sind.

Scheuerer-Englisch berichtet von der Arbeit in der Erziehungs- und Familienberatung aus einer Bindungssicht. Der überwiegende Anteil der Kinder, die in diesem Bereich vorgestellt werden, sind im Kindergartenalter und der mittleren Kindheit. In einem Altersbereich also, in dem neben den frühen Bindungs- und Autonomieerfahrungen bereits weitere Entwicklungsthemen (z. B. Gleichaltrigenbeziehungen, Selbstregulation und Impulskontrolle, schulische und kognitive Kompetenz etc.) sowie das Familiensystem und weitere soziale Systeme zu berücksichtigen sind. Scheuerer-Englisch bezieht diese Bereiche in seine Betrachtung ein. Er plädiert dafür, das Konzept der Sicherheit in den wesentlichen Beziehungen, die Nutzung der sicheren Basis auch in höheren Altersstufen beim Kind, aber auch in den Elternbeziehungen im erweiterten familiären Kontext heranzuziehen. So können diagnostische Einschätzungen der kindlichen und familiären Ressourcen zur Bewältigung belastender Ereignisse gewonnen und angemessene Interventionen geplant werden. Unter diesem Blickwinkel ist das wesentliche Ziel der Erziehungs- und Familienberatung, den sicheren Umgang des Kindes mit seinen wichtigen Bezugspersonen zu erhöhen. Die damit verbundene emotional offene Kommunikation und die Möglichkeit, die Bezugsperson zur Bewältigung von Krisen und Belastungen zu nutzen, stellt den wesentlichen

Schutzfaktor für die weitere kindliche Entwicklung dar. In diesem Zusammenhang geht es auch darum, die Fähigkeit von Eltern, aber auch anderen Bezugspersonen zu feinfühligem Umgang mit Bindungs- und Autonomiebedürfnissen des Kindes zu erhöhen und Bedrohungen der Sicherheit, z. B. durch Verlust oder andere traumatische Erfahrungen, zu minimieren. Dieser Ansatz trägt den Erfordernissen einer neuen offenen entwicklungspsychopathologischen Sicht Rechnung, bei der es darum geht, den individuellen Entwicklungsweg eines Kindes vor dem Hintergrund seiner Risiko- und Schutzfaktoren zu verstehen. Dabei rücken vor allem aber die Möglichkeiten der aktiven Herstellung von entwicklungsförderlichen Beziehungsprozessen in den Mittelpunkt der Betrachtungen (vgl. Beitrag Suess und Zimmermann). In einem Fallbeispiel wird das aufgezeigte Vorgehen exemplarisch verdeutlicht.

In dem letzten Praxisbeitrag beschreibt Lothar Unzner als langjähriger Leiter eines entwicklungstherapeutischen Heims für Kleinkinder die Bedeutung und Aufgabe einer Bezugserzieherin im Heim aus einer Bindungsperspektive. Er verdeutlicht den notwendigen offenen Umgang mit den Übergangserfahrungen des Kindes bei der Fremdunterbringung. Er beschreibt die erforderlichen Grundsätze für den Umgang mit den Gefühlen und Sicherheitsbedürfnissen des Kindes in dieser außergewöhnlichen Situation. Die hohe Verantwortung aller beteiligten Personen wird dabei deutlich, aber auch die zum Wohl des Kindes und seiner weiteren Entwicklung möglichen Gestaltungsspielräume, die für viele Fachleute in der Jugendhilfe, für Pflegeeltern und auch für leibliche Eltern, die für ihr Kind eine Erziehungshilfe mit Fremdunterbringung beantragen, eine wertvolle Orientierung darstellen könnten. Auch bei diesem Konzept ist es das inhärente Ziel, die Sicherheit des Kindes angesichts akuter Bedrohung in dem sensiblen Bindungsbereich möglichst weitgehend zu gewährleisten.

Das vorliegende Buch geht auf eine Fachtagung der Bundeskonferenz für Erziehungsberatung (bke) im Jahr 2000 in Fulda zurück. Unser erster Hauptreferent Bob Marvin, der seit seiner Studentenzeit eine sehr enge persönliche und fachliche Beziehung zu Mary Ainsworth bis hin zu ihrem Tod im Jahr 1999 unterhielt, teilte dem Publikum mit, dass sein Vortrag am 21. März und damit die Tagung exakt an ihrem ersten Todestag stattfindet. Er widmete ihr vor diesem Hintergrund seinen Vortrag. Wir haben uns spontan dazu entschlossen, nicht nur seinen Beitrag, sondern das gesamte vorliegende Buch dem Gedenken an Mary Ainsworth zu widmen. Damit wollen wir ihre enormen Leistungen würdigen, die sie lange Jahre bei viel Gegenwind und im rauhen akademischen Klima vollbrachte und sich dem damaligen »Zeitgeist« nicht beugte – wie John

Bowlby auch, der jenseits des Atlantik viele Anfeindungen auszuhalten hatte, wie wir in dem Beitrag von Klaus Grossmann erfahren. Was wir jetzt ernten können, haben sie und andere gesät, dessen sollten wir uns immer bewusst sein – gerade in Boomzeiten wie den jetzigen – und dabei nicht das eigene Säen vergessen. Das sind wir diesen Pionieren schuldig, wie dies E. Waters auf seiner Homepage im Internet unter *www.johnbowlby.com* ausdrückt.

Wir danken an dieser Stelle allen Autorinnen und Autoren für ihr Engagement und bitten um Nachsicht für den Druck, den wir beim »Eintreiben« und Redigieren der Beiträge zuweilen ausgeübt haben. In diesen Dank wollen wir auch all die davon betroffenen Kinder, Enkelkinder und deren Eltern, Partner und Freunde mit einschließen, denen wir damit Gelegenheiten für Beziehungsleben und -erleben »gestohlen« haben. Wir hoffen, dass es sich herausstellen wird, dass es für eine gute Sache war. Wir bedanken uns auch beim Vorstand der Bundeskonferenz für Erziehungsberatung für den nötigen Vertrauensvorschuss für die Gestaltung dieses Buchs. Last but not least bedanken wir uns bei unseren Ehepartnern, Martina (E.), Karolina (B.-S.) und Marion (P.) – der wir vor allem Gesundheit und Lebensqualität wünschen – dafür, dass sie uns den Rücken frei gehalten und uns unterstützt haben. Unsere Kinder Hannah S., Esther S., Yasmin P., Christian P. sowie Philipp E. und Hannah E. konnten sicherlich mit dem von uns auf sie übertragenen Stress und auch der fehlenden Zeit mit Papa sehr unterschiedlich schon allein wegen der großen Altersunterschiede umgehen. Wir versprechen ihnen auf jeden Fall – wieder einmal – Ausgleich da, wo möglich und Wiedergutmachung dort, wo nötig. Danken wollen wir auch Rainer Siebert für den technischen Support und Silke Baier für Schreibarbeiten etc.. Dass der Psychosozial-Verlag es mit uns nun schon zum zweiten Mal versucht hat, nehmen wir auch nicht als selbstverständlich hin – vor allem dass er das volle ökonomische Risiko des Vorhabens trägt.

Literatur

Bretherton, I., Ridgeway, D (1990): Apendix: Story Completion Task to Assess Young Children's Internal Working Models of Child and Parents in the Attachment Relationship. Anhang zu Bretherton, I., Ridgeway, D., Cassidy, J. . Assessing internal working models of the attachment relationship: an attachment story completion task for 3-year-olds. In: Greenberg, M, Cicchetti & Cummings, M. (Hg.): Attachment in the preschool years. Theory, research and intervention.

Buchholz, M. (1997): Psychoanalytische Professionalität. Forum Psychoanalyse 13:75-93.
Buchholz, M. (2000): Effizienz oder Qualität? Was in Zukunft gesichert werden soll. Forum der Psychoanalyse.
Papousek, M. (1998): Das Münchener Modell einer interaktionszentrierten Säuglings-Eltern-Beratung und –Psychotherapie. In: Klitzing, K. v. (Hg.): Psychotherapie in der frühen Kindheit. Göttingen (Vandenhoeck & Ruprecht).
Siegel, I. E. (1998): Practice and Research. A problem in developing communication and cooperation. In: Damon, W. (Ed.): Handbook of Child Psychology, Vol. 4, Child Psychology in Practice (Sigel & Renninger, eds.).
Suess, G .J., Pfeifer, W-K. P. (1999): Frühe Hilfen. Die Anwendung von Bindungs- und Kleinkindforschung in Erziehung, Beratung, Therapie und Vorbeugung. Gießen (Psychosozial-Verlag).

1. Die Bindungstheorie als Rahmen familienorientierter Beratung und Therapie

Die Geschichte der Bindungsforschung: Von der Praxis zur Grundlagenforschung und zurück.

Klaus E. Grossmann

1. Anfänge der Bindungstheorie: John Bowlby

Die Bindungstheorie ist das Werk von John Bowlby. Über seinen Werdegang berichtet Jeremy Holmes (1993) folgendes: Er kam mit 22 Jahren nach London um Medizin zu studieren. Er wollte Kinderpsychiater werden, was damals eine neue Disziplin war. Er erhielt eine psychoanalytische Ausbildung am Institute of Psycho-Analysis und machte eine Lehr-Analyse bei Joan Riviere, einer engen Freundin von Melanie Klein. Der Grund für sein Interesse an Kindern waren seine Erfahrungen an einer progressiven Schule für verhaltensgestörte Kinder, die mit A. S. Neills Summerhill verbunden war. John Bowlby traf dort gestörte Kinder, mit denen er kommunizieren konnte. Ihre Störungen lagen vermutlich in ihrer unglücklichen und zerrissenen Kindheit. Ein Jugendlicher folgte ihm dort ständig, wo er immer auch hinging, obwohl er emotional von allen isoliert war. Er war von der öffentlichen Schule geflogen weil er wiederholt gestohlen hatte. Er war anscheinend nie von einer mütterlichen Person betreut worden. Bowlby dachte bereits damals an eine mögliche Verbindung zwischen längerer Deprivation und der Entwicklung einer Persönlichkeit, die offensichtlich unfähig war, affektive Bindungen einzugehen. Der Junge war immun gegenüber Lob und Tadel und deshalb anfällig für wiederholte Straftaten. Ein dortiger Kollege riet ihm zu einer psychoanalytischen Ausbildung (Holmes 1993). Er untersuchte daraufhin das Schicksal von 44 delinquenten Jugendlichen, die alle bemerkenswerte Trennungen und Deprivationen in ihrer Kindheit erfahren hatten. Bowlbys Spitzname war folglich »Ali Bowlby und seine 40 Diebe«. Humor war allerdings unter den Analytikern nicht gefragt. A.S. Neil vermutete, dass Melanie Klein ihren Anhängern wohl erzählt habe, Humor sei ein Komplex, den kein normaler Mensch haben dürfe. Eine Antwort auf seine Frage, was zu tun sei, um Komplexe zu verhindern, bekam er nicht (Holmes 1993).

Die Grundideen der Bindungstheorie, die Bowlby später in drei Büchern über Bindung (1969), Trennung (1973), und Verlust (1980) veröffentlichte, stellte er der Psycho-Analytical Society in London bereits zwischen 1957 und 1959 vor. Sie wurden zwar diskutiert aber abgelehnt, recht feindselig sogar. Als sehr unabhängiger Mann untersuchte Bowlby trotzdem weiterhin, diesmal im Auftrag der World Health Organisation, unbeirrt das Schicksal von Kindern, die u.a. in den Wirren des 2. Weltkriegs von ihren Eltern getrennt wurden. Die Reaktionen auf das Buch »Child Care and the Growth of Love« waren ebenfalls heftig, teilweise ebenfalls feindselig. Feministische Argumente lehnten Bowlbys Betonung der Rolle von Müttern ab, weil sie dadurch die Emanzipation von Frauen bedroht sahen. Kinderpsychiater wie Rutter dagegen sahen in der Betonung der Mütter eine zu starke Vereinfachung und stützten sich lieber auf eine Vielzahl von Risiko- und Schutzfaktoren. Dies war zwar neutraler, weniger mit missverstandenen persönlichen Schuldsprüchen versehen, aber die wichtigste Erkenntnis der Bindungstheorie, nämlich die besondere Qualität von Bindung bei der Fürsorge für kleine Kinder, wurde dabei geschwächt oder ging z. T. ganz verloren.

In den 50er Jahren bildete Bowlby, inzwischen auch praktizierender Psychoanalytiker, eine eigene Forschungsgruppe. James und Joyce Robertson gehörten dazu. Ihre Filme über die Auswirkungen von Trennung von den Eltern auf kleine Kinder sollte die Auseinandersetzungen weiter anheizen. Durch Zufall kam auch die junge Psychologin Mary Ainsworth von der McGill University in Toronto dazu. Sie lernte in London nicht nur die Bindungstheorie kennen, die sie damals noch mit Skepsis betrachtete, sondern auch so zu beobachten, wie es James Robertson im Zusammenhang mit seinen Filmen getan hatte. Erst in Uganda, wo Ainsworth kurz darauf Feldbeobachtungen durchführte, wurde sie eine überzeugte Bindungstheoretikerin und -forscherin (Ainsworth 1967).

Ende der 60er Jahre lernten Karin Grossmann und ich die Bindungsforschung kennen. Sie kam unseren verhaltensbiologischen Neigungen sehr entgegen. Verhaltensbiologische Beobachtungen waren in der Psychologie unterrepräsentiert und sind es noch immer. Im Jahre 1973 besuchte ich das Labor von Mary Ainsworth in Baltimore. Sie hatte inzwischen auf der Grundlage ihrer Erkenntnisse in Uganda dort Beobachtungen in Familien durchgeführt, die ein Neugeborenes hatten. Insgesamt 16 mal während des ersten Lebensjahres jeweils mehrere Stunden beobachteten sie und ihre 5 Mitarbeiter die Signale des Babys und die damit verbundenen Verhaltensweisen der Mütter.

Mit einem Jahr wurde im Labor die Bindungsqualität der Babys zu ihren Müttern in der heute berühmten »Fremden Situation« geprüft. Mary Ainsworths Studenten waren Inge Bretherton, Everett Waters, Mary Main, Bob Marvin, Mary Blehar, Silvia Bell, Donelda Stayton und Dick Tracy. Everett Waters exportierte die Fremde Situation nach Minneapolis zu Alan Sroufe und Brian Vaughn, und Mary Main nach Berkeley, Kalifornien.

Ich brachte die Fremde Situation nach Bielefeld, wo ich meine Frau Karin Grossmann davon überzeugte, dass diese Forschung viel spannender und wichtiger sei als die Mathematik, der ihre heimliche Liebe galt und die sie studiert hatte. Es ist ihrer Kooperation zu verdanken, dass daraus zunächst die Bielefelder und damit alle weiteren Längsschnittuntersuchungen entstanden ist. Wir begannen auch in Bielefeld damit, Hausbeobachtungen zu machen, um die von Ainsworth in den USA gefundenen Zusammenhänge in Deutschland zu überprüfen. Die Familien erlaubten ihr freundlicherweise, bei den Geburten dabei sein zu können und sie im ersten Jahr dreimal für jeweils einen halben Tag zuhause beobachten zu dürfen. Die Zusammenhänge zwischen mütterlicher Feinfühligkeit und Bindungssicherheit des Kindes waren zwar nicht ganz so stark, aber signifikant (Grossmann, Grossmann, Spangler, Suess & Unzner 1985). Längsschnittlich zeigten die Beobachtungen des Umgangs der Mütter mit ihren Säuglingen bedeutsame Zusammenhänge, vor allem die mütterliche Feinfühligkeit im 2. und im 6. Monat. Als ich 1978 nach Regensburg berufen wurde, begannen wir eine zweite Längsschnittuntersuchung, Regensburg I (Spangler & Grossmann, K. 1995). An beiden Untersuchungen, die seit über 20 Jahren laufen, haben seither 17 Doktorandinnen und Doktoranden und über 150 Diplomandinnen und Diplomanden mitgearbeitet. Auch ohne sie wären die Untersuchungen nicht durchführbar gewesen, weil zu jedem Erhebungszeitpunkt ein neues Forschungsteam gebildet wurde, um zu verhindern, dass die Kenntnisse, die durch vorangegangene Beobachtungen gewonnen worden waren, die neuen Beobachtungen und Datenerhebungen beeinflussten. Erst wenn die jeweils neuen Auswertungen vorlagen, wurden die bereits bestehenden Datenlisten, später die EDV-Datensätze, freigegeben.

2. Grundlagen der Bindungstheorie und -forschung

2.1 Evolutionäre Verhaltensbiologie

Primatenkinder kommen mit einem Repertoire von Ausdrucksverhalten auf die Welt. Diesem Repertoire komplementär sind Verhaltensweisen von Eltern, meistens Muttertieren, die angemessen auf die kindlichen Ausdrucksmuster reagieren. Harry Harlow, der als erster in großem Umfang experimentelle Untersuchungen zur emotionalen Entwicklung von Rhesusaffen durchgeführt hat, sprach von »affektiven Systemen«. Evolutionsbiologisch gesehen sind die Verhaltensmuster der Jungtiere und der Elterntiere aufeinander bezogen. Bei höher evolvierten, sozial lebenden Tieren wird Schutz und Sicherheit geboten. Der Schutz besteht vor Feinden, aber auch vor Unbekanntem, vor Fremdem, fremden Mitmenschen z. B., vor Gefährlichem, sogar vor Neuem und wird durch die Nähe des beschützenswerten Kleinkinds und zur beschützenden Mutter gewährleistet.

In einem 1958 veröffentlichten Stummfilm von Harry Harlow mit dem Titel »The Nature and Development of Affection« findet sich die folgende Szene: Ein an einer Mutterattrappe aufgezogenes Jungtier befindet sich hinter einer Glastür. Zwischen der Glastür und der Mutterattrappe auf der anderen Seite des Raumes befindet sich eine Barriere. Zwischen dem Jungtier und dem Muttertier wird ein angstauslösender neuer Gegenstand eingeführt. Bei Harlow waren das solche Dinge wie ein blecherner Armeejeep, ein blechtrommelschlagender Teddybär oder ein hölzerner überdimensionaler Grashüpfer. Manche lerntheoretische Überlegungen setzten voraus, dass im Angesicht von furchtauslösenden Reizen die Distanz zwischen dem neuen Reiz und dem Tier vergrößert wird. Ratten tun das. Sie laufen vor angstauslösenden Reizen weg. Viele behavioristische Lernexperimente sind nach diesem Prinzip durchgeführt worden. Primatenkinder aber wie Rhesusaffen laufen bei Gefahr und bei Angst zur Mutter oder Mutterattrappe, auch wenn sie dabei der Gefahr näher kommen. Sie laufen nicht weg, sondern suchen Zuflucht.

Nach Ansicht der Bindungstheorie ist die einzige Möglichkeit für ein Kind, die für das spielerische Explorieren nötige Sicherheit zu erlangen, das Herstellen von Nähe zur beschützenden Mutter. Dies geschieht in dem Filmfragment Harlows innerhalb weniger Sekunden: Das Jungtier springt mit einem großen Satz über den furchtauslösenden Gegenstand hinweg, um sich mit heftigen Atembewegungen fest an die weiche Oberfläche der zylindrischen Mutterattrappe anzuschmiegen. Danach riskiert es einige Blicke in Richtung des neuen Reizes, um dann allmählich in immer größeren Abständen, immer länger und immer weiter von der sicheren Basis der Mutterattrappe aus den neuen Reiz zu erkunden. Allmählich verschwindet die Angst, der ursprünglich furchtauslösende Reiz hat seine ängstigende Eigenschaft verloren, er wird vertraut oder »familiar«, wie es im Englischen heißt.

Bei kleinen Menschenkindern kann man die Funktion der Mutter als Sicherheitsbasis nahezu überall dort beobachten, wo das Kind durch eine gewisse Unvertrautheit mit der Situation verunsichert ist. Wird eine Bedrohung oder Verunsicherung wahrgenommen, so »sichert« das Kind in Richtung der Mutter. Sobald es sie sieht, signalisiert es durch ängstliche Laute und Mimik in Richtung der Mutter, so dass diese entweder dem Kind zu Hilfe kommt, oder aber ihrerseits dem Kind signalisiert, falls es bereits krabbeln kann, zu ihr zu kommen. Sobald ein »liebevoller« Kontakt hergestellt ist, verliert sich die spannungsvolle Verunsicherung, Mimik und Körperhaltung des Kindes entspannen sich und eine neue Runde von Erkunden und Exploration kann beginnen (Grossmann, K.E. & Grossmann, K. 1993).

2.2 Grundausstattung für Bindungs-Beziehungen

John Bowlby verstand die Notwendigkeit der Nähe, in deren Dienst die Signale standen, als »gesetztes Ziel« (set-goal), das sich evolutionsbiologisch entwickelt hat und das darauf ausgerichtet ist, mit Hilfe von Ausdrucksbewegungen das Verhalten Erwachsener im Interesse von Schutz, Zuwendung, Pflege usw. zu beeinflussen und zu steuern. Das Bindungsverhalten beginnt also mit der Geburt und besteht aus bestimmten vorprogrammierten Erwartungen und Signalen, die vom Kleinkind geäußert und vom Erwachsenen wahrgenommen, interpretiert, und beantwortet werden müssen. Zu den Bindungsverhaltensweisen des Säuglings gehören Suchen, Rufen, Anblicken, Weinen, Anklammern, Nachfolgen bis hin zum Protest bei Trennung.

Auf der Grundlage der Antwort-Qualität, der Art und Weise, wie die das Kind versorgenden Erwachsenen auf die kindlichen Signale reagieren, bilden sich nach den Vorstellungen der Bindungstheorie beim Säugling bereits verinnerlichte Erwartungen gegenüber verlässlichen Bindungspersonen aus. Bindungspersonen sind deshalb nicht einfach austauschbar. Mit neuen Personen müssen deshalb jeweils über längere Zeit hinweg neue Bindungen aufgebaut werden, was bei außerfamiliärer Betreuung wichtig ist (Grossmann, K. 1999). Die Bindungsqualitäten, die sich so allmählich entwickeln, dauern lebenslang, davon geht die Bindungstheorie aus. Dies geschieht aber nicht, weil die frühen Erfahrungen besonders zur primären Bindungsperson irreversibel prägend und damit deterministisch wären, sondern weil sich häufig bestimmte Qualitäten von frühkindlichen Bindungsbeziehungen über lange Zeiträume, zunächst vorsprachlich, später auch sprachlich, im Kern als Verhaltensschemata erhalten und weil komplexe Systemeigenschaften generell zu Stabilität neigen. Der Aufbau von Bindungen ist deshalb auch kein umweltstabiler Instinkt, sondern die erfahrungsbedingte, umweltlabile individuelle Ausgestaltung biologischer Anlagen. Die Unterschiede menschlichen Verhaltens auch im Bindungsbereich sind so groß, dass individuelles Kennenlernen besonderer Bindungspersonen in den Vordergrund treten muss.

Bindung und exploratives Erkunden sind zwei getrennte Verhaltenssysteme; sie gehören aber zusammen. Wenn ein Kind ängstlich, unsicher, misstrauisch, krank, müde, hungrig, einsam oder verlassen ist, wenn es Schmerz empfindet oder sich in einer fremden Umgebung befindet, dann ist das Bindungssystem aktiv und das Ausdrucksverhalten des Kindes steht im Dienste von Nähe. Wenn sich das Kind dagegen wohl fühlt, sicher, unternehmungslustig, sozial neugierig und spiellustig ist, wenn es aktiv Gegenstände erkundet – »begreift« oder in den Mund steckt –, dann ist das Explorationssystem aktiv und das Bindungssystem ist im Ruhezustand. Die Bindungsperson spielt dabei die Rolle einer Sicherheitsbasis. Das Kind kehrt immer dann zu ihr zurück, wenn es in seinen Erkundungen verunsichert wird, weil ja jeder neue Reiz und jedes neue Ereignis nicht selten auch eine gewisse Ambivalenz enthält oder einfach auch wenn es Vergewisserung und Rückversicherung braucht. Unbekanntes könnte ja gefährlich sein. Durch Nähe zur Bindungsperson ohne Zurückweisung oder Ängstlichkeit entsteht Bindungssicherheit; das Bindungssystem beruhigt sich wieder und das Explorationssystem beherrscht das Verhalten des Kindes für die nächste spielerische Entdeckung. Die Exploration dient nicht nur der Erweiterung des kindlichen Horizonts, sondern macht vor allem vertraut mit solchen Ereignissen, die potentiell auch verunsichern können, und zwar ohne dass dabei das explorative Erkunden vom Kind unterbrochen werden müsste, weil es zur Bindungsperson zurückkehren muss, um dort Sicherheit zu tanken. Die Sicherheit beim ungestörten Explorieren fördert nach unserer Überzeugung die Konzentration gebenüber Ereignissen, die es zu begreifen gilt. Besonders für die Väter spielt das eine wichtige Rolle, wie gleich gezeigt wird.

Der Hauptzweck der klinischen Bindungsforschung ist es, zu untersuchen, ob und wie durch neue emotional unterstützende Beziehungen oder durch eine emotionale Sicherheit gewährende Bezugsperson oder durch psychologische Beratung und Psychotherapie abweichende Entwicklungsverläufe positiv verändert werden können. So kann z. B. im Säuglings- und Kleinkindalter geringe Feinfühligkeit einer Bindungsperson gegenüber den Signalen des Kindes, die seine Bedürfnisse und Gefühle anzeigen, eine unsichere Bindung zur Folge haben. Gerhard Suess konnte z. B. zeigen, dass dies zu sozialer Kompetenz im Kindergarten führt (Suess, Grossmann & Sroufe 1992). Kommt nun die Trennung von einer Bindungsperson hinzu, etwa durch Krankheit oder Scheidung, so werden unsichere Bindungsbeziehungen zusätzlich belastet und übertragen sich nicht selten auch auf andere soziale Beziehungen (Grossmann, Becker-Stoll, Grossmann, Kindler, Schieche, Spangler, Wensauer & Zimmermann (1997).

Für die 26 Familien, die Mary Ainsworth und ihre Mitarbeiterinnen und Mitarbeiter in Baltimore untersuchten, lagen schließlich Notizen über etwa 5 x 16 = 80 Stunden Beobachtungszeit vor, die anschließend diktiert und transkribiert wurden. Die Verlaufsprotokolle hatten einen durchschnittlichen Umfang von etwa 30 Seiten pro Besuch, also etwa 480 Seiten narrativer Beobachtungsprosa pro Kind. Aus diesen Beobachtungen destillierte Mary Ainsworth Skalen zur Auswertung: *Annahme gegenüber Zurückweisung* (acceptance-rejection), und *Zusammenspiel gegenüber Beeinträchtigungen* (cooperation-interference). Die prominente Skala ist *»Feinfühligkeit vs. Unempfindlichkeit gegenüber den Signalen des Babys* (sensitivity vs. insensitivity to the baby's communications; Ainsworth, Bell & Stayton 1974; Ainsworth, Blehar, Waters & Wall 1978; Grossmann 1977).

2.3 Kindliche Signale und mütterliche Feinfühligkeit

Feinfühligkeit ist die Fähigkeit des Erwachsenen, die Signale und Kommunikationen, die das Kind äußert, richtig wahrzunehmen und zu interpretieren und schließlich auf sie angemessen und prompt zu reagieren. Um die Signale wahrzunehmen, muss die Bindungsperson häufig verfügbar, also da sein und sie muss eine niedrige Schwelle für kindliche Äußerungen haben. Bei der Interpretation sollte es keine Verzerrungen geben; Wünsche nach Nähe sollten nicht mit Nahrung beantwortet werden, oder Weinen nicht durch Schimpfen. Die Bindungsperson muss sich in die Situation des Kindes »einfühlen« können und dabei die eigenen Wünsche und Gefühle gut kennen und gegen die Bedürfnisse des Kindes abgrenzen können. Dies gilt für Pflegeeltern, Adoptiveltern und Betreuerinnen in Krippen und Kindergärten ebenso wie für biologische Eltern (Grossmann, K. & Grossmann, K.E. 1998). Eine angemessene Reaktion besteht darin, dem Baby zu geben, was es braucht, es weder zu überreizen noch zu isolieren, die Wünsche des Babys anzuerkennen, auch wenn man sie nicht erfüllen kann, z. B. wenn sie für das Kind abträglich oder gar gefährlich wären. Prompt reagieren heißt, eine geringe Latenzzeit der Reaktion zu haben, besonders auf das Weinen des Säuglings hin, nicht zuletzt, weil die Gedächtnisspanne des Säuglings relativ kurz ist und eine Verbindung zwischen seinem Verhalten und der Reaktion der Bindungsperson nicht hergestellt werden kann, wenn sie überschritten wird. Nahezu alle feinfühligen Antworten liegen im Bereich von unter 3 Sekunden, meist sogar nur 2 Sekunden und kürzer. Trotz aller Komplexität bei der Feinfühligkeit liegt die Übereinstimmung zwischen Beobachtern bei über 90%.

2.4 Das Verhalten einjähriger Kinder in der Fremden Situation
Die beobachteten Unterschiede in der mütterlichen Feinfühligkeit hatten für das Verhalten des Kindes im Alter von zwölf Monaten bemerkenswerte Konsequenzen. In der als »Fremde Situation« in der Entwicklungspsychologie bekannt gewordenen Prüfsituation außerhalb der häuslichen Umgebung, in einem unbekannten Spielzimmer, wird das Kind in einer Art Minidrama zweimal von seiner Mutter für höchstens drei Minuten getrennt. Nach der Trennung, während der Wiedervereinigung mit der Mutter oder dem Vater oder einer anderen Bindungsperson, zeigen sich im Verhalten der Kinder charakteristische Unterschiede. Kinder mit einer sicheren Bindung zeichnen sich durch eine ausgewogene Balance zwischen Bindungsverhalten und Explorationsverhalten aus. Ein Kind, das z. B. etwas unsanft von einem Spielauto auf den Hintern fällt, zögert vielleicht, ob es weinen soll oder nicht. Die Mutter wartet kurz ab, wie das Kind sich entscheidet, tröstet unmittelbar nach dem ersten Weinlaut, akzeptiert aber auch die sofortige Wiederaufnahme der Beschäftigung des Kindes mit dem Spielauto. Kurz darauf, bei einem etwas gravierenderen Unfall, wobei das Kind in der Heftigkeit der Vorwärtsbewegung über das Fahrzeug hinweg mit dem Kopf an die Wand stößt, ist der Schmerz und das Trostbedürfnis ungleich viel größer. Trotzdem zeigt sich bald auch dabei wieder, nach ausgiebigem Trost durch die Mutter, erneutes intensives Explorieren mit demselben Spielauto, mit der Mutter als Sicherheit im Rücken. Man nennt Kinder, die sich frei zwischen Nähe zur Bindungsperson und konzentriert spielerischer Exploration bewegen, »sicher gebunden« (Ainsworth und Wittig 1969).

Unsicher-vermeidende Kinder lassen sich ihr Trennungsleid während der Trennung von der Mutter weniger anmerken als Kinder mit einer sicheren

Beziehung. Sie verhalten sich wesentlich gleichgültiger, wenn die Mutter nach der jeweiligen Trennung zurückkommt. Sie bleiben auf die Spielsachen orientiert. Für lange Zeit blieb die Frage offen, ob bei solchen Kindern die Trennung nicht ausreiche, um die gewünschte Aktivierung des Bindungssystems hervorzubringen, oder ob diese Kinder deshalb das Balancespiel zwischen der Mutter als Sicherheitsbasis und dem Erkunden nicht beherrschen, weil ihre Bindungsverhaltensweisen durch die Bindungsperson häufig zurückgewiesen wurden. Gottfried Spangler hat untersucht, ob die bei Trennung von der Bindungsperson besonders ruhig erscheinenden unsicher-vermeidend gebundenen Kinder mehr physiologischen Stress erfahren als die in ihrem Verhalten manchmal gestresster erscheinenden, aber zielsicher auf die Rückkehr der Mutter konzentrierten, sicher gebundenen Kinder. Es zeigte sich sehr deutlich, dass die vermeidenden Kinder einen erhöhten Kortisolspiegel (ein gängiger Indikator von physiologischem Stress) 15 bis 30 Minuten nach Beendigung der Fremden Situation in ihrem Speichel aufwiesen, während dies bei den sicher gebundenen Kindern nicht der Fall war (Spangler & Grossmann 1993). Dies ist ein klarer Beweis für Trennungsstress auf der physiologischen Ebene, wenn die Kinder auf der Verhaltensebene keine Lösungsstrategie haben, weil sie psychologisch am Zugang zur Bindungsperson verhindert sind.

Eine dritte Gruppe von Kindern verhält sich misstrauisch und ängstlich und wird unsicher-ängstlich bzw. unsicher-ambivalent genannt. Solche Kinder kommen so gut wie überhaupt nicht zu Exploration und Spiel, sondern sie hängen an der Mutter, ohne sich aber von ihr beruhigen zu lassen. Sie weinen oft, weisen häufig Ablenkungsmanöver mit Spielsachen – mitunter auch aggressiv – ab, aber ihr aktiviertes Bindungssystem beruhigt sich nur schwer. Solche Kinder beobachten ihre Mütter oft ängstlich, intensiv und ausdauernd. Bindungstheoretiker interpretieren das Verhalten solcher Kinder als »vigilant«, als erhöht aufmerksam gegenüber der Mutter. Zuhause waren die Mütter in ihrer Bereitschaft, auf das Kind feinfühlig zu reagieren, oft unbeständig gewesen. Dies führte beim Kind zu verstärktem und ängstlichem Heischen nach Aufmerksamkeit, um keine Gelegenheit mütterlicher Zuwendung zu verpassen. Manche Kinder zeigen kaum noch irgend eine Initiative und wimmern trostlos vor sich hin (Ainsworth, Blehar, Waters, Wall 1978; Grossmann, K.E. & Grossmann, K. 1995).

Die drei genannten Muster sind eine Art Prototypen für die weitere Entwicklung der Organisation der Gefühle. Sie werden in den nachfolgenden Jahren mehr oder weniger gut sprachlich integriert (vergl. Abschnitt 4).

2.5 Desorganisation und Desorientiertheit

Die drei für die Fremde Situation kurz beschriebenen Muster stellen Verhaltensstrategien oder Organisationsformen des Bindungsverhaltens dar. Sie sind Folge der Erfahrung, die die Kinder mit ihren Bindungspersonen während des ersten Lebensjahres gemacht haben. Bei allen drei Mustern gibt es Störungen, die sich in Unterbrechungen einer ablaufenden Verhaltensstrategie oder Organisation zeigen (Main & Solomon 1986, 1990). Solche desorganisierten oder »D«-Verhaltensweisen umfassen z. B. widersprüchliche Verhaltensweisen wie Schwanken zwischen Erkunden und Nähe suchen, Annäherung und Vermeidung und Stressindikatoren, mit denen das Kind nicht fertig wird. Sie werden entweder nacheinander oder gleichzeitig gezeigt. Solche Kinder können z. B. während der Trennung sehr ruhig sein und dann außerordentlich gestresst und ärgerlich, wenn die Bindungsperson zurückkommt. Andere »D«-Merkmale sind ungerichtete, missgerichtete, unvollendete und unterbrochene Ausdrucksbewegungen, die ihr Ziel zu verlieren scheinen. Sie zeigen sich u.a. im Stereotypen, in asymmetrischen, zeitlich unkoordinierten Bewegungen und anomalen Gesten und Haltungen, oder auch durch eingefrorene und verlangsamte Bewegungen. Solche Kinder können sich z. B. bei Angst von den Eltern wegbewegen anstatt zu ihnen hin. Manche weinen, wenn die Fremde, nicht aber wenn die Mutter den Raum verlässt. Manche Kinder zeigen unmittelbar Anspannung in der Gegenwart der Eltern oder lassen auf subtile Weise Anzeichen von Desorganisation und Desorientierung erkennen. So zeigen z. B. manche Kinder ein ängstliches Gesicht oder sie wenden ihr Gesicht mit dem Ausdruck von Angst während der Wiedervereinigung mit der Bindungsperson von ihr ab. Manche Kinder zeigen ein äußerst ängstlich-vigilantes Verhalten in der Nähe der Eltern, andere grüßen die Fremde, aber nicht die Eltern, manche fallen während der Annäherung hin oder laufen zunächst weg, um sich erst dann im Kreise wieder der Bindungsperson zu nähern (Main & Hesse 1990, Main & Solomon 1990, Solomon & George 1999).

Bisherige Untersuchungen zeigen verschiedene Wurzeln auf der Seite des Kindes und der Seite der Bindungsperson des desorganisierten bzw. desorientierten Verhaltens. In unseren eigenen Untersuchungen konnte z. B. ein statistischer Zusammenhang hergestellt werden zwischen dem Mangel an Verhaltensorganisation von Neugeborenen, die durch besondere Belastung während der Schwangerschaft bedingt sein könnten (Spangler, Fremmer-Bombik & Grossmann, K. 1996). Main & Hesse (1990) sehen in der unverarbeiteten Trauer der Mutter über den Verlust einer Bindungsperson während ihrer Kindheit einen wesentlichen Einfluss auf die Entwicklung desorganisierten Verhaltens ihres Kindes. Dazu gehören z. B. auch der unverarbeitete Tod eines Geschwisters oder enger Vertrauter, Drogenabhängigkeit eines Elternteils, wenn die Mutter als Kind selbst misshandelt wurde, eine knapp überstandene tödliche Krankheit, gehäufte Verluste, z. B. Abtreibung, Kindstod, Unfalltod in der Verwandtschaft usw. Von einigen klinisch orientierten Forschern wird angenommen, dass die Mutter selbst für das Kind beängstigend ist, oder die Mutter sogar vor dem Kind Angst zu haben scheint. Dadurch fehle dem Kind die Sicherheitsbasis und der Orientierungspunkt in der Organisation der Bindungs-Explorations-Balance. Anzeichen von Desorganisation scheinen ein besonders wichtiger Indikator von Bindungsstörungen zu sein. Sie kommen in klinischen Populationen häufig vor. Solchen Kindern stehen bei emotionalen Belastungen keine der drei klassischen Bindungsstrategien zur Verfügung (Solomon & George 1999).

3. Vater-Kind-Bindung

Die bei weitem meisten Untersuchungen haben sich mit der Mutter-Kind-Bindung befasst. Wiederholt sind Bindungsforscher deshalb nach der Rolle des Vaters gefragt worden. Wir haben nahezu sämtliche Beobachtungen, die wir in den vergangenen 22 Jahren mit Mutter und Kind durchgeführt haben, auch mit den meisten Vätern und ihrem Kind durchgeführt. Leider konnten nicht immer alle Väter zur Teilnahme überredet werden. Die Fremde Situation mit dem Vater lässt sich zwar genauso klassifizieren wie mit der Mutter, trotzdem waren die längsschnittlichen Zusammenhänge zur Fremden Situation mit dem Vater im Vergleich zur Mutter statistisch entweder weit geringer oder sie fehlten völlig. Karin Grossmann entdeckte, dass eine andere Situation für Väter mit ihren zweijährigen Kindern von gleicher Vorhersagekraft war wie die Fremde Situation für die Mütter. Es handelte sich um eine Spielsituation, in der die Väter die Kinder mit Spielmaterial, hier Knetmasse, was die Kinder noch nicht kannten, vertraut machen sollten. Die Art und Weise, wie der Vater auf feinfühlige Weise die Kinder dazu animierte, das Material zu handhaben und zu gestalten und der Stolz, der sich für die Kinder aus einer gelungenen, wenn auch einfachen Gestaltung ergab, zeigte erstaunlich langfristige Zusammenhänge (Grossmann K. 1997; Grossmann, K. & Kindler, H. 1998; Grossmann, K., Grossmann, Fremmer-Bombik, Kindler, Scheuerer-Englisch, & Zimmermann in Vorb). So hing z. B. das väterliche Verhalten in der Spielsituation mit zwei Jahren zusammen mit der väterlichen Bindungsrepräsentation vier Jahre später, als die Kinder sechs Jahre alt waren. Die Fähigkeit der Kinder, auf psychisch sichere Art und Weise mit negativen Gefühlen umgehen zu können, konnte im Alter von sechs und zehn Jahren hochsignifikant durch das feinfühlig herausfordernde Spielverhalten des Vaters mit dem Zweijährigen vorhergesagt werden. Die sichere Bindungsrepräsentation der Kinder selbst mit 16 Jahren, also 14 Jahre später, stand ebenfalls in einem statistisch hochsignifikanten Zusammenhang mit dem feinfühlig herausfordernden Spielverhalten des Vaters. Eine abwertende Haltung gegenüber Bindungsinhalten mit 16 Jahren hing ebenfalls statistisch hochsignifikant mit fehlender väterlicher Feinfühligkeit in den spielerischen Herausforderungen mit zwei Jahren zusammen. Selbst die Qualität der sprachlichen Darstellung ihrer Liebesbeziehung mit 22 Jahren zeigte sich neben der feinfühligen Unterstützung durch die Mütter in den ersten sechs Lebensjahren von der väterlichen Spielfeinfühligkeit mit zwei Jahren beeinflusst. Zwar spielen beide Eltern mit ihren Kindern auf durchaus vergleichbare Weise, aber die Spielqualität mit dem Vater hatte eine weit größere Vorhersagekraft als die Spielqualität mit der Mutter. Die Prognosen für die weitere Entwicklung im Bereich spielerischer Herausforderungen waren für die Vater-Kind-Beziehungen sehr viel stärker nachweisbar als für die Mutter-Kind-Beziehung. Wir erkennen folglich so etwas wie eine Rollenteilung zwischen den Eltern im Hinblick auf die Bindungs-Explorationsbalance. Dabei sagt die Feinfühligkeit der Mütter gegenüber den kindlichen Bindungssignalen und die Feinfühligkeit der Väter gegenüber dem kindlichen Bedürfnis nach Explorationssicherheit die Partnerschaftsrepräsentation der 22jährigen voraus, obwohl beide Eltern durchaus auf beide Signalsysteme des Kindes eingehen (Grossmann, et al, im Druck).

4. Von der zielorientierten über die zielkorrigierte Partnerschaft zur sprachlichen Bindungsrepräsentation

Der wichtigste Entwicklungsschritt nach dem Säuglingsalter ist der Übergang zu einem sprachlichen-mentalen Bedeutungszusammenhang des Erlebten. Die sprachliche Repräsentation integriert vor- und außersprachlicher Erfahrungen, so wie sie für die noch sprachlose Kleinkindzeit dargestellt wurden. Main, Kaplan & Cassidy (1985) haben erstmalig einen solchen Zusammenhang nachgewiesen. Das Verhalten einjähriger Kinder in der Fremden Situation und die sprachlich erfasste Bindungsrepräsentation ihrer Eltern, vor allem der Mutter, stimmten statistisch überein. Zudem zeigte sich bei den Kindern im Alter von sechs Jahren ein enger Zusammenhang zwischen der freien und ungestört harmonischen Kommunikation mit ihren Bindungspersonen und der Bindungsklassifikation in der Fremden Situation als Einjährige. Bei der Integration emotional erlebter Bindungserfahrungen in eine sprachliche kohärente Darstellung von Bindungsrepräsentationen spielt der offene sprachliche Diskurs zwischen Kindern und Eltern sowie anderen älteren Personen die Hauptrolle. Was die Eltern erzählen oder nicht erzählen, oder was sie in Übereinstimmung oder Nichtübereinstimmung mit den tatsächlichen außersprachlichen Erfahrungen der Kinder erzählen, führt schließlich zu mehr oder weniger kohärenten sprachlichen Repräsentationen auf der narrativen Ebene. Potentiell desorganisierende Erfahrungen können demnach auf mehreren Wegen entstehen: Durch Bedingungen während der Schwangerschaft und/oder Verhaltensweisen der Bindungspersonen, die den Erwartungen an verlässliche, sichere Basen widersprechen, und zum anderen durch sprachliche Darstellungen, die unstimmig sind, weil sie nicht mit den gemachten und emotional erlebten außersprachlichen Erfahrungen, also den Gefühlen im Einklang stehen. Dies ist besonders häufig bei Verlust, aber auch bei Scheidung der Fall. Zehn- bis 13-jährige Buben, deren Eltern zwei Jahre zuvor geschieden wurden, sprechen z. B. im statistischen Vergleich weit weniger kohärent als vergleichbare Buben ungeschiedener Eltern (Böhm 1998).

Die mit Bindungserfahrungen zusammenhängenden Gefühle werden für das Individuum erst durch die sprachliche Benennung und durch die Einordnung in einen Bedeutungszusammenhang verfügbar. Die Gefühle repräsentieren dadurch bestimmte Situationen, die dann mit Hilfe kognitiver Überlegungen und mit Hilfe anderer Menschen, mit denen man darüber sprechen und von denen man dabei Hilfe erhalten kann, bewältigt werden können. Ohne Sprache bleiben die Gefühle diffus und ohne Einbettung in einen sprachlich repräsentierten Bedeutungszusammenhang. Die Möglichkeit der Interpretation von Gefühlen und der Rückführung der Interpretation auf tatsächliche und nachprüfbare Gegebenheiten ist abhängig von Sprache. Eine sichere Bindung macht Gefühle sprachlich bewusst und verbindet sie mit tatsächlichen Erfahrungen. Eine sichere Person erkennt ihre eigenen emotionalen Unsicherheiten, sie kann sie mit Analysen der dafür verantwortlichen Wirklichkeit verbinden. Sie kann, im Einklang mit ihren Gefühlen, darüber sprechen und entsprechend planen, handeln und um Unterstützung bitten. Eine bindungssichere Person hat gelernt, dass sie es wert ist, von anderen geschätzt und geliebt zu werden und von ihnen

Hilfe zu erhalten. Sie weiß, wie sie das auf »ziel-korrigierte« Weise erlangen kann, indem sie sich in die Lage der betreffenden anderen versetzen kann. Bereits sicher gebundene Einjährige können mit den Gefühlen anderer ›mitschwingen‹, unsicher gebundene dagegen nicht (Main & Westen 1981, Fremmer-Bombik & Grossmann 1991). Später dann wissen sie um die Motive und Absichten ihrer Bindungspersonen, indem sie darauf achten oder danach fragen. Der sprachliche Diskurs besteht nicht selten darin, sich übereinander zu erzählen, so dass man einander »Achtung« und »Zuneigung« entgegenbringen kann. Die vermeidende Person dagegen beherrscht zwar die Sprache, jedoch nur mit eingeschränktem Zugang zu Gefühlen. Die ambivalente Person wiederum ist zwar reich an Gefühlen, aber ihr fehlt oft ihre sprachliche Einbettung in einen kohärenten Zusammenhang. Ihre Gefühle sind nicht zielkorrigiert organisiert und stark von anderen abhängig. Sie können sich nur schlecht abgrenzen und kaum kohärente sprachliche Dialoge als selbstbestimmte Individuen führen.

In einer Untersuchung von Meins (1997, 1999) waren die feinfühligen Mütter häufig gleichzeitig auch diejenigen, die sich sprachlich in die Lage des Kindes versetzen konnten, und die das in den weiteren Untersuchungen auch sprachlich äußerten und erläuterten. Nachdem Meins den sprachlichen Aspekt zusätzlich zu dem traditionellen Konzept der mütterlichen Feinfühligkeit von Ainsworth erhoben hatte, konnte sie ihre Vorhersage der Bindungsqualität verbessern und sogar die Güte der sprachlichen und anderer kognitiver Entwicklungen der Kinder vorhersagen. Evolutionsbiologisch scheint es so zu sein, dass die vor allem im limbischen System repräsentierten frühkindlichen Ereignis- und mimetischen Erinnerungen dort ihre ureigene Form der Repräsentation haben, nämlich als Organisation von Gefühlen. Die Orchestrierung der Gefühle und des darauf basierenden Verhaltens zeigt sich im Verlaufe individueller Entwicklung immer wieder, so wie bei sicher gebundenen Kindern in der Fremden Situation, die ihr Verhalten ausgewogen zwischen Nähe zur Bindungsperson und Exploration organisieren, oder wie bei unsicher gebundenen Kindern, die Nähe zur Mutter vermeiden, oder wie bei unsicher ambivalent gebundenen Kindern, die eine unvertraute Umwelt vermeiden.

Der Evolutionsbiologe Donald (1991) denkt, dass frühe vorsprachliche Erfahrungen verbal zugänglich gemacht werden müssen, um später planendadaptiv und erkenntnisträchtig zur Verfügung zu stehen. Dazu müssen sie zunächst einmal benannt werden (Harris 1999). Zum anderen müssen sie in einen bedeutungshaltigen, autobiografischen sprachlichen Kontext überführt werden (Nelson 1999). Erst dann sind Gefühle für das Individuum »verfügbar«;

erst dann ist es ihm möglich, unterschiedliche Sichtweisen einer emotional bedeutsamen Situation zu entwickeln und darüber zu reflektieren. Die Möglichkeit einer Erkenntnis über unterschiedliche Sichtweisen verschiedener bedeutsamer Mitmenschen kommt aber erst dann zustande, wenn 1. im sprachlichen Diskurs über unterschiedliche Wahrnehmungen bestimmter Situationen mit emotionalen Auswirkungen gesprochen wird, wenn 2. der Bezug zum Leben der nächsten Mitmenschen realistisch, also »wirk-lich« ist, wenn 3. deren Vorstellungen beim eigenen Fühlen, Denken und Handeln berücksichtigt werden, und wenn 4. die eigenen Gefühle mit den eigenen sprachlichen Darstellungen im Einklang stehen.

5. Der Einfluss von Müttern und Vätern auf die sprachliche Repräsentation von Liebesbeziehungen

5.1 Die mentale Repräsentation partnerschaftlicher Liebesbeziehungen
Mit 38 jungen Erwachsenen der Bielefelder Längsschnittuntersuchung führte Monika Winter im Alter von 22 Jahren ein etwa einstündiges Interview, unter anderem auch über ihre Liebesbeziehungen. Sie wurden über Umgang mit Kummer, Zurückweisung, Bedrohung, Eifersucht, Trennung und erlebte Einschränkungen, über ihre gemeinsame Entscheidungsfindung, über den Einfluss der Beziehung auf die eigene Entwicklung und über ihre Hoffnungen und Befürchtungen im Hinblick auf die Partnerschaft befragt. Wie bei der Bindungsrepräsentation waren wir daran interessiert, welches Bild sie über ihren Umgang mit den eigenen Bedürfnissen nach Unterstützung in der Partnerschaft vermittelten, über ihre Bereitschaft und Fähigkeit zur Gewährung von Unterstützung bei emotionaler Belastung des Partners, über ihre Wertschätzung von Bindung und allgemein, und wie informativ sie mit dem Thema umgingen. Sie wurden z. B. danach klassifiziert, ob sie für den Partner bei Kummer verfügbar waren, ob sie eigene Bedürfnisse nach emotionaler Unterstützung ausdrücken konnten und vieles mehr. Generell wurde bewertet, ob sie glaubhaft, widerspruchsfrei, verständlich und emotional integriert berichteten und bewerteten. Die Narrationen der Interviews enthielten Hinweise auf die Qualität der Informationsverarbeitung, wie Leichtigkeit des Zugangs zu bindungsrelevanten Informationen, Widerspruchsfreiheit, Geordnetheit und Relevanz über die Partnerbeziehung. Weiterhin wurde sprachlich erfasst, ob es ihnen glaubhaft gelang, Zuneigung und Unterstützung innerhalb ihrer partnerschaftlichen Beziehung zu geben und zu erhalten.

Die mentale Repräsentation solcher Liebesbeziehungen wurde wie folgt in Demensionen erfasst: »Freiheit zur Bewertung der Partnerschaft«, »Vermeidung bindungsrelevanter Aspekte der Partnerschaft« und »Klarheit in der Partnerschaft und im Diskurs« (Winter, in Vorb.). »Sicherheit der Partnerschaftsrepräsentation« ist gekennzeichnet durch die leichte Abrufbarkeit bindungsrelevanter Erinnerungen und Gefühle im Gedächtnis und durch eine hohe sprachliche Kohärenz des Interviews. Dabei können sowohl positive wie negative Erfahrungen mit dem Partner berichtet werden. Bei der zweiten Dimension, »Vermeidung bindungsrelevanter Aspekte der Partnerschaft« scheint der offene und flexible Zugang zu bindungsrelevanter Information eingeschränkt und zwar dadurch, dass kaum Informationen gegeben werden, die Auseinandersetzung mit dieser Thematik also weitgehend vermieden wird. Wie im Erwachsenen- Bindungsinterview von George, Kaplan & Main (Hesse,1999) werden auch in der vermeidenden Partnerschaftsrepräsentation im Partnerschaftsinterview Partner idealisiert oder Bindungsthemen werden abgewertet. Bei der dritten Dimension »Verstrickung in der Partnerschaft« besteht die Einschränkung darin, dass zwar viel, oft übermäßig viel über Bindungsthemen erzählt wird, allerdings oft stark emotionalisiert und ohne, dass auf die Frageintention des Interviewers genau eingegangen wird. Es entsteht so kein klares Bild beim Zuhörer. Bei beiden unsicheren Dimensionen sind die vorhandenen Interviews deutlich inkohärent. Die Darstellungen schwanken zwischen positiv und negativ oder weisen Widersprüche auf, ohne dass sie vom Sprecher bemerkt werden. Diese dritte Dimension wurde positiv umgepolt und »Klarheit in der Partnerschaft und im Diskurs« benannt, um auch solche Personen erfassen zu können, die zwar keine aktuelle gute Partnerschaft erleben, trotzdem aber genau beschreiben können, wie sie sich eine wertschätzende, liebende Partnerschaft vorstellen.

5.2 Längsschnittliche Zusammenhänge der Mutter-Kind-Beziehung

Es zeigten sich signifikante Zusammenhänge zwischen der Feinfühligkeit der Mutter sowohl im Hinblick auf Bindung als auch auf Exploration in den ersten sechs Lebensjahren und der Klarheit der jungen Erwachsenen in Partnerschaft und Diskurs mit 22 Jahren. Schon sehr früh in der Sozialisation beeinflusst das mütterliche Verhalten also die Fähigkeit ihrer jetzt erwachsenen Kinder klar über ihre Erwartungen und Bedürfnisse in Partnerschaften sprechen und diese eindeutig zu bewerten. Für die kombinierte Feinfühligkeit der Mütter über die ersten sechs Lebensjahre des Kindes hinweg zeigte sich darüber hinaus ein bedeutsamer Einfluss auf die Sicherheit der Partnerschaftsrepräsentation. Die jungen Erwachsenen, deren Mütter auf ihre kleinkindlichen Bedürfnisse einfühlig eingingen, sprachen über ihre Partner als Quelle emotionaler Sicherheit, sie formulierten ihre Bedürfnisse angemessen und boten ihren Partnern bei emotionalen Belastungen selbst eine sichere Basis. Die zusammengefassten Maße für die Kleinkindzeit (erstes + zweites Lebensjahr), für die frühe Kindheit (bis sechs Jahre), die mittlere Kindheit (bis zehn Jahre), die Hermann Scheuerer-Englisch (1989) untersucht hat und für die Adoleszenz (bis 16 Jahre, Zimmermann 1994) wiesen z. T. hochsignifikante Zusammenhänge auf.

Zu allen vier Alterszeitpunkten, mit eins, sechs, zehn und 16 Jahren zeigt sich, dass die Fähigkeit der Mütter, die Bedürfnisse ihrer Kinder wahrnehmen und angemessen darauf reagieren zu können, für die Partnerschaftsrepräsentation der jungen Erwachsenen bedeutsam ist. Junge Erwachsene, deren Mütter in der Vergangenheit ihren Bedürfnissen gegenüber offen und feinfühlig waren, waren nun ihrerseits für ihre Partner eine sichere Basis bei emotionalen Belastungen. Sie berichten von einem Umgang mit Konflikten, der zeigt, dass sie sowohl die eigenen als auch die Bedürfnisse des Partners anerkannten und für eine Lösung im Auge behielten. Sie berichteten lebendig, so dass beim Leser der Interviews ein deutliches und einfühlbares Bild der Beziehung entsteht, und sie waren in der Lage, über ihre gemachten Erfahrungen zu reflektieren und sie kohärent, auf zielkorrigierte Weise, in ihre individuelle Geschichte von sich selbst in eigenen liebevollen Beziehungen zu integrieren (Grossmann, Grossmann, Winter & Zimmermann, im Druck; Winter & Grossmann, im Druck).

5.3 Längsschnittliche Zusammenhänge mit Vätern

Die Fähigkeit, dem Kind eine sichere Basis beim Spiel mit zwei Jahren zu sein erlaubte, ebenso wie die Förderung der spielerischen Exploration in der frühen Kindheit und die Unterstützung im Jugendalter, Vorhersagen über die Sicherheit in der neuen Partnerschaft. Die väterliche Spielfeinfühligkeit mit zwei Jahren korrelierte weiterhin signifikant mit der Klarheit in Partnerschaft und Diskurs 20 Jahre später. Die Zusammenfassung der Einzelmaße zu den verschiedenen Alterszeitpunkten zeigte wiederum vor allem deutliche Einflüsse einer konstanten Unterstützungsqualität durch die Väter. Die jungen Erwachsenen, deren Väter über alle Erhebungszeitpunkte im Mittel eine gute Unterstützungsqualität gezeigt hatten, waren ihren Partnern gegenüber bei emotionalen Belastungen offen zugänglich. Sie berichteten dann häufiger über hohe Wertschätzung von Bindungsaspekten in ihrer Partnerschaft und gaben eher zielkorrigierte Lösungen bei Konflikten zu erkennen.

Die Ergebnisse über 22 Jahre hinweg sind ein wichtiger Hinweis auf die Tragfähigkeit der wichtigsten Hypothese der Bindungstheorie: Erfahrungen mit Bindungspersonen formen sehr früh im Leben bereits innere Arbeitsmodelle von sich und anderen. Was hier für klinisch unauffällige Familien gezeigt wurde, gilt ebenso, mit umgekehrten Vorzeichen, auch für klinisch auffällige Familien (Cassidy & Shaver 1999). Es war das ganze Spektrum unterschiedlicher Formen elterlicher Unterstützung, das zu den gezeigten längsschnittlichen Zusammenhängen führte. Was hier im positiven Sinne dargestellt wurde, gilt umgekehrt natürlich genauso für fehlende Unterstützung, Zurückweisung und generell für Mangel an sympathischem, einfühlsamem Umgang mit negativen Gefühlen. Ein wegen seines Ärgers zurückgewiesenes Kind kann nicht lernen, dass ihm die Eltern helfen, den Grund des Ärgers zu beseitigen, weil es das nicht erfährt. Beim kleinen Kind besteht der Grund des Ärgers meist in der Angst, alleine gelassen, ignoriert oder zurückgewiesen zu werden. Der Ärger bleibt ohne feinfühliges Verständnis und unterstützendes Verhalten von Bindungspersonen ohne Funktion und Bedeutung. Viele solcher »un-sympathischen« Erfahrungen sind geeignet, eine zielkorrigierte Organisation von Gefühlen und von sprachlich mitteilbaren Erkenntnissen zu verhindern. Die Kinder lernen dann nicht, bei negativen Gefühlen Trost, Hilfe und Unterstützung zu suchen und anzunehmen, und ihr Ärger wird ziellos.

6. Bindungsforschung und Beratung

Es ist modern geworden, auch psychologische Beratung unter dem Aspekt einer Kosten-Nutzen Rechnung zu sehen. Man glaubt den Umgang mit enger gewordenen Budgets durch Erfolgskontrollen bewältigen zu können. Dies ist einerseits richtig, weil es zu viel Esoterik im Feld gibt und weil wissenschaftliches Denken oft unterentwickelt ist oder mit zuviel Ignoranz übergangen wird. Für die Psychotherapie z. B. haben Grawe & Braun (1994) eine Qualitätskontrolle auch in der Psychotherapiepraxis verlangt. Dahinter verbirgt sich jedoch zweierlei:

Zum einen meint dies den in jeder empirischen Forschung unerlässlichen Nachweis eines Zusammenhangs zwischen der beratenden Intervention und den dadurch erzielten Wirkungen. Solche Wirkungen müssen das Fühlen, die

Motive, das Denken und das Handeln verändern und das ist im Prinzip nachzuweisen. In diesem Sinne ist die Bindungsforschung gefordert zu zeigen, wie das geschehen kann. Provokativ für alle, die sich diesem ehernen Grundsatz auch der psychologischen Erfahrungswissenschaft entziehen, fordern Grawe, Donati & Bernauer (1994) einen »Wandel der psychotherapeutischen Konfession zur Profession«. Sie haben recht. Die Ausbildung zum psychologischen Berater und zum psychologischen Therapeuten (Grawe 1998) wird sicher auf eine enge Zusammenarbeit zwischen Lehrer und Lehrling und auf die Vermittlung bestimmter Überzeugungen nicht verzichten. Die Qualität erzielter Besserung aber ist aus wissenschaftlicher Perspektive eine unerlässliche Beweisschuld. Wie aber soll das geschehen?

Ein unangemessener Weg ist sicher die Orientierung an einer Kosten-Nutzen Rechnung aus der Warenherstellung. Dies ist vor allem dann unangemessen, wenn die Dauer, also die Zeit und der finanzielle Aufwand für die Herstellung einer bestimmten Produktqualität das Maß der beraterischen Tätigkeit ist. Dazu sind die individuellen Voraussetzungen in der psychologischen Intervention, nicht nur aus bindungstheoretischer Sicht, viel zu verschieden. Was in einem Fall vielleicht nur eines gezielten Beratungsgespräches bedarf, bedarf in einem anderen Fall einer langwierigen Neuorientierung internaler Arbeitsmodelle von Denk- und Handlungsstrukturen oder der Veränderung eingefahrener Familienstrukturen. Der Umgang mit unsicher-vermeidenden Personen ist anders als der mit unsicher-ambivalenten, und der mit desorganisierten und desorientierten wiederum verschieden davon.

Erziehungsberatung hat nicht selten mit Personen zu tun, denen integrative Bindungserfahrungen teilweise oder sogar vollständig fehlen. Dazu kommt noch ein weiteres: Erst wenn eine Person im sprachlichen Diskurs mehrere sprachlich-kognitive Deutungsmöglichkeiten emotional relevanter Situationen erfahren hat, kann sie darüber reflektieren. Dann erst kann sie ein ziel-korrigiertes Verständnis für die Sichtweise anderer entwickeln. Nur so erschließt sich dem Individuum die Möglichkeit der reflektierenden Veränderung von unsicheren, vor allem auch von desorganisierenden Erfahrungen. Das autobiografische Selbst basiert auf kohärenten Deutungen von Gefühlen und den Bedingungen, die damit im Zusammenhang stehen. Die intensivsten Gefühle aber treten beim kleinen Kind auf, das sein Bedürfnis nach psychischer Sicherheit erfüllen muss und dabei absolut auf seine Bindungspersonen angewiesen ist. Es kann noch nicht über die Ursachen seiner Gefühle reflektiert nachdenken und verfügt nur über den nicht-sprachlichen Ausdruck als Mittel zur Mitteilung seiner Gefühle. Bei den späteren inneren Arbeitsmodellen des Jugendlichen über sich und seine emotionalen Beziehungen zu anderen sind diese Erfahrungen der wichtigste Teil seiner sprachlichen Repräsentationen. Daraus erklärt sich auch die besondere Bedeutung der Reflexivität (Fonagy, Steele, Steele, Moran & Higgitt 1991).

Eine zentrale Frage Bowlbys bei den therapeutischen Zielen lautet: Wie kann die sprachliche Verfügbarkeit »unaussprechlicher« und isolierter Erfahrungen und der damit verbundenen »unaussprechlichen« chaotisch negativen Gefühle in einen neuen kohärenten Deutungszusammenhang gebracht werden? Wie also wären beratende Diskurse zu gestalten, die wirklichkeitsferne und falsche innere Arbeitsmodelle verhindern oder beheben?

Bindungslernen, nach Minsky (1987) ist das Erlernen von (Lebens)zielen, für die es lohnt sich anzustrengen. Ein Kind merkt solche Anstrengungen nicht, so wie es auch ohne Anstrengung sprechen lernt, weil Bindung wie Sprechen von der Evolution vorgesehen ist und für das Individuum unbewusst geschieht. Eine »Regression« später im Leben auf diese kindliche Entwicklungsphase ist nicht möglich, weil Bewusstsein und Sprache den naiven Umgang mit Angst, Trauer, Langeweile, Überforderung, Ärger, Wut und innerer Leere unmöglich machen. Man bleibt erwachsen, auch wenn man zurückdenkt. Eine sprachlich bewusste Auseinandersetzung mit negativen Erfahrungen in Gegenwart und Vergangenheit aber ist anstrengend und wird in der Therapie folgerichtig »Arbeit« genannt, weil lähmende oder destruktive Gefühlskonflikte zu überwinden sind und lebenswerte Ziele, für die sich jede Anstrengung lohnt, gefunden werden sollen. Therapeuten und Berater müssen, aus bindungstheoretischer Sicht, Verhalten folglich auf Ziele hin organisieren und helfen, wo Vermeidung, Ambivalenz, Desorientierung, Desorganisation, also Gefühle ohne Funktion und Ziel vorherrschen. Vor allem aber müssen sie helfen, eine mentale Ordnung zu stiften, wo sie nicht besteht, wenn also unklare Gefühle mit »wirklichen« Ursachen unverbunden sind und erst im sprachlichen Diskurs deutlich gemacht und miteinander verbunden werden müssen. Das Produkt Beratung hat, wie jede erfolgreiche psychologische Intervention, zum Ziel, dem Individuum zu adaptiven, angemessenen Verhalten in der Wirklichkeit zu verhelfen. Die psychologische Entscheidung über den Erfolg der Beratung kann deshalb nur in der anzustrebenden Erkenntnis des Klienten selbst liegen, dass nämlich der Zweck der Beratung, nach dem er gesucht hat, für ihn erreicht sei. Neuere Untersuchungen zeigen: Die Zufriedenheit mit dem Produkt Beratung ist dann am größten, wenn Klienten den Zweck und den Erfolg selbst bestimmen können (Seligman 1998). Ein Sonderheft der American Psychological Association befasst sich in 15 sehr unterschiedlichen Beiträgen, mit einer damit verbundenen »positiven Psychologie« (Seligman & Csikszentmihaly 2000). Manchmal kann eine solche Neuorientierung in kurzer Zeit erreicht werden, manchmal aber dauert es lange und manchmal misslingt es. Es geht dabei nicht in erster Linie um die Rekonstruktion vergangener Wirklichkeiten, die sich auch nicht verifizieren lassen. Es geht vielmehr um die Veränderung des Umgangs mit gegenwärtigen und zukünftigen »wirklichen« nahestehenden Mitmenschen. Das ist, wie gesagt, jenseits der Kleinkindzeit nicht ohne außerordentliche Anstrengungen zu haben. Der Lohn dafür ist ein innerlich reiches Leben, ohne Langeweile, weitgehend ohne innere Leere, ohne unbeherrschbare Gefühle und ohne ständige Angst vor Überforderungen. Gefühle zeigen das nur an, sie sind aber nicht Ursache eines misslingenden Lebens (Bowlby 1969). Das gelingende Leben verfügt stattdessen über die Fähigkeit, Motive zu klären, Perspektiven zu entwickeln und zielkorrigiert im Einklang mit anderen zu handeln. Es ist in der Lage, Wissen, Sprechen, Denken und Fühlen zu integrieren. Eine Kosten-Nutzen-Rechnung ohne ein solches qualitatives und subjektives Kriterium bliebe in der Tat auf der für uns nicht akzeptablen Ebene von Warenproduktion stehen. Einen idealen und vorbildhaften Bezugsrahmen für eine psychologische Kosten-Nutzen-Kontrolle bieten ohne jeden Zweifel die Verhaltensstrategien sicher gebundener Kinder und die vielfältigen sicheren internalen Arbeitsmodelle Erwachsener. Sie handeln und planen am ehesten zweckvoll und können vernünftig darüber sprechen, weil sie den gesamten Bereich zwischen vertrauter Nähe und der Freiheit des Erkundens, sowohl faktisch als auch mental, uneingeschränkt und wirklichkeitsorientiert, wie selbstverständlich beherrschen. Selbst wenn ihre Bindungserfahrungen als Kinder unsicher waren, können sie dies erkennen lernen, um ihren Gefühlen nicht länger hilflos ausgeliefert zu bleiben.

Literatur

Ainsworth, M. D. S. & Wittig, B. A. (1969): Attachment and the exploratory behavior of one-year-olds in a strange situation. In: B.M. Foss (Hg.): Determinants of infant behavior, Vol. 4, 113–136. London (Methuen).
Ainsworth, M. D. S. (1967): Infancy in Uganda: Infant care and the growth of love. Baltimore (Johns Hopkins University Press).
Ainsworth, M. D. S., Bell, S. M. & Stayton, D. J. (1974): Infant-mother attachment and social development: »Socialization« as a product of reciprocal responsiveness to signals. In: P.M. Richards (Ed.): The integration of a child into a social world. Cambridge (University Press), S. 99–135.

Ainsworth, M. D. S., Blehar, M. C., Waters, E. & Wall, S. (1978): Patterns of attachment. A psychological study of the strange situation. Hillsdale, NJ (Lawrence Erlbaum Associates).

Böhm, B. (1998): Sprachliche Unterschiede zwischen 10–13-jährigen Jungen aus Scheidungs- und Nichtscheidungsfamilien. Regensburg (Roderer).

Bowlby, J. (1969): Attachment and loss. Vol. 1: Attachment. London (Hogarth Press and Institute of Psycho-Analysis). (deutsch: Bindung. München (Kindler), 1975).

Bowlby, J. (1973): Attachment and loss. Vol. 2: Separation: Anxiety and anger. New York (Basic Books) (deutsch: Trennung. München (Kindler), 1976).

Bowlby, J. (1980): Attachment and loss. Vol. 3: Loss: Sadness and depression. New York (Basic Books) (deutsch: Verlust. Frankfurt (Fischer), 1983).

Cassidy, J. & Shaver, P. R. (Eds.) (1999): Handbook of Attachment: Theory, Research, and Clinical Applications. New York (Guilford Press). Section V: Clinical applications of attachment theory and research, S. 469–645.

Donald, M. (1991): Origins of the modern mind: three stages in the evolution of culture and cognition. Cambridge, MA (Harvard University Press).

Fonagy, P., Steele, M., Steele, H., Moran, G. S. & Higgitt, A. C. (1991): The Capacity for Understanding Mental States: The Reflective Self in Parent and Child and its Significance for Security of Attachment. Infant Mental Health Journal, 12(3), S. 201–218.

Fremmer-Bombik, E. & Grossmann, K. E. (1991): Frühe Formen empathischen Verhaltens (Early forms of empathic behavior). Zeitschrift für Entwicklungspsychologie und Pädagogische Psychologie, 23, S. 299–317.

Grawe, K. (1998): Psychologische Therapie. Göttingen (Hogrefe).

Grawe, K. & Braun, U. (1994): Qualitätskontrolle in der Psychotherapiepraxis. Zeitschrift für Klinische Psychologie, 23(4), S. 242–267.

Grawe, K., Donati, R. & Bernauer, F. (1994): Psychologie im Wandel – von der Konfession zur Profession. Göttingen (Hogrefe).

Grossmann, K. (1997): Infant-father attachment relationship: Sensitive challenges during play with toddler is the pivotal feature. Poster presented at the Biennial Meeting. Washington, DC.

Grossmann, K. (1999): Merkmale einer guten Gruppenbetreuung für Kinder unter drei Jahren im Sinne der Bindungstheorie und ihre Anwendung auf berufsbegleitende Supervision. In: Deutscher Familienverband (Hg): Handbuch Elternbildung. Band 2: Wissenswertes im zweiten bis vierten Lebensjahr des Kindes. Opladen (Leske & Budrich), S. 165–184.

Grossmann, K. & Grossmann, K. E. (1998): Bindungstheoretische Überlegungen zur Krippenbetreuung und ihre Anwendung auf berufsbegleitende Supervision. In: Ahnert, L. (Hg.): Tagesbetreuung für Kinder unter 3 – Theorien und Tatsachen. Göttingen (Huber), S. 69–81.

Grossmann, K. & Kindler, H. (1998): Father's Attachment Representation: Its Reflections in his Interactions with his Toddler and Aspects of his Child's Future Development (II – actually presented paper). Paper presented at the XVth Biennial Meeting of the International Society for Behavioral Development, Bern, Switzerland. Juli, 1–4, 1998.

Grossmann, K., Grossmann, K. E., Spangler, G., Suess, G. & Unzner, L. (1985): Maternal sensitivity and newborns' orientation responses as related to quality of attachment in northern Germany. In: Bretherton, I. & Waters, E. (Hg.): Growing points in attachment theory and research. Monographs of the Society for Research in Child Development, 50, S. 233–256.

Grossmann, K., Grossmann, K. E., Fremmer-Bombik, E., Kindler, H., Scheuerer-Englisch, H., & Zimmermann, P. (in Vorb.): Child-father attachment relationship: Longitudinal impact of sensitive challenging behavior during play with the toddler versus patterns of infant-father attachment in the strange situation.

Grossmann, K. E. (1977): Skalen zur Erfassung mütterlichen Verhaltens von Mary D. S. Ainsworth. In: K. E. Grossmann (Hg.): Entwicklung der Lernfähigkeit in der sozialen Umwelt. München (Kindler), S. 96–107.

Grossmann, K. E. & Grossmann, K. (1993): Emotional organization and concentration on reality in a life course perspective. International Journal of Educational Research, S. 541–554.

Grossmann, K. E. & Grossmann, K. (1995): Frühkindliche Bindung und Entwicklung individueller Psychodynamik über den Lebenslauf. Familiendynamik, 20, S. 171–192.

Grossmann, K. E., Becker-Stoll F., Grossmann, K., Kindler H., Schieche M., Spangler G., Wensauer M. & Zimmermann P. (1997): Die Bindungstheorie. Modell, entwicklungspsychologische Forschung und Ergebnisse. In: Keller, H. (Hg.): Handbuch der Kleinkindforschung. Göttingen (Hogrefe), S. 51–95.

Grossmann, K.E., Grossmann, K., Winter, M. & Zimmermann, P. (in Vorb.): Attachment Relationships and Appraisal of Partnership: From Early Experience of Sensitive Support to Later Relationship Representation. In: Lea Pulkkinen & Avshalom Caspi (Hg.): Personality in the Life Course: Paths to Successful Development (Arbeitstitel). Cambridge (University Press).

Grossmann, K. E., Grossmann, K., Winter, M. und Zimmermann, P. (im Druck). Bindungsbeziehungen und Bewertung von Partnerschaft. Von früher Erfahrung feinfühliger Unterstützung zu späterer Partnerschaftsrepräsentation. In Brisch, K.-H., Grossmann, K. E., Grossmann, K. und Köhler, L. Bindung und seelische Entwicklungswege. Vorbeugung, Intervetention und Praxis. Klett-Cotta.

Harlow, H (1958): The nature and development of affection (Film). Göttingen: Institut für den wissenschaftlichen Film, W 1467.

Harris, P. (1999): Individual differences in understanding emotion: the role of attachment status and psychological discourse. Attachment and Human Development, Vol. 1(3), S. 307–324.

Hesse, E. (1999): The Adult Attachment Interview. Historical and Current Perspectives. In: J. Cassidy & P.R. Shaver (Hg.): Handbook of Attachment. Theory, Research, and Clinical Applications. New York (Guilford Press), S. 395–433.

Holmes, J. (1993): John Bowlby and attachment theory. London (Routledge).

Main, M. & Hesse, E. (1990): Parents' unresolved traumatic experiences are related to infant disorganized attachment status: Is frightened and/or frightening parental behavior the linking mechanism? In: Greenberg, M.T., Cicchetti, D. & Cummings, E.M. (Hg.): Attachment in the preschool years. Chicago (University of Chicago Press), S. 161–182.

Main, M. & Solomon, J. (1990): Procedures for identifying infants as disorganized/disoriented during Ainsworth Strange Situation. In: Greenberg, M. T., Cicchetti, D. & Cummings, E. M. (Hg.): Attachment in the preschool years. Chicago (University of Chicago Press), S. 121–160.

Main, M. & Solomon, J. (1986): Discovery of an insecure disorganized/disoriented attachment pattern: Procedures, findings and implications for the classification of behavior. In: Brazelton, T. B. & Yogman, M. (Hg.): Affective development in infancy. Norwood, NJ (Ablex), S. 95–124.

Main, M. & Weston, D. R. (1981): The quality of the toddler's relationship to mother and to father: Related to conflict behavior and the readiness to establish new relationships. Child Development, 52, S. 932–940.

Main, M., Kaplan, N. & Cassidy, J. (1985): Security in infancy, childhood, and adulthood: A move to the level of representation. In: Bretherton, I. & Waters, E. (Hg.): Growing points in attachment theory and research. Monographs of the Society for Research in Child Development, 50, S. 66–106.

Meins, E. (1997): Security of attachment and social development of cognition. Hove (Psychology Press).

Meins, E. (1999): Sensitivity, security, and internal working models: Bridging the transmission gap. Attachment and Human Development, 1 (3), S. 325–342.

Minsky, M. (1987): The society of mind. London Heinemann (Pan Books, Picador Edition, 1987).

Nelson, K. (1999): Representations, narrative development, and internal working models. Attachment and Human Development. Vol. 1 (3), S. 239–251.

Scheuerer-Englisch, H. (1989): Das Bild der Vertrauensbeziehung bei zehnjährigen Kindern und ihren Eltern. Bindungsbeziehungen in längsschnittlicher und aktueller Sicht (Representations of trust-relationships in ten-year-olds and their parents: Attachment relationships in longitudinal and present perspectives). Unpublished doctoral dissertation, Universität Regensburg.

Seligman, M. E. P. (1998): The effectiveness of therapy. APA Monitor, 29(5), S. 2.

Seligman, M. E. P. & Mihaly Csikszentmihaly (Hg.) (2000): Positive Psychology. Special issue on happiness, excellence, and optimal human functioning. American Psychologist, 55(1), S. 5–135.

Solomon, J. & George, C. (1999): The Place of Disorganization in Attachment Theory: Linking Classic Observations with Contemporary Findings. In: Solomon, J. & George, C. (Hg.): Attachment Disorganization. The Guilford Press, S. 3–32.

Spangler, G. & Grossmann, K.E. (1993): Biobehavioral organization in securely and insecurely attached infants. Child Development, 64, S. 1439–1450.

Spangler G. & Grossmann, K. (1995): Zwanzig Jahre Bindungsforschung in Biefeld und Regensburg. In: Spangler, G. & Zimmermann, P. (Hg.): Die Bindungstheorie. Grundlagen, Forschung und Anwendung. Stuttgart (Klett-Cotta), S. 50–63.

Spangler, G., Fremmer-Bombik, E. & Grossmann, K. (1996): Social and individual determinants of attachment security and desorganization during the first year. Infant Mental Health Journal, 17, S. 127–139.

Suess, G., Grossmann, K. E. & Sroufe, L. A. (1992): Effects of infant attachment to mother and father on quality of adaptation in preschool. From dyadic to individual organisation of self. International Journal of Behavioral Development, 15, S. 43–65.

Winter, M. & Grossmann, K. E. (im Druck): Der Einfluss der Qualität des elterlichen Umgangs mit den Bindungs- und Explorationsbedürfnissen ihrer Kinder auf die Repräsentation romantischer Beziehungen im jungen Erwachsenenalter. In: Thomas Fuchs (Hg.): Affekt und affektive Störungen. Paderborn (Schöning-Verlag).

Winter, M. (in Vorb.): Bindungsqualität und Partnerschaftsbeziehungen von 0–22 Jahren (Arbeitstitel). Universität Regensburg.

Zimmermann, P. (1994): Bindung im Jugendalter: Entwicklung und Umgang mit aktuellen Anforderungen. (Attachment in adolescence: Development while coping with actual challenges.) Universität Regensburg, Unveröffentlichte Dissertation.

Bindung und Gleichaltrigenbeziehungen während der frühen Kindheit[1]

Brian E. Vaughn, Carroll Heller und Kelly K. Bost

Schon die ersten offiziellen Darstellungen John Bowlbys (1969/1982) ließen die Bindungstheorie als ein kühnes und ehrgeiziges intellektuelles Programm zur Erklärung der Anfänge, Entwicklung und der Bedeutung menschlicher Sozialbeziehungen erkennen. Und zwar dadurch, dass sie die Kernaussagen Freud's zum Wesen sowie zur Bedeutung früher Eltern-Kind-Beziehungen hervorhebt – und so bewahrt – (siehe Waters, Kondo-Ikemura, Posada, & Richters 1991), und indem sie die zentralen motivationalen Metaphern (z. B. Triebe) der Psychoanalyse reformiert. Wie Freud auch, betrachtete Bowlby Kleinkinder als dynamische und komplexe soziale, kognitive und emotionale Wesen, die in eine Matrix von Beziehungen eingebunden sind, zunächst mit den Eltern und später dann mit den Mitgliedern eines größeren sozialen Netzwerkes. Diese Beziehungen selbst sind emotionale Bande, die nicht vollständig auf individuelle Handlungen oder dyadische Interaktionen reduzierbar sind. Sowohl Freud als auch Bowlby stellten fest, dass Eltern-Kind-Kind-Beziehungen im Kindes- und Erwachsenenalter sowie Liebesbeziehungen zwischen Erwachsenen zu derselben Familie von Beziehungen gehören, d. h. sie *alle* sind Liebesbeziehungen. Und so hat dann ein Verlust einer Bindungsbeziehung dieselben erwartbaren Konsequnzen wie ein Verlust im Erwachsenenleben, insbesondere Kummer und Trauer. Bindungsbeziehungen – einmal ausgebildet – werden nie freiwillig oder vollständig aufgegeben;

---

[1] Überarbeitete Fassung eines Vortrages bei der Bundeskonferenz für Erziehungsberatung in Fulda, im März 2000. Die Datenerhebung und die Vorbereitung des vorliegenden Beitrages wurden unterstützt durch: Head Start/University Partnership Stipendium #ACYF-90-CD-0956 und NSF Stipendium 95-14563. Die präsentierten Daten entstammen einer Doktorarbeit von Carrol Heller, vorgelegt beim Department of Human Development and Family Studies der Auburn University. Die Autoren danken den Direktoren und Dozenten des Head Start Centers des Auburn University Child Study Center, die diese Forschungen unterstützt und angeregt haben. Wir wollen ebenfalls den Eltern danken, die uns Einblick in ihr Zuhause, sowie Beobachtungen mit ihren Kindern erlaubten und ohne deren Mitwirkung wir in unseren vorliegenden Bemühungen nichts erreicht hätten. Der Beitrag wurde von G. J. Suess vom Englischen ins Deutsche übersetzt.

wahrscheinlich ist dies eine Konsequenz der Tiefe und der Intensität von Bindungsbeziehungen. Schließlich nahm Bowlby – wie Freud auch – an, dass frühe Erfahrungen in Bindungsbeziehungen in bedeutsamer Weise zur späteren Entwicklung beitragen; und zwar ging er davon aus, dass das Lernen zu lieben im Kontext von Bindungsbeziehungen im Kleinkindalter und in der Kindheit einen Meilenstein für die seelisch geistige Gesundheit und zwischenmenschliche Anpassung während des gesamten Lebens darstellt (Waters u.a. 1991).

Obwohl diese Freud'schen Erkenntnisse einen wichtigen Beitrag zur Erklärung von Eltern-Kind-Beziehungen darstellen, verband sie die akademische Psychologie auch mit dem – einer aus dem 19. Jhd. entstammenden Weinlese Freud's – hydraulischen Triebmodell, welches Ende der sechziger Jahre die wissenschaftliche Glaubwürdigkeit von Engeln und Feen besaß. Obgleich Bowlby anfänglich das Triebmodell verteidigt hatte (z. B. Bowlby 1958), erkannte er, als Band I von Bindung und Verlust 1969 (dt. 1975) erschien, dass dieses Modell wissenschaftlich nicht haltbar war, und bot eine Mischung aus ethologischer/evolutionärer Theorie, allgemeiner Systemtheorie sowie kognitiver Psychologie an, um den psychoanalytischen Rahmen, das Herzstück der Bindungstheorie, zu stützen. Das Zentrum dieser Mischung bildet die Idee eines Bindungsverhaltenssystems mit der biologischen Funktion, das Kind zu schützen (vor nichthumanen und humanen Räubern). Dieses Bindungsverhaltenssystem war mit Eigenschaften eines homeostatischen Kontrollsystems ausgestattet, dessen Zielgröße die Aufrechterhaltung von Nähe zur fürsorgenden Person ist (die vermutlich Schutz bietet).

Bowlby ging davon aus, dass das Verhaltenssystem das Ausmaß an Nähe überwacht und das Kind motiviert, den Grad an Nähe in Abhängigkeit von seinem inneren Zustand und/oder von äußeren Bedrohungen für die Sicherheit (real und imaginiert) zu erhöhen (d. h. Bindungsverhalten zu verstärken). Die Wirkung dieses Verhaltenssystems wird – so die Version Bowlbys – durch ein komplementäres »Fürsorgesystem« unterstützt, das das Verhalten von Müttern[2] als Supervisorinnen und Beschützerinnen ihrer Kinder beschreibt und organisiert (siehe George & Solomon 1999a, 1999b). Schließlich erzeugen bindungsrelevante Erfahrungen für das Kind Erinnerungen,

---

[2] Wenn von Müttern in diesem Kapitel die Rede ist, sind alle Personen gemeint, die hauptsächlich für ein Kind sorgen, unabhängig von ihrem Geschlecht und ihrer biologischen Beziehung zum Kind (Anm. des Übersetzers).

Erwartungen und Bewertungen zur Wirksamkeit der Eltern als Beschützer, welche wiederum das Wesen eines mentalen Modelles von Bindungsbeziehungen darstellen. Bowlby bezeichnete diese mentale Repräsentation als das internale Arbeitsmodell eines Kindes von Bindung und schlug vor, dass dieses Modell nur allmählich über die ersten paar Jahre des Lebens gebildet und verbessert wird.

Mit Bezug auf Beispiele von Ethologen wie Konrad Lorenz, Niko Tinbergen und Robert Hinde vertrat Bowlby (z. B. 1953, 1969/1982) die Ansicht, dass Beweise für diese Theorie durch die direkten Beobachtungen der täglichen Interaktons-Routine kleiner Kinder und ihrer Mütter in ihrer »natürlichen« Umgebung möglich sind. Mit diesem Vorschlag zur direkten Beobachtung der Interaktionen zwischen normalen Mutter-Kind-Dyaden unter ganz normalen Bedingungen versuchte Bowlby die Erforschung der sozialen und der Persönlichkeitsentwicklung aus einer psychoanalytischen Perspektive neu zu beleben, die seiner Ansicht nach sich zunehmend übermäßig für die Re-Konstruktion von Verhalten, Interaktionen und Beziehungen während des analytischen Dialoges Erwachsener interessierte; nun sei es an der Zeit, diese Phänomene während ihrer Entwicklung in der frühen Kindheit und der Kindheit zu untersuchen. Er betrachtete seine frühe Zusammenarbeit mit James Robertson (z. B. Bowlby, Robertson & Rosenbluth 1952) und Mary Ainsworth (z. B. Ainsworth & Bowlby 1954) als Schritte in diese Richtung. Obwohl Bowlby die Zielgruppe der Psychoanalytiker im Auge hatte, wahrscheinlich besonders jene aus der Schule der »Objekt-Beziehungs-Theorien«, wurde sein Ruf nach einem ethologischen Verfahren in der Untersuchung von Eltern-Kind-Interaktionen viel weitgehender von den »mainstream«-Entwicklungspsychologen angenommen, besonders nach dem Anfangserfolg von Mary Ainsworth in ihrer Uganda- und Baltimore-Studie (Ainsworth 1967; Ainsworth, Blehar, Waters, & Wall 1978). Innerhalb einer Dekade nach der Veröffentlichung des ersten Bandes von *Attachment and Loss* (dt. Bindung 1976) wurde das früher dominante Abhängigkeitskonzept[3] für Eltern-Kind-Beziehungen von den Entwicklungspsychologen zugunsten des neuen »Bindungs«-Standpunktes aufgegeben.

---

[3] Abhängigkeits- und Verwöhntheorien hielten sich über Jahrzehnte in der wissenschaftlichen Literatur (Lerntheorie), der Erziehungspraxis (Ängste von Eltern) und in Eltern-Ratgebern. Diese gehen davon aus, daß Eltern ihre Kinder durch einfühlsames Eingehen auf ihre Signale, insbesondere das Weinen, verwöhnen, verziehen und zu Haustyrannen heranziehen bzw. die Kinder am Rockzipfel ihrer Mütter hängen würden und wenig Selbstständigkeit und Autonomie erwerben würden. (Anm. des Übersetzers)

Die Freudschen Erkenntnisse, die Bowlby zu bewahren suchte, besagen, dass sich die frühen Bindungs-(Liebes-)Beziehungen auf die zwischenmenschliche Anpassung (oder Fehlanpassung) über die gesamte Lebensspanne hin auswirken. Bowlby dehnte diese Aussagen aus und bestand darauf, dass Bindungen ihrerseits bewahrt (als gelebte Beziehungen und als internale Arbeitsmodelle) und in neue Beziehungen hineingetragen werden (Bowlby 1980). In diesem Sinne wurde Bindung als ein Phänomen der gesamten Lebensspanne und nicht nur als ein Merkmal der Säuglingszeit und der frühen Kindheit betrachtet. Die Bindungs-/Fürsorge-Beziehung, die sich zwischen Kind und Erwachsenem herausbildet, können Modifikationen erleben, wenn das Kind reifer wird und eine Reihe kognitiver und sozialer Kompetenzen erwirbt; aber Bowlbys Theorie geht davon aus, dass Hauptbestandteile des Phänomens der sicheren Basis, d. h. der Rückgriff auf die Hauptbetreuungsperson bei Bedarf als Basis für Exploration und als Hafen der Sicherheit, für viele Jahre in dieser Stellung verbleiben. Weil darüber hinaus Bindungen internal repräsentiert werden und in neue Beziehungen hineingetragen werden, können sie mit einer breiten Auswahl sozialer Phänomene verbunden werden, die gewöhnlich nicht als direkte Konsequenzen von Variationen in der Qualität von Eltern-Kind-Beziehungen erachtet werden. Z. B. werden Gleichaltrigen-Freundschaften während der frühen Kindheit nicht richtig als »Bindung« erachtet; aber mehrere Forscher haben berichtet, dass kleine Kinder mit sicheren Bindungen dazu neigen, ihre Freundschaften mit Gleichaltrigen anders zu gestalten, als dies Kinder mit unsicheren Bindungen tun (z. B. Park & Waters 1989).

Eine Bewertung des Erfolges des Bindungsprojektes

Über drei Jahrzehnte sind seit der ersten Veröffentlichung des ersten Bandes von »*Attachment and Loss*« (dt. Bindung 1976) vergangen, und wir können – zumindest vorläufig – den Erfolg des »Bindungsprojektes«, so wie es sich Bowlby und (etwas später) Ainsworth vorstellte, beurteilen. Anhand eines jeden beliebigen objektiven Bewertungskriterium ist dieses Projekt als überwältigend erfolgreich zu beurteilen. Die Bindungstheorie bietet einen starken Rahmen für die Interpretation empirischer Beobachtungen von Entwicklungsphänomenen und –prozessen, die den Aufbau von Eltern-Kind-Beziehungen umgeben, an (Sroufe & Waters 1978) und läßt sich zudem empirisch überprüfen, d. h. auch ihre Grenzen bestimmen. Die Bindungstheorie hat sich als Antwort-gebend sowie als flexibel/spannkräftig angesichts konzeptueller Herausforderungen erwiesen[4] und hat zu Bänden voller empirischer Daten geführt, die mit ihren Postulaten übereinstimmen (z. B. Bretherton & Waters 1985; Waters, Vaughn, Posada, & Kondo-Ikemura 1995). Und – was am bedeutsamsten ist – die Zahl der jungen Wissenschaftler, die eine Karriere innerhalb der Bindungsforschung in Angriff nehmen, wächst mit jedem Jahr. Bindungsstudien werden so häufig bei bedeutenden entwicklungspsychologischen Zeitschriften eingereicht, dass aus Platzgründen einige der spannendsten Arbeiten der letzten Zeit nicht zeitnah erscheinen konnten, und deshalb eine neue Zeitschrift, die der Bindungsforschung gewidmet ist, gegründet wurde sowie ein dickes *Handbook of Attachment* (Cassidy & Shaver 1999)[5] erforderlich wurde, um unser gegenwärtiges Verständnis von Bindung in der Entwicklungspsychologie, der Sozialpsychologie sowie der klinischen Psychologie zusammenzufassen. Tatsächlich sind die empirischen Ergebnisse und fachlichen Meinungen der Bindungstheoretiker und -forscher derart einflußreich, dass das »U. S. National Institute of Child Health and Human Development« eine größere, vielschichtige Längsschnittstudie zur Untersuchung der Hypothese in Auftrag gab, ob Tagesbetreuung während der Säuglingszeit beim Aufbau von unsicheren Bindungsbeziehungen zwischen Babies und ihren Müttern eine Rolle spielen (NICHD Early Child Care Research Network 1997)[6]. Bezüglich Bowlby's Zielen für den Erhalt der Freudschen Erkenntnisse war das Bindungsprogramm ebenfalls erfolgreich. Z. B. stützen Beobachtungen und experimentelle Studien von Säuglingen die Aussage, dass Babies ein komplexes und dynamisches aufnehmend-kognitives und sozio-emotionales Leben haben. Anstelle der »blühenden, summenden Verwirrung«, die William James so zutreffend für die Beschreibung der perzeptiven und kognitiven Welt des Säuglings fand, vertreten Entwicklungspsychologen und Therapeuten nun

---

[4] siehe hierzu den Austausch zwischen Masters & Wellman (1974) und Waters (1978, 1981)
[5] Handbuch der Bindung (Anm. des Übersetzers)
[6] Das NICHD-Projekt hat beinahe 20 Veröffentlichungen hervorgebracht. Hinsichtlich Bindungssicherheit ergaben sich keine direkten oder schädlichen Zusammenhänge zwischen Krippenerfahrung in der frühen Kindheit und Mutter-Kind-Bindungssicherheit. Diese Schlußfolgerung wird jedoch durch die Zusammenhänge mit der Qualität des jeweiligen Kinderbetreuungsprogrammes eingeschränkt. Schlechte Programme neigen dazu mit schlechten Ergebnissen allgemein zusammenzuhängen.

die Sichtweise eines kompetenten, organisierenden und aktiven Säuglings. Dieser Säugling ist nicht notwendigerweise zu reifem Funktionieren in einem der Verhaltens- oder psychologischen Bereiche in der Lage, aber er organisiert die physische und soziale Welt, in die er eingebunden ist, aktiv und effizient[7] und schreibt ihr Bedeutung zu. Es besteht ebenfalls weitgehende, wenn nicht sogar allgemeine Übereinstimmung, dass die frühe Eltern-Kind-Beziehung eine besondere Stellung als Liebesbeziehung einnimmt und Erfahrungen während der Säuglingszeit und der frühen Kindheit im Kontext dieser Beziehungen tiefgreifende Folgen für spätere Entwicklungsergebnisse haben[8].

Die Perspektive der Lebensspanne, die für die Bindungs-Phänomene gilt, fand ebenfalls unter Entwicklungspsychologen und klinischen Psychologen eine breite Zustimmung.

Unter der Anleitung von Mary Ainsworth und ihren SchülerInnen bewegte sich das empirische Betätigungsfeld der Bindungstheorie von der Säuglingszeit und der frühen Kindheit (z. B. Ainsworth 1967; Ainsworth, Blehar, Waters, & Wall 1978; Bretherton, Ridgeway, & Cassidy 1990; Main, Kaplan, & Cassidy 1985) zur Pubertät und zum Erwachsenenalter (siehe Hesse 1999; Main & Goldwyn 1998). Im vergangenen Jahrzehnt haben Entwicklungs- und Sozialpsychologen das empirische Betätigungsfeld der Bindungstheorie sogar bis zu Liebesbeziehungen zwischen Erwachsenen hin ausgedehnt (Crowell, Treboux, & Waters 1999; Crowell, Fraley, & Shaver 1999; Owens, Crowell, Pan, Treboux u. a. 1995). Die Einführung des Bindungsprogrammes im Erwachsenenalter hat dazu geführt, dass in anderen thematischen Bereichen beheimatete Forscher versuchten, die Erklärungskraft der Bindung zur Beantwortung schwieriger Fragen in ihren Interessensbereichen zu nutzen. Am bemerkenswertesten ist bisher der Einsatz des Bindungskonzeptes, wie z. B. die Konzepte über Arbeitsmodelle von Bindung, in Veröffentlichungen über soziale Unterstützungsnetze bei Erwachsenen von Sarason und ihren KollegInnen (z. B. Sarason, Pierce, & Sarason 1990; Sarason, Pierce, Shearin, Sarason, Waltz, & Poppe 1991). Interessanterweise hat die Verwendung des Bindungskonstruktes im Bereich der sozialen Netzwerke bei Erwachsenen das Interesse an sozialen Netzwerken von Kindern und den Beziehungen zwischen Aspekten dieser Netzwerke und Bindungsmaßen entzündet (z. B. Bost, Vaughn, Washington, Cielinski, & Bradbard 1998).

---

[7] unter gegebenen Einschränkungen, die durch einen unreifen Entwicklungsstand auferlegt sind
[8] obwohl die speziellen Bereiche dieses Einflusses und das Wesen dieser Auswirkungen der Erfahrungen unter Wissenschaftlern weiterhin umstritten sind.

Wenn eines der übergeordneten Ziele Bowlbys unverwirklicht blieb, dann ist dies der (fehlende) Einfluß der Theorie auf die Metapsychologie und die Triebmodelle in der Psychoanalyse (z. B. Genovese 1991; Holmes 1995; Warme, Bowlby, Crowcroft & Rae-Grand 1980). Bowlbys Ablehnung des Triebmodells und sein Vorschlag, Eltern-Kind-Beziehungen als Konsequenzen eines autonomen Verhaltenssystems zur Aufrechterhaltung von Nähe zu Hauptbezugspersonen zu verstehen, wurde nicht gerade enthusiastisch von seinen psychoanalytischen Kollegen begrüßt. Die Zeit hat jedoch viele Wunden geheilt und verschiedene Mitglieder der (sehr unterschiedlichen) psychoanalytischen Gemeinschaften bestätigen nun die Bindungstheorie und erkennen ihre Meßinstrumente an (z. B. Fonagy, Steele, Moran, Steele u. a. 1993). Die Arbeiten von Mary Main zu den Bindungsrepräsentationen und den Beziehungen zwischen den Bindungsrepräsentationen Erwachsener und Psychopathologie trugen wesentlich zur Aufweichung der Haltung von Psychoanalytikern gegenüber Bowlbys Theorie bei (z. B. Main 1995; Hesse & Main 1999).

Gründe für den Erfolg des Bindungsprojektes

Es sind mehrere Gründe, warum das Bindungsprojekt von Bowlby und Ainsworth zum Erfolg wurde. Erstens sind es natürlich die eklektischen Interessen und der gemütliche akademische Stil, der Bowlbys Trilogie »*Attachment and Loss*« prägt. Er schrieb im Stil britischer Intellektueller des 19. und 20. Jahrhunderts, die von der Erwartung ausgingen, sich mit einem großen Publikum über tiefgründige Ideen austauschen zu können. Ainsworth (z. B. 1967) schrieb ebenfalls in einem Stil, den man schnell schätzen kann, und ihr Respekt für die an ihren Studien teilnehmenden Frauen und Kinder war für alle deutlich zu erkennen. Ein zweiter wichtiger Grund für den langandauernden Erfolg der Bindung liegt in der Betonung von Erhebungsinstrumenten, Messung und Validität durch bedeutende Bindungsforscher, und zuallererst natürlich durch Ainsworth. Bowlby bestand auf (und Ainsworth teilte dies) dem Vorrang direkt beobachtbaren Verhaltens und beobachtbarer Interaktionen zwischen Mitgliedern einer Bindungsdyade für das Verständnis der Ausbildung, Aufrechterhaltung und (vielleicht) auch der Auflösung von Bindungsbeziehungen. Ainsworth war eine scharfe Beobachterin und Interpretin von Verhalten und sie lehrte diese Fähigkeiten einer Gruppe von Studenten. Ihre Beobachtungsstudien in Uganda (Ainsworth 1967) und Baltimore stellen hervorragende Beispiele der »Humanethologie« dar und werden immer noch als Instruktionsmaterial verwendet. Sie erkannte ebenso schnell den Informations-Wert der kurzen, künstlichen Laborerhebung von Bindungsverhalten, die Teil des Datenprotokolls ihrer Baltimore-Studie ist und welche nun als die Fremde Situation (Ainsworth u. a. 1978) bekannt geworden ist. Die Einteilung von Bindungsbeziehungen auf der Basis von kindlichem Verhalten in dieser kurzen Trennungs- und Wiedervereinigungsprozedur diente als Grundlage für die Mehrzahl der nachfolgenden Bindungsmaße in der Kindheit, im Jugendalter und bei Erwachsenen.

Diese Tradition in der Aufmerksamkeit gegenüber Messung und ihrer Bedeutung wird von vielen SchülerInnen von Ainsworth aufrechterhalten, die damit fortfahren, das Betätigungsfeld der Theorie über Entwicklungszeiträume und über Beziehungsfelder hin auszudehnen. Mehrere Revisionen der Fremde-Situations-Prozedur wurden durchgeführt, damit sie angemessen für die kognitiven und sozialen Niveaus drei- bis sechsjähriger Kinder sind. Cassidy und Marvin (1992) haben einen Regelkatalog zur Klassifizierung von zweieinhalb- bis viereinhalbjährigen Kindern nach den aus der Fremde Situation bekannten sicheren, vermeidenden und unsicher/ambivalenten Kategorien entworfen. Main und KollegInnen (z. B. Main u. a. 1985) haben ein vergleichbares Regel-Set zur Klassifikation von Sechsjährigen entwickelt. Bretherton und KollegInnen (z. B. Bretherton u. a. 1990) haben eine Geschichten-Methode (story-stem vignettes) entworfen, die der Erfassung mentaler Repräsentationen mit Bezug auf Bindungsinhalte kleiner Kinder dienen (z. B. Trennung, Wiedervereinigung und Zurückweisung). Eines der am häufigsten gebrauchten Bindungsmeßinstrumente für Kinder nach der Säuglingszeit ist der »Waters-Bindungs-Q-sort« (Waters, Vaughn, Posada, & Kondo-Ikemura 1995). Dieses Instrument besteht aus 90 Kärtchen mit Beschreibungen von Verhalten und Interaktionen von Kindern mit einem Elternteil oder anderen wichtigen Bezugspersonen. Diese Kärtchen sind ebenfalls von Experten bezüglich ihrer Relevanz für Bindungssicherheit beurteilt worden; Verfahren wurden ausgearbeitet, um Werte für Bindungssicherheit aus dem Grad der Übereinstimmung einer Q-sort-Beschreibung eines individuellen Kindes[9] mit den aggregierten Urteilen der Experten zur Bindungssicherheit zu bilden. All diese Instrumente wurden über eine Periode von Jahren

---

[9] vervollständigt nach mehreren Stunden direkter Beobachtung der Interaktionen zwischen Kind und Hauptbezugsperson

entwickelt und verfeinert und die meisten von ihnen stellen für Forschungsneulinge explizite Verfahrensregeln bereit, damit sie ihre Anwendung trainieren und Erfahrung darin sammeln können.

Eine weitere, dritte Anziehungskraft des Bindungsprojektes von Bowlby/Ainsworth baut auf der Verfügbarkeit von reliablen und validen Maßen über die Säuglings/Toddler-Phase[10] hinaus auf; das heißt, dass das Projekt nach mehr als 30 Jahren noch nicht zum Abschluß gebracht ist. Es ist klar, dass hier noch viel zu tun ist für die erste und zweite Generation von Bindungsforschern. Z. B. sind Grundaussagen darüber, was eine sichere Basis und ein Hafen der Sicherheit für Kinder im Schulalter und für Jugendliche bedeuten könnte, noch nicht sauber entschieden. Genauso ist nicht klar, wie individuelle Unterschiede in den Bindungsqualitäten nach der frühen Kindheit beschrieben und gemessen werden sollen[11]. Abgesehen von solchen Grundfragen gibt es viele verschiedene Fragen der Grundlagenforschung, jedoch auch anwendungsbezogene, z. B. zu den Wechselbeziehungen von Bindungssicherheit, gegenwärtigen Bindungsbeziehungen und Merkmalen allgemeiner kognitiver, emotionaler und sozialer Funktionsfähigkeit –Fragen, die noch nicht Gegenstand systematischer Forschung sind. Klinische Forscher und Praktiker haben bisher und werden auch weiterhin aktiv am Bindungsprojekt teilnehmen, weil die Theorie viele Möglichkeiten für therapeutische Prävention, Intervention und Behandlung bei einer Vielfalt von Problemen der seelisch-geistigen Gesundheit anbietet.

Und schließlich stellen sich Fragen bezüglich der Art, in der Bindungsbeziehungen sich im Engagement eines Kindes und in seiner Kompetenz mit Gleichaltrigen widerspiegeln.

Bindung und Gleichaltrigeninteraktionen/-beziehungen

Nach Zusammenhängen zwischen Bindungssicherheit und Gleichaltrigen-Kompetenz zu suchen, erscheint möglicherweise etwas überzogen, da Gleichaltrigenbeziehungen gewöhnlich nicht als Bindungen betrachtet werden (Waters, Johnson, & Kondo-Ikemura 2000, zur Veröffentlichung eingereicht).

---

[10] Toddler sind Kinder im Alter von ungefähr 18 bis 30 Lebensmonaten; wörtlich übersetzt heißt toddlerhood das Watschel-Alter(Anm. des Übersetzers).
[11] Ist die Taxonomie, die aus der Fremden Situation abgeleitet wurde, hierfür geeignet und adäquat?

Dennoch macht die Zuwendung zu Gleichaltrigeninteraktionen und -beziehungen von Kindern dann Sinn, wenn die Aussagen, dass Bindung ein lebenslanges Phänomen ist, und, dass internale Arbeitsmodelle von Bindung die Erwartungen und das Verhalten eines Kindes in neuen Beziehungen steuern, ernst genommen werden. Für viele Kinder werden Gleichaltrigeninteraktionen und -beziehungen in derselben Entwicklungsperiode eingeleitet, in der sich erste Bindungen bilden. Z. B. werden in den USA über 50% der 12-Monate-alten Kinder von einem Erwachsenen betreut, der nicht ein Elternteil ist (Bradley & Caldwell 1995), und viele dieser Kinder verbringen auch einen erheblichen Teil ihrer Wachheitszeit in Gesellschaft von Kindern, die nicht ihre Geschwister sind. Wenn dann Kinder in den USA 36 Monate alt sind, wird eine große Mehrheit von ihnen außerfamiliär in Gruppen-Settings betreut. Die Möglichkeit, dass Zusammenhänge zwischen Eltern-Kind- und Gleichaltrigen-Gleichaltrigen-Bereichen entdeckt werden könnten, wurde von den Bindungsforschern nicht aus den Augen verloren, und es gibt einige wenige Berichte zur Überprüfung dieser bereichsübergreifenden Zusammenhänge.

Pastor (1981) untersuchte die Interaktionen zwischen Toddler-Paaren[12], deren Bindungsvergangenheit bekannt war. Die Kinder – zwischen 20 und 23 Monaten alt – waren vorher nicht vertraut miteinander. Ihre Mütter waren während der Spiel-Session in der Laborumgebung anwesend. Toddlers, die in der Fremdsituation während ihrer Säuglingszeit als sicher eingestuft worden waren, verhielten sich positiver gegenüber ihrem gleichaltrigen Spielpartner und ihren Müttern als Toddlers, die unsicher eingestuft worden waren. Dieses Ergebnis weist darauf hin, dass sicher gebundene Kinder eine Erwartungshaltung hatten, dass Begegnungen mit neuen Leuten angenehm und lohnend sind[13]. Sroufe und KollegInnen (z. B. LaFreniere & Sroufe 1985) untersuchten eine Stichprobe von 40 Kindern im Alter von etwa 4.5 Jahren, von denen die Bindungsvergangenheit aus ihrer Säuglingszeit bekannt war. Frühkindliche Bindungssicherheit war positiv bezogen auf jene Werte, die die Soziale-Anschluß-Dimension[14] (aber nicht

---

[12] Kinder im Alter von 18–30 Monaten
[13] zumindest in einem größeren Ausmaß als dies unsicher gebunde Kinder taten
[14] Soziale Kompetenz mit Gleichaltrigen wurde in Form von ErzieherInnen-Urteil, Beobachtungsdaten zur Interaktionsqualität, sozialer Dominanz und Gleichaltrigen-Soziometrie erfaßt. Die Variablen zur Sozialen Kompetenz führten zu zwei unterschiedlichen Dimensionen: eine Soziale-Anschluß-Dimension, die positiven Affekt in der Interaktion, ErzieherInnen-Urteile und Gleichaltrigen-Soziometrie zusammenfaßte, und eine Dominanz-Dimension, die den Erfolg der Kinder bei Gleichaltrigenkonflikten zusammenfaßte.

die Dominanz) von sozialer Kompetenz definierte. Rose-Krasnor, Rubin, Booth & Copland (1996) fanden ebenfalls, dass Vorschulkinder mit einer bindungssicheren Vergangenheit positiveres soziales Engagement zeigten als Kinder mit einer bindungsunsicheren Vergangenheit.

Eine andere relevante Studie wird von Park und Waters (1989) berichtet. Im Unterschied zu den anderen bisher berichteten Untersuchungen wurde bei Ihnen Bindungssicherheit und Gleichaltrigen-Interaktion zur selben Zeit beobachtet. Park und Waters bestimmten die Bindungssicherheit der Kinder aufgrund von Beobachtungsdaten ihrer Mütter mittels des Bindungs-Q-sort (Waters u. a. 1995)[15]. Gleichaltrigen-Interaktionen wurden zwischen dem Kind und seinem/r »besten Freund/bester Freundin« beobachtet[16]. Kinderpaare, bei denen beide »sicher« gebunden[17] waren, verhielten sich im Miteinander harmonischer, weniger kontrollierend, ansprechbarer, und fröhlicher als sicher-unsichere Paare. Interessanterweise war es in dieser Studie nicht möglich, unsicher-unsichere Freundschaftpaare zu beobachten, weil es solche in der Stichprobe nicht gab.

Diese Studien zeigen alle Zusammenhänge zwischen Bindungssicherheit und sozialer Kompetenz Gleichaltriger, aber jede einzelne eröffnet auch neue Forschungsfragen. Die Studien von Pastor (1981), LaFreniere & Sroufe (1985) und von Rose-Krasnor u. a. (1995) benutzten Einschätzungen der Eltern-Kind-Bindung, die während der Säuglings- und der Toddlerhood-Zeit vorgenommen wurden und berücksichtigten nicht die gegenwärtige Mutter-Kind-Bindung als Einfluß-Größe auf die soziale Kompetenz Gleichaltriger. Park und Waters (1989) verwendeten gegenwärtige Einschätzungen, zogen dazu jedoch Berichte der Mütter heran, denen Verzerrungen innewohnen könnten[18]. Pastor (1981), Park und Waters (1989) sowie Rose-Krasnor u. a. (1995) untersuchten allesamt Dyaden mit unterschiedlichem Bekanntheits-Grad und nicht Kinder in größeren sozialen Gruppen, was den anzunehmenden Verallgemeinerungs-Grad einschränkt. All die besprochenen Studien

---

[15] Daraus wurden anschließend Werte für »Bindungssicherheit« berechnet. Sie wurden durch die Berechnung der Übereinstimmung der Beschreibung der Kinder durch ihre Mütter und einem Ideal eines »sicheren Kindes«, gewonnen aus Beschreibungen von Bindungsexperten, gebildet.

[16] (benannt von der Mutter)

[17] (basierend auf den mütterlichen Q-sort-Beschreibungen)

[18] (Zur Erinnerung: keine »unsicher-unsicheren« Dyaden fanden sich aufgrund der mütterlichen Angaben)

verwendeten Ad-hoc-Maße von sozialer Kompetenz und berichten nicht umfassend über weitreichendere Validität[19] ihrer Maße. Bei den von uns durchgeführten Untersuchungen liegt der Fokus auf gegenwärtigen Maßen für Bindung[20] und auch für soziale Kompetenz; die verwendete Batterie zur Bestimmung sozialer Kompetenz weist eine wohl dokumentierte Struktur auf, die über eine Periode von 12 Monaten reliabel[21] ist (Bost u. a. 1998; Vaughn, im Druck).

Definitionen von sozialer Kompetenz

Die Geschichte der Konzeptbildung des Konstruktes der »sozialen Kompetenz« ist beinahe so reichhaltig wie die der Bindung. Konzeptionell muß soziale Kompetenz auf die Fähigkeit bezogen werden, soziale Ziele zu erreichen, jedoch nicht auf Kosten anderer, zumindest nicht in größerem Ausmaß. Diese Aussage stammt aus White's (1959) Konzept der »Wirksamkeit« (effectance), die seiner Meinung nach eine intrinsisch[22] motivierte Leidenschaft, sich in der physischen und sozialen Umgebung wirksam zu erleben, darstellt. Jeanne und Jack Block (z. B. 1980) schlugen ein ähnliches Konstrukt vor, dessen intrapersonale Funktion die Modulation der für ein Individuum charakteristischen Ebene von Ich-Kontrolle[23] in Verbindung mit den Zwängen und den Anforderungen der lokalen, sozialen und physischen Umgebungen darstellt. Ihr Begriff für dieses Konzept war »Ich-Resilienz«[24]. Waters und Sroufe (1983) schlugen vor, soziale Kompetenz als die Verwirklichung sozialer Ziele zu verstehen, ohne dass dabei die Möglichkeiten sozialer Partner, ihre eigenen Ziele zu erreichen, über Gebühr beeinträchtigt werden und ohne auf einen für Entwicklung ungünstigeren Pfad zu geraten. Bei Säuglingen und Toddlers wiesen sie darauf hin, dass ein geeigneter Index für soziale Kompetenz die Ko-

---

[19] Neben der Reliabilität (Zuverlässigkeit: d. h. die Messung muß wiederholbar bzw. in gleicher Weise durch unterschiedliche Personen erfolgen können) ist die Validität (Gültigkeit) in der psychologischen Erhebung von Bedeutung: D. h., ob die Maße auch wirklich das messen, was sie vorgeben zu messen; einen Beleg dafür ergeben sinnvolle Zusammenhänge mit anderen relevanten Maßen und ihre Prognosefähigkeiten (Anm. des Übersetzers)

[20] über vielschichtige Maße erfaßt

[21] d. h. zuverlässig erhebbar ist (Anm. des Übersetzers)

[22] eine von innen heraus kommende im Unterschied zu extrinsisch (Anm. des Übersetzers)

[23] ihrerseits eine komplexe Dimension, die mit dem für eine Person typischen Tempo von Affekt, Kognition und Verhalten zu tun hat

[24] ego-resilience

Konstruktion einer sicheren Bindung mit einer primären Bezugsperson sei, während bei Kindern im Vorschulalter soziale Kompetenz sich in Gleichaltrigeninteraktionen und –beziehungen ausdrückt und da auch gemessen werden könne[25].

In einem kürzlichen Übersichtsartikel versuchte Linda Rose-Krasnor (1997) zu ordnen, was zu einem ungeordneten Haufen von Literatur über Messung und Folgerungen für soziale Kompetenz angewachsen war. Sie verwendete das Bild eines Prismas, um drei umfassende und unterschiedliche Literaturebenen zur sozialen Kompetenz Gleichaltriger ordnend darzustellen. Wie Abbildung 1 zeigt, enthält das Prisma-Modell drei Ebenen, und jede der Ebenen enthält wiederum viele unterschiedliche Elemente oder »Facetten«, die für soziale Kompetenz mit Gleichaltrigen bedeutsam sind. Die Ebenen des Prisma sind hierarchisch aufeinander bezogen, von der untersten (Indikator-Ebene), über die mittlere (Index-Ebene) und die höchste (Konstrukt-Ebene) Ebene.

Auf der Indikator-Ebene (Verhaltens-Basis-Ebene) finden sich detaillierte Verhaltensweisen, Interaktionsstile, Taktiken und Strategien, die in der Gleichaltrigengruppe benutzt werden können, um bestimmte soziale Ziele zu erreichen.

Z. B. kann das Zugehen auf eine miteinander interagierende Gruppe bekannter Gleichaltriger ein unmittelbares soziales Ziel darstellen, das durch eine Vielzahl von Taktiken erreicht werden kann[26]. Ein erfolgreiches Erreichen dieser sozialen Ziele kann ziemlich unterschiedliche Fertigkeiten/Verhaltensweisen im Vergleich zu anderen sozialen Zielen erfordern wie z. B. Aufrechterhaltung der Spielaktivitäten unter den gleichaltrigen Partnern oder die Rechte an Ressourcen, über die die Spielgruppe verfügt, verteidigen, falls z. B. ein Gleichaltriger versucht, ohne Erlaubnis der Mitspieler sich solche Ressourcen anzueignen. Darüberhinaus können sich die genauen Taktiken zur Erreichung sozialer Ziele von einer Entwicklungsebene zur anderen verändern. Z. B. kann offene Aggression oder Entschlossenheit in der Verteidigung von Eigentumsrechten bei Toddlern erfolgreicher und eher akzeptiert sein als bei Jugendlichen.

---

[25] Obgleich die konzeptuellen Ansätze zur sozialen Kompetenz intuitiv ansprechend sind, so sind sie nicht immer sofort hilfreich in der Bestimmung angemessener Verhaltenseinschätzungen für das Konstrukt.

[26] Z. B. Reinplatzen im Hoppla-jetzt-Komme-Ich-Stil vs. Fragen, ob man mitspielen kann *oder auch* den Sinn eines Spieles oder der Aktivitäten einer Gruppe hinterfragen vs. sich anbieten, die Regeln eines Spiels zu erklären)

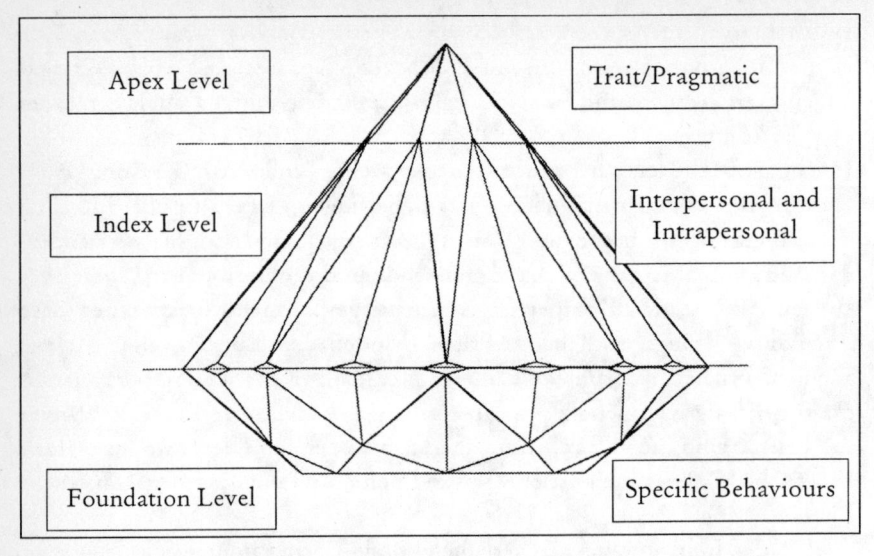

Abbildung 1: Prisma-Modell nach Rose-Krasnor
Apex Level = Apex Ebene; Trait/Pragmatic = Trait-/pragmatische Auffassung; Index Level = Index-Ebene; Interpersonal and Intrapersonal = Interpersonale und intrapersonale Anpassung; Foundation Level = Verhaltens-Basis-Ebene; Specific Behaviors = Spezifische Verhaltensweisen

Auf der zweiten (Index-) Ebene des Prismen-Modells, wird soziale Kompetenz als intrapersonale und zwischenmenschliche Anpassung verstanden. Intrapersonale Anpassung kann Einschätzungen positiver Selbstbewertung (Wertschätzung und Wirksamkeit) innerhalb und über soziale Settings hinweg umfassen, ebenso die Motivation, sich in Interaktionen mit Gleichaltrigen zu engagieren und positive Erwartungen bezüglich der Ergebnisse von Gleichaltrigeninteraktionen und -beziehungen. Beispiele zwischenmenschlicher Maße können die Akzeptanz und/oder Ablehnung durch Gleichaltrige beinhalten, das Schließen und die Aufrechterhaltung von Freundschaften mit Mitgliedern der Gleichaltrigengruppe oder auch Dominanz-/Anführer-Status in der Gleichaltrigengruppe. Diese Aspekte von Anpassung werden durch eine Reihe von Fertigkeiten, Einstellungen, Überzeugungen und Zielen unterstützt, die auf der grundlegenden[27] Ebene erhoben werden können, die jedoch nicht mit irgendeinem speziellen Verhalten oder

---

[27] Indikator-Ebene: Verhaltens-Basis-Ebene

psychologischen Attribut dieser Ebene gleichzusetzen sind. Einschätzungen auf der Index-Ebene fassen eine große Bandbreite von Interaktionssettings, Beziehungen und bestimmten Ereignissen innerhalb (und außerhalb) der speziellen sozialen Gruppe zusammen. Es ist zu erwarten, dass Maße der Index-Ebene nicht über Aufgaben oder Altersstufen hinweg variieren, wie dies für Maße auf der Verhaltens-Basis-Ebene charakteristisch sein kann.

Schließlich finden wir auf der dritten (Apex oder Spitzen-)Ebene des Prismen-Modells ein sehr umfassendes Verständnis des Konstruktes soziale Kompetenz, das seinerseits von zwei Interpretationen herrührt: Einerseits einer pragmatischen Auffassung von sozialer Kompetenz, die bedeutet, das »was immer auch notwendig ist«, um seine sozialen Ziele zu erreichen, Erfolg oder Kompetenz darstellt. Andererseits ein Trait-Verständnis von sozialer Kompetenz, welches davon ausgeht, dass sozialer Erfolg eine einer Person fest zuzurechnende Eigenschaft darstellen würde – ganz ähnlich wie Freundlichkeit, Gewissenhaftigkeit oder Offenheit als »traits« von Personen betrachtet werden können, die zwischen Personen, jedoch relativ wenig innerhalb ein und derselben Person über Zeit und Raum hinweg variieren. Diese Unterscheidung zwischen einem pragmatischen und einem Trait-Verständnis ist deshalb wichtig, weil sie unterschiedliche Bedeutungen und Lokalisationen des sozialen Kompetenz-Konstruktes nahe legen. Ein pragmatisches Verständnis definiert Kompetenz in Form eines bestimmten Problems, das zur Lösung ansteht, und dem Setting, in dem dieses Problem beheimatet ist. Die Anzahl der in verschiedenen Settings gelösten Probleme bildet das Beurteilungskriterium für den Grad an sozialer Kompetenz für eine Person; wie jedoch ein Problem gelöst wird, geht nicht ein in die Bestimmung von sozialer Kompetenz. Bei dieser Art der Definition, ist soziale Kompetenz eine Eigenschaft einer Person in einem Setting und keine Eigenschaft einer Person *an sich*. Ein Trait-Verständnis dagegen lokalisiert soziale Kompetenz innerhalb einer Person und geht davon aus, dass diese Eigenschaft gleichsam mit herum getragen wird, insofern, als sie sich wahrscheinlich mehr oder weniger gleich über Probleme und soziale Settings hinweg ausdrückt.

Rose-Krasnor's Modell ist sehr nützlich, weil es Stärken und Schwächen von Definitionen des Soziale-Kompetenz-Konstruktes auf jeder Ebene des Prismas aufzeigt und darauf hinweist, dass eine umfassende Definition alle drei Ebenen berücksichtigen muß. Die Verhaltens-Basis-Ebene ist interessant, weil bestimmte Verhaltensfertigkeiten, Einstellungen oder Ziele auf ganz bestimmte soziale Settings/Probleme hin definiert werden können. Dennoch kann diese Stärke sich als Schwäche entpuppen, wenn die Settings nicht hinreichend allgemein sind und/oder wenn optimale Lösungen für soziale Probleme sich erwartungsgemäß mit dem Entwicklungsstand oder mit der sozialen Kategorie ändern (z. B. Geschlecht, ethnische Zugehörigkeit, genetische Beziehungen der Gruppenmitglieder). Es kann sein, dass die Maße auf der Index-Ebene den Kontext nicht genügend einbeziehen. Z. B. können Gefühle des eigenen Selbstwertes oder der eigenen Wirksamkeit angemessen für das Geschehen in einem sozialen Setting sein oder auch nicht: In einer devianten Gruppe (z. B. einer Jugendlichen-Gang) seinen besten Freund zu haben oder dominant zu sein, dürfte nicht soziale Kompetenz widerspiegeln oder dürfte sogar sozial sanktionierten Aktivitäten vorausgehen. Definitionen von sozialer Kompetenz auf der Spitzen-(Apex-)Ebene werfen ebenfalls Meß-Probleme auf. Pragmatische Operationalisierungen (z. B.: was immer auch wirkt) sind schwer im Vorhinein (*a priori*) festzulegen, weil viele unterschiedliche Lösungen bei einem gegebenen Problem in einem bestimmten Moment oder einer bestimmten Gruppe effektiv sein können. Vorhersagen zur sozialen Kompetenz oder von sozialer Kompetenz auf andere Bereiche gestalten sich ziemlich schwierig, wenn pragmatische Aspekte betont werden. Trait-Definitionen dagen neigen dazu, sehr umfassend, abstrakt und schwer erfaßbar zu sein. Waters und Sroufe (1983) schlugen vor, Messungen mittels multipler und Breitband-Erhebungen vorzunehmen[28].

Zwei Studien, die Breitband-Erhebungen von sozialer Kompetenz in Zusammenhang mit Bindung bringen

In unserem eigenen Forschungsprogramm versuchten wir, die mit Messung von sozialer Kompetenz verbundenen Probleme dadurch in den Griff zu bekommen, dass wir Waters und Sroufe's (1983) Vorschlag, multiple und Breit-Band-Maße auszuprobieren, übernahmen. Unter »Breitband« verstehen wir, dass die Maße für die Bereiche Affekt, Kognition und Verhalten relevant sind und die Aktivitäten einer Person oder einer Gruppe über signifikante Zeiträume zusammenfassen. Für unsere Zwecke versuchten wir ebenfalls Maße auszuwählen, die eine dokumentierte Geschichte in der Literatur über soziale Kompetenz von Kindern aufweisen. Drei Arten (oder Familien) von Maßen wurden identifiziert und für unsere Forschung ausgewählt.

Zunächst verwendeten wir Beschreibungen von Beobachtern zu Verhalten, Persönlichkeit und Interaktionen von Kindern im Vorschulalter, die für die

---

[28] worauf sich Rose-Krasnor mit ihrer Index-Ebene von Messung bezieht

Studien rekrutiert wurden. Diese Beschreibungen wurden unter Verwendung zweier unterschiedlicher Q-sorts zusammengefaßt; dem California Child Q-Set (CCQ) von Block und Block (1980) und dem von Bronson's revidierten Preschool Q-Set (PQ) von Diana Baumrind (1967). Zusammen enthalten diese Q-sets 172 Items (Kärtchen mit Verhaltensbeschreibungen). Aufgrund dieser Items ergeben sich zwei Werte für soziale Kompetenz für jedes Kind (je einer von jedem der zwei Q-Sorts)[29]. Die zwei von unabhängigen Beobachtern erstellten Werte aus den Q-Sorts sind positiv und signifikant miteinander verbunden (Bost u. a. 1998).

Zweitens verwendeten wir Beobachtungen von den Interaktionsqualitäten der Kinder und Beobachtungen über die Häufigkeit, mit denen Kinder von Gleichaltrigen visuelle Aufmerksamkeit erhielten. Vaughn und KollegInnen (z. B. Vaughn & Martino 1988, Vaughn & Waters 1981, Waters u. a. 1983) konnten Beziehungen zwischen dem »aufmerksam von Gleichaltrigen angeschaut werden« und beiden Q-sort-Werten zur sozialen Kompetenz sowie dem soziometrischen Akzeptanz-Wert aufzeigen.

Soziometrische Akzeptanz-Werte stellen die dritte Familie von Indikatoren für soziale Kompetenz dar. Soziometrie hat eine lange Geschichte in der Entwicklungspsychologie und wird zur Bestimmung der Akzeptanz von Kindern unter den Mitgliedern ihrer Gleichaltrigengruppe verwendet. Allgemein haben Kinder, die als höchst akzeptiert bei Gleichaltrigen identifiziert werden, stimmige Erwartungen ihre soziale Kompetenz betreffend in Bezug auf sich selbst sowie anderen gegenüber, und sie verhalten sich auch so.[30]

Bost u. a. (1998) erstellten aufgrund dieser Maße in diesen unterschiedlichen Bereichen ein Modell, das sie an einer Stichprobe von Vorschulkindern aus einem Head Start Programm im zentralen Alabama überprüften. Die Variablen waren signifikant interkorreliert, das Muster der Zusammenhänge war übereinstimmend mit einem hierarchischen Modell (siehe Abbildung 2 auf der folgenden Seite) und bestätigt somit Rose-Krasnor's Prismen-Modell[31].

---

[29] Waters, Garber, Gornal, & Vaughn (1983) haben in einem veröffentlichten Manual beschrieben, wie die Items aus diesen Q-Sets verwendet werden können, um Stufen sozialer Kompetenz von Vorschulkindern zu bestimmen.
[30] Tatsächlich wird soziale Akzeptanz als ein »Index-Ebenen«-Indikator sozialer Kompetenz in Rose-Krasnor's Prismen-Modell betrachtet.
[31] Das heißt, jede dieser drei Maß-Familien erbrachte kohärente, internal konsistente Dimensionen, und die drei Dimensionen wiederum waren bezogen auf einen second-order factor oder Dimension, die sie »Soziale Kompetenz« nannten.

Vaughn, Bost, Newell, Cielinski & Bradbard (2000) replizierten die grundlegende Struktur dieses Modells und zeigten, dass die Struktur nicht für jüngere gegenüber älteren Vorschulkindern oder für Jungen und Mädchen variierte.

Bost u. a. (1998) berichteten in einer zweiten Studie über Entwicklungspfade, die von Bindungssicherheit hin zu sozialer Kompetenz führten[32]. In dieser Studie wurde Bindungssicherheit mit Hilfe des Waters Attachment Q-set (AQS) erhoben. Beobachter besuchten Kind und Mutter zuhause. Zwei Beobachter führten Hausbesuche von ungefähr zwei Stunden durch und beschrieben danach unabhängig voneinander das jeweilige Kind mit Hilfe der AQS-Kärtchen. Werte für Sicherheit wurden unter Anwendung der von Waters u. a. (1995) beschriebenen Prozedur berechnet. Die statistische Auswertung[33] ergab, dass die soziale Kompetenz in der Klasse durch die Kenntnis der Bindungssicherheit des Kindes mit der Mutter – wenn auch nur mäßig – vorhergesagt werden konnte.

Eine andere Studie[34] arbeitete die von Bost u. a. (1998) berichteten Ergebnisse weiter aus. Wiederum wurde soziale Kompetenz mit Gleichaltrigen mittels Q-sort, Aufmerksamkeitserhalt, und soziometrischer Akzeptanz-Maße, wie sie von Bost u. a. (1998) beschrieben wurden, bestimmt. Der Waters AQS wurde ebenfalls angewendet, um für das jeweilige Kind zusammenzufassen, wie es die Mutter als sichere Basis zur Exploration und bei Bedarf als sicheren Hafen nutzen konnte – beides grundlegende Kriterien für Bindungssicherheit. Zusätzlich wurden die Bindungs-Repräsentationen der Kinder mittels einer Adaption der Geschichten-Vervollständigungs-Methode[35] von Bretherton, Oppenheim, Buchsbaum & Emde (1990) erfaßt. Diese Prozedur umfaßt neun Rumpfgeschichten, die nach einer Standardanleitung mit Lego-Figuren – mit Mutter, Vater, Oma, Tante und zwei Kindern – vorgespielt werden. Die Vervollständigung der Geschichten durch die Kinder wurde mithilfe einer Adaptation des Kodier-Systems von Bretherton und des »MacArthur Narrative Coding Systems« (Golby, Bretherton, Winn & Page 1995; Page & Bretherton 1994;

---

[32] Die Studie bezieht sich auf eine Unterstichprobe, die unter den Teilnehmern der größeren Studie zur sozialen Kompetenz ausgewählt wurde.

[33] Es wurde eine Regressionsanalyse gerechnet.

[34] innerhalb einer Magister-Arbeit (Master of Science thesis) von Carrol Heller durchgeführt. Heller's Stichprobe bestand aus Vorschulkindern, die an Head Start teilnahmen, und weiteren Kindern, die an einem Kinderforschungszentrum der Universität teilnahmen (total N = 71).

[35] siehe Bretherton in diesem Buch

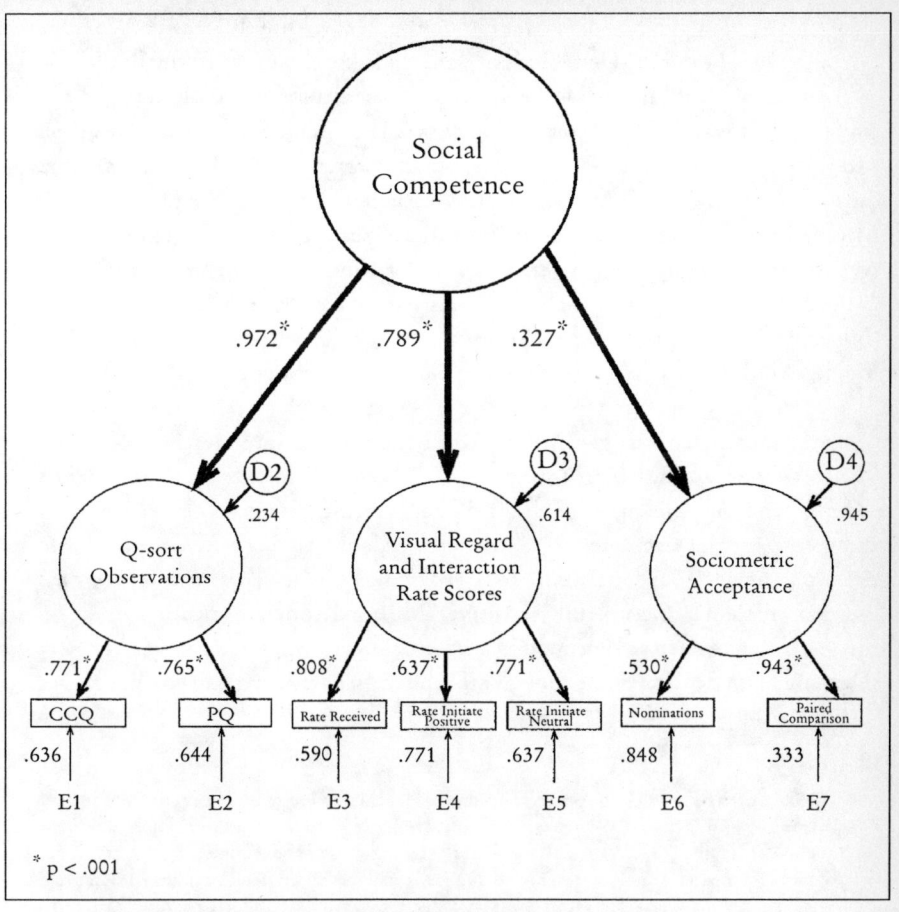

Abbildung 2: Hierarisches Modell nach Bost
  Social Compentence = Soziale Kompetenz
  Q-sort Observations = Q-sort Beobachtungen
  Visual Regard and Interaction Rate Scores = Werte für visuelle
  Aufmerksamkeits- und Interaktionsraten
  Sociometric Acceptance = soziometrische Akzeptanz
  CCQ = California Child Q-sort (Block & Block, 1980)
  PQ = Preschool Q-sort (Bronson & Baumrind, 1967)
  (Siehe hierzu auch Erklärungen im Text
  und Anmerkungen 29 und 30 auf S. 69)
  Rate Received = Rate erhalten
  Rate Initiate Positive = Rate initiiert Positiv
  Rate Initiate Neutral = Rate initiiert Neutral
  Nominations = Nennungen
  Paired Comparison = Paarvergleich

Robinson, Mantz-Simmons, MacFie & the MacArthur Narrative Working Group 1995) bewertet. Den Kindern wurden Einschätzungen[36] für Bindungssicherheit zugeteilt, je nachdem wie sie die Geschichten präsentierten und wie deren Inhalt war[37]. Die Untersuchung von Heller schloß ebenfalls Maße über die Qualität der Mutter-Kind-Interaktion während einer Diskussion über affekt-geladene und nicht weit in die Vergangenheit reichende Erinnerungen (memory talk) des Kindes ein, die zu Indizes zur mütterlichen Feinfühligkeit gegenüber den kommunikativen Signalen der Kinder führten, ein grundlegender Vorläufer der Bindungssicherheit in Ainsworth's Untersuchungen an Säuglingen[38]. Der mütterliche Interaktionswert war positiv und signifikant mit den beiden Maßen der kindlichen Bindungssicherheit verbunden[39]. Dieses Ergebnis ist deshalb von Nutzen, weil es die Abhängigkeit der Bindung von der Qualität der gegenwärtigen Mutter-Kind-Interaktion illustriert, und ebenso, weil es einen zusätzlichen (möglichen) Weg des Einflusses auf die soziale Kompetenz mit Gleichaltrigen aufzeigt. Das heißt, sicher gebundene Kinder können als sozial kompetent beschrieben werden, weil Sicherheit *per se* für ein Fundament der sozialen Kompetenz sorgt. Jedoch ist es auch möglich, dass Kinder mit einer Geschichte sensitiver Mutter-Kind-Interaktion gerade in diesen Interaktionen soziale Kompetenz im Umgang mit Gleichaltrigen lernen. Deshalb kann der Zusammenhang von Bindungssicherheit zu sozialer Kompe-

---

[36] Ratings

[37] Die Sicherheits-Einschätzung aufgrund dieser Erzählaufgabe war positiv und signifikant verbunden mit dem AQS-Sicherheitswert, wenngleich der Zusammenhang nur sehr bescheiden ausfiel ($r = .28$) und diese Werte getrennt voneinander in den Vorhersagen der sozialen Kompetenz analysiert wurden. Das Ausmaß der Sicherheit unterschied sich nicht zwischen den Kindern der Head Start und der Universitäts-Kinderforschungszentrums Unterstichproben, weder für die Q-Sort- noch für die Erzähl-Maße für Bindungssicherheit.

[38] Dass der feinfühlige Umgang einer Mutter mit ihrem Kind nicht mit Bindungssicherheit gleichzusetzen ist, obwohl es in Untersuchungen immer wieder signifikante Zusammenhänge zwischen den beiden Maßen gab, ist auch für Intervention von Bedeutung. Egeland u. a. (2000) warnen auch davor, sich in der Intervention nur auf verhaltenstechnische Aspekte der Eltern-Kind-Beziehung zu beschränken und weisen darauf hin, dass die emotionale Zugänglichkeit von Eltern für ihr Kind mehr ist als nur die Wahrnehmung und richtige Interpretation von kindlichen Signalen, was in Interaktionstrainings immer mit Eltern trainiert wird. Darüberhinaus hängt Bindungssicherheit auch noch von dem Ausmaß der sozialen Unterstützung für Eltern ab, so dass zu Recht ein ökologisches Modell von Bindungsentwicklung auch für Intervention von Bedeutung ist (Anmerkung des Übersetzers)

[39] $rs = .38$ and $.37$, $ps < .01$ für Q-sort- und Rumpfgeschichten-Sicherheitsmaße

tenz durch die Mutter-Kind-Interaktion vermittelt werden und soziale Kompetenz wie auch Bindung aus einer gemeinsamen Quelle der Erwachsenen-Kind-Interaktion erwachsen. Heller's Daten ermöglichten eine direkte Überprüfung dieser Möglichkeiten.

Beziehungen zwischen sozialer Kompetenz und Bindungssicherheit

Zunächst wurden die zwei zusammengesetzten Konstrukte der Kinder für Bindungssicherheit und soziale Kompetenz überprüft. Es zeigte sich ein signifikant positiver Zusammenhang zwischen der Bindungssicherheit der Kinder und ihrer sozialen Kompetenz im Umgang mit Gleichaltrigen[40]. Als nächstes wurden getrennte Analysen durchgeführt, um den Zusammenhang der (zusammengesetzten) sozialen Kompetenz mit jeder der Variablen für Bindungssicherheit zu überprüfen. Sowohl die durch Verhalten ausgedrückte Bindungssicherheit, gemessen mit dem Bindungs-Q-sort, als auch die mentale Repräsentation von Bindung, erfaßt mit den Geschichtenerzähl-Methode, zeigten positive Zusammenhänge mit dem zusammengesetzten Maß für soziale Kompetenz im Umgang mit Gleichaltrigen[41]. Auf diese einfachen Korrelationen folgte eine multiple Regressionsanalyse, mit deren Hilfe bestimmt werden kann, ob beide Sicherheits-Maße in jeweils einmaliger Weise zum Ergebnis »soziale Kompetenz« beitragen. Die Regression war signifikant[42] und so tragen beide Sicherheits-Maße in einmaliger Art zur Vorhersage der sozialen Kompetenz der Kinder bei. Das heißt, wie sich bei Kindern der Gebrauch ihrer Mütter als sichere Basis in ihrem Verhalten ausdrückt (was im Bindungs-Q-set zusammengefaßt ist) und die mentale Repräsentation der Kinder von ihren Bindungsbeziehungen (eingestuft mit Hilfe der Geschichten-Erzähl-Methode) waren wichtige, einmalige Prädiktoren für soziale Kompetenz im Umgang mit Gleichaltrigen.

Die Gesamtqualität von mütterlichen Interaktionen mit ihren Kindern während ihrer gemeinsamen Diskussion über Erinnerungen war ebenfalls signifikant auf die soziale Kompetenz der Kinder im Umgang mit Gleichaltrigen bezogen[43]. Dieses allgemeine Muster von Zusammenhängen ist übereinstimmend mit der Möglichkeit von »vermittelnden« (Mediations-)Effekten (Baron & Kenny 1986). Dies heißt, dass die Beziehung zwischen Prädiktor- und Ergeb-

---

40 ($r = .40$, $p < .01$)
41 ($rs = .33, .35$, $p < .01$).
42 ($R = .42$, $p < .01$).
43 ($r = 32$, $p < .01$).

Model 1: Is Security Mediated by Quality of Mother/Child Interaction? (No)

```
Security ────────── + ──────────► Social Competence
    │                                    ▲
    │ +                                  │ 0
    ▼                                    │
    Quality of Mother/Child Interaction ─┘
```

Model 2: Is Quality of Mother/Child Interaction Mediated by Security (Yes)

```
                    Security
                   ▲        ╲
                  + ╱        ╲ +
                   ╱          ▼
Quality of Mother/Child ─── 0 ──► Social Competence
Interaction
```

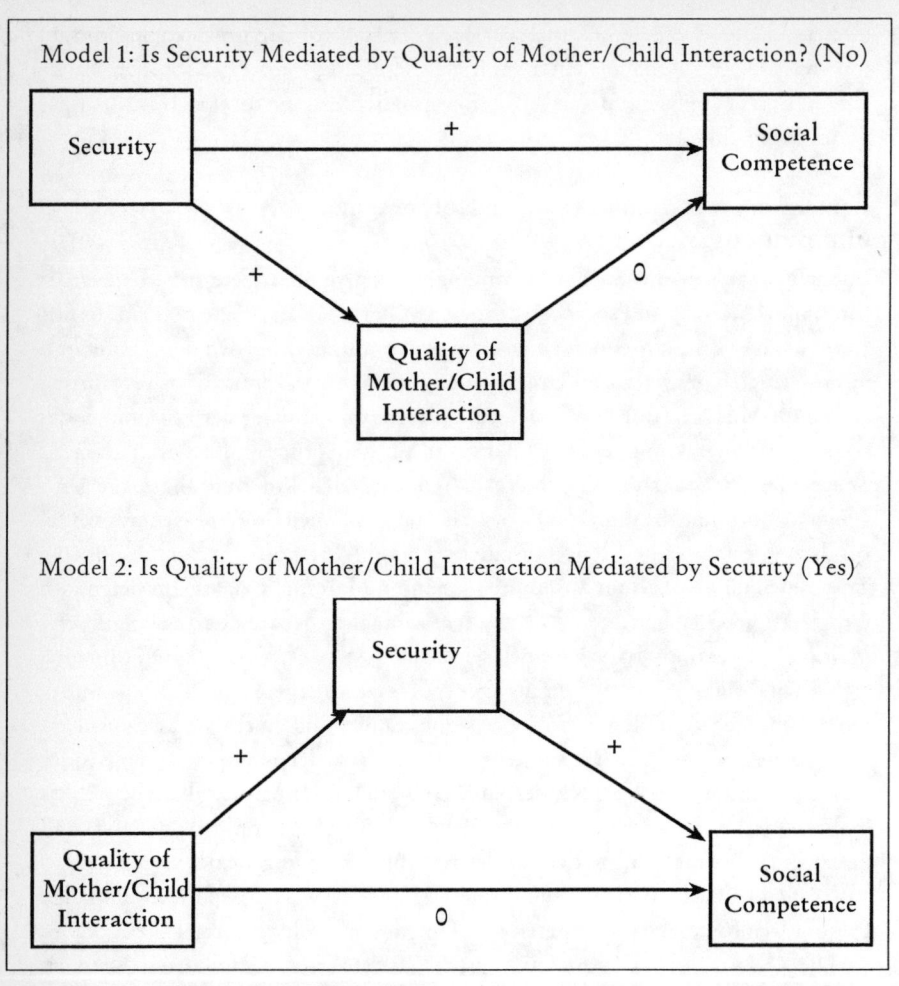

Abbildung 3: Eltern-Kind-Interaktion
  Modell 1: Ist der Zusammenhang von Bindungssicherheit und sozialer Kompetenz der Wirkung der Qualität der Mutter-Kind-Interaktion zuzuschreiben? (Nein)
  Security=Sicherheit
  Social Competence=Soziale Kompetenz
  Quality of Mother/Child Interaction=Qualität der
  Mutter-Kind-Interakion
  Modell 2: Ist der Zusammenhang von Qualität der Mutter-Kind-Interaktion und sozialer Kompetenz der Wirkung der Bindungssicherheit zuzuschreiben? (Ja)

nisvariable (im vorliegenden Fall Bindungssicherheit und sozialer Kompetenz) möglicherweise der Wirkung einer dritten Variable zuzuschreiben ist (in unserem Fall der Qualität der mütterlichen Interaktion). Natürlich ist auch noch ein anderer Mediations-Pfad für diese Variablen möglich; nämlich, dass die Beziehung zwischen mütterlicher Interaktionsqualität und sozialer Kompetenz im Umgang mit Gleichaltrigen sich aufgrund der Bindungssicherheit ergibt. Diese Möglichkeiten sind in Abbildung 3 dargestellt.

Beide Möglichkeiten wurden in aufeinanderfolgenden Analysen überprüft[44] und danach scheint die Beziehung zwischen mütterlicher Interaktionsqualität und sozialer Kompetenz im Umgang mit Gleichaltrigen über das Ausmaß an Bindungssicherheit für ein Kind hergestellt (vermittelt) zu werden (Modell 2 in Abb. 3).

Diese Analysen legen nahe, dass der Primäreffekt der Eltern-Kind-Interaktion im Aufbau einer Beziehungsqualität zwischen den Mitgliedern einer Dyade liegt und nicht in den Qualitäten kindlichen Verhaltens und Beziehungen in der Gleichaltrigengruppe. Jedoch ist die Beziehungsqualität ein entscheidender Bestimmungsfaktor für den Umgang und die Beziehung mit Gleichaltrigen. Folglich können wir sagen, dass die Eltern-Kind-Interaktion nicht direkt den Umgang mit Gleichaltrigen beeinflußt (gleichsam über Instruktionen für sozi-

---

[44] Wir verwendeten eine hierarchische Regressionsanalyse. Dabei wird die Reihenfolge der Eingabe in die Vorhersage-Gleichung vorher festgelegt; der relative Beitrag zur Vorhersage wird für eine gegebene Variable in einem ersten oder zweiten Schritt der Regressionsgleichung überprüft. Wenn der Regressionskoeffizient für eine Variable dann signifikant ist, wenn sie in einem ersten Schritt eingeführt wird, jedoch unter das Signifikanzniveau fällt, wenn gleichzeitig eine zweite Variable (in einem zweiten Schritt) eingeführt wird, dann können wir sagen, dass die Wirkung der ersten Variable auf das Ergebnis sich über die Wirkung der zweiten Variable herstellt (vermittelt wird). Wenn nun die Eingabe-Reihenfolge der zwei Prädiktoren umgedreht wird, kann die Mediations-Beziehung dann bestätigt werden, wenn der Regressionskoeffizient für die (vorherige) vermittelnde Variable nicht signifikant kleiner wird, wenn die ursprüngliche Prädiktorvariable eingeführt wird. Als wir den Zusammenhang zwischen Bindungssicherheit und Gleichaltrigenkompetenz in der gleichen Gleichung zusammen mit mütterlicher Interaktionsqualität testeten, ergab sich kein Beleg für eine statistische Mediation. D. h., Bindungssicherheit blieb ein signifikanter Prädiktor für soziale Kompetenz im Umgang mit Gleichaltrigen, und dies auch in Anwesenheit der Variable »mütterliche Interaktionsqualität«. Wenn jedoch die Eingabereihenfolge umgedreht wurde (Sicherheit der Kinder nach mütterlicher Interaktionsqualität eingeführt), fiel der Regressionskoeffizient für mütterliche Interaktionsqualität unter das allgemein gültige Signifikanzniveau. Deswegen scheint die Beziehung zwischen mütterlicher Interaktionsqualität und sozialer Kompetenz im Umgang mit Gleichaltrigen über das Ausmaß an Bindungssicherheit für ein Kind hergestellt (vermittelt) zu werden. (Modell 2 in Abb. 3).

al kompetentes Verhalten oder durch Modelllernen), sondern indirekt über ihre Auswirkungen auf die Bindungsbeziehungen.

Interpretationen und Folgerungen für die praktische Arbeit mit Kindern und Familien

Dieses Kapitel begann mit Ausführungen darüber, dass die Bindungstheorie Freud'sche Schlüsselerkenntnisse bestätigt und eine Möglichkeit darstellt, sie zu bewahren. Diese Schlüsselerkenntnisse beziehen sich auf die Bedeutung und die Folgen von frühen Eltern-Kind-Beziehungen und speziell auf ihre mögliche Rolle für die intrapsychische und zwischenmenschliche Anpassung über die Lebensspanne hinweg (siehe Waters u. a. 1991). Sowohl Freud als auch Bowlby betonten, dass das Lernen-Zu-Lieben im Kontext früher Bindungsbeziehungen tiefgreifende Folgen für die Art und Weise hat, wie nachfolgende intime Beziehungen eingegangen und aufrechterhalten werden. Waters und Sroufe (1983) erweiterten Bowlbys Aussagen, indem sie Bindungsqualität während der Säuglings- und der Toddler-Phase als einen Index für ein sehr viel breiteres Konstrukt Sozialer Kompetenz bezeichneten. Dies drückt sich aus – und bestimmt sie (zum Teil) auch – in den Inhalten sozialer Interaktionen und Beziehungen über eine ganze Bandbreite von Sozialpartnern, mit denen ein Individuum während seiner Kindheit, Jugendzeit und darüber hinaus Umgang hat. Waters und Sroufe (1983) weisen desweiteren darauf hin, dass Kontinuität in der sozialen Kompetenz bei Kindern in unterschiedlichen Altersphasen dann gefunden wird, wenn altersangemessene Beziehungskontexte angesprochen sind. In der frühen Kindheit werden Gleichaltrigenbeziehungen als angemessene Kontexte zur Erfassung sozialer Kompetenz bezeichnet.

Unsere Ergebnisse unterstützen die Thesen von Waters und Sroufe (1983) insofern, als die Daten unseres Forschungsprogrammes die Gleichaltrigengruppe als einen wichtigen Kontext für die Untersuchung zwischenmenschlicher Anpassung kleiner Kinder ausweisen. Unsere Kindergarten-Maße für Interaktionsraten, soziale Fertigkeiten und Gleichaltrigenakzeptanz blieben innerhalb und über die unterschiedlichen, gemessenen Bereiche kohärent, und die Werte für die unterschiedlichen Maße waren in einer Weise miteinander verbunden, die eine trait-ähnliche Interpretation sozialer Kompetenz für kleine Kinder nahelegt. Unsere Daten unterstreichen ebenfalls die Aussage, dass Sichere-Basis-Verhalten und die kognitive Repräsentation einer sicheren Basis von Kindern nicht einfach Phänomene der Säuglingszeit und der Toddler-Phase sind. Vielmehr lassen sich diese Phänomene während der gesamten Vorschulzeit erfassen und sind für die Beschreibung von Eltern-Kind-Beziehungen relevant. Wichtig ist weiterhin, dass Maße für die Sicherheit in der Eltern-Kind-Bindung die soziale Kompetenz in der Gleichaltrigengruppe von Kindern im Kindergartenalter vorhersagen. Obwohl wir die folgende Interpretation derzeit noch nicht durch Daten belegen können, legt die Theorie doch nahe, dass der kausale Pfad von der Bindung hin zur sozialen Kompetenz im Umgang mit Gleichaltrigen führt und nicht anders herum(Waters, Wippman & Sroufe 1979).

Solche Ergebnisse sollten von Interesse für Praktiker sein, die mit Kindern und Familien zu tun haben, weil sie die zentrale Bedeutung familiärer Beziehungen als eine Quelle für positive soziale Anpassung unterstreichen, wenn die Kinder damit anfangen, ihre sozialen Netzwerke unter Gleichaltrigen außerhalb der Familie zu bilden, und, weil sie die Nützlichkeit von Einschätzungen innerhalb der Gleichaltrigengruppe gleichsam als Fenster zur interpersonalen Anpassung belegen. Unsere Daten belegen ebenfalls das Ausmaß von Einflüssen aus familiären Beziehungen. Obwohl die Zusammenhänge zwischen Bindungsmaßen und sozialer Kompetenz im Umgang mit Gleichaltrigen signifikant sind, sind über 75% der Varianz der Gleichaltrigenkompetenz-Maße *nicht* der gegenwärtigen Bindungssicherheit zuzuschreiben. Dies bedeutet, dass andere Faktoren einschließlich von Eigenschaften des Kindes, die nicht mit Bindung zusammenhängen, und Aspekte der Gleichaltrigengruppe ihrerseits wichtige Einflußgrößen für die Anpassung von Kindern innerhalb ihrer Gleichaltrigengruppen darstellen. Zumindest bis zu einem bestimmten Grad sind Familien- und Gleichaltrigen-Settings unabhängig voneinander, und Interventionen zur Steigerung der Anpassung von Kindern sollten Einschätzungen und Behandlungsformen für beide Arten sozialer Settings beinhalten.

Die Ergebnisse unserer Forschung weisen auch darauf hin, dass Merkmale der Eltern-Kind-Interaktion, die der Bindungssicherheit vorausgehen und in der Säuglings- und »Toddler«-Zeit als Einfühlsamkeit gegenüber den Signalen, Kooperation mit dem gerade stattfindenden Verhalten, Verfügbarkeit für das Kind und seine emotionale Annahme zusammengefaßt werden, auch während des Kindergartenalters wichtig bleiben. Das Verhalten der Eltern (Mütter in unserem Fall) im Kontext von Interaktionen erwies sich in unseren Studien als weiterhin förderlich für das Sichere-Basis-Verhalten von Kindern und ihre Beziehungs-Repräsentationen. Diese gleichen Aspekte mütterlichen Verhaltens fördern soziale Kompetenz im Umgang mit Gleichaltrigen jedoch nur indirekt über ihren Effekt auf die Sicherheit der Bindungsbeziehung (siehe Abb. 3 und obige Diskussion). Dieser letzte Punkt könnte von besonderer Bedeutung sein, wenn Praktiker von Eltern um Rat gebeten werden, deren Kinder Schwierigkeiten haben, in die Gleichaltrigengruppe integriert zu werden oder offensichtlich Schwierigkeiten haben, Beziehungen in Gruppen aufrechtzuerhalten. Wahrscheinlich ist der Versuch, Eltern als Tutoren für ihre Kinder zu gewinnen, d. h. Eltern anzuweisen, ihre Kinder direkt in angemessenen Strategien und Taktiken für das Auskommen und den Umgang mit Gleichaltrigenkonflikten zu instruieren, weniger effektiv, als den Eltern und ihren Kindern dabei zu helfen, ihrerseits eine positive und föderliche Beziehung aufzubauen und aufrechtzuerhalten. Unsere Daten belegen, dass Kinder dann bereitwilliger auf andere Kinder in ihrer Gleichaltrigengruppe zugehen und sich mit ihnen beschäftigen – in der Erwartungshaltung, dass ihre Initiativen positiv aufgenommen und akzeptiert werden –, wenn sie zuversichtlich sein können, dass sie jederzeit bei Bedarf an Hilfe und Zuwendung zur Mutter kommen können, und sie mit der von ihr erhaltenen Unterstützung auch wirklich zufrieden und beruhigt sind. Wir wissen, dass die Motivation, sich mit Gleichaltrigen zu beschäftigen, und positive Erwartungen bezüglich des Ausgangs solcher Initiativen zentrale Aspekte sozialer Kompetenz für Kinder im Kindergartenalter sind, sogar auch dann, wenn diese Initiativen nicht sofort erfolgreich im Sinne der Erreichung gewünschter Ziele sind.

Abschließend glauben wir, dass der Bowlby/Ainsworth-Ansatz zum Verständnis der Bildung und der Aufrechterhaltung von Bindung während der Säuglingszeit und der Kindheit einen nützlichen Rahmen für das Verständnis der Organisation umfassenderer sozialer Phänomene bietet, wenn Kinder ihre Beziehungen zu Gleichaltrigen außerhalb der Familie vertiefen. Kinder mit einer sicheren Bindung zu ihren Müttern[45] erweisen sich in unseren Forschungsprojekten im Kindergartenalter als im Vorteil bezüglich ihrer sozialen Kompetenz im Umgang mit Gleichaltrigen. Vor über 20 Jahren bezeichneten Sroufe und Waters (1977) Bindung als ein »Organisations-Konstrukt,« das Affekt, Kognition und Verhalten von Kindern im Dienste der Bildung früher sozialer Beziehungen und der Formung früher Persönlichkeit miteinander integriert. Unsere Ergebnisse bestätigen, dass die Eltern-Kind-Bindung ihre organisierende Funktion das gesamte Kindergartenalter hindurch behält und einen wichtigen Einfluß auf soziale Organisation in der Gleichaltrigengruppe darstellt. Obwohl diese Arbeit gerade erst beginnt, ist bereits klar, dass die

---

[45] eingestuft in Form ihres Sichere-Basis-Verhaltens und in Form ihrer kognitiven/affektiven Repräsentationen von Bindungsbeziehungen

Bowlby/Ainsworth-Theorie der Bindung ebenso bereichernd für ein sozialpsychologisches Verständnis der Bildung von Gruppen, ihrer Aufrechterhaltung und ihrer Prozesse ist und wahrscheinlich einen ebenso weitreichenden Einfluß auf diesbezügliche Theorien hat, wie dies für die Persönlichkeitsentwicklung und für die Entwicklungspsychopathologie der Fall war.

Literatur

Ainsworth, M. D. S. (1967): Infancy in Uganda. Infant care and the growth of love. Baltimore, MD (Johns Hopkins Press).
Ainsworth, M. D. S., Blehar, M. C., Waters, E., & Wall, S. (1978): Patterns of attachment. A psychological study of the strange situation. Hillsdale, NJ (Erlbaum).
Ainsworth, M. D. S. & Bowlby, J. (1954): Research strategy in the study of mother-child separation. Courrier; 4, S. 105–131.
Baron, R. M., & Kenny, D. A. (1986): The moderator-mediator variable distinction in social psychological research. Conceptual, strategic, and statistical considerations. Journal of Personality and Social Psychology, 51, S. 1173–1182.
Block, J.H. & Block, J. (1980) The role of ego-control and ego-resiliency in the organization of behaviour. In W. A. Collins (Ed.), Minnesota Symposia on Child Psychology, 13. Hillsdale, N. J.: Erlbaum
Bost, K. K., Vaughn, B. E., Washington, W. N., Cielinski, K. L. & Bradbard, M. R. (1998): Social Competence, Social Support, and Attachment. Demarcation of Construct Domains, Measurement, and Paths of Influence for Preschool Children Attending Head Start. Child Development, 69, S. 192–218.
Bowlby, J. (1980). Attachment and loss: Vol 3. Loss. New York: Basic Books
Bowlby, J. (1953): Critical phases in the development of social responses in man and other animals. New Biology, 14, S. 25–32.
Bowlby, J. (1958): The nature of the child's tie to his mother. International-Journal-of-Psycho-Analysis, 39, S. 350–373.
Bowlby, J. (1969): Attachment and Loss: Vol. 1. Attachment. New York (Basic, 2nd Edition 1982).
Bowlby, J., Robertson, J. & Rosenbluth, D. (1952): A two-year-old goes to the hospital. Psychoanalytic Study of the Child, 7, S. 82–94.
Bradley, R. H., & Caldwell, B. M. (1995): Caregiving and the regulation of child growth and development. Describing proximal aspects of caregiving systems. Developmental Review, 15, S. 38–85.
Bretherton, I., Oppenheim, D., Buchsbaum, H. & Emde, R. N. (1990): Mc Arthur Story Stem Battery. Unpublished manuscript, University of Wisconsin-Madison.
Bretherton, I., Ridgeway, D. & Cassidy, J. (1990): Assessing internal working models of the attachment relationship. An attachment story completion task for 3-year-olds. In: Greenberg, M., Cicchetti, D. & Cummings, M. (Hg.): Attachment in the preschool years. Theory, research and intervention. Chicago (University of Chicago Press), S. 273–308.
Bretherton, I. & Waters, E. (Hg.) (1985): Growing points in attachment theory and research. Monographs of the Society for Research in Child Development, 50, Nos. 1–2.

Cassidy, J., Marvin, R. S., with the MacArthur Working Group on Attachment (1992): A system for classifying individual differences in the attachment-behavior of 2 1/2 to 4 1/2 year old children. Unpublished coding manual, University of Virginia.

Cassidy, J. & Shaver, P.R. (1999). Handbook of Attachment. New York, Londom: The Guilford Press

Crowell, J. A., Treboux, D. & Waters, E. (1999): The Adult Attachment Interview and the Relationship Questionnaire. Relations to reports of mothers and partners. Personal-Relationships, 6, S. 1–18.

Crowell, J. A., Fraley, R. C., & Shaver, P. R. (1999): Measurement of individual differences in adolescent and adult attachment. In: Cassidy,J. & Shaver, P. R. (Hg.): Handbook of attachment. Theory, research, and clinical applications. New York (The Guilford Press), S. 434–465.

Fonagy, P., Steele, M., Moran, G., Steele, H. u. a. (1993): Measuring the ghost in the nursery: An empirical study of the relation between parents' mental representations of childhood experiences and their infants' security of attachment. Journal-of-the-American-Psychoanalytic-Association, 41, S. 957–989.

Genovese, C. (1991): Considerations metapsychologiques sur le modele d'attachment de J. Bowlby. / Metapsychological considerations on John Bowlby's Model of Attachment. Psychiatrie-de-l'Enfant, 34, S. 359–379.

George, C. & Solomon, J. (1999a): The development of caregiving. A comparison of attachment theory and psychoanalytic approaches to mothering. Psychoanalytic Inquiry, 19, S. 618–646.

George, C., & Solomon, J. (1999b): Attachment and caregiving. The caregiving behavioral system. In: Cassidy,J. & Shaver, P. R. (Hg.): Handbook of attachment. Theory, research, and clinical applications. New York (The Guilford Press, S. 649–670.

Golby, B., Bretherton, I, Winn, L & Page, T. (1995): Coding manual for the attachment story completion task. Unpublished manuscript.

Hesse, E., & Main, M. (1999): Second-generation effects of unresolved trauma in nonmaltreating parents. Dissociated, frightened, and threatening parental behavior. Psychoanalytic Inquiry, 19, S. 481–540.

Holmes, J. (1995): »Something there is that doesn't love a wall«: John Bowlby, attachment theory, and psychoanalysis. In: Goldberg, S. & Muir, R. (Hg.): Attachment theory. Social, developmental, and clinical perspectives. Hillsdale, NJ, USA (Analytic Press, Inc.), S. 19–43.

LaFreniere, P. J. & Sroufe, L. A. (1985): Profiles of peer competence in the preschool. Interrelations between measures, influence of social ecology, and relation to attachment history. Developmental Psychology, 21, S. 56–69.

Main, M. (1995): Discourse, prediction, and recent studies in attachment. Implications for psychoanalysis. In: Shapiro, T. & Emde, R. N. (Hg.): Research in psychoanalysis. Process, development, outcome. Madison, CT (International Universities Press, Inc.), S. 209–244.

Main, M. & Goldwyn, R. (1998). Adult attachment scoring and classification system. Unpublished manuscript, University of California at Berkeley.

Main, M., Kaplan, N., & Cassidy, J. (1985): Security in infancy, childhood, and adulthood. A move to the level of representation. In: Bretherton, I. & Waters, E. (Hg.): Growing points in attachment theory and research, Monographs of the Society for Research in Child Development, 50, (1–2, Serial No. 209), S. 66–104.

NICHD Early Child Care Research Network (1997): The effects of infant child care on infant-mother attachment security. Results of the NICHD study of early child care. Child Development, 68, S. 860–879.

Owens, G. Crowell, J., Pan, H., Treboux, D., O'Connor, B. & Waters, E. (1995): The prototype hypothesis and the origins of attachment working models. Child-parent relationships and adult-adult romantic relationships. In: Waters, E., Vaughn, B., Posada, G. & Kondo-Ikemura, K. (Hg.): Caregiving, Cultural, and Cognitive Perspectives on Secure Base Behavior and Working Models. New Growing Points of Attachment Theory and Research. Monographs of the Society for Research in Child Development. Serial No.244. Vol. 60, Nos. 2–3, S. 216–233.

Page, T. & Bretherton, I. (June, 1994): Preschoolers' coping with parental divorce as reflected in their family narratives. Poster presented at the meetings of the International Society for the Study of Behavioral Development, Amsterdam, The Netherlands.

Park, K. A. & Waters, E. (1989): Security of attachment and preschool friendships. Child Development, 60, S. 1076–1081.

Pastor, D. (1981): The quality of motherinfant attachment and its relationship to toddlers' initial sociability with peers. Developmental Psychology. 17, S. 326–335.

Robinson, J. Mantz-Simmons, L., MacFie, J. & the MacArthur Narrative Working Group (1995): MacArthur Narrative Coding Manual, unpublished manuscript.

Rose-Krasnor, L. (1997). The nature of social competence: A theoretical review. Social development, 6, 111-135.

Rose-Krasnor, L., Rubin, K. H., Booth, C. L. & Coplan, R. (1996): The relation of maternal directiveness and child attachment security to social competence in preschoolers. International-Journal of Behavioral Development, 19, S. 309–325.

Sarason, B. R., Pierce, G. R. & Sarason, I. G. (1990): Social support. The sense of acceptance and the role of relationships. In: Sarason, B. R., Sarason, I. G. & Pierce, G. R. (Hg.): Social support. An interactional view. New York (Wiley), S. 97–128.

Sarason, B. R., Pierce, G. R., Shearin, E. N., Sarason, I. G., Waltz, J. A. & Poppe, L. (1991): Perceived social support and working models of self and actual others. Journal of Personality and Social Psychology, 60, S. 273–287.

Sroufe, L. & Waters, E. (1977): Attachment as an organizational construct. Child Development, 48, S. 1184–1189.

Vaughn, B. E. (im Druck): A Hierarchical Model of Social Competence for Preschool-Age Children. Cross-Sectional and Longitudinal Analyses. International Review of Social Psychology.

Vaughn, B. E., Bost, K. K., Newell, W., Kazura, K. L. & Bradbard, M. (2000). Representation of Social Competence as a Hierarchically Organized Construct for Three- and Four-Year-Old Children attending Head Start: A Replication Study. Unpublished manuscript, auburn University.

Vaughn, B. E. & Martino, D. (1988): Age related Q-sort correlates of visual regard in groups of preschool children. Developmental Psychology, 24, S.589–594.

Vaughn, B. & Waters, E. (1981): Attention structure, sociometric status, and dominance. Interrelations, behavioral correlates, and relationships to social competence. Developmental Psychology, 17, S. 275–288.

Warme, G. E., Bowlby, J., Crowcroft, A. & Rae-Grand, Q. A. (1980): Current issues in child psychiatry. A dialogue with John Bowlby. Canadian Journal of Psychiatry, 25, S. 367–376.

Waters, E. (1978): The reliability and stability of individual differences in infant-mother attachment. Child Development, 49, S. 483–494.

Waters, E. (1981): Traits, behavioral systems, and relationships. Three models of infant-mother attachment. In: Immelman, K. u. a. (Hg.): Behavioral development. Cambridge (University Press).

Waters, E., Garber, J., Gornall, M. & Vaughn, B. (1983): Q-sort correlates of visual regard among preschool peers. Validation of a behavioral index of social competence. Developmental Psychology, 19, S. 550–560.

Waters, E., Johnson, S. & Kondo-Ikemura, K. (submitted): Do preschool children love their peers?

Waters, E., Kondo-Ikemura, K., Posada, G. & Richgers, J. E. (1991): Learning to love. Mechanisms and milestones. In: Gunnar, M. R. & Sroufe, L. A. (Hg.): Self processes and development. The Minnesota symposia on child psychology, Vol. 23. Hillsdale, NJ (Erlbaum), S. 217–255.

Waters, E. & Sroufe, L. (1983): Social competence as a developmental construct. Developmental Review, 3, S. 79–97.

Waters, E., Vaughn, B., Posada, G. & Kondo-Ikemura, K. (Hg.) (1995): Caregiving, Cultural, and Cognitive Perspectives on Secure-Base Behavior and Working Models. New Growing Points of Attachment Theory and Research. Monographs of the Society fot Research in Child Development, 60(2–3, Serial No. 244).

Waters, E., Wippman, J. & Sroufe, L. A. (1979): Attachment, positive affect, and competence in the peer group. Two studies in construct validation. Child Development, 50, S. 821–829.

»Attachment Story Completion Task« (ASCT)
Methode zur Erfassung der Bindungsqualität im Kindergartenalter durch Geschichtenergänzungen im Puppenspiel

Inge Bretherton, Gerhard J. Suess, Barbara Golby und David Oppenheim

Einleitung

Die Bindungstheorie betont zwei Ebenen, um den Prozess der Bindungsentwicklung zu erklären: Die Handlungs- und die Repräsentationsebene. Im Umgang mit den Eltern (Handlungsebene) lernt ein Kind, deren psychologische Verfügbarkeit einzuschätzen, und bildet dadurch auch eine komplementäre Sichtweise des eigenen Selbst als mehr oder weniger wertgeschätzt und kompetent (Repräsentationsebene). Bowlby (1969) nannte diese Bindungs-Repräsentationen »innere Arbeitsmodelle« und betonte sowohl deren Einfluss auf die weitere Entwicklung der Kinder als auch deren Offenheit für Veränderung aufgrund neuer Beziehungserfahrungen. Neben dem Gefühl des eigenen Selbstwertes beeinflussen diese Arbeitsmodelle auch Bewertungsmaßstäbe und Erwartungshaltungen für soziales Beziehungsgeschehen mit anderen Bezugspersonen und Gleichaltrigen.

Ziel der Bindungsforschung ist es, den Prozess des kontinuierlichen Austausches zwischen Innen und Außen zu untersuchen, innerhalb dessen psychische Strukturen beim Kind entstehen und sich auch verändern. Die dabei gewonnenen Erkenntnisse über Kontinuitäten und Veränderungen sind für die beraterische und therapeutische Praxis gerade deshalb wertvoll, weil Rat suchende Eltern sich ja auch Veränderung erwarten bzw. Unterstützung in ihrer eigenen Unsicherheit, ob und in welcher Form Veränderungen bei ihnen und ihren Kindern notwendig sind. Deshalb sind auch die innerhalb der Bindungsforschung verwandten Methoden für Praktiker interessant: Praktiker suchen nämlich ein Mehr an Sicherheit, das Bindungsgeschehen bei einem individuellen Kind angemessen einschätzen zu können. Und deshalb fragen sie auch immer wieder nach den Methoden zur Einstufung der Bindungsqualität – insbesondere auch nach Methoden, die sich zur Anwendung jenseits des Säuglingsalters eignen.

Im Folgenden wird eine Methode, die für das Kindergartenalter ab dem vierten Lebensjahr entwickelt wurde (Bretherton & Ridgeway 1990) und sich bedingt auch für Anfänge des Grundschulalters eignet, vorgestellt. Dabei dürften sich insbesondere Erziehungsberaterinnen[1] mit den verwendeten Materialien und dem Setting vertraut fühlen, denn sie alle haben Erfahrung im Spiel mit Kindern, im Einsatz von Geschichten und dem Puppenspiel in Beratung/Therapie. Und eben hier setzt die vorgestellte Methode an. Denn die innerhalb der Bindungsentwicklung gewonnene Selbst- und Weltsicht drückt ein Kind im Kindergartenalter nicht nur im Umgang mit den eigenen Eltern und Gleichaltrigen, sondern vor allem auch auf der Repräsentationsebene im Fantasie-Spiel aus.

Entwicklungsgeschichte der ASCT-Methode

Während innerhalb der Geschichte der Bindungsforschung (s. Bretherton 1995)[2] zunächst die Handlungsebene dominierte (Ainsworth u. a. 1978), wurde seit Mitte der 80iger Jahre zunehmend die Bedeutung der Repräsentationsebene für die Bindungsforschung hervorgehoben (s. Bretherton 1995; Bretherton 1999). So haben Main u. a. (1985) z. B. den sechsjährigen Kindern ihrer Längsschnittstudie Zeichnungen vorgelegt, die Trennungssituationen darstellten, und danach gefragt, was die abgebildeten Kinder dabei empfinden und in der jeweiligen Situation als nächstes tun würden. Kinder mit sicherem Bindungshintergrund (auf der Handlungsebene erfasst) zeichneten sich durch konstruktive Lösungen der Trennungsfolgen aus und konnten emotional offen über Trennungen sprechen. Insbesondere diese Arbeiten haben dann Bretherton und Ridgeway (1990) zur Entwicklung der Methode der Ergänzung von bindungsrelevanten Geschichten (Attachment Story Completion Task = ASCT) angeregt. Da die Methode der Erfassung von Bindungsmodellen jüngerer Kindergartenkinder dienen sollte, wurden die Geschichtenanfänge oder Rumpfgeschichten in ein Spiel mit Familienfiguren eingebettet, um sich nicht nur auf der sprachlichen Ebene zu bewegen, was für diese Altersgruppe leicht zu Überforderung führen könnte, selbst wenn Bildmaterial verwendet wird. Unabhängig entwarf Cassidy (1988) eine Reihe

---

[1] Es wir hier – der Lesbarkeit wegen – immer nur eine weibliche oder männliche Form verwendet.

[2] Siehe auch Kap. von Grossmann in diesem Band

weiterer Spielgeschichtenanfänge für eine Gruppe von Sechsjährigen. Bei ihren Geschichten standen die mütterliche Unterstützung des Selbstwertgefühls, der mütterliche Schutz und Trost bei Leid und Gehorsamskonflikten im Mittelpunkt.

Generell ist es natürlich wichtig, die Art und die Schwierigkeit von Aufgabenstellungen dem Entwicklungsstand der Kinder anzupassen. Insbesondere Erkenntnisse über Spracherwerb, die kognitive und emotionale Entwicklung sowie das symbolische Spiel fanden bei der Entwicklung der ASCT-Methode Berücksichtigung. Bereits früh im zweiten Lebensjahr beginnen Kinder im einfachen Als-ob-Spiel alltägliche Episoden wie Schlafen und Essen darzustellen. Am Ende des zweiten Lebensjahres flechten sie Kommentare ein, wenn die Eltern mit ihnen über vergangene Erlebnisse reden (Miller, Mintz, Hoogstra, Fung & Potts 1992). Gleichzeitig wird ihr Als-ob-Spiel komplexer. Mit etwa zwei bis drei Jahren behandeln sie im Spiel Figuren und Stofftiere nicht nur so, als ob sie lebendig wären, sondern sie lassen sie auch mit anderen Figuren interagieren, schreiben ihnen Gefühle und Empfindungen zu und statten sie mit einfachen moralischen Urteilen aus. Im Erfinden von solchen »Geschichten« manipulieren Kinder die Spielfiguren, verbinden dies auch mit Reden und einer passenden Mimik und Gestik; d. h. sie übernehmen die Rolle der Figuren, indem sie für sie sprechen, und die Erzählerrolle, indem sie die Handlungen der Figuren und andere Ereignisse beschreiben (Wolf, Rygh, und Altshuler 1984; s. Bretherton 1984). Mit drei sind sie dann in der Lage, gut geordnete, nur verbale Beschreibungen von täglichen Routinen, wie z. B. in den Kindergarten gehen, zu geben (Nelson 1986). Diese Literatur in Verbindung mit Literatur zur Spieltherapie (z. B. Anna Freud 1946; Erikson 1950) – und natürlich der zur Bindungstheorie (besonders Main u. a. 1985) – bildete die Basis für die Entwicklung der ASCT-Methode. Sowohl Spieltherapeuten als auch Entwicklungspsychologen gehen davon aus, dass Kinder im Spiel ihre Alltagserfahrungen und die Art ihrer Verarbeitung ausdrücken, jedoch nicht in vollständiger Entsprechung[3]. Kinder greifen im Spiel auch auf Mitgehörtes

---

[3] Das Verhältnis von Repräsentation und der darin abgebildeten Wirklichkeit lässt sich mit einer Landkarte als Metapher veranschaulichen. Diese erlaubt es, sich auf eine Gegend vorzubereiten und sich schließlich in ihr zurechtzufinden, ohne dass man jeweils vorher in dieser Gegend gewesen sein muss. Dabei beinhaltet die jeweilige Landschaft sehr viel mehr Details als die entsprechende Landkarte. Am deutlichsten wird dies daran, dass die Flüsse in »Wirklichkeit« nicht blau sind, Straßen keine roten Linien und Städte keine unterschiedlich große, rote Punkte sind. Landkarten müssen also nicht alles exakt abbilden und sie können auch verfremden – wie oben dargestellt –, so lange sie helfen, den Weg zu finden. Und dies gilt im übertragenen Sinn auch für Repräsentationen (Bretherton, 1999)

und Beobachtetes zurück, auf erzählte oder vorgelesene Geschichten oder auf das, was die Eltern zu ihnen oder auch zu anderen Familienmitgliedern irgendwann gesagt haben. Wenn z. B. ein Kind die Mutterfigur zur Vaterfigur während eines Streits sagen lässt »Nun beruhige dich doch mal«, dann wird das Kind sich das nicht nur ausgedacht, sondern sehr wahrscheinlich von seinen Eltern gehört haben. Einige Themen im Spiel von Kindern sind sicherlich nicht reell von ihnen so erfahren worden, sondern drücken ihre Wünsche, Hoffnungen und Ängste aus. Und wenn diese sich auch nicht auf Erlebtes oder Gehörtes beziehen, dann reflektieren sie doch auch Vermeidungstendenzen und andere Abwehrprozesse (Bretherton, im Druck).

Wenn nun die Inhalte von Geschichtenerzählungen und Spielthemen nicht in direkter Weise mit Erlebtem verbunden sind, dann ist auch nicht zu erwarten, dass sie Bindungsqualitäten in einfacher und klarer Weise vorhersagen. Und dies ist auch der Grund, warum in der Entwicklung von Methoden zur Erfassung solcher Bindungsrepräsentationen mehr Arbeit steckt, als ihre Endprodukte oft vermuten lassen. Auf der Grundlage von Pilot-Studien und von Befunden von Main und Kollegen wurden für die ASCT-Methode bindungsrelevante Bereiche ausgewählt. Die Auswertung beschränkt sich nicht nur auf den Inhalt, sondern erfasst vielmehr die Art und Weise, mit der das Kind mit den verschiedenen Bindungsthemen umgeht. Die Auswahl der Geschichten und die Art ihrer Auswertung geschah im Wechselspiel von Theorie – vor allem von Bowlby's Aussagen zu den inneren Arbeitsmodellen[4] – und Empirie. Die Feuertaufe für die Methode besteht neben dem Nachweis ihrer Zuverlässigkeit (Reliabilität) insbesondere auch im Nachweis, dass sie auch wirklich innere Arbeitsmodelle widerspiegelt und auf ihrer Grundlage bedeutungsvolle Vorhersagen für die Entwicklung von Kindern möglich sind.

---

[4] John Bowlby (1969) hat ganz bewusst den Terminus »innere Arbeits-Modelle« gewählt, um den dynamischen Charakter der Beziehung zu Erlebtem auszudrücken, die sich nicht in den Termini »kognitive Landkarte« oder »Image« ausdrücken. Die Wörter »Arbeit« und »Modell« betonten, dass ein Kind Repräsentationen – gleichsam als Simulation – internal ablaufen lassen kann, um so Aktuelles besser und schneller beurteilen zu können, einen roten Faden für das eigene Handeln finden und die Zukunft vorhersagen zu können, bevor es sich überhaupt auf eine bestimmte Handlung festgelegt hat – sozusagen in einer Art Trockenübung. Des weiteren betonte Bowlby auch, dass diese Arbeitsmodelle nicht nur realitätsnah, sondern auch offen für Revision aufgrund von neuen Erfahrungen sein sollten und immer wieder durch Up-dates ersetzt werden sollten. Für eine detailliertere Darstellung dieses theoretischen Hintergrundes siehe Bretherton (1999; Bretherton & Munholland, 1999).

Validität und Reliabilität der ASCT-Methode

Bretherton und Ridgeway (1990) entwickelten für jede der ASCT-Geschichten spezielle Kriterien zur Beurteilung der Bindungssicherheit. Diese bezogen sich darauf, wie konstruktiv die Lösung zu beurteilen war, und, ob die Antworten des Kindes emotionale Offenheit und Kohärenz versus Vermeidung oder Bizarrheit/Chaos widerspiegelten. Kindern wurde dann ein Gesamtwert für Bindungssicherheit gegeben, von 4 (sehr sicher) bis 1 (sehr unsicher).

Nach einem Training mit ungefähr zehn Kindern können die Rumpfgeschichten meist zuverlässig präsentiert werden. Das Training fällt leichter, wenn der Interviewer Erfahrung im Umgang mit Kindergartenkindern hat. Man kann die Geschichten auch mit Erwachsenen, die die Kinderrolle spielen, üben. Die Video-Mitschnitte können mit einer Übereinstimmung von 80–90% von unterschiedlichen Beobachtern unabhängig voneinander ausgewertet werden.

Bereits in der ursprünglichen Studie von Bretherton und Ridgeway mit Dreijährigen zeigte es sich, dass die Werte für Bindungssicherheit aus dem ASCT-Verfahren im Einklang mit den Ergebnissen anderer Instrumente zur Erfassung der Bindungssicherheit[5] standen. Zusätzlich zu diesen Übereinstimmungen mit anderen Bindungsmaßen konnten auch noch weitere sinnvolle Zusammenhänge mit Maßen zum Familiensystem und zur Einfühlungsbereitschaft der Mutter (Bretherton, Biringen, Ridgeway, Maslin, & Sherman 1989) sowie eine Kontinuität in den ASCT-Einstufungen vom 3-Jahres- zum 4,5-Jahres-Alter nachgewiesen werden (Waters, Rodrigues & Ridgeway 1998).

Bis heute wurde das ASCT-Verfahren in weiteren sieben Studien[6] – gelegentlich auch in etwas abgeänderter Form – überprüft und seine Gültigkeit (Validität) konnte bestätigt werden, unter anderem auch in Studien von Heller (2000)[7] und von Gloger-Tippelt (1999). Gloger-Tippelt, die zusammen mit König eine eigene

---

[5] Es handelt sich dabei um folgende Instrumente zur Erfassung von beobachtbarem Bindungsverhalten:
— Vorläufer des Kindergarten-Bindungsklassifikationssystem von Cassidy & Marvin (1992) (siehe auch Marvin, in diesem Band).
— Bindungs-Q-sort (AQS; siehe Kap. von Vaughn u. a. in diesem Band) von Waters & Deane (1985) durch ihre Mütter, als die Kinder 25 Monate alt waren
— Fremde Situation (Ainsworth) im 18-Monats-Alter der Kinder

[6] Solomon, George & De Jong (1995); Cassidy (1988); Oppenheim (1997); Verschueren, Marcoen and Schoefs (1996); Milijkovitch, Pierrehumbert und Halfon (in Vorbereitung); Green, Stanley, Smith & Goldwyn, 2000. Eine ausführliche Darstellung all dieser Ergebnisse findet sich bei Bretherton (2001)

[7] siehe Vaughn, Heller & Bost, in diesem Band

deutsche Übersetzung des ASCT-Verfahrens erstellt hat (unveröffentlichtes Manuskript, 2000), konnte dabei eine hohe Übereinstimmung (87%) zwischen den Einstufungen der Mütter im Adult Attachment Interview (AAI) und den Sicherheitswerten der (5-7jährigen) Kinder aus dem ASCT-Verfahren zeigen. Die Werte aus der ASCT-Methode standen darüber hinaus in Zusammenhang mit Werten zur Bindungssicherheit aus dem Separation Anxiety Test (SAT)[8], wie Eichhorn und Ganssauge (1998) zeigen konnten. Weiterhin haben Verschueren, Marcoen & Schoefs (1996) eine Auswahl von Rumpfgeschichten aus Cassidy (1988) und dem ASCT von Bretherton u. a. (1990) in flämischer Übersetzung verwendet. Die mit einer Sicherheitsskala bewerteten Geschichtenergänzungen korrelierten sowohl mit dem Trennungsbildertest (siehe Main u. a. 1985) als auch mit dem Selbstwertgefühl des Kindes und der Anpassung an den Kindergarten.

Aufgrund der bisher gezeigten Zusammenhänge mit anderen Beobachtungs- und Repräsentationsmaßen von Bindung lassen sich derzeit auf der Basis des ASCT-Verfahrens Aussagen zum Ausmaß an Sicherheit (sehr sicher, sicher, unsicher, sehr unsicher) mit guter Vorhersagequalität treffen. Die kategoriale Zuordnung von Kindern aufgrund unterschiedlicher Muster ihres Verhaltens (verbal und nonverbal) zu den bekannten Bindungsmustern (sicher; unsicher-vermeidend; unsicher-ambivalent; desorganisiert/desorientiert) bereitet dagegen größere Probleme und erwies sich als weniger aussagekräftig. Unter anderem deshalb, weil es bisher noch nicht möglich war, das unsicher/ambivalente Bindungsmuster in den Antworten der ASCT-Methode eindeutig zu identifizieren – sehr wahrscheinlich auch wegen des seltenen Vorkommens dieses Bindungsmusters. Insgesamt konnte jedoch der Nachweis erbracht werden, dass mit der ASCT-Methode innere Arbeitsmodelle der Bindungsbeziehung zu den Eltern in valider Weise erfasst werden. Dabei sind allerdings Hinweise zur Durchführung und besondere Kriterien für die Auswertung zu berücksichtigen; ein Video-gestütztes Training ist sehr empfehlenswert.

Hinweise zur Durchführung des ASCT-Verfahrens

Altersbereich
Das ASCT-Verfahren wurde für Kindergartenkinder und junge Schulkinder entwickelt. Es soll nicht bei Kindern unter drei Jahren eingesetzt werden.

---

[8] Kaplan, 1987

Beziehung herstellen

Ein guter Kontakt zum Kind ist für das Ergebnis des ASCT-Verfahrens von großer Bedeutung und sollte auf jeden Fall vor Beginn der Durchführung, z. B. durch ein allgemeines Auflockerungs-Spiel, hergestellt werden. Dies gilt besonders für schüchterne und zurückhaltende Kinder, bei denen dies auch mehr Zeit in Anspruch nehmen wird. Während der Kontaktaufnahme, ob sie nun in einer Institution (z. B. Beratungsstelle) oder bei dem Kind zu Hause erfolgt, sollte auf die Anwesenheit der Eltern – weil insgesamt hilfreich – großer Wert gelegt werden, obwohl die Eltern bei dem Interview selbst in den meisten Studien nicht anwesend waren. Sollte die ASCT-Methode in einem separaten Raum im Kindergarten/Kindertagesstätte durchgeführt werden, ist es sehr ratsam, das Kind in der jeweiligen Gruppe kennenzulernen bzw. zunächst eine Weile am Gruppengeschehen teilzunehmen. Für Therapeuten könnte es von Interesse sein, sich die Videobänder mit Eltern zusammen anzusehen und von ihnen kommentieren zu lassen. Voraussetzung hierfür ist allerdings, dass Therapeuten genug Zeit haben, ausführlich mit Eltern über eventuelle Beunruhigungen (besonders über negative Geschichtenergänzungen) zu reden.

Materialien

Ursprünglich wurden von dem Team um I. Bretherton realistisch aussehende, biegsame Familienpuppen verwendet, und zwar Puppen für Vater, Mutter und Großmutter sowie Puppen von unterschiedlicher Größe für zwei Kinder. Solche Puppen findet man in Spielwarengeschäften oder im Versandhandel für Kindergartenbedarf. Genauso gut können auch Duplo-Figuren oder auch kleine Bärchen verwendet werden. Wichtig dabei ist nur, dass die Figuren realistisch genug aussehen, dass sie leicht als Mutter, Vater, Großmutter, älteres und jüngeres Geschwisterkind (zwei Jungen oder zwei Mädchen – je nach Gegebenheiten des interviewten Kindes) erkennbar sind. Die Figuren sollten allerdings gut stehen können und ihr Aussehen sollte auf jeden Fall dem ethnischen Hintergrund des Kindes entsprechen.

Das Requisiten-Material sollte in erster Linie einfach in der Handhabung sein und die jeweilige Szene darstellen, ohne zu viele Details zu beinhalten. Bei einer der Geschichten, bei der ein Kind aus Versehen Saft auf dem gedeckten Tisch verschüttet, bedeutet dies z. B., dass nur ein Spielzeug-Krug auf einen Miniaturtisch gestellt wird, und nicht, dass der Tisch detailgetreu mit Puppengeschirr gedeckt wird. Ebenso sollte zur Darstellung des in einer anderen Geschichte benutzten Familienautos nicht ein kleines Spielzeugauto mit Steuerrad und rollenden Rädern verwendet werden, sondern besser eine kleine Schachtel mit aufgemalten Rädern, in die dann auch die gesamte Familie passt – denn viele Kinder beenden eine der Geschichten mit einer gemeinsamen Reise. Ein Stück grüner Filz als Rasen reicht völlig zur Darstellung des Parks, kleine Miniatur-Bäumchen und Spielplatzwippen wiederum würden zu sehr ablenken. Für die ebenfalls notwendige Kulisse Fels/Stein kann anstelle eines echten Steins ein grauer oder gelber Schwamm verwendet werden, der entsprechend zugeschnitten wird.

Aufwärmphase
Das gesamte Verfahren wird an einem kleinen Kindertisch durchgeführt, wobei das Kind und der Interviewer sich gegenüber oder auch nebeneinander sitzen. Zu Beginn führt der Interviewer die Figuren für die Familienmitglieder nacheinander mit Namen ein und überprüft dann, ob das Kind sie auch richtig benennen kann. Danach werden die Requisiten für die Aufwärm-Geschichte (ein Tisch und ein Geburtstagskuchen) auf den Tisch gestellt und die Rumpfgeschichte präsentiert.

Diese erste Geschichte ist nicht Teil des eigentlichen ASCT-Verfahrens, sondern dient dazu, dem Kind zu zeigen, was von ihm erwartet wird. Zur Einführung wurde eine Geburtstagsgeschichte gewählt, weil die meisten Kinder bereits mit drei Jahren klare Vorstellungen von einer Geburtstagsfeier haben und davon auch erzählen können (Nelson & Gruendel 1981). Nachdem Tisch mit Kuchen als Kulisse aufgestellt ist und eine kurze Geburtstagsszene erzählt worden ist, bittet der Interviewer – wie übrigens am Ende jeder Geschichte – das Kind: »Zeig' mir und erzähl' mir mal, was als nächstes passiert«. Wenn das Kind auf diese Aufforderung nicht spontan mit dem Nachspielen einer Geburtstagsgeschichte reagiert oder sich einfach nur sehr zurückhaltend benimmt, sollte der Interviewer vorführen, dass die Figuren handeln und miteinander sprechen können, und das Kind so zur aktiven Teilnahme anregen.

Um eine förderliche Atmosphäre für das Geschichten-Ergänzungs-Verfahren herzustellen, sollte auf jeden Fall ein Frage-Antwort-Format, in dem der Interviewer Fragen stellt und das jeweilige Kind kurz darauf antwortet, vermieden werden. Vielmehr sollte der Interviewer mittels Gestik und Stimmlage dem Kind sein Interesse zeigen und so den Raum für richtiges Erzählen und Spielen geben. Die Entwickler der ASCT-Methode machten immer wieder die Erfahrung, dass die innerhalb der ersten Minuten erzeugte Stimmung und der dabei hergestellte Rahmen mit großer Wahrscheinlichkeit den Rest der Aufgabe formt. Deshalb ist eine geduldige, aufmerksame und sogar neugierige Haltung des Interviewers nützlich, um beim Kind eine Erzähl-Haltung zu fördern. Dazu muss der Interviewer die Rumpfgeschichten auswendig können und ausreichend Übung in ihrer ausdrucksvollen Präsentation haben und darf keinesfalls von seinen schriftlichen Unterlagen ablesen.

Nachdem das Kind die Geburtstagsgeschichte abgeschlossen hat (mindestens die Figuren bewegt und für oder über sie gesprochen hat), bittet der Interviewer das Kind, die Familie wieder an ihren ursprünglichen Platz an die Seite des Tisches zu stellen indem er sagt: »Kannst Du sie nun für die nächste Geschichte fertig machen?« Für jede der nachfolgenden Rumpfgeschichten gestaltet der Interviewer zunächst eine Einleitung, indem er die entsprechenden Requisitenteile herausstellt und die Szene beschreibt. Er fährt dann mit der Darstellung des Geschichtenthemas fort, wobei er einer Standardanweisung aus dem ASCT-Manual folgt, und jedes Mal die gleiche Aufforderung anschließt: »Zeig' mir und erzähle mir mal, was als nächstes passiert«.

Umgang mit den Geschichten-Ergänzungen des Kindes

Die Art, mit der der Interviewer auf die Geschichten-Ergänzungen des Kindes eingeht, ist sehr wichtig und sollte deshalb besonders beachtet werden. Obwohl die ASCT-Entwickler ursprünglich den Kindern anerkennendes Feedback gegeben haben, haben sie gelernt, sich mit Bemerkungen wie »das war aber eine gute Geschichte« zurückzuhalten, zunächst um die Aufmerksamkeit der Kinder nicht auf bestimmte Inhalte und Themen zu lenken. Des weiteren würde es dem Interviewer schwer fallen, derartige Bemerkungen zu verwenden, wenn ein Kind eine sehr negative oder völlig unzusammenhängende Geschichte erzählt hat, was dazu führen könnte, dass Themen in unterschiedlicher Art und Weise verstärkt werden. Anders verhält es sich, wenn das Geschichtenerzählen generell unterstützt wird und nicht die Geschichte selbst. Z. B. sind Bemerkungen wie »Ich sehe, du gibst dir wirklich große Mühe bei dieser Geschichte« hilfreich und können sowohl nach negativen als auch positiven Geschichten Verwendung finden. In einigen Fällen, besonders bei klinischen Stichproben oder bei Gruppen mit hohem Risiko, können auch zusätzliche Anreize erforderlich sein. Einige Interviewer haben herausgefunden, dass »Sticker« nützlich sein können, um leicht ablenkbare Kinder zum Mitmachen zu gewinnen. Insgesamt sollte der Interviewer nicht be(ver-)urteilend reagieren, wenn ein Kind sehr negative oder chaotische Geschichten, die in Katastrophen enden, vorspielt (z. B. sagen »Das hätten die Eltern sicher nicht gemacht«).

Die Erzähl- und Rollenstimmen

Die Geschichten werden in zwei unterscheidbaren »Stimmen« vorgetragen : Die Erzählerstimme dient zur Beschreibung der Szenen und die Rollenstimme zum Sprechen für eine der Familienfiguren. Die Rumpfgeschichten sind so angelegt, dass sie das Sprechen in der Rolle der Familienfiguren mehr betonen als die Beschreibungen ihrer Handlungen, da dies die Kinder mehr zum Spielen anregt.

Nachfragen/Hilfestellungen

Manchmal unterbrechen Kinder den Interviewer während des Vorspielens einer Rumpfgeschichte. In diesen Fällen kann der Interviewer freundlich sagen: »Ich erzähle den Anfang der Geschichte und du kannst sie zu Ende erzählen«. Nach der Aufforderung an das Kind, die Rumpfgeschichte zu ergänzen, können Hilfestellungen gegeben werden, die allerdings keinen spezifischen Inhalt vorgeben sollen. Wenn z. B. ein Kind Figuren in nicht eindeutiger Weise bewegt, kann der Interviewer fragen: »Was machen die da?«. Dies kann z. B. vorkommen, wenn ein Kind zwei Figuren gegeneinander bewegt und es unklar ist, ob sie sich schlagen oder umarmen sollen. Oder wenn ein Kind für eine Figur spricht, aber nicht klar macht, wer damit gemeint ist, dann kann man fragen: »Wer sagt denn das?«. Die gleiche Frage ist auch angebracht, wenn das Kind z. B. sagt »er ging ins Bett«, ohne dabei eine Figur zu erwähnen oder zu bewegen. Wenn das Kind nach zusätzlichen Requisiten fragt, sagt der Interviewer: »Tu einfach so; wenn das Kind jedoch darauf besteht, kann der Interviewer sagen: »Du kannst es zum Spielen bekommen, wenn wir mit den Geschichten fertig sind«. Nachfragen wie z. B. »Passiert noch etwas?« sind immer dann angebracht, wenn das Kind zunächst nur sehr kurz und sparsam antwortet.

Bei jeder Rumpfgeschichte sollte außerdem eine Nachfrage zum Thema gestellt werden, wenn das Kind das Leitthema der Geschichte nicht anspricht. Diese Thema-Nachfragen dürfen aber keinesfalls spezifische Lösungen vorschlagen und wurden aus zwei Gründen eingeführt. (1) Innerhalb der

Bindungsforschung hat es sich immer wieder gezeigt, dass konsequente Vermeidung von Leitthemen in Bindungs-Geschichten-Ergänzungen mit einer unsicher-vermeidenden Bindung (in der Interaktion mit Eltern erfasst) zusammenhängt. Eine solche Themenvermeidung kann in unterschiedlicher Art erfolgen. z. B. kann das Kind einfach sagen »Ich weiß nicht«, oder es kann das Zentralthema abstreiten (z. B. »Nein, sie ist nicht hingefallen«), nur auf die äußerlichen, gegenständlichen Eigenschaften der Familienfiguren oder Requisiten eingehen, anstatt eine sinnvolle Lösung nachzuspielen, oder eine Ergänzung darstellen, die nichts mit dem Hauptthema zu tun hat. Ein zweimaliges Nachfragen nach dem Hauptthema lässt abschätzen, wie stark beim Kind der Widerstand ausgeprägt ist, sich damit zu befassen. Sollte das Kind auf Grund einer Nachfrage dann doch auf das Leitthema eingehen, kann mit größerer Sicherheit angenommen werden, dass es die Frage und die Rumpfgeschichte wirklich verstanden hat. Der Unterschied zwischen einer spontanen und einer »nachgefragten« Geschichtenergänzung kann dann bei der Auswertung mit berücksichtigt werden.

Die Äußerungen des Kindes wiederholen
Es kann sehr hilfreich sein, das was Kinder während ihrer Erzählungen sagen, zu wiederholen, besonders wenn es sich um drei- bis vierjährige Kindergartenkinder handelt. Das zeigt ihnen nicht nur, dass ihnen zugehört wird, sondern es erleichtert, schwer verständliche Aussagen zu transkribieren und auszuwerten. Während die meisten kleineren Kindergartenkinder solch ein »Spiegeln« akzeptieren, ist es bei älteren meist nicht angebracht und kann sogar als Unterbrechung empfunden werden. Ältere Kindergartenkinder sind in der Regel auch klarer im Sprechen, und dann ist »Spiegeln« sowieso nicht notwendig.

Das Beenden einer Geschichte
Viele Kinder – besonders die über 4 Jahre – beenden eine Geschichte selbst, indem sie sagen »Fertig« oder »Schluss«. Macht ein Kind dies jedoch nicht so, dann muss der Interviewer entscheiden, wann es angebracht ist, zur nächsten Rumpfgeschichte überzugehen. Zur Erleichterung dienen folgende Kriterien: wenn z. B. ein Kind anfängt, dieselbe Geschichte mehrfach zu wiederholen, kann der Interviewer z. B. fragen »Ist das nun das Ende?"; wenn das Kind ein Thema beendet hat und damit anfängt, eine längere, weitere Geschichte nach-

zuspielen, die nichts mit der Rumpfgeschichte zu tun hat, dann kann der Interviewer z. B. fragen »wie endet diese Geschichte?«. Um zur nächsten Rumpfgeschichte überzuleiten bieten sich Fragen an wie z. B.: »Nun fällt mir eine andere Geschichte ein« oder »Willst du nun etwas anderes hören?«.

Ausklang

Nach der Durchführung all der Geschichten lädt der Interviewer das Kind dazu ein, nun etwas zu spielen, was der ganzen Familie Spaß macht. Dazu kann es die Familienfiguren und alle Requisiten verwenden, wie es gerade will. Dieser Ausklang soll helfen, ein angenehmes und entspanntes Ende zu schaffen – eine Schlussphase in der von dem Kind nichts gefordert wird.

Geschichten[9]

Abkürzungen: KIND = das interviewte Kind; K1 = Fokuskind in der Geschichte; K2 = Geschwisterkind; M = Mutter; V = Vater; O = Oma; I = die Untersuchung durchführende Person, hier Interviewer genannt.

Es ist sehr wichtig, die räumliche Anordnung, wie sie für die ASCT-Rumpfgeschichten beschrieben ist, genau zu übernehmen, besonders die Distanz zwischen Eltern- und Kindfiguren in »Verletztes Knie«, »Gespenst-« und der »Wiedersehens«-Geschichte, damit man Nähesuchen eindeutig sehen kann.

Einführung der Familienfiguren

I: »Schau mal, wen wir da haben« (Holt Familie hervor) »Hier ist unsere Familie. Schau, dies ist Papa, dies ist Mama, und dies ist die Oma und hier sind die Mädchen, Jane und Susan (und dies sind die Jungs oder Buben, Bob und George)« (Dabei jeweils die Figur, die benannt wird, zeigen).

I: »Wen haben wir da alles?« (Zu den Familienfiguren zeigen und das Kind sie benennen lassen). »Weißt Du was? Ich habe da eine Idee, lass uns spielen (so tun als ob), dass wir über sie ein paar Geschichten erfinden. Wie wär's denn damit, wenn ich mit einer Geschichte über unsere Familie beginne und du sie weitererzählst/zu Ende erzählst.«

---

[9] Die folgenden Geschichten und Teile der Auswertemethode sind aus Bretherton & Ridgeway (1990; S 301–305), sowie aus Bretherton, Ridgeway & Cassidy (1990; S. 288–289) mit freundlicher Genehmigung des Verlages »The University of Chicago Press« übernommen worden.

0. Kindergeburtstag (Aufwärmgeschichte)
Alle Puppen gemäß Abbildung aufstellen.

I: »Hier ist ihr Esstisch und was ist das?« (Zeigt K den Kuchen und wartet, dass K Namen dafür sagt) ... »Was für ein Kuchen ist das?« ... »Richtig, es ist ein Geburtstagskuchen. Pass mal ganz genau auf die Geschichte auf. Die Mama hat diesen wunderbaren Kuchen gebacken und sie ruft«

<u>M:</u> »Komm' Oma, Komm' Papa, kommt Jungs (Mädchen), lasst uns mit der Geburtstagsfeier beginnen!«

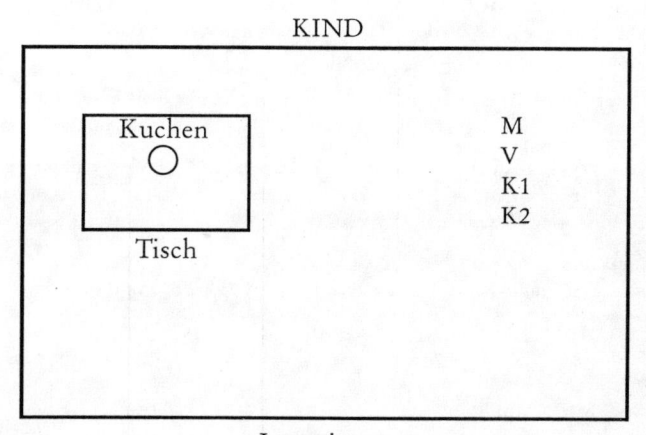

KIND

```
  ┌─────────────────────────────────────────┐
  │   ┌──────────────┐                      │
  │   │   Kuchen     │            M         │
  │   │      O       │            V         │
  │   │              │            K1        │
  │   │    Tisch     │            K2        │
  │   └──────────────┘                      │
  │                                         │
  └─────────────────────────────────────────┘
```

Interviewer

Abbildung 1: Geburtstagsgeschichte
    Abkürzungen: M= Mutter, V= Vater
K1 = Kind 1, K2 = Kind 2

<u>I:</u> Nun zeig' mir und erzähl' mir, was als nächstes passiert (Einladende Stimme; KIND mit den Figuren Spielen lassen oder selbst eine Geschichte erzählen, falls KIND dies nicht tut).

Mit dieser Geschichte soll zunächst sichergestellt werden, dass das Kind versteht, worauf es beim ASCT-Verfahren ankommt[10]. Des weiteren soll dadurch das Kind in Spiel- und Erzähllaune gebracht werden. Deshalb soll den Kindern nicht nur gezeigt werden, wie mit den Familienfiguren gespielt wird

---

[10] Davon kann man dann ausgehen, wenn Kinder mit dem/der Interviewer/in sprechen (1), die Familienfiguren nicht nur handhaben (2), sondern sie auch sprechen lassen (3) und etwas über die Geburtstagsgeschichte erzählen. Dann sollten sie die Aufgabe verstanden haben.

(für sie sprechen und sie bewegen), sondern insgesamt eine förderliche Atmosphäre geschaffen werden: Den Kindern Ängste nehmen und keinen Leistungsdruck aufkommen lassen. Wenn das Kind Geburtstagslieder singt, soll der Interviewer mitmachen.

1. Verschütteter Saft
(K1, K2, V, M, Tisch, Saftkanne)

I: »Nun, ich habe da eine Idee für eine neue Geschichte« (Legt die Omafigur in die Schachtel für die Requisiten, die auf dem Fußboden neben ihm steht, und stellt die anderen Figuren wie abgebildet auf dem Spieltisch auf)

I: »Und nun setze die Familie an den Tisch, damit sie mit dem Essen anfangen können« (Wartet bis KIND die Figuren plaziert hat. Stellt den Krug auf den Tisch).

I: (fährt fort) »Hier haben wir also unsere Familie beim Abendessen und Bob (Jane) steht auf und greift über den Tisch und verschüttet den Saft« (Dabei K1-Figur den Saftkrug vom Tisch stoßen lassen, und zwar so, dass das KIND den umgestoßenen Krug gut sehen kann).

I: »Auwei, Bob (Jane) hat den Saft verschüttet. Nun zeig mir und erzähl mir mal, was als nächstes passiert«.

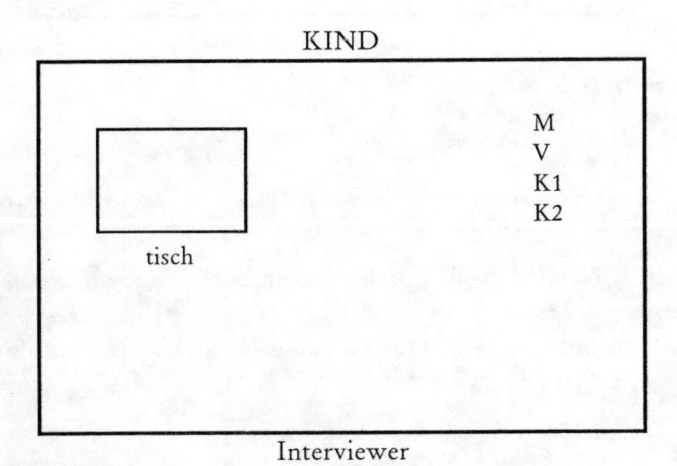

```
                    KIND
    ┌─────────────────────────────────┐
    │                                 │
    │   ┌──────────┐              M   │
    │   │          │              V   │
    │   │          │              K1  │
    │   │          │              K2  │
    │   └──────────┘                  │
    │      tisch                      │
    │                                 │
    └─────────────────────────────────┘
                 Interviewer
```

Abbildung 2: Verschütteter Saft

Klärende Nachfragen:

I: »Noch was?«, »Was noch?«, »Was machen sie jetzt?« (Wenn KIND nur eine einzige Antwort gibt).

I: »Was tun sie da?« (wenn das KIND keine eindeutigen Handlungen mit den Figuren ausführt).

I: »Wer hat das gemacht?« (wenn KIND zweideutige Fürwörter beim Sprechen über die Figuren verwendet).

I: kann auch die Aussagen vom KIND in Frageform wiederholen, um sicherzustellen, was das KIND sagte: »Mama hat den Saft aufgewischt? Und was dann?«. Wenn das KIND nach O fragt, einfach sagen: »Sie kommt in dieser Geschichte nicht vor, erst in einer späteren«.

Thema-Nachfrage

I: (Wenn das KIND es nicht spontan erwähnt) »Was passiert mit dem verschütteten Saft?«.

Es ist zu beachten, dass diese Nachfragen nicht dazu da sind, das jeweilige KIND auf konkrete Einfälle zu bringen. Selbst die Thema-Nachfrage soll nur die Aufmerksamkeit des KINDes auf das Hauptthema (verschütteter Saft) lenken, wenn dieses nicht spontan angesprochen wurde. Diese Nachfrage soll auf keinen Fall eine bestimmte Lösung vorschlagen.

Übergang

Wenn KIND fertig zu sein scheint oder sich zu wiederholen beginnt, sagt

I: »Alles fertig? Sollen wir eine andere Geschichte ausprobieren? Kannst Du bitte die Familie für die nächste Geschichte fertig machen?« (Warten bis das Kind die Familie wieder an der Seite des Tisches aufstellt und gleichzeitig den Requisiten-Tisch wegstellen. Man kann dabei sagen: »in der nächsten Geschichte brauchen wir den Tisch nicht«).

2. Verletztes Knie
(K1, K2; M; V; Filz für Rasen; als Felsen zugeschnittener Schwamm)

I: »O.k. Mir fällt da noch eine andere Geschichte ein. Stell' unsere Familie da hin und mach' sie für die nächste Geschichte fertig, während ich diese wegstelle« (I zeigt auf die Seite des Tisches.)

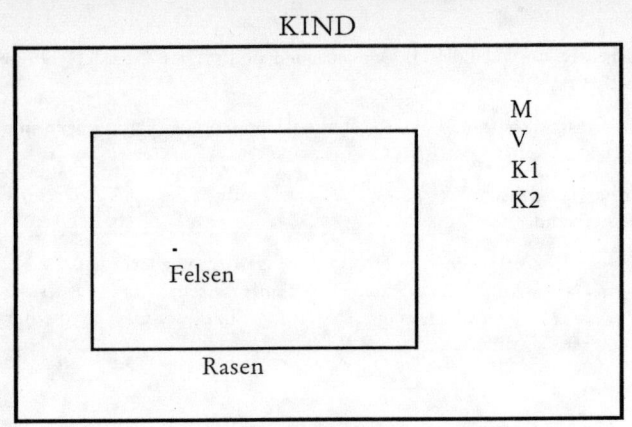

```
                          KIND
    ┌─────────────────────────────────┐
    │                            M    │
    │                            V    │
    │     ┌─────────────────┐    K1   │
    │     │ ·               │    K2   │
    │     │ Felsen          │         │
    │     │                 │         │
    │     │                 │         │
    │     └─────────────────┘         │
    │           Rasen                 │
    │                                 │
    └─────────────────────────────────┘
                      Interviewer
```

Abbildung 3: Verletztes Knie

<u>I</u>: »O.k., Sieh' mal, was ich hier habe (holt das Stück grünen Filz und den Schwamm-Felsen heraus). Dies soll ein Park sein. Gehst du manchmal mit deinen Eltern in einen Park?« (Auf Antwort des Kindes warten!). »Hier ist also unsere Familie und sie gehen da draußen im Park spazieren, und in diesem Park da ist so ein hoher, hoher Felsen"

(Es ist wichtig, dass der Rest der Familie sich etwa 30 cm vom Felsen, auf den das Kind in der Geschichte klettern wird, weg befindet.)

<u>K1:</u> »Mami, Papi, schaut mal her, wie ich auf diesen hohen, hohen Felsen klettere« (Das Fokus-Kind auf den Felsen klettern und dann herunter fallen lassen) »Aua, Aua, ich habe mir am Knie weh getan« (mit weinender Stimme).

<u>U:</u> »Nun zeig' mir und erzähl' mir mal, was als nächstes passiert"

Klärende Nachfragen und Ende
Diese können aus der Geschichte »Verschütteter Saft« übernommen werden; z. B. fragen, was die Figuren machen, wenn es nicht kommentiert wird; das KIND bitten, zu zeigen, was es erzählt, was die Figuren tun; und ein KIND zu weiteren Ausführungen durch Fragen wie »Noch was?« und »was dann?« bringen.

Thema-Nachfrage
<u>I</u> (wenn das KIND es nicht spontan erwähnt): »Was machen sie nun wegen dem Knie?«.

Übergang
Wie in »Verschütteter Saft«.

3. Gespenst im Kinderzimmer
(K1, K2, M, V, Bett mit Bettdecke)
Die Requisiten wie abgebildet hinstellen. Wiederum: es ist wichtig, dass die Familie mindestens 30 cm vom Bett entfernt plaziert wird).

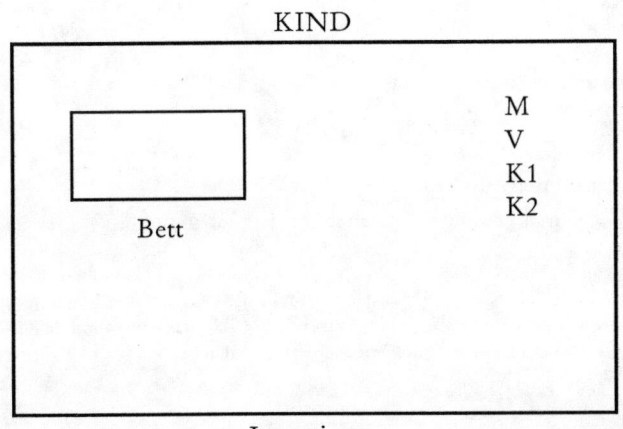

```
                    KIND
    ┌─────────────────────────────────┐
    │                                 │
    │   ┌──────────┐             M    │
    │   │          │             V    │
    │   │          │             K1   │
    │   │          │             K2   │
    │   └──────────┘                  │
    │      Bett                       │
    │                                 │
    └─────────────────────────────────┘
                 Interviewer
```

Abbildung 4: Gespenst im Kinderzimmer

I: »Schau mal, was jetzt passiert, Hör genau zu!«

M: (sieht zu K1 und soll, während sie spricht, leicht auf und ab bewegt werden) »Es ist Zeit zum Zu-Bett-Gehen (Bettgehen). Geh jetzt bitte in Dein Zimmer und leg dich ins Bett«.

V: »Gehe nun ins Bett« (Die V-Figur ebenfalls wie die M-Figur leicht auf- und abbewegen; tiefe Stimme)

K1: »Na gut, Mami und Papi, ich gehe« (die Kindfigur in Richtung Bett gehen lassen)

I: (Kommentierend) »Bob geht hoch in sein Zimmer« und

K1: »in meinem Zimmer ist Gespenst! In meinem Zimmer ist ein Gespenst! (Mit erschrekkter Stimme)«.

I: »Nun zeig und erzähl' mir mal, was als nächstes passiert«.

Klärende Nachfragen und Ende
Falls notwendig, können Nachfragen aus der Geschichte »verschütteter Saft« übernommen werden; z. B. um Klärung bei undeutlichen Handlungen bitten; ein KIND bitten, Handlungen zu zeigen, die sie einfach nur beschreibt; und ein KIND zu weiteren Ausführungen durch Fragen wie »Noch was?« Und was dann?« usw. bringen;

Thema-Nachfrage
> I: (wenn KIND es nicht spontan erwähnt): »Was machen sie nun wegen dem Gespenst?«.

Übergang
»Siehe verschütteter Saft«

4. Trennungsgeschichte
(K1, K2, M, V, Oma, grüner Filz, Schachtel mit aufgemalten Rädern als Auto)

> I: »In dieser Geschichte ist die Oma dabei« (Stellt die Oma zu den Kindern, plaziert den grünen Filz und das Auto wie abgebildet; es ist wichtig, dass das Auto vor dem KIND plaziert wird, und die beiden Eltern so gestellt werden, dass sie den beiden Kindern zugewandt sind).

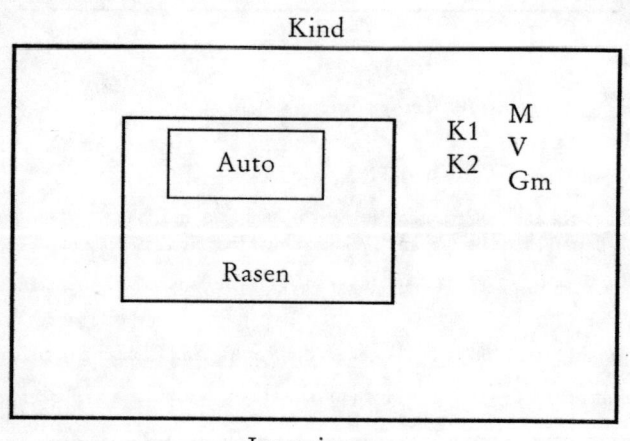

Kind

Auto	K1 M
	K2 V
	Gm
Rasen	

Interviewer

Abbildung 5: Trennungsgeschichte
  Abkürzung: Gm=Großmutter (grandmother)

I: »Hier haben wir den Rasen vor dem Haus und da haben wir ihr Auto, das ist das Familienauto« (die M und V, das Auto vor dem KIND plazieren)

I: »Weißt du wie mir das aussieht (Namen des KINDes nennen)? Das sieht mir ganz so aus, als ob Mami und Vati verreisen.«

M: »O.k. Jungs (Mädchen). Euer Vater und ich, wir fahren für eine Nacht weg«. (M-Figur ganz leicht beim Sprechen auf und ab bewegen)

V: »Bis Morgen, Oma bleibt bei Euch«(V ähnlich wie M bewegen)

I: »Nun zeig' mir und erzähl' mir, was als nächstes passiert.«

Wichtig: I sollte das KIND die Elternfiguren in das Auto setzen und das Auto wegfahren lassen. Nur eingreifen, wenn das KIND nicht in der Lage zu sein scheint, das Auto wegfahren zu lassen. Wenn das KIND K1 und/oder K2 ins Auto setzt, dann sagt I: »Oh nein, nur Mami und Vati fahren weg«. Wenn das KIND (oder falls notwendig I) das Auto weggefahren hat, stellt I das Auto unter den Tisch, außerhalb des Sichtbereiches vom KIND. Wenn das KIND das Auto zurückholen will, antwortet I: »Nein, jetzt kommen sie noch nicht zurück«.

I: »Und weg sind sie« (während er/sie das Auto unter den Tisch stellt).

Klärende Nachfragen und Ende
Siehe »Verschütteter Saft«

Thema-Nachfrage

I: (wenn das KIND es nicht spontan erwähnt) »Was machen die Kinder, während Mami und Vati weg sind?«

Übergang
Siehe »Verschütteter Saft«

5. Wiedersehen
(die gleichen Requisiten wie in der Trennungsgeschichte)

Falls das KIND die K-Figuren und die O-Figur während der vorangegangenen Geschichte in die Mitte des Tisches gestellt hat, stellt I sie nah zum KIND hin, damit Distanz zu dem zurückkommenden Auto geschaffen wird.

Das Auto mit den beiden Eltern unter dem Tisch hervorholen und in einiger Entfernung von der Familie auf den Tisch stellen (soweit entfernt hinstellen, dass das KIND danach greifen muss, und es nach Hause fahren lassen kann).

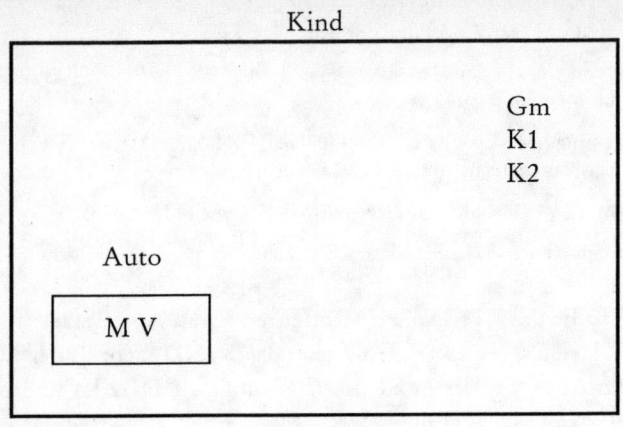

```
                        Kind
    ┌─────────────────────────────────────────┐
    │                                         │
    │                                  Gm     │
    │                                  K1     │
    │                                  K2     │
    │                                         │
    │        Auto                             │
    │     ┌────────┐                          │
    │     │  M V   │                          │
    │     └────────┘                          │
    │                                         │
    └─────────────────────────────────────────┘
                     Interviewer
```

Abbildung 6: Wiedersehen

<u>I:</u> »O. k. Und weißt du was? Es ist nun der nächste Tag und die Oma schaut aus dem Fenster« (lässt die Oma nach dem Auto Ausschau halten und bewegt sie leicht auf und ab beim Sprechen) und sagt

<u>O:</u> »Seht mal Jungs (Mädchen), eure Mami und euer Papi kommen von ihrer Reise zurück«.

<u>I:</u> »Nun zeig' und erzähl' mir mal, was als nächstes passiert«.

Thema-Nachfrage

<u>I:</u> (Wenn das KIND die Figuren nicht spontan aus dem Auto nimmt »Was machen sie jetzt, wenn Mami und Papi wieder zu Hause sind?«.

Die anderen Nachfragen aus »verschütteter Saft« sollten bei Bedarf verwendet werden.

6. Familienausflug
(K1, K2, M, V, Tisch und , was das Kind sich sonst noch wünscht)

Zum Ausklang wird Familienausflug gespielt, d. h. die Familie unternimmt etwas, was ihr Spaß macht.

Auswertung des ASCT-Verfahrens

Das Geschichten-Ergänzungs-Verfahren wird auf Video aufgenommen und anschließend transkribiert. Dabei werden sowohl Handlungen der Figuren und, was das Kind für und über sie sagt berücksichtigt.

Die Auswertung erfolgt in zwei Schritten. Als erstes wird anhand der Inhalte überprüft, ob die Kinder die Geschichtsinhalte verstanden haben und sich eine Lösung der Geschichten ausdenken konnten (siehe Golby & Bretherton, 1995). Danach wird jedes Protokoll für jedes Kind danach beurteilt, ob die von den Kindern präsentierten Geschichten insgesamt sichere oder unsichere Bindungsmuster reflektieren. Diese Einstufungen basieren auf Struktur und Inhalt der Geschichten.

Eine flüssige Präsentation und kohärente sowie konstruktive Auflösungen der Geschichten gelten als Hinweis für eine sichere Bindung. Dabei ist zu beachten, dass sich die Einstufungen auf die gesamte Aufgabenausführung der Kinder bezieht (Sprache **und** Spiel mit den Puppen) und nicht in erster Linie auf ihren Redefluss. Die Bereitschaft, auf Fragen zu antworten (»Was tun die da gerade«), ist immer dann eine Hilfe für die Interpretation des Spiels, wenn das Verhalten an sich unklar ist. Eine zufriedenstellende Antwort kann aus einem Wort bestehen, wie z. B. »Umarmen«.

Inhaltliche Kategorien
Die entsprechenden Codes werden der Reihe nach auf einem gesonderten Auswerteblatt aufgelistet. Neben jedem Code wird der Verursacher und der Adressat sowie eine kurze Beschreibung des Inhalts geschrieben. Die Reihenfolge der Codes gibt einen Überblick über die Vervollständigungen einer einzelnen Geschichte durch das jeweilige Kind.

Codes mit prosozialen Inhalten
P 1: Betreuen/Empathie
Dieser Code wird vergeben, wenn eine Figur sich um das Wohlergehen einer anderen Figur sorgt, indem sie sie tröstet oder auf Kummer in einer umhegenden oder empathischen Art reagiert. Enthalten sind Umarmungen und Küsse, die zum Trost gegeben werden, aber auch verbales Trösten.

Beispiele:

Verschütteter Saft: Jemand (nicht das Kind, das den Saft verschüttete) wischt den Saft auf, hebt den Krug auf oder gibt dem Kind mehr Saft.

Verletztes Knie: Jemand (nicht das Kind ...) trägt das Kind weg / bringt es zum Arzt / gibt ihm ein Heftpflaster / küsst das verletzte Knie.

Gespenst: Jemand (nicht das Fokuskind) bringt das Gespenst um oder jagt es weg.
Gespenst: Familienmitglied(er) leg(t)en sich mit dem Kind ins Bett – unabhängig von einer Befreiung vom Gespenst.

Beachte: Wenn unklar ist, wer die Aktion ausführt, dann soll P1 zusammen mit »U« (Unklar) an der Stelle für Verursacher/Empfänger vergeben werden.

P 2: Trost/Schutz suchen

Dieser Code wird vergeben, wenn ein Kind bei einem Elternteil oder den Eltern Trost sucht, und zwar in einem Kontext, in dem Umsorgen / Zuwendung der Eltern erwartet werden kann (z. B. wenn das Kind sich durch ein Gespenst bedroht fühlt oder es Schmerzen hat). Die K1-Figur muss dabei (physisch) nahe zu einem Elternteil bewegt werden, oder das KIND sagt ausdrücklich, dass entweder K1 oder K2 zu einem Elternteil geht, damit dieser Code vergeben werden kann.

Beispiele:

Verletztes Knie: Das KIND legt zwei Mädchen nahe neben die Eltern, nachdem sie vom Felsen gefallen sind.

Gespenst: Das KIND sagt »Rennt weg, geht hinter ihre Mami« und plaziert Fokuskind hinter der Mutterfigur.

Gespenst: Kind geht zu Familie, kann dabei etwas sagen oder auch nicht. *Wiedersehen*: Kind geht zu Eltern, die zurückkommen.

P 3: Zuneigung

Diese Kategorie wird vergeben, wenn Zuneigung verbal oder körperlich ausgedrückt wird – wie eine Liebeserklärung –, wenn Freude ausgedrückt wird, jemanden zu sehen, oder Umarmungen und Küsse vorkommen. Das KIND braucht nicht sagen, dass die Figuren sich küssen oder umarmen, wenn dies im Spiel deutlich wird (obwohl in diesen Fällen eigentlich eine klärende Nachfrage erfolgen sollte). Diese Kategorie bezieht sich auf Umarmungen und Küsse, die Teil freudiger Wiedervereinigungsepisoden sind, selbst wenn solches Verhalten auch als Umsorgen interpretiert werden könnte, wenn es

von den Eltern ausgeht, oder als Nähesuchen, wenn es vom Kind ausgeht. Es wird kein Code für »Zusammen Plazieren« (siehe Code P5) vergeben, wenn ein P3-Code vergeben wird.
Beispiel:

> *Wiedersehen* – Eltern(teil) werden(wird) aus dem Auto herausgenommen und gehen(geht) zu den Kindern, um ihnen einen Kuss zu geben.

Beachte, dass der P3-Code sich *nicht* auf Umarmungen und Küsse bezieht, die eindeutig zur Beruhigung sind, wie jene, die im Kontext des verletzten Knie auftauchen. Solches Zeigen von Zuneigung würde als Umsorgen gewertet.

P 4: Geselligkeit

Dieser Code wird für prosoziale Interaktionen verwendet, die dann gegeben sind, wenn sich zwei oder mehr Figuren zu einer gemeinsamen Aktivität zusammenschließen, die *nicht bereits als Umsorgen, Zuneigung oder Nähe* gewertet wurde. Der Code steht also für prosoziale Interaktionen, die nicht Umsorgen oder Zuneigung beinhalten, wie zusammen essen, spielen, schlafen oder wegfahren. Er unterscheidet sich von einer umsorgenden Aktivität dahingehend, dass beim Umsorgen das elterliche Verhalten auf ein kindliches Bedürfnis hin erfolgt. Der P4-Code soll jedoch eigentlich die Fähigkeit eines Kindes, prosozial mit anderen zu interagieren, erfassen.
Beispiele:

> *Verletztes Knie* – zwei oder mehr Figuren klettern gemeinsam auf den Felsen.

> *Trennung* – Kinder spielen/gehen zur Kirche/gehen auf den Spielplatz, nachdem die Eltern weg sind.

> *Wiedersehen* – Die Figuren machen zusammen einen Ausflug (wenn aber die Kinder alleine zurückgelassen wurden und die Eltern die Großmutter auf eine gemeinsame Reise mitnehmen, wird das als »Verlassen« und nicht als »Zusammensein« kodiert).

P 5: Zusammen Plazieren

Dieser Code wird verwendet, wenn zwei oder mehr Figuren zusammen plaziert werden, der Grund hierfür jedoch nicht erwähnt wird oder aus dem Kontext heraus nicht erkennbar ist und der Kontext nicht negativ ist.
Beispiel:

> *Verletztes Knie* – 2 Kindfiguren stehen neben einander, nachdem der Elternteil das jüngere Kind getröstet hat.

P 6: Kompetenz

Dieser Code wird verwendet, wenn K1 und/oder K2 zeigen, dass sie etwas Schwieriges bemeistert haben oder ihre Fähigkeiten darstellen.
Beispiele:

> *Verschütteter Saft* – Das Kind trinkt Saft, nachdem der verschüttete Saft entweder aufgewischt oder zurückgefüllt worden ist, und erklärt dabei, dass es diesmal nichts verschüttet.
>
> *Verletztes Knie* – Das Kind klettert noch einmal auf den Felsen, diesmal ohne herunter zu fallen.
>
> *Verletztes Knie* – Geschwister fällt vom Felsen und KIND sagt »Sie hat nicht geweint«.

P 7: Selbstvertrauen

Dieser Code wird verwendet, wenn das Kind unabhängiges und selbstbewusstes Verhalten zeigt, indem es Eigeninitiative beim Problemlösen ergreift.
Beispiele:

> *Verschütteter Saft* – Kind füllt seinen eigenen Saft wieder auf oder wischt den verschütteten Saft auf.
>
> *Verletztes Knie* – Kind versorgt verletztes Knie ohne Hilfe anderer.
>
> *Gespenst* – Kind versucht auf eigene Faust, das Gespenst loszuwerden. *Gespenst* – KIND sucht nach dem Gespenst und stellt dann fest: »Da ist kein Gespenst.«

P 8: Trennumgsangst

Dieser Code wird für Verhaltensweisen vergeben, die auf Angst wegen dem Weggehen der Eltern/eines Elternteils oder Trennung von den Eltern hinweist (anders ausgedrückt: nicht wollen, dass die Eltern weggehen, oder wollen, dass die Eltern – wenn sie weggegangen sind – wieder zurückkommen). Da die Trennungsgeschichte in zwei Teile aufgeteilt ist (das Weggehen der Eltern gefolgt von der Periode der Trennung), können P8-Codes sowohl für den ersten Teil der Geschichte vergeben werden, wenn die Eltern sich ins Auto setzen und wegfahren, sowie für den zweiten Teil, wenn die Eltern weg sind und die Großmutter auf die Kinder aufpasst.
Beispiele für Trennungsangst in der Trennungsgeschichte, *wenn die Eltern weggehen:*

> *Trennung* – Das KIND versucht die Geschwister zu den Eltern ins Auto zu setzen (so als ob sie sie bei ihrer Fahrt begleiten).

Beachte: Jede Verzögerung nach dem ersten Nachhaken des Interviewers, beide Eltern ins Auto zu setzen, würde einen P8-Code bedeuten.

Beispiele für Trennungsangst in der Trennungsgeschichte, *wenn die* Eltern bereits weg sind:

> Eines der Kinder sucht die Eltern und sagt »Wo ist der Papa hin?«. Das KIND steht vom Stuhl auf und versucht, das Auto mit den Eltern darin zurückzuholen. Das KIND sagt über die Kinder: »Sie weinen. Die Mädchen ... sie weinen.«

P 9: Ruhige Reaktion auf Trennung

Der P9-Code wird bei einer deutlichen Abwesenheit von Angst während der Trennungsepisoden vergeben. Dies ist meist in der Trennungs/Wiedersehens-Geschichte zu beobachten, wenn die Eltern wegfahren.
Beispiel:

> KIND setzt beide Eltern ohne Kinder ins Auto, ohne Zögern und ohne Nachfragen des Interviewers (das KIND braucht dabei nicht das Auto wegfahren).

P 10: Positiver Affekt

P10 wird vergeben, wenn das KIND auf die Rückkehr der Eltern von ihrer Fahrt in der Wiedersehen-Geschichte positive Reaktionen zeigt. Das Verhalten kann dabei so subtil sein wie ein leichtes Lächeln oder so klar wie ein Ausruf »Sie sind zurück!«. P10 wird auch vergeben, wenn das KIND einfach feststellt, dass die Kinder froh sind, dass die Eltern zurück sind.

Codes mit negativen Inhalten (ohne Bestrafung!)

N 1: Zurückweisung

N 1 sollte gegeben werden, wenn ein Kind sich innerhalb eines fürsorgenden oder empathischen Kontextes um Hilfe oder um Aufmerksamkeit bemüht und aktiv zurückgewiesen wird.
Beispiel:

> Gespenst – K. wendet sich an einen Elternteil um Trost und der Elternteil sagt: »Geh ins Bett. Da ist kein Gespenst«. Beachte, dass dieser Code nur dann vergeben wird, wenn der Elternteil keinen Versuch zur Beruhigung, des Trostes oder der Versicherung dem Kind gegenüber unternimmt, dass da kein Gespenst ist.

N 2: Direkte körperliche Aggression

Ein Ereignis wird als N 2 kodiert, wenn eine aggressive Handlung *deutlich gegen eine bestimmte Person* gerichtet ist. Diese Kategorie bezieht sich auf körperliche Aggression, die vom KIND entweder durch Handlungen oder

Worte ausgedrückt werden. Sie beinhaltet nicht solche Ereignisse wie Körperstrafen als Konsequenz von Fehlverhalten, die unter einen der Codes für Bestrafung fallen würden. N 2 beinhaltet auch keine aggressiven Ereignisse, in die die Mehrheit der Figuren einer Geschichte einbezogen sind, da diese unter »Allgemeine Aggression« fallen.
Beispiel:

> *Verletztes Knie* – Das KIND stößt ein Kind gegen das andere und sagt: »er hat ihm einen Fußtritt gegeben«.

Beachte, dass N 2 nicht vergeben wird, wenn jemand das Gespenst wegscheucht oder es tötet. Dies wird vielmehr als fürsorgend / emphatisch eingestuft, wenn die Eltern es tun, oder als kompetent, wenn das Kind es tut.

N 3: Allgemeine Aggression

N 3 bezieht sich auf körperliche Aggression, die sich wahllos gegen *viele Personen* richtet. N 3 bezieht sich jedoch *nicht* auf bizarre Vorkommnisse wie »alle sterben bei einem Autounfall« (diese Ereignisse würden als »bizarre negativ« kategorisiert).
Beispiele:

> KIND schlägt alle oder die Mehrzahl der Figuren; KIND wirft alle oder die Mehrzahl der Figuren um; KIND wirft alle oder die Mehrzahl der Figuren auf den Boden. KIND knallt alle oder die Mehrzahl der Figuren ineinander.

N 4: Verbale Aggression

N 4 beinhaltet Beschimpfungen, zurückweisende Ausdrücke oder verbales »Verächtlich«-Sein. Kommentieren, dass eine Kindfigur unartig ist oder ein Kind für Fehlverhalten ermahnen, würde *nicht* unter N 4 fallen, würde jedoch statt dessen als »verbale Zurechtweisung« codiert

N 5: Ärger

N5 wird vergeben, wenn Ärger entweder verbal oder körperlich ausgedrückt wird. Obgleich man die Ansicht vertreten kann, dass Ärger bei jedem Ereignis vorkommt, das Aggression oder gelegentliche Bestrafung beinhaltet, sollte N5 nur dann vergeben werden, wenn eine Feststellung von Ärger oder eine Handlung erfolgt, die deutlich Ärger entweder verbal oder im Verhalten zeigt (z. B. die Figuren stampfen lassen).
Beispiele: »Ich bin wütend«, »Die Mama ärgert sich«

N 6: Verlassen werden
N 6 wird verwendet, wenn die Kindfigur von einer Familienaktivität, an der alle beteiligt sind, ausgeschlossen oder ausgelassen wird, wie z. B. von einer Fahrt. Beispiel:

> *Wiedersehen* – Alle Familienmitglieder außer dem jüngeren Kind machen einen Ausflug

N 7: Leugnung des Gespenstes
N 7 ist ein Ereignis-spezifischer Code, der vergeben wird, wenn das KIND während der Gespenst-Geschichte die Existenz des Gespensts leugnet. N 7 sollte nicht vergeben werden, wenn das KIND die Existenz des Gespensts bestätigt und dann verschwinden lässt (z. B. »Da ist kein Gespenst. Es ging weg.«), oder, wenn das KIND andeutet, dass »da kein Gespenst ist. Es ist nur ein Bettlaken.«
Beispiel: Das KIND sagt: »Nein, da ist überhaupt kein Gespenst.«

Codes für Disziplinierung und Bestrafung
Die folgenden Themen beziehen sich auf Situationen, in denen eine Figur als Folge von Fehlverhalten ermahnt oder bestraft wird. Es kann sein, dass es nur Hinweise für einen Zusammenhang von Fehlverhalten und Strafe gibt, aber wenn es keine deutliche Bestrafungskomponente in dem Ereignis gibt (z. B. ein Elternteil schlägt das Kind, ohne dass das Kind irgendetwas angestellt hat), dann sollte ein Code für aggressive Themen anstelle eines Bestrafungscodes vergeben werden. Dieser Code darf nicht verwendet werden, wenn nichts außer einem Hinweis für eine Intervention der Eltern vorkommt (ein Elternteil geht zu einem Kind hin).

D 1: Nichtkörperliche Bestrafung
Dieser Code steht für Time-outs, ein Kind in sein Zimmer schicken oder ihm Spielzeug bzw. Privilegien entziehen.
Beispiel:

> *Verschütteter Saft* – Die Mama sagt, Jane soll in ihr Zimmer gehen.

D 2: Verbaler Tadel und Anordnungen
D2 steht für Tadeln, Ermahnen im Kontext von Fehlverhalten sowie Anordnungen, gewünschtes Verhalten zu zeigen (wie ins Bett gehen). Verbale

Beschimpfung (z. B. gemein oder verletzend sein) ohne Fehlverhalten sollten als »verbale Aggression« gewertet werden.
Beispiele:

> *Verschütteter Saft* – Einem Kind wird gesagt, dass es ungezogen ist, oder ein Elternteil sagt zu einem Kind »Tu das nicht wieder!«

> *Trennung* – Vati sagt, »Sieh' zu, dass du in dein Bett kommst!«

D 3: Züchtigung
Beispiel:

> *Verschütteter Saft* – Das KIND sagt: »Jane bekommt den Hintern voll« (In diesem Fall sollte ein Nachfrage des Interviewers erfolgen, wer den Klaps/die Schläge gibt).

> *Beachte:* Es muss eine verbale Bestätigung erfolgen, dass die Handlung eine Züchtigung darstellt, um sie von direkter körperlicher Aggression zu unterscheiden.

D 4: Gehorchen
D 4 wird immer dann vergeben, wenn das Kind eine Bitte oder Anordnung der Eltern befolgt.
Beispiele:

> *Verschütteter Saft* – Nachdem die Mutter das Kind bittet, den Saft aufzuwischen, tut dies das Kind.

> *Gespenst* – Nachdem der Vater den Kindern sagt »Geht nun ins Bett«, tun sie dies.

D 5: Ungehorsam
D5 trifft in Fällen zu, in denen ein Kind deutlich eine »Regel« verletzt, wie absichtlich Unordnung anrichten, oder eine Anordnung missachtet. Dies kann eine durch eine Geschichte implizierte Regel oder einfach eine erwartete Regel sein.
Beispiele:

> *Verschütteter Saft* – Ein Kind schüttet absichtlich den Saft aus.

> *Verschütteter Saft* – Ein Kind klettert auf den Familientisch.

Prozess des Geschichten-Erzählens (Vermeidung und Codes für untypisches Verhalten)

S 1: Vermeidung

Hinweise für Vermeidung des in einer Geschichte enthaltenen Konflikts können folgende Verhaltensweisen des KINDES sein:

> (1) Auf die Frage »Zeig' mir und sag' mir , was als nächstes passiert« oder auf die Nachfrage »Was machen sie nun...« mit »Ich weiß nicht« oder »Nichts« antworten und dabei mit den Achseln zucken.
>
> (2) Das Problem mit der Feststellung leugnen, dass es nicht passiert ist (z. B. »Sie hat sich das Knie nicht verletzt«);
>
> (3) Tatsächlich vom Tisch weggehen oder sich unterm Tisch verstecken, bevor der Konflikt in der Geschichte aufgelöst ist;
>
> (4) Den Interviewer fragen, was passiert, oder nach einer anderen Geschichte fragen, bevor die laufende Geschichte gelöst ist;
>
> (5) Ein völlig irrelevantes oder zusammenhangloses Thema vorbringen, wie über die Kleidung der Figuren oder das Aussehen der Requisiten reden (»Dieses Auto ist aus Holz und Farbe«)

Beachte: Bei der Gespenst-Geschichte nicht Vermeidung sondern Verleugnung des Gespenstes codieren, wenn die Existenz des Gespenstes vom KIND abgestritten wird. Wenn jedoch das KIND einfach das Problem mit dem Gespenst ignoriert (es nicht zugibt oder das Problem in keinster Weise löst), lautet der Code »Vermeidung«.

S 2: Bizarre, negative Ereignisse

Diese Ereignisse beinhalten eine ernsthaft negative Stimmung und können – oder auch nicht – mit dem ursprünglichen Geschichtenrumpf zusammenhängen. Sie beinhalten gewöhnlich Verletzung, Unfälle, Tod oder andere chaotische Ereignisse. Dieser Code geht vor »Zusammenhangloses Ereignis« (S 3).
Beispiele:

> *Verschütteter Saft* – Dem Kind wird fürs Verschütten des Saftes die Hand abgehackt (oder erhält eine andere extrem harte Bestrafung dafür).
>
> *Gespenst* – Das Gespenst greift eine oder mehrere Figuren an und frisst sie auf.
>
> *Wiedersehen* – Alle verreisen zusammen, aber das Auto verunglückt und alle sterben.
>
> *Wiedersehen* – Ein Feuer bricht aus und das Haus brennt nieder.

S 3: Zusammenhanglose Ereignisse

Dies können eine oder mehrere unzusammenhängende Handlungen sein, die fragmentiert und inkonsistent sind, sich wiederholen, und denen schwierig zu folgen ist oder die wenig Sinn innerhalb des Kontextes der ursprünglichen Geschichte ergeben.
Beispiel:

> *Verschütteter Saft* – Das KIND sagt »Er stellt den Tisch weg und dafür den Krug an die Stelle« und stellt den Tisch weg und den Krug dahin. Dann sagt das KIND »Und sie haben den Krug auch zerbrochen«.

Codes für die Auflösung der Geschichten

R 1: Aufgelöstes Ende

Der Code »aufgelöst« wird vergeben, wenn das in der Rumpfgeschichte präsentierte Problem erkannt und aufgelöst wird.
Beispiele:

> *Verschütteter Saft* – Das Kind kann eine nicht-körperliche Bestrafung erhalten. Der Saft wird aufgewischt, oder von einer der Geschichtenfiguren zurückgefüllt.
>
> *Verletztes Knie* – Das verletzte Knie wird bestätigt und von einem Elternteil, Geschwister oder Kind versorgt.
>
> *Gespenst* – Das Gespenst wird bestätigt und das KIND oder eine andere Geschichtenfigur wird es los; oder es wird bestimmt, dass es kein Gespenst gibt (es war nur ein Bettlaken) oder das Kind wird getröstet.
>
> *Trennung* – Das Kind führt irgendeine Aktivität während der Abwesenheit der Eltern durch. Die Kinder können ihr Verlangen nach den Eltern ausdrücken oder auch nicht.
>
> *Wiedersehen* – Die Rückkehr der Eltern wird vom Kind bestätigt, indem es mit irgendeiner Wiedersehens- oder prosozialen Aktivität reagiert.

R 2: Aufgelöster Schluss mit bizarrem Einschlag

R 2 steht für ein Ende, das aufgelöst ist (mit oder ohne friedlichem Ende), dann jedoch von einem bizarren (gewöhnlich negativem) Vorfall gefolgt wird.
Beispiel:

> *Wiedersehen* – Familie macht einen Ausflug mit dem Auto, nachdem die Eltern zurückkgekehrt sind, doch das Auto verunglückt und alle sterben.

R 3: Nicht aufgelöster Schluss
Die Geschichte gilt dann als unaufgelöst, wenn das in der Rumpfgeschichte präsentierte Problem nicht angesprochen wird und sich nicht darum gekümmert wird.

Beispiele:

Verschütteter Saft – Das Kind bekommt Prügel oder wird eingesperrt und kann nie wieder aus seinem Zimmer herauskommen und der Saft wird weder aufgewischt noch zurückgefüllt.

Einstufung (rating) für die Kohärenz der Erzählung

Die Kohärenz-Skala erfasst das Ausmaß, mit dem das KIND auf den Konflikt der Geschichte eingeht und die Geschichten klar, verständlich und frei fließend vorträgt.

C 1: Sehr kohärent

Ein KIND trägt seine Erzählungen sehr kohärent vor, spricht den Konflikt der Geschichte ohne Widerstand an, bezieht die Geschichten-Vervollständigung auf die Rumpfgeschichten und vermeidet scharfe Widersprüche im Ablauf der Geschichte und der Gefühlsstimmung. Das KIND präsentiert eine plausible Abfolge von Ereignissen und verliert den roten Faden nicht. Die Geschichte des Kindes ist vollständig, d. h. sie hat eine positive Auflösung und wahrscheinlich eine Aussage, die auf das Ende hinweist (solche wie »fertig«, oder »Das ist der Schluss«). Das KIND gibt ausreichend klare Informationen, so dass die Auswerter der Linie der Geschichte folgen können.

C 2: Etwas kohärent

Ein KIND mit etwas kohärenten Erzählungen präsentiert angemessene Auflösungen der Geschichten, aber tut dies vermischt mit Vermeidung, bizarr-negativen Ereignissen oder unzusammenhängendem Geschichten-Erzählen. Das KIND kann eine Geschichte kohärent beginnen, doch dann ein- oder zweimal – zusammenhanglos – von der Linie der Geschichte abschweifen. Oder das KIND kann anfangs etwas vermeidend oder unzusammenhängend sein und dann den Konflikt der Geschichte in einer kohärenten Art und Weise ansprechen und eine gutartige Auflösung erfinden.

C 3: Inkohärent

Ein KIND mit einer inkohärenten Geschichte muss eine der folgenden Anforderungen erfüllen: (1) Das KIND verhält sich vollkommen vermeidend (siehe Definition von Code S1); (2) die Geschichte des KINDes ist vollkommen bizarr-negativ; oder (3) die Geschichte des KINDes ist völlig zusammenhanglos.

Häufige Antworten auf einzelne Geschichten und ihre Codes
Verschütteter Saft

— Jemand gibt dem Fokuskind mehr Saft (P1).

— Jemand (aber nicht das Fokuskind) wischt den verschütteten Saft auf (P1).

— Jemand (aber nicht das Fokuskind) hebt das Glas auf (P1).

— Das Fokuskind wischt auf oder holt mehr Saft (P7).

— Ein Kind schüttet noch einmal Saft aus (D5).

— Das Kind bekommt Time-out (D1).

— Elternteil sagt: »Tu das nicht wieder« (D2).

— Das Kind befolgt die Bitte des Elternteils, den Saft aufzuwischen (D5).

Verletztes Knie

— Verletztes Knie wird von der Mutter versorgt (P1).

— Verletztes Knie wird vom Kind selbst versorgt (P7).

— Verletztes Kind geht zu Eltern (P2).

— Ein Kind klettert noch einmal auf einen Felsen, ohne herunter zu fallen (P6).

Gespenst

— Der Vater verjagt/tötet das Gespenst (P1).

— Die Existenz des Gespenstes wird vom Kind geleugnet (N7).

— Das Gespenst greift das Kind an (S2).

— Alle Familienmitglieder außer dem Kind gehen ins Bett (N6).

— Zwei oder mehr Figuren, einschließlich dem Kind, legen sich neben einander zum Schlafen hin (P1).

— Das Kind sucht unter der Decke nach dem Gespenst und sagt »Da ist kein Gespenst« damit andeutend, dass es geglaubt hat, dass da ein Gespenst gewesen sein könnte (P7).

Trennung

— Das KIND versucht die Kindfigur ins Auto zu den Eltern zu setzen (P8).

— Das KIND setzt Eltern ohne Kinder ins Auto und/oder fährt sie weg (P9).

— Das KIND sucht nach dem Auto/Eltern nachdem sie weggefahren sind (P8).

— Das KIND versucht, das Auto/die Eltern nachhause zurückzubringen, entweder verbal oder physisch (P8).

— Die Kinder spielen/gehen in die Kirche / gehen auf den Spielplatz nachdem die Eltern weggefahren sind (P4).

— Kinder verlaufen sich, nachdem die Eltern weggefahren sind (S2).

Wiedersehen

— Die Eltern / ein Elternteil werden / wird aus dem Auto genommen und zu den Kindern gebracht [Nähe zwischen den Eltern und Kindern muss hergestellt werden] (P5).

— Bei der Ankunft der Eltern »zuhause« (d. h. nachdem das KIND das Auto in die Nähe der Kinder und Oma zurückgefahren hat) gehen die Kinder zum zurückgekehrten Auto und werden zu den Eltern ins Auto gesetzt (Dies muss sofort bei der Rückkehr der Eltern erfolgen. Wenn die Kinder nach der Begrüßung zusammen mit den Eltern für eine zweite Reise ins Auto gesetzt werden, wird dies als P4 gewertet).

— Figuren sagen »Ich habe dich lieb« oder umarmen und küssen sich (P3).

— Figuren sagen, dass sie froh darüber sind, wieder zurück zu sein, oder froh darüber, sich zu wieder zu sehen (P10).

— Figuren (müssen beide Kinder und mindestens einen Erwachsenen einbeziehen) unternehmen gemeinsam einen Ausflug mit dem Auto (P4).

— Alle unternehmen einen Ausflug, mindestens ein Kind wird jedoch zurückgelassen (N6).

Kriterien für Sicherheit

Für jede der Geschichten wurden eigene Kriterien für Sicherheit entwickelt. Die Codes werden dabei in Betracht gezogen, aber die Auswertung besteht nicht im Auszählen einzelner Codes. In der Geschichte »Verschütteter Saft« werden die Antworten dann als sicher eingestuft, wenn der Saft aufgewischt wird und die Strafen oder der Ärger (falls erwähnt) der Eltern keine Gewalt einschließt und auch sonst nicht extrem ausfällt. In der Geschichte »Verletztes Knie« gelten Antworten dann als sicher, wenn ein Elternteil oder ein älteres Geschwister auf die Schmerzen des verletzten Kindes hin es in den Arm nimmt oder es mit einem Heftpflaster versorgt. Ein positives Ende einer Geschichte (Kinder und Eltern klettern auf den Felsen und springen 'runter, ohne hinzufallen) wird dann als sicher eingestuft, wenn auf den anfänglichen Schmerz des Kindes in der Geschichte ebenfalls eingegangen wird. In der »Gespenst«-Geschichte werden Antworten als sicher gewertet, wenn die Eltern sich mit der Furcht des Kindes vor dem Gespenst auseinandersetzen oder das Kind sich um Trost und Zuwendung an die Eltern wendet, sodass das Kind schließlich beruhigt ins Bett gehen kann. In der »Trennungs«-Geschichte werden Antworten dann als sicher eingestuft, wenn das Kind Anzeichen von Bewältigung der Abwesenheit der Eltern zeigt (Nach den Eltern Ausschau halten, mit der Oma spielen, Schlafen gehen). Schließlich werden in der »Wiedervereinigungs«-Geschichte Antworten dann als sicher eingestuft, wenn die Familienfiguren sich gegenübergestellt werden (sich ansehen), sich manchmal umarmen, sich über die Wiedervereinigung unterhalten, und / oder gemeinsam als Familie etwas unternehmen. Darüber hinaus müssen für eine sichere Einstufung die Antworten nach höchstens einmaligem Nachfragen bzw. Hilfestellung zur Erfassung des Themas der Geschichte erfolgen.

Kriterien für Unsicherheit

Aufbauend auf früheren Ergebnissen von Kaplan (1987; s. Auch Main u. a. 1985) wandten Bretherton, Ridgeway u. Cassidy (1990) die folgenden Kriterien zur Einstufung von unsicheren Antworten an: (1) Vermeidung des Geschichtenthemas, und (2) inkohärente oder seltsame/makabre Antworten. Antworten auf die Geschichten werden als vermeidend eingestuft, wenn das KIND keine andere Antwort gibt als »Ich weiß nicht« oder »Ich will eine andere Geschichte« oder erst nach mehreren Nachfragen antwortet. Einige der untersuchten Kinder vermeiden das Geschichtenthema nicht durch »Ich weiß nicht«, sondern durch Ergänzungen, die sich nicht auf das Hauptthema beziehen (z. B. spielte ein Kind den Anfang der Geschichte »Verletztes Knie« nach, gab dann jedoch nur all den Figuren Namen, anstatt die Geschichte zu vervollständigen). Wir betrachten dies als Hinweis für eine vermeidende Unsicherheit, weil wir dieses Verhalten (aufgrund von Korrelationen mit anderen Bindungsbewertungen) als Abwehr von Bindungsthemen einstufen. In Fällen, in denen ein KIND nach einer anderen Geschichte verlangt, nachdem es wenig aber angemessen geantwortet hat, wird dies nur dann als eine sehr milde Form von Vermeidung gewertet, wenn dies mehrmals über mehrere Geschichten hinweg vorkommt.

Seltsame, makabre und desorganisierte Antworten (z. B. die KIND-Figur gewaltsam auf den Boden werfen; ein Auto zerstören, nachdem die Familie zusammen auf eine Reise gegangen ist. Antworten geben, die im Rahmen der Geschichte keinen Sinn ergeben – wie mit »Ich habe mir den Kopf angestoßen« auf die Frage antworten »Was haben sie mit dem Gespenst gemacht?«) werden als Hinweis für unterschiedliche Formen der Unsicherheit gewertet.

Sicherheit-Unsicherheits-Skala

4. sehr sicher: Kinder, die die Themen der Geschichten sehr zügig (ohne viele Nachfragen) und angemessen (d. h. gemäß den oben genannten Kriterien) auflösen, werden als sehr sicher eingestuft, wenn dies für alle fünf Geschichten zutrifft (vergleichbar mit der B3-Klassifikation in der Fremden Situation).

3. sicher: Wenn Kinder leichte Vermeidung oder leicht albernes Verhalten in einer oder zwei der Geschichten zeigen, werden sie als sicher eingestuft (vergleichbar den B1- und B2-Klassifikationen in der Fremden Situation).

2. unsicher: In allen Fällen, die sich als schwierig einzustufen erweisen, werden die letzten beiden Geschichten besonders stark gewichtet (z. B. milde Vermeidung in einer oder zwei der ersten beiden Geschichten; starke Vermeidung bei der »Trennungs«- und »Wiedersehen«-Geschichte bedeutet »sehr unsicher«). Kinder, die anhand der Geschichtenergänzungen als »unsicher« eingestuft werden, ähneln den A2- und C1-Klassifikationen in der Fremden Situation.

1. sehr unsicher: Kinder, die starke Abwehr in ihren Antworten (»weiß nicht«, oder in ihren Antworten das Geschichtenthema völlig vermeiden) über mindestens drei der Geschichten hinweg zeigen (vergleichbar dem A1-

Muster in der Fremde Situation) sowie Kinder mit komischen oder desorganisierten Verhaltensweisen in mindestens drei der Geschichten (vergleichbar der »D«-Klassifikation in der Fremde Situation) werden als sehr unsicher eingestuft.

Die Verwendung des ASCT-Verfahrens

Das ASCT-Verfahren wurde nicht als ein standardisierter Test, nach dem Vorbild eines Intelligenz(IQ)-Tests, entwickelt. Einige Forscher haben einige der aufgeführten Rumpfgeschichten weggelassen, andere haben zusätzliche dazu erfunden. Dies wird begrüßt, weil die Weiterentwicklung der Methode dadurch angeregt wird. Wenn zusätzliche Rumpfgeschichten hinzugefügt werden, sollen diese allerdings vorher sorgfältig in Pilotstudien getestet werden, da sie möglicherweise von den Kindern falsch verstanden werden oder sie die Kinder nicht wie erwartet ansprechen.

In der beraterischen/therapeutischen Praxis wird es aber kaum möglich sein, systematische Pilotstudien durchzuführen. Darum raten wir Praktikern, die Geschichtenergänzungen auf Bindung bewerten wollen, davon ab, Veränderungen in den präsentierten Geschichten und in der Prozedur vorzunehmen, es sei denn, die neuen Rumpfgeschichten werden an die fünf Standardgeschichten angehängt. Die Validität einer Methode dieser Art hängt entscheidend sowohl von der Auswahl der Rumpfgeschichten ab, als auch von der Qualität der Durchführung, und der Auswertung. Erst dadurch ergeben sich in wissenschaftlichen Untersuchungen die externen Korrelate und in der beraterischen/therapeutischen Praxis der Aussagewert zum Bindungshintergrund eines speziellen Kindes.

Es ist weiterhin zu erwähnen, dass Entwicklungspsychologen die Methode des Geschichtenerzählens auch auf andere Forschungsbereiche als Bindung mit Erfolg angewendet haben. In Zusammenarbeit mit Bretherton und Ridgeway (1990) entwickelten Buchsbaum und Emde (1990) ähnlich konstruierte Rumpfgeschichten, deren Themen aber mit moralischen Regeln, Gegenseitigkeit, Empathie und internalisierten Verboten zu tun hatten. Das ASCT-Verfahren, die moralischen Rumpfgeschichten von Buchsbaum und Emde, und die Trennungs-Rumpfgeschichten von Oppenheim (erst 1997 veröffentlicht) dienten schließlich als Basis für die »MacArthur Story Stem Battery« (MSSB; Bretherton, Oppenheim, Emde, Buchsbaum und die MacArthur Network Narrative Gruppe, 1990).

Die »Narrative«-Gruppe arbeitete im Rahmen des sogenannten »MacArthur Research Network on Early Childhood Transition« unter der Leitung von Robert Emde und beauftragte Bretherton und Oppenheim, in Zusammenarbeit mit anderen Mitgliedern eine Rumpfgeschichtensammlung zu entwickeln, die nicht nur Bindungsthemen, sondern auch Themen der allgemeinen Sozialisation, Familienkonflikte, und triadische moralische Dilemmata enthielten (in Anlehnung an Emde's erstes moralisches Dilemma für Kindergartenkinder; siehe Buchsbaum & Emde 1990). Diese weiteren Dilemmata-Rumpfgeschichten wurden für das MSSB-Verfahren von Bretherton und ihren Mitarbeiterinnen entwickelt und sind besonders für Kinder über vier Jahre geeignet.

Verschiedene Auswertungsmethoden für das MSSB-Verfahren sind inzwischen erhältlich. Z. B. entwickelten Robinson und ihre Kolleginnen (1992) ein hauptsächlich themenbezogenes Kodierungssystem, bewerteten aber zusätzlich die Beziehung des Kindes zum Interviewer, sein Engagement im Geschichtenerzählen sowie die narrative Kohärenz der Geschichtenergänzungen. Ein prozessorientiertes, gut validiertes Kodierungssystem wurde von Jonathan Hill u. a. (2000) entwickelt. Obwohl die MSSB-Methode erst demnächst auf Englisch veröffentlicht wird, ist sie bereits schon in England, Deutschland (unabhängig voneinander von Michael Guenter und Iris Reiner übersetzt), Japan und anderen Ländern verwendet worden. Die Geschichtenergänzungsmethode hat sich also über die Bindungsforschung hinaus als ein hilfreiches Instrument erwiesen, Einsicht in das innere Leben von Kindergartenkindern und auch jungen Schulkindern zu gewinnen.

Obwohl die ersten Studien mit dem ASCT- als auch dem MSSB-Verfahren nicht mit Risiko- oder klinischen Gruppen durchgeführt wurden, hat sich diese Methode inzwischen auch bei diesen Gruppen bewährt. Z. B. haben Page und Bretherton (2001) die ASCT-Rumpfgeschichten unter Zufügung einiger Dilemmata aus dem MSSB-Verfahren für Kinder geschiedener Eltern adaptiert, indem sie Vater und Mutter als in zwei verschiedenen Häusern wohnend darstellten. Toth und Kollegen haben das ASCT-Verfahren mit einer Gruppe von missbrauchten Kindergartenkindern in einer Längsschnittstudie verwendet. Im Vergleich zu nicht-missbrauchten Kindern, stellten diese die Elternfiguren zunehmend negativ dar, während die nicht-missbrauchten Kinder zunehmend positive Eltern-Kind-Themen erwähnten. Weiterhin verwendete Poehlmann und Kindermann (2001) das ASCT-Verfahren mit Kindern von Müttern im Gefängnis. Sie berichtet, dass Kinder sehr unterschiedliche Geschichtenergänzungen darstellen, wenn die

Bindungsfigur in der Rumpfgeschichte die stellvertretende Bezugsperson (meist die Großmutter) ist und wenn dieselbe Geschichte mit einer Mutterfigur vorgespielt wird (für weitere Ausführungen, siehe Bretherton und Oppenheim, in Vorbereitung; Bretherton, im Druck).

Verwendung des ASCT-Verfahrens in Beratung und Therapie

Das ASCT-Verfahren, das von Forschern entwickelt wurde, um den Prozess der Bindungsentwicklung und insbesondere die Verarbeitung bindungsrelevanter Themen besser zu verstehen, kann auch von Praktikern verwendet werden, um den Bindungshintergrund von Kindern in der Beratung und Therapie besser einschätzen zu lernen – insbesondere, um den Einfluss auf die Welt- und Selbstsicht eines Kindes zu verstehen. Eine Verwendung des ASCT-Verfahrens zu diagnostischen Zwecken sollte allerdings nur im Kontext mit anderen Bewertungen des Kindes erfolgen, und darf auf keinen Fall als eindeutiger Test verstanden werden.

Für die diagnostische Anwendung des ASCT-Verfahrens bedarf es keinerlei besonderer Ergänzungen zu den Anweisungen zur Durchführung, wie sie im vorliegenden Beitrag beschrieben wurden. Für eine zuverlässige Einstufung der Kinder ist ein Training unverzichtbar. Jeder Praktiker wird jedoch für sich entscheiden müssen, inwieweit der Einsatz der beschriebenen ASCT-Methode auch ohne dieses Training eine Verbesserung der bisherigen Praxis bedeutet, und sie dann auch dementsprechend verwenden.

Neben diesen diagnostischen Einsatzmöglichkeiten stellt sich auch die Frage, ob nicht die Eltern oder gar die betroffenen Kinder direkt durch die ASCT-Methode lernen könnten (und nicht nur über die Diagnose des Beraters / Therapeuten), z. B. für ihren Umgang miteinander oder ein besseres gegenseitiges Verstehen? Dieses ist sehr wahrscheinlich der Fall, jedoch erfordert dieses Lernen bei den Betroffenen andere Bedingungen als die übliche Beratung/Therapie, weist aber Parallelen zum bereits praktizierten Einsatz von Videotechnik in der Intervention auf und ist vergleichbar mit dem ebenfalls praktizierten Einsatz des AAI (Adult Attachment Interview) zu Interventionszwecken. Die Methoden zur Erfassung der »inneren Arbeitsmodelle« könnten hier die Reaktionen der Familien auf die Vorführung der ASCT-Methode ins Blickfeld rücken und den Interventionsprozess leiten. Worauf reagieren die Klienten am intensivsten und wo wehren sie sich gegen ein »Verstehen«? Wie unterschiedlich sind die Wahrnehmungen und wie ausgeprägt die gegenseitige Unterstützung bei schwierigeren Passagen?

Grundsätzlich sollte nicht nur die Veränderung oberstes Ziel sein, sondern die Schaffung eines sicherheitsspendenden Rahmens, d. h. die Schaffung einer sicheren Basis für die Ratsuchenden nicht zuletzt in der Beziehung zur Therapeutin/Beraterin. Hierzu gehört auch die Einschätzung, ob die Zeit für diesen Prozess reif ist, und, mit welchen Aspekten der eigenen Beziehungsgeschichte sich Ratsuchende auseinandersetzen können, ohne überwältigt oder verletzt zu werden. Selbst eine einfühlsame Therapeutin/Beraterin kann hier nur gestaltend tätig werden, wenn sie vorher eine vertrauensvolle Beziehung aufgebaut hat. Werden in das Betrachten des Videos von der ASCT-Aufgabe die Eltern gemeinsam mit ihren Kindern einbezogen, bietet sich gleichzeitig die Gelegenheit, den Umgang zwischen Eltern und Kindern in diesen Verstehensprozess einzubeziehen und zum Gegenstand der Intervention zu machen. Allerdings erhöhen sich gleichzeitig auch die Anforderungen an die Herstellung einer sicheren Basis. Es ist nämlich nicht selbstverständlich, dass Eltern mit ihren Kindern in dieser Situation sorgsam umgehen: Es kann sein, dass sie sich über das Kind lustig machen, ihr Unverständnis signalisieren oder sich in anderer Art von dem Kind distanzieren.

Hier erhält die therapeutische Beziehung im Sinne einer vielgerichteten Parteilichkeit (Boszomenyi-Nagy & Krasner 1986; siehe auch Suess 1990) eine herausgehobene Rolle: Therapeuten/Berater sollten als Ziel der gemeinsamen Arbeit das Wohl des Kindes deutlich benennen und hierzu ein Arbeitsbündnis mit den Eltern suchen. Dann kann der Therapeut auch die Kinder in Schutz nehmen und hierbei als Modell für die Eltern dienen. Wenngleich sich hier also eine größere Schwierigkeiten in der Gestaltung der sicheren Basis für alle Beteiligten ergibt, so liegen doch in einer Beteiligung von Eltern und Kindern die größeren Chancen für eine Veränderung, da intensiver in direkter Art und Weise an der Beziehung gearbeitet werden kann. Ziel der Therapie (s. Suess 2001) ist nämlich nicht nur die Veränderung von inneren Arbeitsmodellen, sondern auch die dadurch zu erwartende Veränderung des alltäglichen Umganges zwischen Eltern und Kind.

Literatur

Ainsworth, M. D. S., Blehar, M. C., Waters, E., Wall, S. (1978): Patterns of Attachment. A psychological study of the Strange Situation. Hillsdale, N.J (Erlbaum).
Bowlby, J. (l969): Attachment and loss. Vol. l: Attachment. New York (Basic Books).
Bretherton, I. (1984): Representing the social world in symbolic play. Reality and Fantasy. In: Bretherton, I. (Hg.): Symbolic Play. The development of social understanding. New York (Academic Press), S. 3–41.
Bretherton, I. (1995): Die Geschichte der Bindungstheorie. In: Spangler, G. & Zimmermann, P. (Hg.): Die Bindungstheorie – Grundlagen, Forschung und Anwendung. Stuttgart (Klett-Cotta).
Bretherton, I. (1999): Updating the »internal working model« construct. Some reflections. Attachment and Human Development, 1, S. 343–357.
Bretherton, I. (im Druck): Bindungsbeziehungen und Bindungsrepräsentationen in der frühen Kindheit. Überlegungen zum Konstrukt des Internalen Arbeits-Modell. In: Brisch, K. (Hg.): Neue Perspektiven in der Bindungstheorie und Entwicklungspfaden. Anwendung, Prävention, Intervention und klinische Praxis (Klett-Cotta).
Bretherton, I. (im Druck): Inneren Arbeitsmodelle von Bindungsbeziehungen als Vorläufer von Resilienz. In: Roeper, G. v. Hagen, C. & Noam, G. (Hg.): Entwicklung und Risiko. Perspektiven einer klinischen Entwicklungspsychologie. Stuttgart (Kohlhammer).
Bretherton, I. (2001): Zur Konzeption innerer Arbeitsmodelle in der Bindungstheorie. In: Gloger-Tippelt, G. (Hg.): Bindung im Erwachasenenalter. Bern (Huber).
Bretherton, I., Oppenheim, D., Buchsbaum, H., Emde, R. N & the MacArthur Narrative group (1990). The MacArthur Story Stem Battery. Unpublished Manual, University of Wisconsin-Madison.
Bretherton, I. & Munholland, K. A. (1999): Internal working models in attachment. A construct revisited. In: Cassidy, J. & Shaver, P. (Hg.): Handbook of Attachment: Theory, research and clinical application. New York (Guilford), S. 89–111).
Bretherton, I. & Ridgway, D. (1990): Appendix. Story Completion Tasks to Assess Young children's Internal Working Models of Child and Parents in the Attachment Relationship. In: Greenberg, M. T., Cicchetti, D. & Cummings, E. M. (Hg.): Attachment in the preschool years. Theory, research, and intervention .Chicago, IL (University of Chicago Press), S. 300–308.
Bretherton, I., Ridgeway, D. & Cassidy, J. (1990): Assessing internal working models of the attachment relationship. In: Greenberg, M. T., Cicchetti, D. & Cummings E. M. (Hg.): Attachment in the preschool years. Theory, research, and intervention. Chicago, IL (University of Chicago Press), S. 273–299.
Boszormenyi-Nagy, I., Krasner, B. R. (1986): Between Give and Take. A Clinical Guide to Contextual Therapy. New York (Brunner/Mazel, Inc.).
Buchsbaum, H. & Emde, R. N. (1990): Play narratives in 36-month-old children. Early moral development and family relationships. Psychoanalytic Study of the Child, 40, S. 129–155.
Cassidy, J. (1988): Child-mother attachment and the self in six-year-olds. Child Development, 59, S. 121–134.
Cassidy, J. & Marvin, R. S. (1992): Attachment organization in preschool children. Coding guidelines (4th ed.). Unpublished manuscript, MacArthur Work Group on Attachment, Seattle, WA.

Eichhorn, C. & Ganssauge, V. (1998): Bindung im Vorschulalter. Ein Vergleich zwischen einem Geschichtenergänzungsverfahren und dem Separation Anxiety Test. Unveröffentlichte Diplomarbeit, Psychologisches Institut, Universität, Heidelberg.

Erikson, E. H. (1950): Childhood and society. New York (Norton).

Freud, A. (1946): The psycho-analytical treatment of children. London (Imago Publishing Co.).

George, C., Kaplan, N. & Main, M. (1985): The Berkeley Adult Attachment Interview. Unpublished manuscript, University of California at Berkeley.

George, C. & Solomon, S. (1994): Six-year-old attachment doll play procedures and classification system. Unpublished manuscript, Mills College, Oakland, CA.

Gloger-Tippelt, G. (1999): Transmission von Bindung bei Müttern und ihren Kindern im Vorschulalter. Praxis der Kinderpsychologie und Kinderpsychiatrie, 48, S. 113–128.

Gloger-Tippelt, G. & König, L. (2000): Kodier und Auswertungsmanual für das Geschichtenergänzungsverfahren zur Erfassung der Bindungsrepräsentationen 5- bis 7-jähriger Kinder im Puppenspiel. Unpublished manual, Psychologisches Institut, Heinrich-Heine Universität Düsseldorf.

Golby, B., Bretherton, I., Winn, L. & Page, T. (1995): Coding manual for the »Attachment Story Completion Task«. Unpublished manuscript, University of Wisconsin-Madison.

Green, J., Stanley, C., Smith, V. & Goldwyn, R. (2000): A new method of evaluating attachment representation in young school-age children: The Manchester Child Attachment Story Task. Attachment and Human Development, 2, S. 48–70.

Heller, C. (2000): Attachment and social competence in preschool children. Unpublished masters thesis, Auburn University, AL.

Hill, J., Hoover, D. and Taliaferro, G. (2000): Process Scales for the MacArthur Story Stem Battery. Unpublished scoring manual, Menninger Clinic, Topeka, Kansas.

Kaplan, N. (1987): Individual differences in six-year-olds' thoughts about separation: Predicted from attachment to mother at one year of age. Unpublished doctoral dissertation, University of California at Berkeley.

Main, M., Kaplan, N. & Cassidy, J. (1985): Security in infancy, childhood, and adulthood: A move to the level of representation. In: Bretherton, I. & Waters, E. (Hg.): Growing points of attachment theory and research. Monographs of the Society for Research in Child Development, 50 (1–2), Serial No. 209, S. 66–104.

Milijkovitch, R., Pierrehumbert, B. & Halfon, O. (in Vorb.): The emergence of representational strategies and how they affect mental health: An analysis of preschoolers' narratives. University of Lausanne, Switzerland.

Miller, P. J., Mintz, Hoogstra, Fung & Potts (1992): The narrated self. Young children's construction of self in relation to other in conversational stories of personal experiences. Merrill-Palmer Quarterly, 38.

Nelson, K. (1986): Event knowledge: Structure and function in development. Hillsdale, NJ (Erlbaum).

Nelson, K. & Gruendel, J. (1981): Generalized event representations. Basic building blocks of cognitive development. In: Lamb, M. E. &. Brown, A. L (Hg.): Advances in developmental psychology, Vol. I. Hillsdale, NJ (Erlbaum), S. 131–158.

Oppenheim, D. (1997): The attachment doll play interview for preschoolers. International Journal of Behavioral Development, 20, S. 681–697.

Page, T. & Bretherton, I. (im Druck): Mother- and father-child attachment themes as represented in the story completions of preschoolers in postdivorce families. Linkages with teacher ratings of social competence. Attachment and Human Development.

Poehlmann, J. & Kinderman, R. (2001): Disrupted relationships in children of incarcerated mothers. Presentation at the biennial meetings of the Society for Research in Child Development, Minneapolis, MN.

Robinson, J., Mantz-Simmons, L., MacFie, J. & the MacArthur Narrative Working Group (1992): The narrative coding manual. Unpublished manuscript, University of Colorado, Boulder, CO.

Solomon, J., George, C. & De Jong, A. (1995): Children classified as controlling at age six. Evidence of disorganized representational strategies and aggression at home and at school. Development and Psychopathology, 7, S. 447–463.

Suess, G. J. (1990): Arbeit mit Scheidungsfamilien – Überlegungen aus Sicht der Bindungstheorie und der kontextuellen Therapie. Praxis der Kinderpsychologie und Kinderpsychiatrie. Heft 8.

Suess, G. J. (2001): Eltern-Kind-Bindung und kommunikative Kompetenzen kleiner Kinder.Die Bindungstheorie als Grundlage für ein integratives Interventionskonzept. In: Schlippe, A. v., Lösche, G. & Hawellek: Frühkindliche Lebenswelten und Erziehungsberatung – Die Chancen des Anfangs. Münster (Votum-Verlag).

Toth, S. L, Cicchetti, D., MacFie, J., Maughan, A. & Van Meenen, K. (2000): Narrative representations of caregiver and self in maltreated preschoolers, Attachment and Human Development, 2, S. 271–305.

Vaughn, B. E., Heller, C., Bost, K. K. (2001): Bindung und Gleichaltrigenbeziehungen während der frühen Kindheit. In: Suess, G. J., Scheuerer-Englisch, H., Pfeifer, W.-K.(in Vorb.): Bindungstheorie und Familiendynamik. Gießen (Psychosozial-Verlag).

Verschueren, K., Marcoen, A. & Schoefs, V. (1996): The internal working model of the self, attachment and competence in 5-year-olds. Child Development, 67, S. 2493–2511.

Waters, E. & Deane, K. E. (1985): Defining and assessing individual differences in attachment relationships: Q-methodology and the organization of behavior in infancy and early childhood. In: Bretherton, I. & Waters, E. (Hg.): Growing points of attachment theory and research. Monographs of the Society for Research in Child Development, 50, Serial No. 209 (1–2), S. 41–65.

Waters, H. S., Rodrigues, L. M. & Ridgeway, D. (1998): Cognitive underpinnings of narrative attachment assessment. Journal of Experimental Child Psychology. 71, S. 211-234.

Wolf, D. P., Rygh, J. & Altshuler, J. (1984): Agency and experience: actions and states in play narratives. In: Bretherton,. I (Hg.): Symbolic play. The development of social understanding. Orlando, FL (Academic Press), S. 195–217.

Die Anfänge von Bindungs-Desorganisation in der Kleinkindzeit: Verbindungen zu traumatischen Erfahrungen der Mutter und gegenwärtiger seelisch-geistiger Gesundheit[1]

Deborah Jacobvitz, Nancy Hazen, Kimberly Thalhuber

In den vergangenen 10 Jahren zeigten sich klinisch tätige Praktiker *und* Forscher zunehmend besorgt über das Wohlbefinden von Kleinkindern, die desorganisierte und/oder desorientierte Bindungsbeziehungen zu ihren Eltern entwickeln. Bei der Einschätzung der Bindungssicherheit von Kleinkindern mit Hilfe der Fremde Situation identifizierten Main und Solomon (1986) Kleinkinder, die folgende Anzeichen von Desorganisation und/oder Desorientierung zeigten: konfligierende Bewegungen (z. B. sich bei der Annäherung an ihre Mutter oder ihren Vater im Kreise drehen), ängstliches Verhalten (z. B. sich zusammen gerollt auf den Boden fallen lassen; die Schultern hochziehen und dabei die Hände vor den Mund halten, wenn ihre Eltern nach einer kurzen Trennung zurückkommen) und Desorientierung und Dissoziation (z. B. alle Bewegungen einfrieren und dabei einen trance-artigen Ausdruck zeigen). Die Prozentrate der als desorganisiert eingestuften Kleinkinder reicht von 14% bis 24%, je nach sozio-ökonomischem Hintergrund der Familien und, ob die untersuchten Mütter aus psychiatrischen oder psychosomatischen Kliniken rekrutiert wurden (van IJzendoorn, Schuengel und Bakermans-Kranenberg 1999).

Es gibt zunehmend empirische Hinweise dafür, dass Kleinkinder, die als desorganisiert eingestuft wurden, Gefahr laufen, in ihrem späteren Leben unbefriedigende zwischenmenschliche Beziehungen zu unterhalten oder sogar eine ernstzunehmende psychopathologische Erkrankung zu erleiden (Lyons-Ruth & Jacobvitz 1999). Im Kindergartenalter werden Kinder, die als Kleinkinder als desorganisiert eingestuft wurden, sehr viel wahrscheinlicher als andere Kinder

---

[1] Aus dem Englischen übersetzt von Gerhard J. Suess

Aggressivität zeigen (Lyons-Ruth, Alpern, Repacholi 1993), Rückzug und Selbst-Isolation (George & Main 1979) oder seltsame, unzusammenhängende oder belästigende Umgangsformen mit Gleichaltrigen (Jacobvitz & Hazen 1999). Z. B. wurde ein Kindergartenkind, das mit 18 Monaten als desorganisiert eingestuft wurde, dabei beobachtet, wie es mit einer Taschenlampe in die Augen eines anderen Kindes leuchtete und mit einer Handpuppe einem Spielkameraden in die Nase kniff. Der schrie zwar »Hör´auf, lass das«, aber der Junge hörte nicht damit auf, ihn in die Nase zu kneifen. In größeren Kindergartengruppen verbrachte dieser Junge die meiste Zeit in der Ecke zusammengerollt. Einmal beobachteten wir ihn dabei, wie er auf eine Gruppe von Kindern zuging. Er schnappte sich das Spielzeug, mit dem diese Kinder gerade spielten, und weigerte sich, es mit ihnen zu teilen. Die anderen Kinder gingen weg und ließen ihn - das Spielzeug umklammernd, traurig und verwirrt dreinblickend - alleine zurück. Wenn Kinder, die in ihrer Kleinkindzeit als desorgnisiert eingestuft wurden, das »high school«-Alter[2] erreichen, berichten Lehrer und die Jugendlichen selbst von dissoziativen Symptomen (Carlson 1998). Z. B. klagen diese Jugendlichen häufig darüber, dass sie die Zeit aus den Augen verlieren, und ihre Lehrer berichten, dass sie »wie in einem Nebel« zu sein scheinen und »sehr viel tagträumen«. Weniger als über ihre Erscheinungsformen weiß man darüber«, warum Kinder eine desorganisierte Bindung während der Kleinkindzeit entwickeln. Und dennoch ist solches Wissen entscheidend für die Entwicklung von effektiven Interventionsprogrammen, um die Entwicklung dieser zerstörerischen Bindungsbeziehungen zu verhindern. Deshalb konzentrieren wir uns in diesem Kapitel auf die Anfänge von Bindungs-Desorganisation während der Kleinkindzeit mit einem besonderen Augenmerk auf die Tradierung von Bindungs-Desorganisation von einer Generation auf die nächste.

Das vorliegende Kapitel gliedert sich in drei Teile. Wir beginnen damit, die Grundlagen der Bindungstheorie, wie sie von John Bowlby (1969) eingeführt wurden, mit einem besonderen Schwerpunkt auf der Rolle der Furcht zu beschreiben. Dabei werden wir erörtern, wie die Qualität der Fürsorge, die Kleinkinder erhalten, mit der Qualität der Bindungsbeziehung, die sie mit ihren Eltern bilden, zusammenhängt. Es wird angenommen, dass die Ursprünge von Bindungs-Desorganisation darin liegen, dass Kleinkinder Erfahrungen mit unerklärlich beängstigendem Verhalten auf Seiten ihrer Eltern machen müssen (Main & Hesse 1990).

---

[2] High School Age: High School entspricht in etwa der deutschen gymnasialen Oberstufe.

Als nächstes werden wir die generationsübergreifenden Ursprünge von angstauslösendem mütterlichen Verhalten und frühkindlicher Bindungs-Desorganisation schildern. In Übereinstimmung mit Übelegungen von Main und ihren KollegInnen (Main & Hesse 1990; Main & Hesse 1992) sowie von Liotti (1992, in 1999a, 1999b) gehen wir davon aus, dass Eltern sich deshalb beängstigend gegenüber ihren Kindern verhalten, weil sie selbst von eigener Angst überwältigt werden. Eltern mit solch beängstigendem Verhalten gegenüber ihren Kindern zeigen öfter als andere Eltern auch Anzeichen von geistiger Desorganisation im Laufe von Gesprächen über zurückliegende traumatische Erlebnisse (Jacobvitz, Hazen & Riggs, 1997; Schuengel, van IJzendoorn, Bakermans-Kranenberg & Blom 1999).

Im letzten Teil werden wir uns auf die seelisch-geistige Gesundheit von Müttern konzentrieren, die Schwierigkeiten damit haben Traumata zu verarbeiten und deren Kleinkinder als desorganisiert/desorientiert eingestuft sind. Die sich daraus ergebenden Folgerungen für die Entwicklung effektiver Interventionen werden daran anschließend erörtert.

Die zentrale Rolle von Angst in der Bindungstheorie

Auf der Grundlage von Beobachtungen von humanen und nicht humanen Primaten und den Prinzipien der evolutionären Biologie entwickelte John Bowlby (1969) die Bindungstheorie. Angst spielt eine zentrale Rolle in der Förderung des Überlebens eines Kleinkindes. Kleinkinder haben von Natur aus Angst vor Leuten und Bedingungen, die ihr Wohlbefinden bedrohen - die Anwesenheit von Fremden und die Trennung von den Eltern eingeschlossen. Sollte eine Gefahr auftauchen, sind Eltern eine Quelle der Sicherheit und des Schutzes, und die beste Strategie eines Kleinkindes zur Optimierung seines Überlebens ist die kontinuierliche Überwachung ihres Verbleibes und die Aufrechterhaltung von physischer Nähe sogar unter milden Stressbedingungen. Deswegen entwickeln gemäß Bowlby praktisch alle Kleinkinder ein Bindungsbeziehung. Ob missbraucht und misshandelt, ignoriert, bei eisigem Wetter draußen ausgesperrt oder unter verständnis- und liebevoller Obhut, Kleinkinder werden eine Bindung aufbauen.

Auf der Grundlage hunderter von Beobachtungsstunden an Mutter-Kind Paaren haben Mary Ainsworth und ihre KollegInnen (Ainsworth, Blehar, Waters & Wall 1978) drei frühkindliche Bindungsmuster identifiziert; jedes dieser Muster enthält eine jeweils andere Strategie, die Kleinkinder gelernt haben, um sich vor Schaden zu schützen und um das Überleben zu sichern. Für Kinder, deren Mütter bei Kummer prompt und einfühlsam reagieren, stellen diese eine Quelle der Sicherheit dar. Wenn sie beunruhigt sind, suchen diese Kleinkinder Trost, und bei Abwesenheit von Gefahr können sich diese Kinder von den Eltern entfernen und die Umgebung auskundschaften – wohl wissend, dass der jeweilige Elternteil den nötigen Schutz bietet, wenn eine Gefahr auftaucht. Andere Kleinkinder dagegen vermeiden ihre Eltern, wenn sie beunruhigt sind. Mary Ainsworth fand heraus, dass diese Kleinkinder es beinahe durchgehend mit Müttern zu tun hatten, die engen Köperkontakt ablehnten und oft ihren Wunsch nach Trost ignorierten. Diese Kleinkinder zeigen Vermeidung vermutlich aus einer Strategie heraus, um ihren Schutz zu erhöhen. Sie haben gelernt, dass nahe aber nicht zu nahe bei dem jeweiligen Elternteil zu sein und den Ausdruck von Kummer zu unterdrücken, ihre Bindungsfigur davon abhält, sich zu sehr zurükkzuziehen. Schließlich werden einige Kleinkinder als unsicher-widersetzend (ambivalent) bezeichnet. Sie suchen den Kontakt mit dem jeweiligen Elternteil *und* widersetzen sich ihm, wenn sie beunruhigt sind. Mütter von Kleinkindern, die als unsicher-widersetzend eingestuft wurden, störten das Kind oft in seinen Aktivitäten, waren unberechenbar und inkonsequent. Diese Kleinkinder maximieren ihren Schutz dadurch, dass sie den Ausdruck von Bindungsvehaltensweisen intensivieren (z. B. weinen, herumkrakeelen und den jeweiligen Elternteil im Auge behalten) und sich selbst in milden Stresssituationen sehr nahe beim jeweiligen Elternteil aufhalten. So können sie sich am jeweiligen Elternteil anklammern oder an ihm zerren und so die Wahrscheinlichkeit erhöhen, dass dieser sie bei Gefahr im Verzug auch schützen wird. Alle drei Muster – sicher, unsicher-vermeidend und unsicher-widersetzend – versetzen Kinder in die Lage, ihr Verhalten zu organisieren und ein integriertes Arbeitsmodell des jeweiligen Elternteils zu entwickeln. Anders ausgedrückt, das Kleinkind kann selbst dann, wenn der betreffende Elternteil sich nicht optimal verhält, sich an dieses Elternverhalten anpassen und Strategien für die Interaktion und die Maximierung von Schutz entwickeln. Man geht davon aus, dass Kinder mit einer organisierten sicheren oder unsicheren Bindungsklassifikation ein kohärentes Modell vom betreffenden Elternteil entwickeln: entweder als einfühlsam oder als uneinfühlsam sowie das eigene Selbst als der Liebe wert oder nicht wert.

Bindungs-Desorganisation im Kleinkindalter

Einige der Kleinkinder jedoch scheinen keine organisierte Strategie zu besitzen, um bei Beunruhigung Sicherheit und Trost zu bekommen. Was bei diesen

Kindern so ungewöhnlich ist: Sie zeigen sich erschreckt, wenn ihre Eltern den Raum nach einer kurzen Trennung wieder betreten, und zeigen eine Mischung von Strategien, wie sie gewöhnlich von unsicher-vermeidenden und unsicher-widersetzenden Babies gezeigt werden, oder sie zeigen überhaupt keine Strategie. Diese Kleinkinder scheinen in der »Fremde Situation« desorganisiert und desorientiert zu sein (Main & Solomon 1990). Einige dieser »desorganisiert« eingestuften Kinder schreien richtiggehend nach ihren Bindungsfiguren nach einer Trennung und entfernen sich trotzdem bei der Wiedervereinigung von ihnen. Andere desorganisierte Kleinkinder reagieren wie gelähmt mit einem benommenen Gesichtsausdruck für über 30 Sekunden und/oder drehen sich im Kreis und/oder lassen sich auf den Boden fallen, wenn sie sich um Trost an den jeweiligen Elternteil wenden; wieder andere desorganisierte Kleinkinder erscheinen ängstlich in der »Fremden Stituation« mit geängstigtem Gesichtsausdruck, Stereotypien, hochgezogenen Schultern und/oder einem Einfrieren aller Bewegungen. Diese desorganisierten Verhaltensweisen reflektieren das Fehlen einer effektiven Strategie der Kleinkinder zur Stressbewältigung. Mehrere Studien zur Psychophysiologie von desorganisierten Kleinkindern unterstüzten die Annahme von Main und Solomon (1990), dass desorganisierte Kleinkinder größere Schwierigkeiten mit der Bewältigung von Stress haben. Forscher haben das Ausmaß von Cortisol-Ausschüttung untersucht, weil eine erhöhte Cortisol-Absonderung bei Tieren mit deren Unfähigkeit verbunden war, eine effektive Strategie zur Bewältigung von Stress zu mobilisieren. Zwei Studien fanden signifikant höhere Cortisol-Werte in den Speichelproben bei desorganisierten als bei sicher gebundenen Kleinkindern als Reaktion auf kurze Trennungen (Hertsgaard, Gunnar, Erickson & Nachmias 1995; Spangler & Grossmann 1993; siehe auch Spangler in diesem Band, Anm. des Übersetzers). Die Unterschiede in der Konzentration von Cortisol im Speichel waren nicht vor der »Fremde Situation« erkennbar, sondern zeigten sich 30 und 45 Minuten nach der »Fremde Situation« und zeigten sich bei den letzten Messungen immer noch ansteigend (Spangler & Grossmann 1993).

Beängstigendes Eltern-Verhalten und Desorganisierte Bindung

Kleinkinder, die in der »Fremde Situation« desorganisierte und desorientiere Bindungsverhaltensweisen zeigen, haben wahrscheinlich auch geängstigtes und beängstigendes Verhalten ihrer Eltern erlebt (Main & Hesse 1990; Hesse & Main 1999). Einige Bindungsfiguren lösen auf direkte Art Angst aus; das reicht dann von »sich von hinten an ein Kleinkind heranschleichen und den Hals und das

Genick mit beiden Händen umfassen und drücken« bis hin zu körperlichem oder sexuellem Missbrauch. Carlson, Cicchetti, Barnett und Braunwald (1989) fanden heraus, dass 82% der misshandelten Kleinkinder in ihrer Stichprobe mit Geringverdienern als desorganisiert eingestuft wurden im Vergleich zu 18% jener Kleinkinder, die nicht misshandelt worden waren. Lyons-Ruth, Connell, Grunebaum, Botein u. a. (1990) fanden heraus, dass 55% der misshandelten Kleinkinder, die Hilfen auf der Basis von ausgeweiteten Hausbesuchen erhalten hatten, als desorganisiert eingestuft wurden. Bängstigende mütterliche Verhaltensweisen beinhalteten ungewöhnliche Sprechmuster wie z. B. mit schauriger Stimme sprechen[3]; Zähne zeigen; Eindringen in verwundbare Bereiche des persönlichen Nahbereiches des Kindes (infant's personal space) wie z. B. die Hände plötzlich von hinten um den Hals des Kindes legen, sich plötzlich drohend über das Gesicht des Kindes beugen; und Bewegungen oder Körperhaltungen, die Teil einer Verfolgungsjagd zu sein scheinen (Main & Hesse 1995; siehe Main & Hesse 1990).

Andere Bindungsfiguren scheinen vor ihren eigenen Kleinkinder Angst zu bekommen. Hesse und Main (2000; Main & Hesse 1995) beschreiben solche geängstigten Verhaltensweisen der Eltern einschließlich dem Eintreten von dissoziativen oder trance-artigen Zuständen (z. B. Einfrieren aller Bewegungen mit einem »toten« unbewegtem Starren). Eine Mutter aus der von Jacobvitz und ihren Kollegen (1997; Thalhuber, Jacobvitz & Hazen 1998) durchgeführten Studie schien in einen tranceartigenZustand zu verfallen, saß bewegunslos in einer unbequemen Position (ihre Hand in der Luft) und starrte 50 Sekunden lang ausdruckslos in den Raum. Sie wiederholte dies während einer 20-minütigen Fütter-Situation mehrere Male – insgesamt fünf Minuten lang. Andere Hinweise dafür, dass dieser Elternteil Angst vor dem Baby hat, zeigen sich darin, das Baby so zu behandeln, als ob es ein lebloses Objekt oder Auslöser des Alarms ist. Z.B stellte eine Mutter einen Teller mit Essen vor ihr Baby auf den Boden, so als ob sie einen Hund füttert, und zog dann ihre Hand plötzlich weg, gleichsam wie aus Angst davor, gebissen zu werden. Ein anderer Elternteil schreckte vor seinem Kleinkind zurück und stammelte mit einer ungewöhnlichen und erschrockenen Stimme: »F-folg' mir nicht, tu das nicht«).

Weil ein Kleinkind sich jedoch auf den Schutz und den Trost seiner Eltern verlässt, löst dieses Erschrecken der Eltern vor ihnen bei den Kleinkindern Angst aus.

---

[3] plötzlich die Stimme senken – sehr kurz, flüchtig, kann mitten im Satz vorkommen –, der Ton ist beängstigend

Da beängstigendes Verhalten der Eltern plötzlich und ohne Kontext-Bezug erfolgt, kann das Kleinkind den Anlass für solche Aktionen nicht verstehen und wird sich notgedrungen erschrecken (Main & Hesse 1990). Weil desweiteren die Mutter zeitweise benommen oder »abwesend« in den Interaktionen ist, ist sie nicht in der Lage, angemessen auf ihr Kleinkind zu reagieren. Seine eigenen Bindungsfiguren als beängstigend zu erleben, stellt einen inhärenten Konflikt für das Kleinkind dar. Bei Beunruhigung sind Kleinkinder dazu prädisponiert, Trost und Sicherheit bei ihren Eltern zu suchen. Während diese Kleinkinder jedoch die Nähe ihrer Eltern suchen, wächst ihre Furcht, die dann mit dem Annähern interferiert. Die Bindungsfigur ist »gleichzeitig Quelle und Auflösung seiner Angst« (Main & Hesse 1990, S. 163). Dieses Paradox führt zu einem Zusammenbruch von Verhaltens- und Aufmerksamkeitsstrategien beim Kleinkind. Widersprüchliche Verhaltenstendenzen scheinen um ihren Ausdruck zu konkurieren, und dann in unvollständigem, ungerichteten und unterbrochenen Bewegungen und Ausdruck zu enden. Das Kleinkind ist unfähig, eine kohärente, organisierte Strategie zur Stressbewältigung aufrechtzuerhalten. Empirische Belege für diese Einschätzung stammen aus Studien, die eine erhöhte Rate von Bindungs-Desorganisation bei Kleinkindern, deren Eltern **sie** körperlich missbrauchten, (Lyons-Ruth, Connell & Zoll 1989; Carlson u. a. 1989) oder beängstigendes Verhalten zeigten (Lyons-Ruth, Bronfman & Parsons 1999; Schuengel u. a. 1999), nachwiesen.

Nur zwei Studien haben die Annahme von Main und Hesse, dass beängstigendes Elternverhalten zu Bindungs-Desorganisation führt, empirisch überprüft. Sowohl Schuengel u. a. (1999) und Lyons-Ruth u. a. (1999) fanden heraus, dass ängstliches oder beängstigendes[4] Verhalten auf Seiten der Eltern mit desorganisiertem Verhalten ihrer Kinder zusammenhängt. Zusätzlich erweiterten Lyons-Ruth u. a. (1999) das Konstrukt »ängstliches/beängstigendes Verhalten« von Main und Hesse und schlossen extreme Fehlabstimmung der Eltern in der Komnunikation mit den Kindern ein – bezogen auf auserwählte bindungsrelevante Themen. Wie weiter oben bereits erwähnt wurde, können Kleinkinder eine Strategie zur Bewältigung uneinfühlsamen Elternverhaltens, wie z. B. emotionale Unzugänglichkeit, intrusives oder inkonsistentes Verhalten, entwickeln. Lyons-Ruth u. a. (1999) folgern nun, dass wenn diese Muster im Elternverhalten noch extremer werden (z. B. noch extremerer Rückzug oder extremes Eindringen), werden diese Muster im Elternverhalten beängstigend für das Kleinkind, das nun

---

[4] Frightened/frightening wird hier im Einklang mit der dt. Bindungsliteratur als »ängstlich/beängstigend oder als »ängstlich/fruchtauslösend übersetzt.

auch nicht länger eine Strategie zur Erreichung von Nähe und Trost von den Eltern anwenden und entwickeln kann. Lyons-Ruth u. a. (1999) untersuchten 65 Mutter-Kind-Paare, als die Kinder 18 Monate alt waren. Das Verhalten der Mütter wurde während der »Fremde Situation« eingestuft. Lyons-Ruth u. a. (1999) führten 3 getrennte Auswertungen durch, um jeden einzelnen Zusammenhang zwischen jeder der 3 Elternverhaltensweisen (z. B. ängstliches Verhalten, beängstigendes Verhalten und extreme Fehlabstimmung) und Anzeichen von desorganisierten/desorientierten Verhaltensweisen unabhängig voneinander zu bestimmen. Sie fand heraus, dass – wenn ängstliches oder beängstigendes Verhalten unabhängig voneinander ausgewertet wurde – jedes davon desorganisiertes Verhalten beim Kleinkind vorhersagte. Überdies ließ sich Desorganisation beim Kleinkind auch aufgrund des Ausmaßes an störender affektiver Kommunikation der Mutter vorhersagen, wenn alle ängstlichen und beängstigenden Verhaltensweisen von der Auswertung ausgeschlossen waren.

Temperament und desorganisiertes Bindungsverhalten

Interessanterweise sagt beängstigendes Elternverhalten Bindungs-Desorganisation voraus, angeborene Temperamentsstile weisen dagegen wenig bis keine Vebindung zu kindlicher Desorganisation auf. Auf der Gundlage von 12 unterschiedlichen zusammengelegten Stichproben mit insgesamt 1.877 Teilnehmern, berichten van Ijzendoorn, Schuengel, and Bakermans-Kranenburg (1999) keinen Zusammenhang zwischen desorganisiertem Bindungsverhalten im Kleinkindalter und Temperament. Acht der Studien (die sich auf insgesamt 1.639 Kleinkinder bezogen) suchten speziell nach Zusammenhängen zwischen schwierigem Temperament und desorganisierter Bindung und fanden keine Zusammenhänge. Wenn man jede einzelne Studie getrennt betrachtet, dann fand nur eine einzige (mit 88 Kleinkindern) eine Beziehung zwischen Temperament und Bindungs-Desorganisation. Spangler, Fremmer-Bombik, und Grossmann (1996) fanden heraus, dass Kleinkinder, die desorganisierte Bindungsverhaltensmuster zeigen, schlechtere Orientierungs-Leistungen beim »Brazelton Neonatal Behavioral Assessment Scale« hatten[5]. Da keine andere

---

[5] Neugeborenen-Test; die Orientierungsleistung erfasst die Fähigkeit eines Neugeborenen, ein Gesicht, einen Ball und eine Stimme bzw. Geräusche mit Augen und durch Drehen seines Köpfchens zu verfolgen (Anmerkung des Übersetzers).

Studie diese Ergebnisse replizieren konnte, wurden diese Befunde mit Vorsicht interpretiert. Wenn Bindungs-Desorganisation und/oder -Desorientierung eine angeborene Eigenschaft wäre, dann würde man erwarten, dass Kleinkinder desorganisierte Bindungsverhaltensweisen gegenüber beiden Elternteilen zeigen. Es ist jedoch unwahrscheinlich, dass Kleinkinder mit mehr als einem Elternteil als desorganisiert eingestuft werden (Main & Solomon 1990; Steele, Steele & Fonagy 1996; Van Ijzendoorn u. a. 1999). Main und Solomon (1990) berichten z. B., dass 31 von 34 Kleinkindern mit einem jedoch nicht mit dem jeweils anderen Elternteil als desorganisiert eingestuft wurden. Bindungs-Desorganisation scheint sich eher in einer bestimmten Beziehung zu entwickeln als dass sie als individuelle Charakteristik oder eine angeborene Eigenheit des Kleinkindes hervortritt.

Generationsübergreifende Ursprünge von Bindungs-Desorganisation

Über den Zusammenhang zwischen der eigenen Geschichte der erhaltenen Fürsorge von Müttern und ihrer Tendenz, beängstigendes Elternverhalten zu zeigen und so zur Entstehung von Desorganisation bei ihren Kleinkindern beizutragen, weiß man wenig. Studien zu den generationsübergreifenden Ursprüngen von beängstigendem und/oder ängstlichem Elternverhalten sind wesentlich für die Entwicklung von Programmen, die verhindern sollen, dass Kleinkinder eine desorganisierte Bindungsbeziehung entwickeln. Die Erforschung der mentalen Repräsentationen von Bindungsbeziehungen, die mit bestimmten Bindungsmustern beim Kleinkind korrespondieren, hat unser Verständnis über generationsübergreifende Tradierung von Bindung vertieft. Da Interaktionsmuster und affektive Reaktionsmuster in engen zwischenmenschlichen Beziehungen über die Zeit hinweg wiederholt werden, bilden Kinder der Bindungstheorie zufolge Erwartungen über künftige Interaktionen mit den Eltern und anderen, die wiederum ihre Einschätzungen und ihr Verhalten in neuen Situationen leiten. Da diese Erwartungen, welche weitgehend unbewusst sind, weiter ausgearbeitet und organisiert werden, bezeichnet man sie als »internale Arbeitsmodelle von Bindungsbeziehungen«. Diese Arbeitsmodelle vom eigenen Selbst und anderen neigen dazu, sich in Abwesenheit eines bestimmten Änderungseinflusses zu »verewigen«, und werden als stabile zwischenmenschliche Tendenzen inkorporiert, welche über die Zeit hinweg andauern und späteres Elternverhalten leiten (Bowlby 1973; Bretherton & Munholland 1999). Main und Kollegen (Main, Kaplan & Cassidy 1985) haben gezeigt, dass vier breite Kategorien (Main & Goldwyn 1998) der seelischen Verfassung Erwachsener in Bezug auf Bindunng zuverlässig zugeordnet werden können, wenn die Repräsentationen der Eltern von ihren Kindheits-Bindungsbeziehungen in einem offenen Interview-Format (Adult Attachment Interview – AAI) untersucht werden (George, Kaplan & Main 1996). Diese vier Klassifikationen – autonom (free autonomous, F), abwehrend/abwertend (dismissing, Ds), verwickelt/verstrickt (preoccupied, E) und unverarbeitet (unresolved, U) genannt – lassen die vier Bindungsklassifikationen des Kleinkindalter vorhersagen: sicher, unsicher-vermeidend, unsicher-widersetzend (ambivalent) und desorganisiert.

Das Erwachsenen-Bindungs-Interview (Adult Attachment Interview oder AAI) wurde verwendet, um herauszufinden, wie die Beziehung von Eltern während ihrer Kindheit zu ihren eigenen Eltern zur Qualität ihrer Fürsorge als Eltern für ihre Kinder beiträgt. Das von George, Kaplan und Main (1996) entwickelte AAI ist ein in die Tiefe gehendes klinisches Interview, in dem Erwachsene gebeten werden, ihre Beziehung mit jedem Elternteil während der Kindheit zu beschreiben, einschließlich dem, was geschah, wenn sie aufgebracht waren, krank waren oder sich körperlich verletzten, wie sie und ihre Eltern auf Trennungen reagierten und wie frühe Erfahrungen ihre Erwachsenen-Persönlichkeit beeinflusst hat. Die Erwachsenen wurden ebenfalls gebeten, traumatische Kindheitserlebnisse zu beschreiben, einschließlich Fälle von körperlichem oder sexuellem Missbrauch und Verlust von wichtigen Personen. Formale Auswerteprozeduren für die AAI-Transkripte[6] lassen vier Erwachsenen-Bindungs-Klassifikationen beschreiben: Sicher/Autonom (Secure), Abwehrend/Abwertend (Dismissing), Verwickelt/Verstrickt (Preoccupied) und Unverarbeitet (Unresolved). Die Klassifikation aller Bindungsgruppen beruht darauf, wie die betreffenden Personen über ihre Kindheits-Beziehungen zu ihren Eltern sprechen und nicht so sehr darauf, dass sie darüber erzählen, was ihnen passiert ist (Main & Goldwyn 1998). Mit anderen Worten: trainierte Auswerter stufen die Art und Weise, wie Erwachsene über ihre Beziehung zu ihren Eltern während ihrer Kindheit reden, ein, um den gegenwärtigen geistig-seelischen Zustand in Bezug auf Bindung zu bestimmen.

---

[6] Die Interviews werden auf Tonband mitgeschnitten und anschließend transkribiert.

Erwachsene werden als »sicher« bezeichnet, wenn sie offen, klar und mit einer gewissen Leichtigkeit über ihre Eltern sprechen können, gerade auch wenn sie über negative oder missbräuchliche Erfahrungen reden. Sichere Erwachsene können ihre Emotionen derart ordnen, dass sie sich gewinnbringend auf das Gesprächsthema im Interview konzentrieren können, ohne Kummer zu bagatellisieren, vom Gesprächsthema abzuweichen oder zusammenhangsloses und irrelevantes Zeug zu reden. Erwachsene können sogar dann als »Sicher« eingestuft werden, wenn sie eine schwierige Kindheit erlebt hatten, da die Bindungssicherheit vielmehr darauf basiert, wie Erwachsene über ihre frühen Familienbeziehungen sprechen, als darauf, was ihnen an sich passiert ist. Van Ijzendoorn (1995) hat Daten von 18 verschiedenen Untersuchungen zusammengefasst (mit über 854 Familien) und dabei herausgefunden, dass Bindungssicherheit bei Erwachsenen signifikant mit der Bindungssicherheit von Kleinkindern zusammenhängt.

Im Gegensatz zu Personen mit sicheren Bindungsstrategien, haben als »abwehrend/abwertend (Dismissing)« oder als »verwickelt/verstrickt (Preoccupied)« eingestufte Erwachsene mehr Schwierigkeiten, über ihre Beziehung zu ihren Eltern während ihrer Kindheit zu sprechen, und sie setzen Abwehr-Strategien ein, um ihre Aufmerksamkeit von dem Aufleben schmerzhafter Erlebnisse, die mit ihren negativen frühen Erfahrungen verbunden sind, abzulenken. Abwehrende/abwertende Erwachsene bagatellisieren ihren Kummer und die Auswirkungen negativer Kindheitserfahrungen. Sie idealisieren ihre Eltern, beschreiben sie als perfekt und wundervoll trotz der Tatsache, dass die von ihnen präsentierten Geschichten solchen Schilderungen widersprechen oder sie nicht tragen. Ihre Beziehungen zu ihren Eltern scheinen oftmals gefühlsleer, und sie neigen dazu zu sagen, sie könnten nicht viel aus ihrer Kindheit erinnern. Als »abwehrend/abwertend« eingestufte Erwachsene neigen dazu, emotional unzugänglich oder nicht empfänglich für die Hinweise auf Kummer bei ihren Kleinkindern zu sein, die dann eine unsicher-vermeidende Bindungsbeziehung aufbauen

Eltern, die »verwickelt/verstrickt« sind, scheinen in ihren vergangenen Erfahrungen zu verweilen. Sie werden überschwemmt von Erinnerungen an frühe Erfahrungen, haben jedoch Probleme ihre Erfahrungen zu integrieren. Sie können zwischen der Beschreibung ihrer Mutter als perfekt und schrecklich pendeln und neigen letztendlich dazu, sich in Belanglosigkeiten zu verlieren und dabei die Interviewfragen völlig aus den Augen zu verlieren. Verwickelte/verstrickte Eltern neigen dazu, sich in gerade im Gange befindliche

Stimmungen und Interessen einzumischen und zu stören, und ihre Kinder bilden eine unsicher-widersetzende (ambivalente) Bindung mit ihnen auf.

Die unverarbeitete-desorganisierte (U) Klassifikation wird an Erwachsene vergeben, die Anzeichen von Desorientierung und Desorganisation während eines Gespräches über potentiell traumatische Vorkommnisse zeigen (z. B. Verlust durch Tod, körperlichen oder sexuellen Missbrauch). Wie im einzelnen von Main und Goldwyn (1998) ausgeführt wurde, ist ein solcher Hinweis eine kleine Unaufmerksamkeit in der Überwachung des Gespräches, wobei der Sprecher in einen seelisch-geistigen Zustand gerät, in dem sie oder er nicht mehr länger so richtig der Interview-Situation gewahr ist und faktisch das »Gewahrsein über den Diskurskontext verloren hat«. Main und Morgan (1996) geben dazu beeindruckende Beispiele:

> »Einige Erwachsene verfallen beim Gespräch über Verlust oder Trauma mitten im Satz in Schweigen und vervollständigen dann später – 20 Sekunden oder mehr – den Satz, ganz so als ob keine Zeit verstrichen ist«.

Andere wiederum werden möglicherweise nie einen wichtigen Satz beenden:

> »Er starb, und sein Gesicht [52 Sekunden Pause]. Ich glaube, ich hatte gerade die ›high school‹ abgeschlossen« (S. 125).

Andere Hinweise für das Verlieren des Diskurs-Zusammenhanges bestehen in einem plötzlichen Wechsel zu einer komischen oder poetischen Formulierung beim Gespräch über Verlust oder Trauma. Z. B.:

> » Sie war jung, sie war lieb, sie war teuer geliebt (dearly beloved) von allen, die sie kannten und Zeuge waren, wie sie von unserer Erde hinweggerissen wurde auf dem Höhepunkt ihres Glanzes (was torn from the ground at its moment of splendor) …« (Main & Goldwyn 1998, S. 123).

Andere Hinweise für unverarbeiteten Verlust oder Trauma beinhalten kleine Unaufmerksamkeiten bei der Überwachung des Denkens, die gewöhnlich kurz sind und nicht mit »irrationalem« Denken im Transkript als Ganzes verwechselt werden sollten. Sie können verschiedene Formen annehmen, so auch Hinweise dafür, dass eine verstorbene Person gleichzeitig tot und lebendig ist (in einem körperlichen und nicht in einem religiösem Sinn). Z. B. sagte ein Sprecher:

> »Wahrscheinlich ist es besser, dass er tot ist, weil er nun mit dem Tot-sein weitermachen kann und ich mit dem Versorgen einer Familie« (Main & Goldwyn 1998, S. 118).

Solche kleinen Unaufmerksamkeiten können auch das Nicht-Glauben-Wollen beinhalten, dass die Person tot ist (z. B. in der Gegenwartsform vom

Elternteil sprechen, obwohl dieser schon 20 Jahren vorher gestorben ist). Vergleichbar den desorganisierten Kleinkindern wird bei den »unverarbeitet« (unresolved) eingestuften Eltern, die am besten passende Alternativ-Klassifikation vergeben, und zwar die, die besten der Gesamt-Organisation des Interviews entspricht (z. B. »unverarbeitet-sicher [unresolved-secure]). Aufgrund der zusammengeführten Daten aus acht Studien mit insgesamt 412 Familien konnte van IJzendoorn (1995) eine Beziehung zwischen der Einstufung der Eltern als «unverarbeitet (unresolved)« in Bezug auf potentiell traumatische Erfahrungen, einschließlich dem Verlust von signifikanten Personen oder Missbrauch, und dem Vorkommen von desorganisierten/desorientierten Bindungsverhaltensweisen bei ihren Kleinkindern in der »Fremde Situation« nachweisen.

Wissenschaftler haben darauf hingewiesen, dass Trennungs- und Scheidungserfahrungen während der Kindheit als traumatischer Verlust betrachtet werden könnten, und, dass Personen, die Anzeichen von geistiger Desorganisation in Gesprächen über solche Erfahrungen zeigen, als »unverarbeitet« in Bezug auf ein Trauma eingestuft werden sollten (Adam, Keller und West 1995). Ein signifikanter Teil der suizidalen Jugendlichen in Adam's Studie verhielt sich bei Gesprächen über unfreiwillige und unerwartete Trennungen von den Eltern, einschließlich Trennung und Scheidung der Eltern, desorganisiert und desorientiert. Gemäß Wallerstein (1983) erzeugt der Scheidungsstress »tiefgreifenden Kummer und ist potentiell desorganisierend in seiner Auswirkung, weil er ein komplexes, schnelles Abfinden mit einer größeren Veränderung des Lebens und eine schnelle Anpassung an veränderte Umstände erfordert« (engl. Ausgabe S. 269). Die Erfahrung von Trennung und Scheidung der Eltern an sich kann es Kindern erschweren, mit dem Tod einer bedeutsamen Person oder mit Missbrauchserfahrungen fertig zu werden. In unserer Untersuchung berichteten Männer und Frauen, die als »unverarbeitet« eingestuft wurden, sehr viel wahrscheinlicher als sichere (F) oder unsicher-distanzierende (Ds) von einer Trennung und Scheidung ihrer Eltern in ihrem Leben (Jacobvitz & Riggs 1999).

Unverarbeitetes Trauma und frühkindliche Bindungs-Desorganisation

Ein früher Verlust eines Elternteiles durch Tod steht im Zusammenhang mit frühkindlicher Desorganisation. Main und Hesse (1990) berichten, dass 15% der Erwachsenen in ihrer Stichprobe einen Elternteil durch Tod vor ihrem »high-school«-Abschluss verloren hatten; 56% dieser Eltern hatten Kleinkinder mit der Klassifikation »desorganisiert«. Anders herum betrachtet, nur 8% der Eltern mit unsicher-vermeidenden, unsicher-widersetzenden oder sicheren Babies hatten die Erfahrung eines solchen Verlustes, während dies bei den Eltern mit desorganisierten Babies 39 % waren. Lyons-Ruth u. a. (1991) haben vergleichbare Zusammenhänge zwischen dem Tod von Eltern und frühkindlicher Desorganisation berichtet. Ein früher Verlust einer Bindungsfigur an sich führt jedoch nicht unausweichlich zu frühkindlicher Desorganisation (Ainsworth & Eichberg 1991). Es ist vielmehr die mangelnde Verarbeitung dieses Verlustes, so wie sie sich in den kleinen Unaufmerksamkeiten der Eltern beim Überwachen des Denkens und des Diskurses bei Verlust-Themen im AAI zeigt, die eine desorganisierte Bindung mit ihren eigenen Kleinkindern vorhersagt. Eine statistische Analyse von insgesamt 9 Studien mit insgesamt 548 Eltern-Kind-Paaren zeigte, dass als »unverarbeitet« eingestufte Eltern sehr wahrscheinlich auch Kleinkinder haben, die eine desorganisierte Bindungsbeziehung ihnen gegenüber entwickeln (van IJzendoorn 1995). Die Größenordnungen für diesen Zusammenhang variierten sehr in Abhängigkeit von dem Ausmaß an Training, das die Auswerter in Bezug auf das Desorganisations-Auswertesystem erhalten hatten: Je mehr Training, umso größer die Zusammenhänge.

Unverarbeitete seelische Zustände der Eltern und ängstliches/ beängstigendes Elternverhalten

Neuere Forschung hat gezeigt, dass als unverarbeitet in Bezug auf Verlust oder Trauma eingestufte Eltern deshalb Kleinkinder haben, die eine desorganisierte Bindung zu ihnen ausformen, weil diese Eltern sich in einer Art verhalten, die ihre Kleinkinder beängstigt. Wie bereits oben bemerkt, wird ein beängstigender Elternteil zu einer Quelle von Trost und zu einer Quelle von Angst für das Kleinkind. Das Kleinkind erfährt unweigerlich die sich widersprechenden Tendenzen, vom Elternteil wegzulaufen und zu ihm hinzugehen, was schließlich in der Erfahrung von *»Furcht ohne Auflösung«* mündet (Hesse & Main 1999, 2000). Dies führt schließlich zu einem *»Zusammenbruch von Verhaltensstrategien«*, mit denen der benötigte Trost und die Zuwendung erreicht werden könnte und das Kind zeigt sehr wahrscheinlich falsch angepasste, unterbrochene und/oder unvollständige Bewegungen und Ausdrucksverhalten.

Die von Traumatas im Zusammenhang mit den eigenen Bindungsfiguren stammenden unverarbeiteten Ängste von Eltern stören möglicherweise ihre Fähigkeit, ihre Kleinkinder bei der Regulation angstbeladener Affekte zu unterstützen. Kleine Unaufmerksamkeiten in der Überwachung des Denkens und des Diskurses während Gespräche der Eltern über Verlust und Trauma sind beachtenswert, weil sie ein plötzliches Umschalten oder eine Änderung der Diskurs-Qualität bedeuten. Hesse (1996) weist darauf hin, dass diese kleinen Unaufmerksamkeiten beängstigende und/oder überwältigende Erfahrungen beinhalten, die für den Moment den Diskurs kontrollieren oder verändern können« (S. 8). Hesse und Main (1999, 2000) schlagen vor, dass der Elternteil entweder durch die zurückliegende Missbrauchserfahrung, welche an sich beängstigend ist, oder durch »unvollständig erinnerte Verlusterfahrungen« immer noch überwältigt wird. Wenn nun der immer noch traumatisierte Elternteil im Gespräch auf Erinnerungen oder Einfälle stößt, die einen Verlust oder ein Trauma umgeben, wird er in direkt beängstigendes Verhalten, Rollenumkehr oder Desorientierung als Antwort auf das Bindungsverhalten des Kleinkindes hin verfallen (Main & Hesse, 1990). Anders als dies bei uneinfühlsamem Elternverhalten der Fall ist, sind solche Verhaltensweisen angstauslösend für das Kind. Die Eltern-Kind-Beziehung gerät dann aus ihrem Gleichgewicht, weil sie darauf eingestellt ist, die Bedürfnisse des jeweiligen Elternteils nach Beendigung seiner Angst zu befriedigen und dabei Angst beim Kind auslöst. Das Kleinkind lernt dabei nicht, seine angstbeladenen Affekte zu regulieren, da der Elternteil nicht in der Lage ist, dem Kleinkind dabei zu helfen, seinen Affekt zu regulieren indem er es beruhigt, wenn es Angst hat. Das Kleinkind internalisiert beide Seiten dieser unausgewogenen Beziehungsdynamik, welche dann in künftigen Beziehungen mit Eltern und Gleichaltrigen fortgesetzt werden kann.

Jacobvitz u. a. (1997) und Schuengel u. a. (1999) überprüften die Hypothese von Main und Hesse (1990), dass unverarbeitete Zustände bei Eltern zu ängstlichem oder beängstigendem Elternverhalten führt. Jacobvitz u. a. (1997) fanden dabei sehr starke Zusammenhänge ($p < .001$) zwischen den Einstufungen der Mutter als »unverarbeitet in Bezug auf Verlust« im AAI vor der Geburt ihrer Kinder und faktisch ängstlichem und beängstigendem Verhalten der Mütter gegenüber ihren erstgeborenen Kindern im Alter von 8 Monaten ($N = 113$).

Wie vorhergesagt unterschieden sich die vor der Geburt als »unverarbeitet« eingestuften Müttern auf der 9-Punkt-Skala zum Elternverhalten »beängstigend /ängstlich[7]« signifikant von denen, die damals nicht als »unverarbeitet« eingestuft wurden. Mütter mit der Einstufung »unverarbeitet« unterschieden sich jedoch nicht signifikant von anderen Müttern im Hinblick auf alle anderen zu Hause beobachteten Muster negativen Interaktionsverhaltens von Eltern, einschließlich mütterlicher Uneinfühlsamkeit, Einmischungen und Unterbrechungen oder Zurückweisung (Jacobvitz u. a. 1997). Diese Unterschiede zwischen Müttern mit »unverarbeitetem« Hintergrund und anderen Müttern zeigten sich ungeachtet dessen, ob die als »unverarbeitet« eingestuften Mütter als zweite Kategorie ein sichere oder unsichere Erwachsenen-Klassifikation erhielten (Jacobvitz 1998). Nicht alle als »unverarbeitet« eingestuften Mütter zeigen jedoch ängstliche/beängstigende Verhaltensweisen gegenüber ihren Kleinkindern. Verglichen mit den als »unverarbeitet« eingestuften Müttern, die als zweite Klassifikation ebenfalls eine unsichere zugewiesen bekamen, zeigten die als ebenfalls »unverarbeitet« allerdings mit der zweiten Klassifikation »sicher-autonom« eingestuften Mütter einen beinahe signifikanten Trend in Richtung weniger ängstliche/beängstigende Verhaltensweisen gegenüber ihren Kleinkindern.

In einer Stichprobe mit 85 Mutter-Kind-Paaren fanden Schuengel u. a. (1999) einen Zusammenhang zwischen mütterlichem unverarbeitetem Verlust im AAI – durchgeführt im 12-Monats-Alter der Kinder – und Hinweisen für ängstliches/beängstigendes Verhalten der Mütter gegenüber ihren Kindern, als die 10 oder 11 Monate alt waren; dieses Ergebnis zeigte sich jedoch nur bei der Untergruppe von Müttern, die im AAI als desorganisiert-unsicher eingestuft wurden (analog zu der desorganisierten-unsicheren Untergruppe von Kleinkindern). Vergleichbar mit den Ergebnissen von Jacobvitz u. a. (1997) fanden Schuengel u. a. (1999) heraus, dass als »unverarbeitet-unsicher« eingestufte Mütter signifikant mehr ängstliches oder beängstigendes Verhalten zeigten als Mütter, die als »unverarbeitet-sicher« eingestuft waren. Etwas verwirrend und Jacobvitz (1998) widersprechend ist jedoch das Ergebnis von Schuengel u. a. (1999), dass als »sicher« klassifizierte Mütter signifikant mehr ängstliches/beängstigendes Verhalten zeigten als Mütter, die als »unverarbeitet-sicher« eingestuft wurden. Eine Erklärung für diese voneinander abweichenden Ergebnissen in den beiden Studien ist, dass Jacobvitz und ihr Team eine stressvollere Situation für Mutter und Kind herstellten, als dies Schuengel u. a. (1999) taten. In der Studie von

---

[7] Frightening/frightened

Jacobvitz u. u. (1997) wurden die Mütter instruiert, ihre Babies zu füttern, mit ihnen zu spielen und ihnen die Kleidung zu wechseln. Die Eltern wurden nicht nur gedrängt, mit ihren Kindern zu interagieren, die meisten der acht Monate alten Kinder widersetzten sich auch dem Ausziehen. Schuengel u. a. (1999) dagegen strukturierten die Hausbeobachtungen nicht. Stressvolle Bedingungen lösen möglicherweise Gedanken aus, die mit früheren Verlust- und Trauma-Erfahrungen verbunden sind, was bei den als »unverarbeitet« eingestuften Müttern ängstliches/beängstigendes Verhalten zur Folge hat. Es ist jedoch immer noch unklar, warum Schuengel und sein Team (1999) herausgefunden haben, dass als sicher und nicht unverarbeitet eingestufte Mütter öfter furchtauslösendes Verhalten gegenüber ihren Kleinkindern zeigten als Mütter die als sicher und als »unverarbeitet« eingestuft waren. Eine mögliche Erklärung dafür ist, dass die TeilnehmerInnen der Stichprobe in Schuengel et al's Studie entweder hohe oder niedrige Werte auf dem BLAAQ-U (Main, van IJzendoorn & Hesse 1993) zeigten, einer Selbsteinschätzungs-Methode zu astrologischen Überzeugungen (z. B. wenn ich jemandem begegne, der potentiell ein guter Freund oder Partner sein könnte, habe ich Sorge, ob dessen Sternzeichen zu mir passen), Spiritismus (z. B. ich zweifle keine Minute, dass einige Leute direkten Kontakt mit Toten gehabt haben), Vorsehung (z. B. ich hatte akkurate Vorahnungen zu Todesfällen, die nicht mit normalen Mitteln vorausgesagt werden konnten); und Gedanken lesen (z.B. ich kann die Gedanken anderer Leute lesen, selbst wenn sie weit von mir entfernt sind). Sicher eingestufte Mütter mit solch anormalen Überzeugungen unterscheiden sich möglicherweise systematisch von anderen »sicheren«Müttern darin, wie sie ihre Kinder behandeln.

Um noch weiter zu verstehen, warum einige der als »unverarbeitet« eingeschätzten Mütter gegenüber ihren Kleinkindern ängstliches oder furchtauslösendes Verhalten zeigten oder nicht zeigten, untersuchten Jacobvitz und ihre KollegInnen die mit einer Verlusterfahrung verbundenen Umstände. Bowlby (1980) wies drauf hin, dass der Bewältigungsprozess umso schwieriger ist, je enger die Beziehung zu einer »verlorenen« Person war, besonders wenn der Todesfall sich während der Kindheit ereignete. Ainsworth und Eichberg (1991) fanden jedoch bei einem unverarbeiteten seelischen Zustand aus dem AAI weder einen signifikanten Zusammenhang zum Alter einer Mutter, in dem sich der Todesfall ereignete, noch zu ihrer Beziehung zu dem/der Verstorbenen (z. B. Bindungsperson versus Anderer). Beim Replizieren der Studie von Ainsworth und Eichberg mit einer größeren Stichprobe (N= 113) fand Jacobvitz (1998) ebenfalls heraus, dass das Alter der Mutter beim Eintreten des Verlustes nicht mit der Art ihrer Verarbeitung dieses Verlustes zusammenhing; Mütter die als »unverarbeitet« (vs. verarbeitet) eingestuft wurden, hatten jedoch öfter einen Elternteil verloren. Darüberhinaus unterschied das Alter der Mutter beim Verlustzeitpunkt zusammen mit der Beziehung zu dem/der Verstorbenen zwischen den »unverarbeiteten« Müttern, die ängstliches/beängstigendes Verhalten gegenüber ihren Kleinkindern zeigen, und denen, die dies nicht zeigen (Jacobvitz u. a. 1997). 91 % der »unverarbeiteten« Mütter, die entweder eine Bindungsfigur verloren oder beim Verlustzeitpunkt jünger als 17 Jahre waren, zeigten ängstliches/beängstigendes Verhalten gegenüber ihren Kleinkindern. Im Gegensatz dazu zeigten nur 20% der »unverarbeiteten« Mütter, die beim Verlustzeitpunkt älter als 16 Jahre waren und die keine Bindungsfigur verloren, ängstliches oder furchtauslösendes Verhalten (Jacobvitz u. a. 1997). Deshalb erweist sich der Verwandtschaftsgrad und der Verlustzeitpunkt möglicherweise als bedeutsam für die Vorhersage, ob der unverarbeitete seelische Zustand einer Mutter in ihr Elternverhalten eindringt.

Unverarbeiteter Bindungsstatus, dissoziative Zustände und beängstigendes Elternverhalten

Dissoziation könnte der zugrunde liegende Prozess für die Beziehung zwischen den Gefühlen unverarbeiteter Ängste bei den Eltern und ihrem Ausdruck von beängstigendem und ängstlichem Elternverhalten sein. Liotti (1991) sowie Main und Hesse (1990, 1992) wiesen darauf hin, dass Eltern, die als »unverarbeitet« in Bezug auf Verlust und Trauma gelten, sehr anfällig dafür sind, in dissoziative oder in zeitlich begrenzte bewusstseinsverändernde Zustände – wie z. B. trance-artige Zustände – zu verfallen. Als Folge eines signifikanten Verlustes oder Traumas, ist eine längere Periode der Verzweiflung und Desorganisation im Denken und Fühlen zu erwarten. Eine Erholung von einem Trauerfall erfordert eine Neuorientierung im Denken bezogen auf die/den Verstorbene(n) und eine Umorganisation früherer Arbeitsmodelle von Beziehungen, welche die dauerhaft veränderte Realität der gegenwärtigen Erfahrungswelt ohne die verlorene Person anerkennt (Bowlby 1973). Vergleichbar kann die Bewältigung körperlicher oder sexueller Misshandlung durch die eigenen Eltern ein Wiederbeleben des mit dem Trauma verbundenen Schmerzes beinhalten, um so einer Person verstehen zu helfen, wie ein Elternteil, der zeitweise als liebend und fürsorglich für sie erscheint, zu anderen Zeiten wieder so grausam und missbrauchend sein kann. Die traumatische Erfahrung bleibt solange aktiv, bis der Prozess der Reorganisation fertig ist, und hat – oft unbewusst – intrusive Gedanken und Bilder zur Folge, welche an den Abwehrmechanismen vorbeischlüpfen und sich als kleine Unaufmerksamkeiten im Denken und Diskurs im AAI manifestieren können. Ein Scheitern des fertigen Abschließens eines Reorganisations-Prozesses ermöglicht die Fortsetzung vieler widersprüchlicher Modelle von derselben Person oder demselben Elternteil, welche nicht zu einer einzelnen, kohärenten Gesamt-Repräsentation zusammengeführt wurden.

Die aufgesplitterte oder – weil sie zu sehr schmerzt – aus dem Bewusstsein herausgehaltene traumatische Erfahrung kann sich von Zeit zu Zeit unerwartet als beängstigendes oder ängstliches Elternverhalten manifestieren. Beängstigendes und ängstliches Elternverhalten, das von «unverarbeitet» geltenden Eltern gezeigt wird, scheint Dissoziation in dem Sinne zu beteiligen, dass diese Verhaltensweisen scheinbar durch nichts in der Umgebung ausgelöst werden, und, dass die Eltern oft in einem veränderten Bewusstseinszustand zu sein scheinen, wenn sie solches Verhalten zeigen.

Mehrere Studien haben Zusammenhänge zwischen unverarbeitetem Verlust/Trauma und dissoziativen Erfahrungen sowie veränderten Bewusstseinszuständen entdeckt. Dissoziation ist in diesen Studien leicht unterschiedlich erfasst worden. Waller, Putnam und Carlson (1996) beschreiben normale und pathologische Formen der Dissoziation. Während Absorbiert-Werden[8] als normal betrachtet wird, werden Amnesie[9] und Depersonalisation[10] als pathologisch angesehen. Es ist noch unklar, ob dissoziative Erfahrungen als ein Kontinuum von normal zu pathologisch beschrieben werden können, oder ob pathologische Dissoziation von normalen dissoziativen Erfahrungen qualitativ unterschiedlich ist, wie z. B. sich in ein Buch vertiefen.

In einer Fallstudie (Muscetta, Dazzi, De Coro, Ortu & Speranza 1999) wurde eine Frau, die pathologische Symptome von Dissoziation zeigte und auch davon berichtete, ebenfalls als »unverarbeitet« in Bezug auf einen Missbrauch durch eine Bindungsfigur eingestuft. Nach vielen Sitzungen mit einem Therapeuten konnte sie die Erfahrungen der Misshandlung durch ihre Eltern verarbeiten und ihre dissoziativen Symptome verschwanden.

---

[8] so in eine Aktivität vertieft sein, z. B. ein Buche lesen, dass man alles um sich herum aus dem Auge verliert.

[9] z. B. nach etwas suchen und dabei vergessen, nach was man sucht, oder sich irgenwo wiederfinden und nicht erinnern, wie man dahin gelangte.

[10] z. B. Ereignisse, an denen man selbst beteiligt ist, aus der Perspektive eines Dritten mitverfolgen. Diese Erfahrung wird oft als darüber »schwebend und beobachten, dass etwas passiert, wie z. B ein sexueller Missbrauch« beschrieben.

Studien zur Überprüfung der Zusammenhänge zwischen pathologischer Dissoziation bei Erwachsenen und Erfahrung von bedeutsamen Verlusten bei ihren Eltern in zeitlicher Nähe zu ihrer eigenen Geburt unterstützen ebenfalls die angenommenen Verbindungen zwischen unverarbeiteten traumatischen Erfahrungen und veränderten Bewusstseinszuständen. Liotti, Intreccialiagli und Cecere (1991) nehmen an, wenn ein unverarbeiteter Verlust eines Elternteils Desorganisation beim Kleinkind vorhersagen lässt, dass dann ein Verlust in zeitlicher Nähe zu der Geburt eines Kindes die Wahrscheinlichkeit einer desorganisierten Bindung zur Mutter erhöhen sollte. Bindungs-Desorganisation wiederum würde die Neigung einer Person erhöhen, in einen veränderten Bewusstseinszustand einzutreten. Liotti u. a. (1991) befragten 46 Patienten mit dissoziativen Störungsdiagnosen und 119 Patienten mit anderen psychiatrischen Diagnosen, ob ihre Mütter den Tod eines Elternteiles, Geschwisters, Ehegatten oder eines anderen Kindes während der zwei Jahre vor oder nach ihrer Geburt erlebten. Etwa 62% der dissoziativen Patienten und nur 13% der Patienten der Kontrollgruppe stammten von Müttern, die eine bedeutsame Person in zeitlicher Nähe zu ihrer Geburt verloren hatten.

Hesse und van IJzendoorn, (1999a, 1999b) berichteten vergleichbare Ergebnisse aus einer Studie mit zwei Stichproben mit geringem Risiko (low-risk samples). In beiden Studien wurde mit den Teilnehmern das AAI und Tellegen's »Absorptions-Skala« (TAS), welche Items wie »ich trete manchmal aus meinem gewöhnlichem Selbst heraus in einen völlig anderen seelisch-geistigen Zustand « und »zu manchen Zeiten spüre ich die Anwesenheit von jemandem, der nicht physisch da ist« (Tellegan & Atkinson 1974) enthält. In einer der beiden Studien wurden 308 junge Erwachsene befragt, ob ihre eigenen Eltern innerhalb der zwei Jahre vor oder nach ihrer Geburt ein anderes Kind oder einen anderen geliebten Menschen verloren haben. Berichteten sie über einen solchen Verlust, so war dies mit erhöhten Werten für Absorption in einem veränderten Realitätszustand auf der »Absorption Skala« von Tellegen verbunden. Die andere Studie untersuchte die Beziehung zwischen unverarbeitetem Verlust/Trauma und Symptomen normaler dissoziativer Erfahrungen. »Unverarbeitete« Versuchspersonen zeigten im Vergleich mit Versuchpersonen, die in die restlichen AAI-Kategorien eingestuft wurden (sicher, unsicher-abwehrend, und verstrickt) signifikant erhöhte Werte auf der TAS.

Es ist möglich, dass beängstigendes Elternverhalten den Prozess darstellt, durch den dissoziative Eltern Kleinkinder dazu bringen, ebenfalls dissoziative Symptome zu entwickeln. Diese Eltern können widersprüchliche und inkompatible Modelle oder Überzeugungen über ihre Beziehung zu ihren Eltern ausgeformt haben. Sie können ebenso ein Modell von ihren eigenen Eltern als einfühlsam und zugänglich und eine anderes Modell von ihren Eltern als beängstigend und missbrauchend haben, was dann zu desorientierten, dissoziativen und trance-artigen Zuständen führt, die jedoch nur in Gesprächen über traumatische Verluste oder bei Erfahrungen von körperlichem oder sexuellem Missbrauch auftreten. Im Umgang mit ihren Kleinkindern können diese Eltern die meiste Zeit über einfühlsam und zugänglich sein, dann aber für eine kurze Zeitspanne beängstigendes Verhalten zeigen, dann nämlich, wenn Erinnerungen an ihren eigenen Missbrauch geweckt werden. Kleinkinder, die eine solche Fürsorge erfahren, entwickeln wahrscheinlich ebenso widersprüchliche und desintegrierte Repräsentationen von ihrem Elternteil, was schließlich zur Entwicklung einer desorganisierten und/oder desorientierten Bindungsbeziehung führt.

Main und Morgan (1996) haben die Ähnlichkeit einiger der Verhaltensweisen, die desorganisierte Kleinkinder zeigen, mit dissoziativen oder trance-artigen Zuständen entdeckt. Zum Beispiel können desorganisierte Kleinkinder plötzlich in merkwürdigen Stellungen mit einem benommenen Gesichtsausdruck gleichsam einfrieren. Sie können plötzlich von einer offensichtlich guten Laune zu einem aggressivem Verhalten wechseln, so z. B. die Tür zuschlagen. Erfahrungen eines Kleinkindes während eines dissoziativen Zustandes sind womöglich besonders schwer zu integrieren, und wenn das Kleinkind während eines dissoziativen Zustandes ein Trauma erlebt, mag dieses Trauma besonders schwer zu verarbeiten sein (Liotti 1992). Der Zugang zur Erinnerung eines traumatischen Ereignisses wird schwer für den Einzelnen sein, weil es anders als normale Erfahrungen verarbeitet und abgespeichert werden kann. Wenn deshalb jemand Schwierigkeiten hat, ein Ereignis zu erinnern, wird er auch Schwierigkeiten haben, es zu akzeptieren, es zu reflektieren und in sein Arbeits-Modell zu integrieren. Daher kann Dissoziation sowohl zur Entwicklung eines desintegrierten Arbeits-Modelles beitragen als auch vom Besitz eines desintegrierten Modelles abstammen. Das Scheitern, viele Modelle von demselben Elternteil zu integrieren, kann zu kognitiven und affektiven Symptomen im späteren Leben führen.

Mütterliche Depression, unverarbeitetes Trauma und frühkindliche Desorganisation

Dissoziative Störungen besitzen eine hohe Komorbiditätsrate mit anderen Störungsbildern. Wechsel in Persönlichkeitszuständen werden oft mit zyklischen Stimmungsschwankungen verwechselt. Beinahe die Hälfte der Personen mit dissoziativen Störungsdiagnosen leiden unter klinischer Depression und sind oft suizidal. Deswegen ist es nicht überraschend, dass mehrere Studien zeigen konnten, dass als »unverarbeitet« im AAI eingestufte Erwachsene sehr wahrscheinlich auch eine psychiatrische Diagnose erhalten und psychiatrische Unterbringung erfahren (Allen, Hauser und Borman-Spurrell 1996; Jacobvitz & Riggs 1999). Adam, Sheldon-Keller und West (1996) verglichen die AAI-Klassifikationen suizidaler und nicht-suizidaler Jugendlicher mit vergleichbaren traumatischen Vergangenheiten in einem Therapie-Zentrum. Die suizidalen Jugendlichen wurden signifikant häufiger als die nicht-suizidale Vergleichsgruppe als »unverarbeitet« hinsichtlich Trauma eingestuft. Vergleichbare Ergebnisse wurden für Erwachsene erzielt, die sich nicht in Behandlung befanden; »unverarbeitete« Erwachsene berichten öfter von Erfahrungen mit suizidalen Vorstellungen (Jacobvitz & Riggs 1999).

Drei Studien fanden, dass Mütter, die unter chronischer und schwerer Depression mit der Folge ernsthafter klinischer Beeinträchtigungen litten[11], sehr viel wahrscheinlicher Kleinkinder mit desorganisierten und desorganisierten Klassifikationen hatten. Lyons-Ruth u. a. (1990) berichetet, dass 62% der Kleinkinder von chronisch depressiven Müttern mit geringem Einkommen als desorganisiert eingestuft wurden, wenn die Familien keine therapeutisch/beraterische Hilfe erhielten. Depressive Symptome der Mütter waren in dieser Stichprobe ernsthaft genug, um eine Zuteilung eines Hausbesuchs-Dienstes zu genehmigen und waren über eine Periode von über drei Jahren stabil (Alpern & Lyons-Ruth 1993). Teti, Gelfand, Messinger und Isabella (1995), die klinisch depressive und in Behandlung befindliche Mütter mit mittlerem Einkommen untersuchten, fanden heraus, dass 40% der Kleinkinder (16–21 Monate alt) von depressiven Mütter als desorganisiert im Vergleich zu 10% der nicht-depressiven Gruppe eingestuft wurden. Es ist bemerkenswert, dass die depressiven Mütter dieser Studie alle psychotherapeutische Behandlung erhielten, einschließlich Medikation, falls indiziert, und dass zwei Drittel ebenfalls zusätz-

---

[11] verglichen zu denen, die nicht depressiv waren

liche Eltern-Unterstützungs-Hilfen vor der Bindungserfassung erhalten hatten. In der dritten Studie berichteten DeMulder und Radke-Yarrow (1991), dass 50% der Kleinkinder und Kindergartenkinder von Müttern, die unter bipolaren Störungen litten, als desorganisiert eingestuft wurden, verglichen mit 25% der Kinder von unipolar depressiven Müttern und 18% der Kontrollgruppe.

Vierzehn unterschiedliche Studien zeigen, dass Mütter mit weniger chronischen und weniger schweren depressiven Symptomen (z. B. jene im nichtklinischen Beeich) sehr wahrscheinlich keine Kleinkinder mit desorganisierter Bindung haben. In der größten der 14 Studien – vom National Institute of Child Health and Human Development (NICHD, 1997) an 1.131 Familien durchgeführt – wurde keine signifikante Beziehung zwischen Bindungs-Desorganisation bei Kleinkindern und mütterlichen depressiven Symptomen[12] gefunden.

Alkoholkonsum und frühkindliche Desorganisation

Alkoholkonsum steht im Zusammenhang mit Kindesmissbrauch. Erwachsene, die große Mengen Alkohol trinken, berichten auch mit größerer Wahrscheinlichkeit, dass sie während der Kinheit missbraucht wurden, und missbrauchen auch mit größerer Wahrscheinlichkeit ihre eigenen Kinder. Deshalb haben Forscher die Zusammenhänge zwischen Alkhohol-Konsum und Anzeichen für mentale Desorganisation (z. B. die »unverarbeitete« AAI-Klassifikation) bei Eltern sowie der Desorganisation ihrer Kleinkinder untersucht.

Das Trinken großer Mengen von Alkohol steht im Zusammenhang mit den Schwierigkeiten von Eltern, eine traumatische Vergangenheit zu verarbeiten (Jacobvitz & Riggs 1999), mit einer Tendenz zu beängstigendem Elternverhalten (Jacobvitz & Hazen 1999), und einer erhöhten Wahrscheinlichkeit, Kleinkinder mit desorganisierter Bindungsbeziehung zu haben (O'Connor, Sigman, & Brill 1987). O'Connor u. a. (1987) fanden ganz speziell heraus, dass Mütter, die mäßig bis viel Alkohol vor der Schwangerschaft tranken, sehr viel wahrscheinlicher[13] auch Kleinkinder haben, die später als desorganisiert eingestuft wurden. Klinisch Tätige betrachten Alkoholmissbrauch als einen Versuch, innere Konflikte oder überwältigenden Stress zu leugnen oder zu entkommen. So ist es möglich, dass das mit Drogen- und Alkoholmissbrauch verbundene Leug-

---

[12] erfasst mit der »Center for Epidemiologic Studies Depression scale«
[13] als dies bei Müttern, die sehr wenig oder keinen Alkohol tranken, der Fall war

nen und der dadurch veränderte geistige Zustand in gesteigerter Form dahin wirkt, eine Person von einer Bewertung und dem erneuten Erleben der schmerzhaften und verwirrenden Realität, missbraucht worden zu sein, abhält und so zu einem Scheitern, das Trauma zu verarbeiten, beiträgt. Dieses Ergebnis ist faszinierend und verleiht der Ansicht Gewicht, dass die Desorganisation des Denkens und des Diskurses um ein Trauma herum ein nützlicher Fokus für die Therapie von Suchtmittel-Abhängigen sein kann.

Hilfen für Eltern und Kinder zur Bewältigung von Missbrauch und Verlust

Um zu verhindern, dass Kleinkinder desorganisiert und desorientiert werden, ist ein psychosoziales Versorgungssystem notwendig, das Eltern bei einer erfolgreichen Bewältigung von Trauma und Verlust unterstützt. Besonders wichtig sind Unterstützungssysteme für Erwachsene und Kinder, deren Eltern oder enge Familienangehörige sterben, und für jene, die ein Kind vor oder nach der geburt eines Kindes verloren haben. Information über die Auswirkungen des Todes einer nahestehenden Person und über adaptive Verarbeitungsstrategien für die Erfahrungen mit Tod könnten in die Lehrpläne von Haupt- und weiterführende Schulen aufgenommen werden (z. B. in Fächern, die Gesundheitspsychologie, menschliche Entwicklung und Familienbeziehungen beinhalten). Öffentliche Kampagnen des Gesundheits- und Jugendhilfesystems im Fernsehen und in den Printmedien, die trauernde Personen und Hinweise auf die Auswirkungen auf Kinder zeigen, könnten dazu dienen, die Öffentlichkeit für die Bedeutung erfolgreicher Verarbeitung des Todes eines Elternteiles oder Kindes zu sensibilisieren.

Ebenso bedeutsam ist es für Praktiker, in den Formen des Diskurses im Erwachsenen-Interview (AAI = Adult Attachment Interview) Hinweise für einen unverarbeiteten Verlust/Trauma zu erkennen. Das AAI (Adult Attachment Interview) könnte bei all den Personen – und zwar jederzeit in ihrem Leben – durchgeführt werden, die am wahrscheinlichsten als »unverarbeitet« gelten können. Darunter fallen jene, die Anzeichen von Dissoziation, Alkohol- und Drogenmissbrauch zeigen; Patienten, die einen sexuellen oder körperlichen Missbrauch berichten oder Zeuge davon bei einem Familienmitglied wurden. Jene, die einen Elternteil oder eine Bindungsperson verloren haben (z. B. könnte jemand zu ihnen gehen, wenn es ihnen schlecht geht oder sie durcheinander sind), und jene, deren Eltern eine Trennung/Scheidung durchlaufen haben. Therapeuten könnten an beruflichen Trainingsseminaren für die Auswertung des AAI teilnehmen und anschließend die Antworten von Patienten im AAI in ihr therapeutisches Vorgehen einbauen, und zwar mit dem Ziel, den seelisch-geistigen Zustand ihrer Klienten in Bezug auf Bindungs-Desorganisation zu verändern.

Eine Möglichkeit für Therapeuten zur Veränderung des seelisch-geistigen Zustandes ihrer Klienten besteht darin, die Ergebnisse des Interviews mit den Eltern zu besprechen. Eltern darin zu unterstützen, sich ihrer eigenen unbewussten Prozesse gewahr zu werden, wird ihr Problembewusstsein steigern und ihnen dabei helfen, zu verstehen, wie sie bisher mit dem zurückliegenden Trauma fertig geworden sind. Als nächstes sollten Eltern dann dabei unterstützt werden, über ihre mit dem Trauma verbundenen Gefühle zu sprechen und sie auch auszudrücken. Oft erschweren es die mit einem Trauma verbundenen Umstände einer Person, an das traumatische Ereignis zu denken, und tragen so dazu bei, dass sie es nicht verarbeiten können. Z. B. fand es eine Mutter aus unserer Studie, deren eigene Mutter bei einem Flugzeugabsturz ums Leben kam als sie selbst zehn Jahre alt war, als sehr hart, sich die Leiche ihrer Mutter vorzustellen.

Therapeuten könnten ebenfalls jenen, die sich für den Missbrauch oder den Verlust verantwortlich fühlen, helfen, ihre Schuldgefühle loszuwerden. Missbrauchserfahrungen oder Erfahrungen mit Tod, für die sich eine Person schuldig oder irgendwie verantwortlich fühlt, sind besonders schwer zu verarbeiten. Erwachsene, die z. B. glauben, den Missbrauch verdient zu haben, haben große Schwierigkeiten, ihren Ärger gegenüber dem Täter und den mit dem Missbrauch verbundenen Schmerz wahrzunehmen. Auf gleiche Art und Weise sind Todesfälle aufgrund von Suizid während der Kindheit besonders schwer zu verarbeiten. Jeder kann magisches Denken bei Stress erfahren, aber Kinder sind besonders anfällig für Fehler im Erfassen von Ursachen von Ereignissen. Wenn ein Kind einen Elternteil verliert, sind Kinder besonders anfällig dafür zu glauben, dass sie den Tod verursacht haben.

Deshalb ist es besonders wichtig, Kindern dabei zu helfen zu begreifen, dass die verstorbene Person nie wieder zurückkommen wird und das Kind nicht für den Tod dieser Person verantwortlich ist. Bowlby beschreibt, wie die verwirrende Information, die Kindern über den Tod ihrer Eltern gegeben wird, es ihnen erschwert, den Tod als Fakt anzuerkennen und zu verarbeiten. Z. B. wurde einem Kind gesagt, dass ihre Mutter »weggegangen sei«. Ihm wurde nicht gesagt, dass seine Mutter nicht mehr zurückkommen wird.

Identifizierung und Behandlung von Eltern, die ihre Kinder beängstigen

Interventionen bei den Eltern, die sich beängstigend gegenüber ihrem Kind verhalten, sind in der Praxis besonders wichtig. Praktiker sollten trainiert werden, Hinweise für Bindungs-Desorganisation bei Kleinkindern zu erkennen. Therapeuten können dann die Interaktionen von Eltern mit ihren Kindern während der ersten 18 Monate im Leben der Kinder auf Video aufnehmen und eine Fremde Situation durchführen. Die Identifikation von Kindern mit Anzeichen von Bindungs-Desorganisation ist wichtig für das Planen einer effektiven Interventionsstrategie in der Familie.

Wenn ein Kind als desorganisiert und desorientiert erscheint, ist es wichtig herauszufinden, ob ein Elternteil als »unverarbeitet« gelten kann und sich angstauslösend gegenüber dem Kind verhält. Derzeit gibt es noch keine Workshops zum Training von Professionellen, Hinweise für beängstigendes Elternverhalten zu erkennen – dies sollte jedoch in Angriff genommen werden. Auf der Suche nach beängstigendem Elternverhalten sollten Therapeuten Eltern im Umgang mit ihren Kindern in der häuslichen Umgebung videographieren. Angstauslösende Verhaltensweisen kommen sehr viel wahrscheinlicher unter Stress-Bedingungen vor. Deswegen empfehlen wir Praktikern, die Eltern zu bitten, ganz alltägliche Verrichtungen durchzuführen, die wahrscheinlich stressvoll sind, wie Windel-Wechseln oder Entkleiden (was viele Kleinkinder nicht mögen). Der Therapeut kann auch einfach die Familien nach besonders stressvollen Aktivitäten für das Kind fragen und Eltern und Kinder dann bei eben jenen Aktivitäten videographieren. In unserer größeren Studie mit 125 Familien nimmt das Vorkommen beängstigender Verhaltensweisen ab, wenn das Kind das Zwei-Jahres-Alter erreicht hat. Deshalb empfehlen wir Videoaufnahmen von Eltern-Kind-Interaktionen während der ersten 18 Lebensmonate des Kindes.

Den Eltern dabei zu helfen, ihr eigenes Beängstigen ihrer Kinder gewahr zu werden, ist entscheidend in der Förderung einer sicheren Eltern-Kind-Bindung. Therapeuten sollten gemeinsam mit den Eltern die Videoaufnahmen betrachten, um sie für die Art der Verhaltensweisen zu sensibilisieren, die ihre Kleinkinder beängstigen. Beängstigendes Elternverhalten ist oft kurz und die meisten Eltern sind sich nicht bewusst, dass sie solches Verhalten zeigen; und sogar, wenn sie sich dessen bewusst sind, kann es sein, dass sie dessen Auswirkungen auf ihre Kinder nicht verstehen.

Für die Beobachtung der Eltern-Kind-Interaktion ist es wichtig, das Alter des Kindes zu berücksichtigen, da das Wesen der Eltern-Kind-Beziehung sich über die Zeit hinweg verändert. Über die Zeit hinweg zeigen Eltern weniger offen geängstigtes und/oder beängstigendes Verhalten und verlegen sich auf hilfloses Verhalten, verhalten sich wie ein Kind oder Gleichaltriger (George & Solomon 1996). Wenn die Kinder zwischen 30 Monate und 6 Jahre alt sind, können Therapeuten versuchen zu erfassen, ob ein Kind versucht, die Aufmerksamkeit und das Verhalten der Eltern auf eine Art zu kontrollieren oder zu dirigieren, die gewöhnlich eher für Eltern gegenüber einem Kind als angemessen erachtet werden. Beeindruckend konnte in Studien, die die Kinder längere Zeit hinweg untersuchten, gezeigt werden, dass als »desorganisiert« während ihrer Säuglingszeit eingestufte Kinder mit sechs Jahren eine kontrollierende Strategie gegenüber ihren Eltern entwickelten (Main & Cassidy 1988; Wartner, Grossman, Fremmer-Bombik & Suess 1994). Kontrollierende Kinder versuchen beständig in direkter oder indirekter Art und Weise ihre Eltern zu manipulieren, entweder mit einer strafenden oder einer fürsorglichen Strategie. Das kontrollierend-strafende Kind kommandiert den Elternteil herum, typischerweise in einer zurückweisenden oder erniedrigenden Art und Weise. Im Gegensatz dazu verhalten sich kontrollierend-fürsorgliche Kinder übertrieben strahlend und fröhlich und versuchen die Bedürfnisse des Elternteils zu erfüllen, indem sie sie verwöhnen und ihnen helfen.

In unseren Beobachtungen an drei desorganisierten Kindern im Umgang mit ihren Eltern mit 20, 26, 32, 44, und 56 Monaten fanden wir heraus, dass die Hinweise für Desorganisation mit etwa zwei bis drei Jahren verschwanden. Mit drei begannen die Kinder sich gegenüber ihren Kindern kontrollierend zu verhalten. Je gestörter die Fürsorge der Mutter, desto verzögerter die Entwicklung kontrollierender Verhaltensweisen beim Kind (Jacobvitz & Hazen 1999). Eine Umkehr in den Rollen von Elternteil und Kind wird dann problematisch für das Kind, wenn sie die elterliche Fürsorge und Anleitung für das Kind schmälert. Wir fanden heraus, dass Kinder, die kontrollierend-strafendes oder kontrollierend-fürsorgliches Verhalten gegenüber ihren Müttern im Alter von drei Jahren zeigen, mit vier Jahren größere Probleme hatten, Freundschaften zu schließen und sich während einer Spielstunde mit im Umgang mit Gleichaltrigen im Spiel abzuwechseln.

Abschließend sei auf die Notwendigkeit der Zusammenarbeit für Foscher und Praktiker hingewiesen, um die Ursprünge desorganisierter Bindung zu verstehen und Behandlungsansätze zu entwickeln. Die wissenschaftliche

Forschung, so wie sie in diesem Kapitel beschrieben wurde, gründete von Anfang an auf Einsichten und Ideen von professionellen Therapeuten. Das in diesen Studien gesammelte Wissen kann Praktiker informieren, damit sie effektive Hilfen für Familien und Programme zur Verhinderung der Weitergabe von Bindungs-Desorganisation von einer Generation an die andere zu entwickeln.

Literatur

Adam, K. S., Sheldon-Keller, A. E. & West, M. (1995): Attachment organization and vulnerability to loss, separation, and abuse in disturbed adolescents. In: S. Goldberg, R. Muir & J. Kerr (Hg.): Attachment theory: Social, developmental, and clinical perspectives. Hillsdale, NJ (Analytic Press), S. 309–341.

Adam, K. S., Sheldon-Keller, A. E. & West, M. (1996): Attachment organization and history of suicidal behavior in clinical adolescents. Journal of Consulting and Clinical Psychology, 64, S. 264–272.

Ainsworth, M. D. S., Blehar, M., Waters, E. & Wall, S. (1978): Patterns of attachment. Hillsdale, NJ (Erlbaum).

Ainsworth, M. D. S. & Eichberg, C. G. (1991): Effects on infant-mother attachment of mother's unresolved loss of an attachment figure or other traumatic experience. In: P. Marris, J. Stevenson-Hinde & C. Parkes (Hg.): Attachment across the life cycle. New York (Routledge). S. 160-183.

Alpern, L. & Lyons-Ruth, K. (1993): Preschool children at social risk: Chronicity and timing of maternal depressive symptoms and child behavior problems at school and at home. Development and Psychopathology, 5, S.371-387.

Allen, J. P., Hauser, S. & Borman-Spurrell, E. (1996): Attachment theory as a framework for understanding sequelae of severe adolescent psychopathology: An 11-year follow up study. Journal of Consulting and Clinical Psychology, 2, S. 254-263.

Bowlby, J. (1969): Attachment and Loss, Vol. 1. Attachment. New York (Basic Books).

Bowlby, J. (1973): Attachment and Loss, Vol. 2. Separation: Anxiety and anger. New York (Basic Books).

Bowlby, J. (1980): Attachment and Loss, Vol. 3. Loss. New York (Basic Books).

Bretherton, I. & Munholland, K. A. (1999): Internal working models in attachment relationships: A construct revisited. In: Cassidy, J. & Shaver, P. (Hg.): Handbook of Attachment Strategies. NY (Guilford Press), S. 89 - 111.

Carlson, E. A. (1998): A prospective longitudinal study of disorganized/disoriented attachment. Child Development, 69, S. 1107-1128.

Carlson, V., Cicchetti, D., Barnett, D. & Braunwald, K. (1989): Disorganized/disoriented attachment relationships in maltreated infants. Developmental Psychology, 25, S. 525-531.

DeMulder, E. K. & Radke-Yarrow, M. (1991): Attachment with affectively ill and well mothers: Concurrent behavioral correlates. Development and Psychopathology, 3, S. 227-242.

George, C., Kaplan, N. & Main, M. (1996): Adult Attachment Interview (3rd ed.). Unpublished manuscript. University of California at Berkeley.

George, C & Main, M. (1979). Social interactions of young abused children: Approach, avoidance and aggression. Child Development, 50, 306-318.

George, C. & Solomon, J. (1996): Representational models of relationships: Links between caregiving and attachment. Infant Mental Health Journal, 17, S.198-216.

Hertsgaard, L., Gunnar, M., Erickson, M. F. & Nachmias, M. (1995): Adrenocortical response to the Strange Situation in infants with disorganized/disoriented attachment relationships. Child Development, 66, S.1100-1106.

Hesse, E. (1996): Discourse, memory and the Adult Attachment Interview: A note with emphasis on the emerging cannot classify category. Infant Mental Health Journal, 17, S. 4-11.

Hesse, E. & Main, M. (1999): Second generation effects of unresolved trauma as observed in non-maltreating parents: Dissociated, frightened and threatening parental behavior. Psychoanalytic Inquiry, 19, S. 481–540.

Hesse, E. & Main, M. (2000): Disorganized infant, child, and adult attachment: Collapse in behavioral and attentional strategies. Journal of American Psychoanalytic Association, 48, S. 1097–1127.

Hesse, E. & van IJzendoorn, M. (1999a): Propensities towards absorption are related to lapses in the monitoring of reasoning or discourse during the Adult Attachment Interview: A preliminary investigation. Attachment and Human Development, 1, S. 67–91.

Hesse, E. & van IJzendoorn, M. (1999b): Parental loss of close family members and propensities toward absorption in offspring. Developmental Science,1, S.299–305.

Jacobvitz, D. (1998, March): Frightening caregiving: Links with mothers' loss and trauma. Paper presented at the biennial meeting of the Southwestern Society for Research in Human Development. Galveston, TX.

Jacobvitz, D. & Hazen, N. (1999): Developmental pathways from infant disorganization to childhood peer relationship. In: Solomon, J. & George, C. (Hg.): Attachment Disorganization. New York (Guilford Press), S. 127–159).

Jacobvitz, D., Hazen, N. & Riggs, S. (1997, April): Disorganized mental processes in mothers, frightening/frightened caregiving, and disoriented/disorganized behavior in infancy. In: D. Jacobvitz (Chair): Caregiving correlates and longitudinal outcomes of disorganized attachments in infants. Symposium presented at the biennial meeting of the Society for Research in Child Development. Washington, DC.

Jacobvitz, D. & Riggs, S. (1999, April): Therapy and mental health of mothers: Associations with unresolved loss or trauma and frightened/frightening caregiving. Paper presented at the biennial meeting of the Society for Research in Child Development. Albuquerque, NM.

Liotti, G. (1992): Disorganized/disoriented attachment in the etiology of the dissociative disorders. Dissociation, 4, S. 196–204.

Liotti, G. (1999a): Understanding the dissociative processes: The contribution of attachment theory. Psychoanalytic Inquiry, 19, S. 757–783.

Liotti, G. (1999b): Disorganization of attachment as a model for understanding dissociative psychopathology. In: Solomon, J. & George, C. (Hg.): Attachment Disorganization. New York (Guilford), S. 291–317.

Liotti, G., Intreccialagli, B. & Cecere, F. (1991): Esperienza di lutto nella madre e facilitazione dello sviluppo di disturbi dissociativi nella prole. Unio studio caso-controllo. (Unresolved mourning in mothers and development of dissociative disorders in children: A case-control study). Rivista di Psichiatria, S. 26, 283–291.

Lyons-Ruth, K., Alpern, L. & Repacholi, B. (1993): Disorganized infant attachment classification and maternal psychosocial problems as predictors of hostile-aggressive behavior in the preschool classroom. Child Development, 64, S. 572–585.

Lyons-Ruth, K., Bronfman, E. & Atwood, G. (1999): A relational diathesis model of hostile-helpless states of mind: Expressions in mother-infant interaction. In: J. Solomon & C. George (Hg.): Attachment disorganization. New York (Guilford).

Lyons-Ruth, K., Bronfman, E. & Parsons, E. (1999): Maternal disrupted affective communication, maternal frightened or frightening behavior, and disorganized infant attachment strategies. In: Vondra, J. & Barnett, D. (Hg.): Atypical Patterns of Infant Attachment: Theory, Research, and Current Directions. Monographs of the Society for Research in Child Development, S. 67–96.

Lyons-Ruth, K., Connell, D., Grunebaum, H. & Botein, S. (1990): Infants at social risk: Maternal depression and family support services as mediators of infant development and security of attachment. Child Development, 61, S. 85–98.

Lyons-Ruth, K., Connell, D. (1989). Patterns of material behavior among infants at risk for abuse: Relations with infant attachment behavior and infant development at 12 months of age. In D. Cicchettio & V. Carlson (Eds.). Child maltreatment: Theory and research on the causes and consequences of child abuse and neglect (pp 464-494). New York (Cambridge University Press).

Lyons-Ruth, K. & Jacobvitz, D. (1999): Attachment Disorganization: Unresolved Loss, Relational Violence, and Lapses in Behavioral and Attentional Processes. In; Cassidy, J. & Shaver, P. (Hg.): Handbook of Attachment Strategies. New York (Guilford Press) S. 520–554.

Lyons-Ruth, K., Repacholi, B., McLeod, S. & Silva, E. (1991): Disorganized attachment behavior in infancy: Short-term stability, maternal and infant correlates, and risk-related subtypes. Development and Psychopathology, 3, S. 377–396.

Main, M. & Cassidy, J. (1988): Categories of response to reunion with the parent at age 6: Predicted from infant attachment classifications and stable over a 1-month period. Developmental Psychology, 24, S. 415–426.

Main, M. & Goldwyn, R. (1998): Adult attachment scoring and classification system. Unpublished manuscript, Department of Psychology, University of California at Berkeley.

Main, M. & Hesse, E. (1990): Parents' unresolved traumatic experiences are related to infant disorganized attachment status: Is frightened and/or frightening parental behavior the linking mechanism? In: Greenberg, M. T., Cicchetti, D. & Cummings, E. M. (Hg.): Attachment in the preschool years: Theory, research and intervention. Chicago (University of Chicago Press), S. 161–182.

Main, M. & Hesse, E. (1992): Disorganized/disoriented infant behavior in the Strange Situation, lapses in the monitoring of reasoning and discourse during the parent's Adult Attachment Interview, and dissociative states. In: Ammaniti, M. & Stern, D. (Hg.): Attachment and Psycho-analysis. Rome (Guis, Laterza and Figl), S. 80–140.

Main, M. & Hesse, E. (1995): Frightening, frightened, dissociated, or disorganized behavior on the part of the parent. A coding system for parent-infant interactions (4th ed.). Unpublished manuscript. University of California at Berkeley.

Main, M., Kaplan, N. & Cassidy, J. (1985): Security in infancy, childhood, and adulthood: A move to the level of representation. In: Bretherton, I. & Waters, E. (Hg.): Growing points of attachment theory and research. Monographs of the Society for Research in Child Development, 50 (1–2, Serial No. 209), S. 66–104.

Main, M. & Morgan, H. (1996): Disorganization and disorientation in infant Strange Situation behavior: Phenotypic resemblance to dissociative states? In: Michelson, L. K. & Ray, W. J. (Hg.): Handbook of dissociation: Theoretical, empirical, and clinical perspectives. New York (Plenum Press), S. 107–138.

Main, M. & Solomon, J. (1986): Discovery of a new, insecure-disorganized/disoriented attachment pattern. In: Brazelton, T. B. & Yogman, M. W. (Hg.): Affective development in infancy. Norwood, NJ (Ablex), S. 95–124.
Main, M. & Solomon, J. (1990): Procedures for identifying infants as disorganized/disoriented during the Ainsworth Strange Situation. In: Greenberg, M. T., Cicchetti, D. & Cummings, E. M. (Hg.): Attachment in the preschool years: Theory, research and intervention. Chicago (University Press), S. 121–160.
Muscetta, S., Dazzi, N., De Coro, A., Ortu, F. & Speranza, A. M. (1999): States of mind with respect to attachment and change in a psychotherapeutic relationship: A study of the coherence of transcript in short-term psychotherapy with an adolescent. Psychoanalytic Inquiry, 19.
National Institute Child Health and Human Development (NICHD) Early Child Care Research Network (1997): The effects of infant child care on infant-mother attachment security: Results of the NICHD study of early child care. Child Development, 68, S. 860–879.
O'Connor, M.J., Sigman, M. & Brill, N. (1987): Disorganization of attachment in relation to maternal alcohol consumption. Journal of Consulting and Clinical Psychology, 55, S. 831–836.
Schuengel, C., Bakermans-Kranenberg, M. & van Ijzendoorn (1999): Attachment and loss: Frightened maternal behavior linking unresolved loss and disorganized infant attachment. Journal of Consulting and Clinical Psychology, 67, S. 54–63.
Spangler, G., Fremmer-Bombik, E. & Grossmann, K. (1996): Social and individual determinants of infant attachment security and disorganization. Development and Psychopathology, 17, S. 127–139.
Spangler, G. & Grossmann, K. E. (1993): Biobehavioral organization in securely and insecurely attached infants. Child Development, 64, S. 1439–1450.
Steele, H., Steele, M. & Fonagy, P. (1996): Associations among attachment classifications of mothers, fathers, and their infants. Child Development, 67, S. 541–555.
Tellegan, A. & Atkinson, G. (1974): Openness to absorbing and self-altering experiences (»absorption«), a trait related to hypnotic susceptibility. Journal of Abnormal Psychology, 83, S. 268–277.
Teti, D. M., Gelfand, D. M., Messinger, D. S. & Isabella, R. (1995): Maternal depression and the quality of early attachment: An examination of infants, preschoolers, and their mothers. Developmental Psychology, 31, S. 364–376.
Thalhuber, K., Jacobvitz, D., Hazen, N. L. (1998, March): Effects of mothers' past traumatic experiences on mother-infant interactions. Paper presented at the biennial meeting of the Southwestern Society for Research in Human Development. Galveston, TX.
Van IJzendoorn, M. (1993): BLAAQ inventory for assessing attachment organization in Dutch and US samples: Reliability, stability and convergent validity. In: Main, M. (Chair): Adolescent attachment organization: Findings from the BLAAQ self-report inventory concerning attachment organization: A conceptual overview. Symposium presented at the biennial meeting of the Society for Research in Child Development. New Orleans, LA.
Van IJzendoorn, M. H. (1995): Adult attachment representations, parental responsiveness, and infant attachment: A meta-analysis on the predictive validity of the Adult Attachment Interview. Psychological Bulletin, 117, S. 387–403.
Van IJzendoorn, M. H., Schuengel, C. & Bakermans-Kranenburg, M. J. (1999): Disorganized attachment in early childhood: Meta-analysis of precursors, concomitants and sequelae. Development and Psychopathology, 11, S. 225–249.
Waller, N., Putnam, F. W. & Carlson, E. B. (1996): Types of dissociation and dissociative types: A taxonometric analyses if dissociative experiences. Psychological Methods, 1, S. 300–321.

Wallerstein, J. S. (1983): Children of divorce: Stress and developmental tasks. In: Garmezy, N. & Rutter, M. (Hg.): Stress, coping, and development in children . New York (McGraw-Hill), S. 265–302.
Wartner, U. G., Grossmann, K., Fremmer-Bombik, E., & Suess, G. (1994): Attachment patterns at age six in South Germany: Predictability from infancy and implications for preschool behavior. Child Development, 65, S. 1014–1027.

Die Psychobiologie der Bindung: Ebenen der Bindungsorganisation

Gottfried Spangler

Im vorliegenden Beitrag soll nach einem kurzen Überblick über Grundlagen der Bindungsentwicklung zunächst auf unterschiedliche Ebenen der Organisation des Bindungsverhaltenssystems eingegangen werden. Ausgehend von phylogenetischen Grundlagen der Bindungstheorie wird dann aufgezeigt, dass wir durch die Einbeziehung biologischer bzw. physiologischer Prozesse zu einem besseren Verständnis des Bindungssystems kommen können. Die Befunde zeigen, dass Unterschiede in der Funktion des Inneren Arbeitsmodells nicht nur auf psychologischer sondern auch auf biologischer bzw. physiologischer Ebene nachweisbar sind und dass gerade die Art und Weise des Zusammenwirkens bzw. der Vergleich von Prozessen auf verschiedenen Ebenen sehr aufschlussreich sein kann. Zum Schluss soll diskutiert werden, welche Implikationen sich aus einem Mehr-Ebenen-Organisationsansatz für die Anwendung bindungstheoretischen Wissens in der klinischen Praxis ergeben.

1. Überblick über Bindungstheorie

Bindung ist definiert als ein affektives Band zwischen einem Kind und seiner Bezugsperson, welches sie über Raum und Zeit hinweg verbindet, es ist die besondere Beziehung eines Kleinkindes zu seinen Eltern. Bei der Bindung, die sich im Lauf der menschlichen Phylogenese aufgrund ihrer biologischen Schutzfunktion entwickelt hat, handelt es sich um ein Verhaltenssystem, welches die Regulation von Nähe und Distanz zur Bezugsperson in Abhängigkeit von inneren Zuständen und äußeren Gegebenheiten steuert. Bei Angst oder Kummer wird das Bindungsverhaltenssystem aktiviert. Das Kind stellt durch Bindungsverhalten (wie Weinen, Schreien, Anklammern, Nachfolgen) die Nähe zur Bezugsperson her und kann sich so mit Hilfe der Bezugsperson emotional restabilisieren und auf dieser »sicheren Basis« zur Exploration zurückfinden.

Bindung entwickelt sich im Verlauf des ersten Lebensjahres (Bowlby 1975). Während in den ersten Monaten Bindungsverhalten noch gegenüber beliebigen Personen gezeigt wird, richtet das Kind dieses dann zunehmend nur noch an vertraute Personen und reagiert ängstlich und distanziert auf fremde Personen. Am Ende des ersten Lebensjahres hat ein Kind spezifische Bindungen zu einer oder mehreren Bezugspersonen aufgebaut, die sich dann im weiteren Verlauf zu einer ziel-korrigierten Partnerschaft entwickeln. Auf der Basis individueller Bindungserfahrungen entsteht eine innere Repräsentation, das »Innere Arbeitsmodell« von Bindung (vgl. Fremmer-Bombik 1995), das neben emotionalen auch kognitive Komponenten enthält. Es besteht aus Vorstellungen des Kindes über sich selbst (eigene Selbstwert- und Kompetenzeinschätzung) und über seine Bezugspersonen sowie deren Verfügbarkeit und damit verbundenen Erwartungen und Gefühlen, welche wesentlich an der Verhaltensregulation – v. a. in emotional anfordernden Situation – beteiligt sind.

Bindung entsteht bei jedem Kind, wenn eine Bezugsperson überhaupt zur Verfügung steht. Allerdings entwickeln sich deutliche Unterschiede in der Qualität der Bindung. Diese werden im Kleinkindalter in der sogenannten Fremden Situation (Ainsworth & Wittig 1969) erfasst, bei der es durch kurze Trennungen des Kindes von der Bezugsperson zur Aktivierung des Bindungsverhaltenssystems kommt. Die sogenannten sicher gebundenen Kinder zeigen bei der Trennung von der Mutter ihre emotionale Betroffenheit oder Nachfolgeverhalten und, wenn die Mutter zurückkommt, nehmen sie Kontakt auf und können sich mit ihrer Hilfe relativ schnell wieder stabilisieren und sich dem Spiel zuwenden. Unsicher-vermeidend gebundene Kinder zeigen bei der Trennung kaum emotionale Reaktionen, bei der Wiedervereinigung ignorieren sie die Bezugsperson und/oder zeigen deutliche Kontaktvermeidung. Bei unsicher-ambivalent gebundenen Kindern treten bei der Trennung massive emotionale Reaktionen auf. Bei der Rückkehr der Mutter nehmen sie Kontakt auf, zeigen aber gleichzeitig Ärger und Widerstand, und können die Nähe der Bezugsperson nicht nutzen, um sich emotional zu stabilisieren und zum Spiel zurückzukehren. Bei manchen Kindern treten Merkmale von Bindungsdesorganisation auf (vgl. Main 1995), die sich z. B. in ungeordneten oder unterbrochenen Bewegungen, sich widersprechenden Verhaltensweisen, Verwirrung oder Furcht vor der Bezugsperson äußern (siehe Beitrag von Jacobvitz in diesem Band). Es ist davon auszugehen, dass Desorganisation eine weitere Dimension zusätzlich zur Bindungssicherheit darstellt, da bei den meisten desorganisierten Kindern ein zugrundeliegendes sicheres, unsicher-vermeidendes oder unsicher-ambivalentes Muster identifiziert werden kann (vgl. Spangler & Grossmann, 1999).

Für die Entwicklung von individuellen Unterschieden in der Bindungssicherheit spielt sowohl die Feinfühligkeit der kindlichen Bezugsperson als auch die kindliche Verhaltensdisposition eine wichtige Rolle. Bindungssicherheit geht mit höherer Feinfühligkeit einher (Ainsworth, Blehar, Waters & Wall 1978; Grossmann, Grossmann, Spangler, Suess & Unzner 1985; Spangler 1992; van den Boom 1994), kann aber auch durch geringe Irritierbarkeit und hohe Orientierungsfähigkeit im Neugeborenenalter vorhergesagt werden (z. B. Waters, Vaughn & Egeland 1980; Egeland & Faber 1984; Grossmann u. a. 1985; Spangler 1995). Belsky, Rosenberger und Crnic (1995) weisen darüber hinaus auf die Bedeutung weiterer proximaler und distaler Risiko- und Schutzfaktoren hin. Bei Desorganisation weisen Befunde über eingeschränkte Verhaltensorganisation bereits im Neugeborenenalter (vgl. Spangler, Fremmer-Bombik & Grossmann 1996) aber auch Befunde über genetische Dispositionen (Lakatos, Toth, Zemoda, Ney, Sasvary-Szekely & Gervai 2000) auf dispositionelle Grundlagen hin. In Risiko-Stichproben wurde aber vor allem auch der Einfluss unangemessenen Elternverhaltens deutlich (Lyons-Ruth, Repacholi, McLeod & Silva 1991; Carlson 1998). Die für Bindungssicherheit beim Kind maßgeblichen Unterschiede in der elterlichen Feinfühligkeit können auch durch die Bindungsrepräsentation der Eltern vorhergesagt werden (z. B. Grossmann, Fremmer-Bombik, Rudolph & Grossmann,1988; van IJzendoorn 1995). Hieraus ergeben sich Hinweise auf transgenerationale Tradierung von Bindungsunterschieden. Belege für Vermutungen von Main (1995), nach denen Bindungsdesorganisation über beängstigendes bzw. verängstigtes Verhalten von Eltern mit unverarbeiteten Traumatas tradiert wird, liegen allerdings nicht vor.

Das sich in der Kindheit entwickelnde Arbeitsmodell von Bindung weist nach Bowlby eine gewisse Resistenz gegenüber Veränderungen auf, was für eine gewisse zeitliche Stabilität sprechen würde, die Entwicklung ist jedoch im Kleinkindalter bei weitem nicht abgeschlossen, sondern verläuft bis hin zum Jugendalter (Bowlby 1982; vgl. auch Zimmermann 1995). Vorliegenden Befunden zufolge konnte aber Stabilität für Bindungsunterschiede bis zum Alter von sechs Jahren nachgewiesen werden (Main & Cassidy 1988; Wartner, Grossmann, Fremmer-Bombik & Suess 1994).

Im Jugend- und Erwachsenenalter wird die Qualität des Inneren Arbeitsmodells von Bindung auf der Repräsentationsebene mit Hilfe des Bindungserwachseneninterviews erfasst (Adult Attachment Interview; Main & Goldwyn 1985). Personen mit einem sicher-autonomen Arbeitsmodell räumen Bindungen und damit verbundenen Erfahrungen einen hohen Stellenwert ein, sie haben einen guten Zugang zu ihren Gefühlen und können damit auch negative Erfahrungen in eine positive Grundhaltung integrieren. Sie haben im Rahmen einer unterstützenden Bindungsgeschichte gelernt, mit belastenden Situationen umzugehen, in denen sie durch ihre Fähigkeit zur Wahrnehmung auch negativer Gefühle zu einer realistischen Einschätzung der Situation in der Lage sind und so adäquate individuelle oder soziale Strategien zur Bewältigung der Situation ergreifen können. Personen mit einem unsicher-vermeidenden Modell sind sehr distanziert gegenüber Bindungsthemen und erinnern sich kaum an Ereignisse und Gefühle in ihrer Kindheit. Aus Angst vor Zurückweisung haben sie gelernt, negative Gefühle zu verdrängen. Dies kann verbunden sein mit unrealistischen Idealisierungen oder auch Abwertung der eigenen Person, der Bindungspersonen und der Umweltbedingungen. Durch die hohe Wahrnehmungsschwelle für negative Gefühle sind sie in belastenden Situationen zu einer adäquaten realistischen Situationsbewertung und damit zur Bewältigung nicht in der Lage. Bei Personen mit einem unsicher-verwickelten Arbeitsmodell kommt deutlich Verstrickung, Verwirrung, Widersprüchlichkeit und auch Ärger bezüglich früherer Beziehungen zum Ausdruck. Sie sind wenig in der Lage, unterschiedliche Gefühle zu integrieren. In belastenden Situationen werden durch die Dominanz und geringe Integration emotionaler Prozesse Bewältigungsmöglichkeiten eingeschränkt. Das desorganisierte Arbeitsmodell äußert sich in verbalen und gedanklichen Inkohärenzen und Irrationalitäten beim Sprechen über traumatische Erfahrungen wie Tod, Trennung oder Missbrauch.

Von den bislang vorliegenden Längsschnittstudien zeigten sich Hinweise auf langfristige Stabilität bis zum Jugend- und Erwachsenenalter nur in zwei der Studien (Waters, Merrick, Treboux, Crowell & Albersheim 2000; Hamilton 2000). In den anderen vier Studien konnte dies allerdings nicht bestätigt werden (Zimmermann, Fremmer-Bombik, Grossmann & Spangler 1997; Becker-Stoll 1997; Lewis, Feiring & Rosenthal 2000; Weinfield, Sroufe & Egeland 2000). Die Befunde zeigen, dass Kontinuität in der Bindung nicht im Sinne einer simplen Stabilität von Unterschieden von der Kindheit zum Erwachsenenalter verstanden werden darf. Vielmehr müssen zur Beschreibung eines kontinuierlichen Entwicklungsprozesses Einflussfaktoren während der ganzen Entwicklung berücksichtigt werden. Insbesondere ist zu berücksichtigen, dass Bindung zu unterschiedlichen Alterszeitpunkten auf unterschiedlichen Verarbeitungsebenen organisiert ist (vgl. Zimmermann u. a. 1997).

Es besteht mittlerweile kein Zweifel mehr darüber, dass Bindungsunterschiede langfristig Konsequenzen für das individuelle Verhalten bzw. die Verhaltensregulation, insbesondere im sozial-emotionalen Bereich besitzen, z. B. für die Anpassung in Kinderkrippen (Rottmann & Ziegenhain 1988), für Konzentration, Konfliktbewältigung, aggressives Verhalten, sozialer Kompetenz und Selbstwertgefühl im Kindergarten (Suess, Grossmann & Sroufe 1992; Sroufe 1983), oder für den Umgang mit Kummer und belastenden Situationen bei 10jährigen Kindern (Scheuerer-Englisch,1989). Eine zusammenfassende Darstellung von Spangler und Zimmermann (1999a, Suess & Fegert 1999) dazu verdeutlicht auch die Funktion von Bindung für die psychopathologische Entwicklung, in der eine sichere Bindung als Schutzfaktor bzw. eine unsichere als Risikofaktor im Konzert mit anderen Risiko- und Schutzfaktoren gesehen werden kann.

2. Die Organisation des Inneren Arbeitsmodells von Bindung

Beim Inneren Arbeitsmodell von Bindung sind unterschiedliche Ebenen der Organisation zu unterscheiden, die in der Ontogenese aufeinander folgend entstehen und sich in ihrer Komplexität unterscheiden (vgl. Abb. 1 auf der folgenden Seite). Als phylogenetische Errungenschaft funktioniert das Bindungssystem schon beim Neugeboren. Hier können grundlegende Bindungsverhaltensweisen beobachtet werden, die unmittelbar und noch personenunspezifisch ausgelöst werden. Dieses primäre Bindungssystem arbeitet auf der Ebene von »Reflexen« und gewährleistet die Funktion von Bindung in einer Entwicklungsperiode, in der spezifische Bindungsbeziehungen noch nicht vorliegen.

Auf der Grundlage des primären Bindungssystems und der Charakteristiken der sozialen Umwelt entwickelt das Kind dann spezifische Bindungsbeziehungen, deren Qualität sich in unterschiedlichen Bindungsverhaltensstrategien manifestiert. Das Kind erwirbt implizites Wissen über seine Verhaltensmöglichkeiten und baut spezifische Erwartungen an das Verhalten seiner Bezugsperson auf. Basierend auf seinen Erfahrungen mit der Bezugsperson »weiß« es, was es tun muss, wenn es Angst oder Kummer hat bzw. emotionale Belastung spürt, und zeigt entsprechende Bindungsverhaltensstrategien, um die Bindungs-Explorations-Balance aufrechtzuerhalten. Aus der Sicht der »Theorie-Theorien« hat das Kind eine Theorie über Handlungen und ihre Konsequenzen (Gopnik & Meltzoff 1997). Dieses Bindungssystem ist auf prozeduraler Ebene, also auf der Verhaltensebene, organisiert und stellt ein implizites affektives Arbeitsmodell dar, zu dessen Funktion evaluative kognitive Prozesse auf repräsentationaler Ebene nicht notwendig sind.

```
┌─────────────────────────────────────────────┐
│    ╲  Ebene kognitiver Repräsentation  ╱    │
│     ╲ deklaratives Wissen über Bindung,╱    │
│      ╲Bindungsfiguren und ihre Verfügbarkeit│
│       ├──────────────────────────────┤      │
│        ╲  Prozedural-affektive Ebene ╱      │
│         ╲   prozedurales Wissen über╱       │
│          ╲    Verhaltensstrategien ╱        │
│           ╲ implizite, affektive Modelle    │
│            ├────────────────────┤           │
│             ╲ Primäres Bindungssystem       │
│              ╲grundlegende Bindungsverhaltensweisen
│               ╲ primäres "Bindungsmodul"╱   │
│                ╲   Ebene der Reflexe  ╱     │
└─────────────────────────────────────────────┘
```

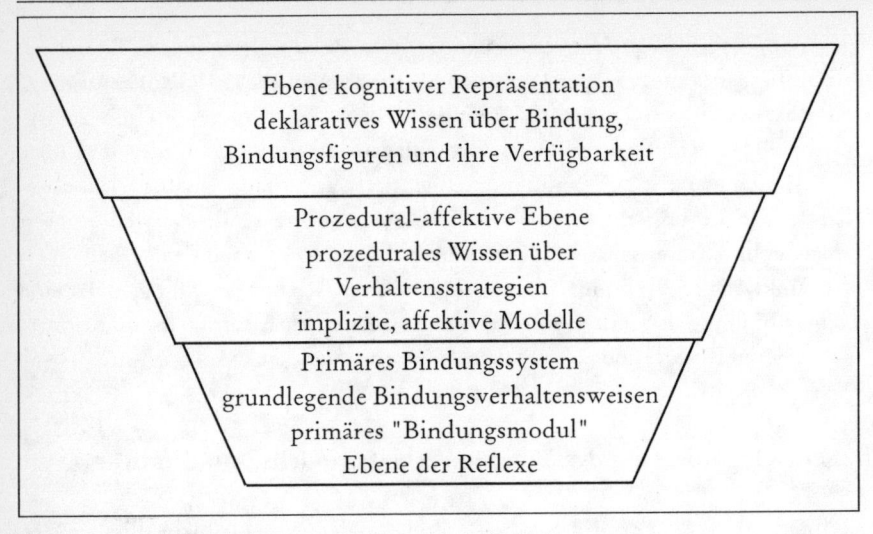

Abbildung 1: Ebenen der Bindungsorganisation

Mit fortschreitender kognitiver und sprachlicher Entwicklung geht auf der nächsten Ebene das Innere Arbeitsmodell über das implizit emotionale Niveau hinaus und umfasst dann auch kognitives Wissen und explizite Repräsentationen über Bindung, Bindungsfiguren und deren Verfügbarkeit, und auch über sich selbst. Episodisches Wissen wird generalisiert und auf deklarativer Ebene organisiert. Das Innere Arbeitsmodell von Bindung kann hier im Sinne der Theorie-Theorien (Gopnik & Meltzoff 1997) als eine vollständige »Theory of Attachment« verstanden werden.

In der Entwicklung des Bindungsverhaltenssystems ist also im Entwicklungsverlauf ein zunehmend höheres Organisationsniveau zu beobachten. Auf jeder Organisationsebene, also auch auf der Repräsentationsebene liegt die Funktion des Arbeitsmodells von Bindung in der Verhaltens- und Emotionsregulation. Unterschiede in der Qualität des Inneren Arbeitsmodells müssen demnach im Verhalten zum Ausdruck kommen, und ausgehend von den biologischen Annahmen zur Bindungsentwicklung sollten auch biologische Systeme an der Regulation beteiligt sein. Für die Untersuchung des Inneren Arbeitsmodells von Bindung ist deswegen eine Vorgehensweise erforderlich, welche unterschiedliche psychologische und biologische Prozessebenen einschließt.

3. Psychobiologie der Bindung

Der phylogenetischen Orientierung entsprechend haben sich auch biologisch orientierte Disziplinen, insbesondere die vergleichende Verhaltensforschung, mit der Bindungstheorie beschäftigt. Für die Bindungsforschung grundlegend waren hier z. B. die Untersuchungen von Harlow (Suomi & Harlow 1977), mit denen wichtige Grundannahmen der Bindungstheorie im Hinblick auf langfristige Konsequenzen der Mutter-Kind-Trennung, der primärtriebtheoretischen Annahme sowie der Bindungs-Explorations-Balance belegt werden konnten. Nach Capitanio, Weissberg und Reite (1985) sowie Steklis und Kling (1985) gibt es Belege für neurobiologische Grundlagen von Bindung. Demnach sind vor allem limbische Strukturen, insbesondere die Amygdala an der Konstitution des Bindungssystems beteiligt. Kraemer (1992), der bei sozial depriviert aufgewachsenen Affen im Gehirn einen geringeren neuronalen Vernetzungsgrad und eingeschränkte neurochemische Regulation beschreibt, geht davon aus, dass frühe Interaktionserfahrungen organisierende Funktion für die Hirnentwicklung haben. Panksepp, Siviy und Normansell (1985) konnten darüber hinaus die Beteiligung von Gehirn-Opioiden im sozio-emotionalen Entwicklungsprozess belegen. Opioide sind hirneigene Stoffe, die eine schmerzstillende und beruhigende Wirkung haben. In verschiedenen Tierexperimenten konnte deutlich belegt werden, dass sozialer Affekt und Bindung im neurochemischen Sinn gewissermaßen eine Opioidzufuhr darstellen. Demnach führt Körperkontakt zur Ausschüttung von Opioiden und somit zur Beruhigung. Soziale Bindungen scheinen also durch endogene Opioide verstärkt zu werden.

Nachdem im Humanbereich in der Bindungsforschung psychobiologische Prozesse lange Zeit kaum untersucht wurden, wurden in den letzten Jahren vermehrt Studien durchgeführt, in denen physiologische Parameter einbezogen wurden, um Hinweise zum Verständnis der Organisation und Funktion von Bindung im allgemeinen, aber insbesondere im Hinblick auf unterschiedliche Bindungsmuster zu erhalten. Annahmen über das Zusammenwirken des Bindungsverhaltenssystems mit biologischen Systemen lassen sich schon bei Bowlby (1976) finden. Wissen über psychobiologische Prozesse kann zum einen zum Verständnis der Bindungsentwicklung bzw. der Funktion des Bindungsverhaltenssystems beitragen, zum anderen können sich aus entwicklungspsychopathologischer Sicht bei abweichender Entwicklung ggf. Hypothesen über psychosomatische Konsequenzen von Bindungs- bzw. Beziehungsstörungen ableiten. In unserer eigenen Forschung haben wir uns mit der Psychobiologie des Bindungsverhaltenssystems sowohl im Kleinkindalter wie auch im Erwachsenenalter befasst.

3.1 Psychobiologie des Bindungsverhaltenssystems im Kleinkindalter

Im Kleinkindalter haben wir in der Fremden Situation untersucht, inwieweit bei Kindern in Abhängigkeit von der Bindungsqualität eine Aktivierung des Bindungsverhaltenssystems mit Aktivierungsprozessen des kardio-vaskulären Systems und des Hypophysen-Nebennierenrinden-Systems einher gehen. Herzfrequenzveränderungen in emotionalen Anforderungssituationen können uns Hinweise auf Orientierungs- oder Defensivreaktionen (Lacey 1967, Sokolov 1963, Graham & Clifton 1966) bzw. auf Aktivierungsprozesse (Fowles 1980) geben. Damit ergibt sich die Möglichkeit zu prüfen, inwieweit es bei allen Kindern unabhängig von ihrer Bindungsqualität in der Fremden Situation auch wirklich zu einer Aktivierung des Bindungsverhaltenssystems kommt. Tatsächlich konnten wir bei den Kindern der Regensburger Längsschnittstichprobe III, bei denen während der Fremden Situation simultan die Herztätigkeit aufgezeichnet wurde, eine Herzfrequenzakzeleration bei allen Kindern feststellen (Spangler & Grossmann 1993). Von einer Aktivierung des Bindungsverhaltenssystems ist also auch bei den zumindest auf der Oberfläche relativ unbelastet wirkenden vermeidenden Kindern auszugehen.

Darüber hinaus gelang es auch, zu zeigen, dass die relativ subtilen Verhaltensweisen, die als Kriterium zur Identifikation von Bindungsdesorganisation verwendet werden, häufig mit phasischen Herzfrequenzanstiegen einhergehen (Spangler & Grossmann 1999). Diese verhaltensbegleitenden physiologischen Erregungsprozesse sowie der besonders markante Herzfrequenzanstieg der desorganisierten Kinder während der Trennung passen gut zu Annahmen über die Genese desorganisierten Verhaltens, nach denen es bei diesen Kindern aufgrund ihrer Erfahrungen mit einer unvorhersagbar beängstigenden Bezugsperson durch die Trennung zu einer Alarmreaktion in einem Ausmaß kommt, welches eine systematische Verhaltenssteuerung nicht mehr zulässt (Main & Hesse 1990). Die Herztätigkeit der Kinder in der Fremden Situation deutet also im wesentlichen auf physiologische Erregungsprozesse hin, die im allgemeinen mit der Aktivierung des Bindungsverhaltenssystems einhergehen, die aber auch desorganisiertes Verhalten begleiten und so auf spezifische Alarmierungsprozesse bei desorganisierten Kindern verweisen.

Mithilfe des Hypophysen-Nebennierenrinden-Systems konnten wir Annahmen zur Interpretation der unterschiedlichen Bindungsmuster prüfen. Eine Aktivierung dieses Systems, die sich in einer vermehrten Ausschüttung des Hormons Cortisol äußert, erfolgt vor allem in Stress- bzw. Belastungssituationen, insbesondere im Zusammenhang mit negativen Emotionen wie

Angst, Furcht und Kummer (Levine 1983). Cortisol mobilisiert Energiereserven, beeinflusst andere stress-sensitive Systeme (z. B. Immunsystem, Nebennierenmarksystem) und hat Auswirkungen auf Lern- und Gedächtnisprozesse (Gunnar 1991).

Das Gleichgewicht zwischen Individuum und Umwelt wird nach Bowlby (1976) durch einen inneren und einen äußeren Homöostasering lebenserhaltender Systeme gesteuert. Zum inneren Ring gehören die physiologischen Systeme, die bestimmte dem Organismus innewohnende physikalisch-chemische Gegebenheiten aufrechterhalten. Der äußere Homöostasering manifestiert sich in Verhaltenssystemen, zu denen auch das Bindungsverhaltenssystem gehört, welches zu einer Aufrechterhaltung einer ständigen Beziehung zwischen dem Individuum und der ihm vertrauten Umgebung beiträgt. Wenn ein Ungleichgewicht zwischen dem Individuum und seiner Umwelt auftritt, also Stress entsteht, kann das Individuum versuchen, durch Aktivierung angemessener Verhaltensstrategien Veränderungen in der Umwelt herbeizuführen und somit das Gleichgewicht wieder herstellen. Gelingt dies nicht, ist eine Anpassung des Individuums an die Umwelt erforderlich, es kommt zur Aktivierung physiologischer Systeme. Eine effektive Funktion der Verhaltenssysteme entlastet somit die Systeme zur Aufrechterhaltung gleichbleibender physiologischer Zustände. Diese Annahmen decken sich mit Coping-Modellen aus der psychobiologischen Stressforschung und werden durch viele empirische Befunde gestützt (z. B. Levine, Wiener, Coe, Bayart & Hayashi 1987; Holst 1986; Spangler & Scheubeck 1993), in denen vor allem die verhaltensabhängige Funktion des Hypophysen-Nebennierenrinden-Systems untersucht wurde.

Auf die Organisation des Bindungsverhaltenssystems in der Fremden Situation übertragen müsste man folglich aus bindungstheoretischer Sicht zum einen bei den unsicher gebundenen Kindern einen Cortisolanstieg erwarten, da sie inadäquate Bewältigungsstrategien verwenden, und zwar sowohl bei den unsicher-vermeidend gebundenen Kindern, die kaum Bindungsverhalten zeigen und den Emotionsausdruck unterdrücken, als auch bei den unsicher-ambivalent gebundenen Kindern, die zwar deutliches Bindungsverhalten und Emotionsausdruck zeigen, dies aber nicht effektiv zur Verhaltensregulation nutzen können. Zum anderen sollte es insbesondere bei den desorganisierten Kindern zu einer Aktivierung des Nebennierenrinden-Systems kommen, da diese ja per definitionem über keine kohärente Verhaltensorganisation verfügen. In einer ersten Studie konnten wir diese Annahmen bestätigen (Spangler & Grossmann 1993). Während es in der Fremden Situation sowohl bei den unsicher gebundenen als auch bei den desorganisierten Kinder zu einem Cortisolanstieg kam, war dies bei den sicher gebundenen Kindern nicht der Fall. Diese Befunde sprechen nicht nur für Bowlbys Homöostasemodell, sie belegen gleichzeitig auch die Interpretation der unterschiedlichen Bindungsqualitäten, nach der einzig das sichere Bindungsmuster als eine angemessene Strategie zu betrachten ist. Mittlerweile liegen weitere Studien zu diesem Thema vor, die im wesentlichen die theoretischen Annahmen des Bewältigungsmodells bestätigen (vgl. Hertsgaard, Gunnar, Erickson & Nachmias 1995; Nachmias, Gunnar, Mangelsdorf, Parritz, & Buss 1996; Gunnar, Broderson, Nachmias, Buss, & Rigatuso 1996; Spangler & Schieche 1998). In keiner dieser Studien wurde für die Gruppe der sicher gebundenen Kinder ein Anstieg im Cortisol beobachtet. Dagegen wurden bei den unsicher gebundenen und den desorganisierten Kindern wiederholt (aber nicht immer) erhöhte Cortisolwerte nach der Fremden Situation festgestellt.

Die Befunde verweisen auf die spezifische Bedeutung des Bindungsverhaltenssystems für die Verhaltensorganisation in emotional anfordernden Situationen. Sicher gebundene Kinder können in emotionalen Belastungssituationen mittels Bindungsverhalten auf soziale Unterstützung zurückgreifen und damit externe Regulationsmöglichkeiten nutzen. Dadurch kann die Regulation im äußeren Homöostasering erfolgen, eine Anpassung im inneren Homöostasering ist nicht notwendig. Unsicher-vermeidend gebundene Kinder zeigen aus Angst vor Zurückweisung kaum Bindungsverhalten (Ainsworth u. a. 1978), sie sind nicht in der Lage, ihre emotionale Belastung mit Hilfe ihres Verhaltens und damit über soziale Prozesse zu regulieren. Physiologische Belastungsreaktionen im inneren Homöostasering sind die Folge. Unsicher-ambivalent gebundene Kinder zeigen in der Fremden Situation ihre emotionale Betroffenheit sehr deutlich. Sie nehmen zwar Kontakt zur Bezugsperson auf, sind aber gleichzeitig nicht in der Lage, sich von ihr beruhigen zu lassen. Diese Dysfunktionalität der emotionalen Regulation auf der Verhaltensebene erfordert eine Anpassung auf physiologischer Ebene in Form einer erhöhten Cortisolreaktion. Dysfunktionalität ist auch bei den desorganisierten Kinder aufgrund der mangelnden Organisation des Bindungsverhaltens anzunehmen.

Wenn bei unsicheren bzw. desorganisierten Bindungsgruppen Cortisolreaktionen nicht regelmäßig gefunden werden, so weist dies auf die zusätzliche Beteiligung anderer Prozesse hin. Hier scheint es sich insbesondere um individuelle kindliche Dispositionen zu handeln. So konnte bei eher ängstlichen oder schüchternen Kleinkindern in der Fremden Situation, aber auch in anderen emotionalen Anforderungssituationen eine physiologische Stressreaktion (Cortisolanstieg) festgestellt werden, aber nur dann, wenn gleichzeitig keine sichere Bindung gegeben war (Nachmias u. a. 1996, Gunnar u. a. 1996, Spangler & Schieche 1998). Demnach besitzt eine sichere Bindung eine soziale Pufferfunktion bei gegebenen ungünstigen individuellen Dispositionen, und ist insofern als ein Schutzfaktor in belastenden Situationen zu verstehen. Offen bleibt hier die Frage, inwieweit sich mit zunehmender Entwicklung weitere Verhaltenssysteme an der Regulation beteiligen. Wenn dann ein komplexes System von Regulationsalternativen entsteht und kontextabhängig sehr unterschiedliche Verhaltenssysteme die Regulation gewährleisten, dann ist zu klären, welchen Beitrag in diesem Regulationssystem das Bindungsverhaltenssystem leistet.

3. 2 Bindungsrepräsentation und emotionale Regulation

Eine wesentliche bindungstheoretische Annahme besagt, dass sich Personen mit sicheren und unsicheren Bindungsrepräsentationen in der Fähigkeit unterscheiden, Emotionen bei sich oder beim Interaktionspartner angemessen wahrzunehmen und zur Verhaltensregulation zu nutzen. Im Jugend- und Erwachsenenalter basieren diese Annahmen auf der Art und Weise, wie Antworten im Bindungserwachseneninterview gegeben werden. Als sicher klassifizierte Personen (F) verknüpfen ihre Beziehungserinnerungen mit Emotionen, sie haben einen guten Zugang zu positiven wie auch negativen Gefühlen und diese spielen eine wichtige Rolle in der wechselseitigen Beziehungsregulation. Personen mit einem unsicher-vermeidenden Modell (Ds) dagegen erinnern sich kaum an Ereignisse und Gefühle in ihrer Kindheit. Wenn sie negative Ereignisse berichten, so sind diese nur selten auch mit negativen Gefühlen verbunden. Negative Emotionen werden im Gegenteil häufig in idealisierender Weise ausdrücklich geleugnet. Bei Personen mit unsicher-verwickelter (E) Repräsentation spielen dagegen in den Bindungserinnerungen negative Emotionen eine sehr zentrale Rolle. Emotionen werden von ihnen auch in der aktuellen Interviewsituation sehr intensiv erlebt, können aber nicht in das Gesamterleben eingeordnet bzw. integriert werden. Individuelle Unterschiede zeigen sich also sehr deutlich einerseits in der Wahrnehmung und Empfindung von Emotionen, andererseits aber auch in der Fähigkeit, diese zu regulieren bzw. zur Kommunikation und Aktivierung von Bewältigungsstrategien flexibel einzusetzen.

Diese theoretischen Annahmen kommen in den Klassifikationskriterien zur Analyse der Bindungserwachseneninterviews klar zum Ausdruck, empirische

Belege für deren externe Gültigkeit lagen aber lange Zeit nicht vor. In der Regensburger Jugendlichen-Längsschnittstichprobe haben wir die Wahrnehmung und Empfindung von Emotionen bei Jugendlichen unterschiedlicher Bindungsrepräsentation überprüft (vgl. Spangler & Zimmermann 1999b). Dazu haben wir deren Reaktionen auf Filmszenen mit bindungsthematischen Inhalten positiver und negativer Valenz untersucht (z. B. Wiedervereinigung, Zärtlichkeit; Trennung, Streit). Ausgehend von unterschiedlichen Organisationsebenen des Inneren Arbeitsmodells haben wir die emotionalen Wahrnehmungs- und Bewertungsprozesse auf verschiedenen, mehr oder weniger automatisierten bzw. dem Bewusstsein zugänglichen Verarbeitungsebenen erfasst: auf der subjektiven Beurteilungsebene (deklarative Ebene), auf der Verhaltensebene, und auf der physiologischen Ebene.

Zur subjektiven Beurteilung wurden die Jugendlichen gebeten, die Filmszenen im Hinblick auf ihre emotionale Valenz einzustufen. Erfasst wurden hier also bewusste Repräsentationen wahrgenommener emotionaler Inhalte. Zur Erfassung von Verhaltensreaktionen wurde mittels elektromyographischer Ableitung der Gesichtsmuskelaktivität das mimische Ausdrucksverhalten erfasst. Mimischer Ausdruck ist auf prozeduraler Ebene organisiert und läuft, obwohl eine bewusste mimische Kontrolle prinzipiell möglich ist, in der Regel automatisiert ab. Auf der physiologischen Ebene wurde das Ausmaß der Lidschluss-Schreckreaktion festgehalten, das nach Lang, Bradley und Cuthbert (1990) die Valenz emotionaler Stimuli widerspiegelt. Bei der Schreckreaktionsmodulation handelt es sich um zentralnervöse, subkortikal gesteuerte, der bewussten Steuerung nicht zugängliche Bewertungsprozesse.

Während auf der physiologischen Ebene keine Unterschiede feststellbar waren, zeigten sich interessante Befunde in der subjektiven Beurteilung und in den mimischen Reaktionen. Während positive und negative Filmszenen von allen Jugendlichen entsprechend ihrer Valenz relativ eindeutig beurteilt wurden, waren bei den vermeidenden Jugendlichen insgesamt – also unabhängig von der Valenz der Filmszenen – häufiger positive Beurteilungen festzustellen. Dies ist ein Hinweis für die Idealisierungstendenz der vermeidenden Jugendlichen bzw. für ihre Tendenz, negative emotionale Information auszublenden. Bei sicher gebundenen und tendenziell auch bei unsicher-verwickelten Jugendlichen konnten valenzspezifische mimische Reaktionen beobachtet werden, nicht aber bei den vermeidenden Jugendlichen. Bindungsunterschiede zeigten sich also in der Kohärenz zwischen subjektivem Erleben und mimischen Ausdruck. Diese war bei den sicher gebundenen Jugendlichen sehr ausgeprägt, ihr subjektives

Erleben spiegelte sich in ihrem Gesichtsausdruck wider. Dagegen zeigte sich bei den unsicher gebundenen Jugendlichen eine deutliche Diskrepanz. Während bei den vermeidenden Jugendlichen die subjektive Beurteilung in der eher indifferenten Mimik nicht zum Ausdruck kam, war bei den verwickelten Jugendlichen keine eindeutige Assoziation zwischen Beurteilung und beobachtbarer Gesichtsmimik festzustellen.

Hinweise auf eine geringere Kohärenz zwischen verschiedenen subjektiven Beurteilungen und mimischen Reaktionen bei gegebener unsicherer Bindungsrepräsentation fanden wir auch bei Eltern, denen wir Bilder von Babys mit emotionalem Ausdruck unterschiedlicher Valenz (positiv, neutral, negativ) präsentierten, um wiederum subjektive Beurteilungen und mimische und physiologische Reaktionen zu erfassen (Spangler, Maier & Geserick in Vorb.). In dieser Studie zeigten vermeidende Eltern darüber hinaus bei negativen Kinderbildern eine erhöhte Schreckreflexamplitude. Nach Spangler, Emlinger, Meinhard und Hamm (im Druck) führen negative Kinderbilder im Gegensatz zu anderen negativen Stimuli nicht zu einer Verstärkung der Schreckreflexreaktion, werden also sub-kortikal nicht negativ erlebt. Dies war ebenso bei den sicheren und unsicher-verwickelten Eltern unserer Studie der Fall. Eltern mit einer vermeidenden Bindungsrepräsentation dagegen scheinen negativen Emotionsausdruck auf subkortikaler Ebene negativ zu bewerten.

3.3 Eine Bio-psycho-soziale Perspektive

Die bisherigen Ausführungen verdeutlichen, dass bei der Bindungsverhaltensorganisation auf jeder Entwicklungsstufe von einem Zusammenwirken psychologischer, sozialer und physiologischer Prozesse auszugehen ist. Das Bindungsverhaltenssystem ist während der stammesgeschichtlichen Entwicklung entstanden und es bildet zusammen mit dem Pflegeverhaltenssystem auf Seiten der Bezugsperson die Basis für die Entwicklung spezifischer Bindungen im Kleinkindalter. Das sich entwickelnde innere Arbeitsmodell von Bindung befähigt ein Kind zunehmend zu einer internen autonomen Verhaltens- und Emotionsregulation, die im frühen Säuglingsalter überwiegend extern durch die Bezugsperson erfolgt. Von Anfang an lassen sich biologische Korrelate dieser Regulationsprozesse nachweisen. So können bei drei-Monate-alten Säuglingen bei mangelnder emotionaler Unterstützung durch die Mutter Nebennierenrindenreaktionen nachgewiesen werden (Spangler, Schieche, Ilg, Maier & Ackermann 1994). Dem Bindungsverhaltenssystem zugrundeliegende psychobiologische Prozesse werden dann auch beim einjährigen Kind in der Fremden Situation im Umgang mit Trennungen deutlich (Spangler & Grossmann 1993, Spangler & Grossmann 1999). Hier wird die Angemessenheit einer sicheren Bindungsstrategie in ihrer physiologischen Entlastungsfunktion für den Organismus deutlich. Die Abhängigkeit von Bindungsunterschieden von den spezifischen sozialen Erfahrungen mit der Bezugsperson (Feinfühligkeit) weist hier auf die Bedeutung sozialer Wechselwirkungsprozesse auch für die psychobiologische Funktion hin.

Auch wenn im weiteren Entwicklungsverlauf kognitive Prozesse eine zunehmende Rolle für die Entwicklung des »Inneren Arbeitsmodells« spielen, so sind auch noch im Jugend- und Erwachsenenalter prozedurale und physiologische Prozesse an der Organisation von bindungsbezogenen emotionalen Prozessen beteiligt. Hier wird deutlich, dass Bindungsunterschiede in der Bewertung von Emotionen und in der Kohärenz des Inneren Arbeitsmodells von Bindung auch in der emotionalen Wahrnehmung und Regulation zum Ausdruck kommen und insbesondere auf unterschiedlichen Regulationsebenen nachweisbar sind.

4. Konsequenzen für klinische Interventionen

In den letzten Jahren ist bindungstheoretisches Wissen zunehmend auf Interesse bei klinisch arbeitenden Psychologen gestoßen. Das Thema Bindung kann im klinischen Bereich in zweifacher Hinsicht relevant sein (vgl. Spangler & Zimmermann 1999a): zum einen primär, wenn Probleme oder Störungen in der Bindungsentwicklung auftreten, zum andern sekundär, wenn Bindung als Schutzfaktor (bei gegebener sicherer Bindung) bzw. als Risikofaktor (bei unsicherer Bindung) ein Rolle spielt. Interventionsziel ist in jedem Fall die Aufrechterhaltung bzw. der Aufbau eines sicheren Arbeitsmodells von Bindung. Bei Kindern und Jugendlichen müssen bei der Intervention natürlich auch die Bezugspersonen einbezogen werden, da sie ja in positivem wie in negativem Sinne einen entscheidenden Beitrag zur Bindungsentwicklung leisten (vgl. Scheuerer-Englisch 1995; Suess 1995).

Therapeutische Interventionen auf der Grundlage der Bindungstheorie sind auf Seiten betroffener Personen wie auch deren Bezugspersonen auf mehreren Ebenen möglich (vgl. van IJzendoorn, Juffer & Duyvesteyn 1995). Ausgehend von der Annahme, dass die sozial-emotionale Verhaltensregulation durch das Innere Arbeitsmodell von Bindung gesteuert wird, sollte bei Vorliegen einer unsicheren Bindungsrepräsentation das primäre Ziel eine Modifikation des bestehenden Inneren Arbeitsmodells bzw. der Aufbau eines neuen Arbeitsmodells von Bindung sein. Nach Bowlby (1988) sollte hierbei ein Therapeut dem Klienten eine sichere Basis sein und ihm dadurch dazu verhelfen, seine bestehenden Beziehungen zu reflektieren und seine gegenwärtigen Empfindungen und Wahrnehmungen als Produkte von tatsächlichen Erfahrungen zu verstehen, und schließlich zu einer Modifikation bestehender unangemessener Arbeitsmodelle beizutragen. Eine solche Intervention würde Bindungsrepräsentationen betreffen, also Komponenten des Inneren Arbeitsmodells, an deren Organisation vor allem auch kognitive Prozesse beteiligt sind.

Der Hauptfokus einer therapeutischen Intervention könnte sich aber auch auf die Handlungsebene richten, indem versucht wird, das Interaktionsverhalten des Klienten im Hinblick auf emotionale Wahrnehmung, Ausdruck von eigenen Bedürfnissen, Akzeptanz und feinfühliges Eingehen auf die Bedürfnisse des Interaktionspartners etc. zu optimieren bzw. bei der Arbeit mit Kindern und Familien allgemein einen besseren Umgang der Eltern mit ihrem Kind zu erreichen (siehe Suess & Röhl 1999). Ziel wäre also, durch Verhaltensrichtlinien und Trainingsprogramme direkt zu einer langfristigen Verhaltensmodifikation von Klienten bzw. deren Bezugspersonen beizutragen. So hat beispielsweise van den Boom (1994) mit den Müttern irritierbarer Säuglinge ein »Feinfühligkeitstraining« durchgeführt, um das bei diesen Kindern bestehende Risiko zur Ausbildung unsicherer Bindungsqualitäten zu verringern, und damit sehr gute Erfolge erzielt. Offen bleibt allerdings, inwieweit für einen langfristigen Interventionserfolg auch eine Veränderung auf der Repräsentationsebene der Eltern notwendig ist.

Bei diesen unterschiedlichen Interventionszugängen stellt sich jeweils die Frage, inwieweit eine auf einer Organisationsebene induzierte Veränderung auch Konsequenzen für die anderen Organisationsebenen bzw. Subsysteme hat. Führen beispielsweise Modifikationen des Inneren Arbeitsmodells auf der Repräsentationsebene auch zu Veränderungen im Beziehungsverhalten bzw. in der Verhaltens- und Emotionsregulation, insbesondere dann, wenn es um Regulationsprozesse geht, die im Entwicklungsverlauf relativ früh entstanden und prozedural organisiert sind bzw. subkortikalen Steuerungsprozessen unterliegen. Geht man von einer hierarchischen Organisation des Bindungssystems mit einer Dominanz der Repräsentationsebene aus, sollten Veränderungen auf der Repräsentationsebene auch Veränderungen in der Funktion der anderen Systeme implizieren. Dies würde konkret bedeuten, dass mit dem Erwerb eines sicheren Arbeitsmodells von Bindung auch Veränderungen im Interaktionsverhalten, z. B. in der emotionalen Wahrnehmung, und in subkortikalen Bewertungsprozessen einher gehen. So würde man beispielsweise bei Eltern mit einer unsicheren Bindungsgeschichte, bei denen zunächst eher von geringer Feinfühligkeit auszugehen wäre, nach dem Erwerb eines sicheren Arbeitsmodells eher feinfühliges Verhalten erwarten.

Umgekehrt könnten interventionsbedingte Veränderungen im Verhalten einer Person langfristig auch zu einer Änderung des Inneren Arbeitsmodells führen. Kognitive Umstrukturierungen sind zwar nicht zwingend erforderlich, sie könnten sich aber als Konsequenz ergeben, wenn die betreffende Person aufgrund ihres veränderten Beziehungsverhaltens bei ihren Bezugspersonen andere Reaktionen hervorruft, so dass sich langfristig ihr Bild von Beziehungen und Bezugspersonen verändert. Weiterhin stellt sich die Frage, ob sich Verhaltensveränderungen auf basale emotionale Bewertungsprozesse auswirken, oder ob sich, da subkortikal gesteuerte emotionale Bewertungsprozesse an der Verhaltenssteuerung beteiligt sind, Einschränkungen in der Modifizierbarkeit des Verhaltens ergeben. So beinhaltet feinfühliges Verhalten nicht nur promptes und angemessenes Reagieren, sondern setzt Wahrnehmung und richtige Interpretation kindlicher Signale und Bedürfnisse als wesentlich voraus, an deren Organisation auch physiologische Systeme wesentlichen Anteil haben (vgl. Spangler & Zimmermann 1999b, Spangler u. a. in Vorb.) so dass eine Veränderung von deren Flexibilität abhängt.

Schließlich wäre es durchaus denkbar, dass Modifikationen sich auf die jeweilige Interventionsebene beschränken, dass also beispielsweise trotz einer Veränderung von Bindungsrepräsentationen die Funktion untergeordneter Ebenen im wesentlichen unverändert bleibt. In diesem Falle würden auf unterschiedlichen Ebenen verschiedene Arbeitsmodelle vorliegen. Eine Person mit einer vermeidenden Bindungsgeschichte könnte demnach nach einer bindungstheoretisch fundierten therapeutischen Intervention auf der Repräsentationsebene ein sicheres Arbeitsmodell aufbauen, trotzdem aber auf der Verhaltensebene und der Ebene emotionaler Bewertungsprozesse vermeidende Tendenzen aufweisen. Hier dürfte dann entscheidend sein, inwieweit das höher organisierte psychologische Modell ein gewisses Primat für die Verhaltenssteuerung besitzt. Denkbar wäre, dass diese Person in vielen Situationen zu einer angemessenen emotionalen Regulation in der Lage ist und auch auf soziale Unterstützung zurückgreifen kann, d. h. die Verhaltens- und Emotionsregulierung überwiegend nach dem sicheren Modell auf der Repräsentationsebene erfolgt, welches gleichzeitig untergeordnete Modelle kompensieren oder deaktivieren würde. Daneben könnte aber, wenn die Regulierung auf der Repräsentationsebene nicht gelingt oder wenn die Belastung zu groß ist, eine erneute Aktivierung untergeordneter Systeme nach wie vor zustande kommen. Kann man von diesem Primat des sicheren Modells nicht ausgehen, sondern postuliert eine gewissen Unabhängigkeit der unterschiedlichen Modelle, so könnte die Auswahl des Regulationssystems durch Kontextmerkmale beeinflusst sein, also z. B. vom Verhalten des Interaktionspartners, von der emotionalen Verfassung etc.

Diese Überlegungen betreffen das Zusammenspiel unterschiedlicher Regulationsebenen in der Organisation des Inneren Arbeitsmodells von Bindung. Wie dieses Zusammenspiels tatsächlich funktioniert, dazu gibt es bislang wenig empirische Grundlagen. Entsprechendes Wissen darüber wäre sehr wesentlich sowohl für die entwicklungspsychologisch orientierte Bindungsforschung, um eine über Spekulationen hinausgehende Beschreibung der Entwicklung des Inneren Arbeitsmodells von Bindung bis zum Erwachsenenalter liefern zu können (vgl. Spangler & Delius, 2000) als auch für die bindungstheoretisch orientierten klinischen Psychologen, um auf einer solchen Grundlage klinische Interventionen alters-, personen- und kontextspezifisch planen, durchführen und evaluieren zu können.

Literatur

Ainsworth, M. D. S. & Wittig, B. A. (1969): Attachment and the exploratory behavior of one-year-olds in a strange situation. In: B. M. Foss (Hg.): Determinants of infant behavior Bd. 4. London (Methuen), S. 113–136.

Ainsworth, M. D. S., Blehar, M. C., Waters, E. & Wall, S. (1978): Patterns of attachment. A psychological study of the strange situation. Hillsdale, NJ (Erlbaum).

Becker-Stoll, F. (1997): Interaktionsverhalten von Jugendlichen und Müttern im Kontext längsschnittlicher Bindungsentwicklung (unveröffentlichte Dissertation). Regensburg (Universität Regensburg).

Belsky, J., Rosenberger, K. & Crnic, K. (1995): The origins of attachment security: Classical and contextual determinants. In: Goldberg, S., Muir, R. & Kerr, J. (Hg.): Attachment theory. Social, developmental, and clinical perspectives .Hillsdale, NJ (The Analytic Press), S. 153–183.

Bowlby, J. (1975): Bindung. München (Kindler).

Bowlby, J. (1976): Trennung. München (Kindler).

Bowlby, J. (1982): Das Glück und die Trauer. Stuttgart (Klett-Cotta).

Bowlby, J. (1988): A secure base. Clinical applications of attachment theory. London (Routledge).

Capitanio, J. P., Weissberg, M. & Reite, M. (1985): Biology of maternal behavior. Recent findings and implications. In: Reite, M. & Field, T. (Hg.): The psychobiology of attachment and separation. Orlando (Academic Press), S. 51–92.

Carlson, E. A. (1998): A prospective longitudinal study of attachment disorganization/disorientation. Child Development, 69, S. 1107–1128.

Egeland, B., Faber, E. (1984). Infant-mother attachment: Factors related to ist development and changes over time. Child Development, 55, 753-771.

Fowles, D. C. (1980): The three arousal model. Implications of Grays two-factor learning theory for heart rate, electrodermal activity, and psychopathy. Psychophysiology, 17, S. 87–103.

Fremmer-Bombik, E. (1995): Innere Arbeitsmodelle von Bindung. In: Spangler, G. & Zimmermann, P. (Hg.): Die Bindungstheorie. Grundlagen, Forschung und Anwendung. Stuttgart (Klett-Cotta), S. 109–119.

Gopnik, A. & Meltzoff, A. N. (1997): Words, thoughts, and theories. Cambridge (MIT Press).

Graham, F. K. & Clifton, R. K. (1966): Heart-rate change as a component of the orienting response. Psychological Bulletin, 65, S. 305–320.

Grossmann, K., Fremmer-Bombik, E., Rudolph, J. & Grossmann, K. E. (1988): Maternal attachment representations as related to child-mother attachment patterns and maternal sensitivity and acceptance of her infant. In: Hinde, R. A. & Stevenson-Hinde, J. (Hg.): Relations within families. Oxford (University Press), S. 241–260.

Grossmann, K., Grossmann, K. E., Spangler, G., Suess, G. & Unzner, L. (1985): Maternal sensitivity and newborns orientation responses as related to quality of attachment in northern Germany. In: Bretherton, I. & Waters, E. (Hg.): Growing points in attachment theory and research. Monographs of the Society for Research in Child Development.

Gunnar, M. R. (1991): The psychobiology of stress in early development. Reactivity and regulation (Paper presented at the Meetings of the International Society for the Study of Behavioral Development). Minneapolis (USA).

Gunnar, M. R., Broderson, L., Nachmias, M., Buss, K. & Rigatuso, J. (1996): Stress reactivity and attachment security. Developmental Psychobiology, 29, S. 191–204.

Hamilton, C. E. (2000): Continuity and discontinuity of attachment from infancy through adolescence. Child Development, 71, S. 684–690.

Hertsgard, L., Gunnar, m. Erickson, M. F. & Nachmias, M. (1995). Adrenocortical responses to the strange situation in infants with disorganized/disoriented attachment relationships. Child Development, 66, 1100-1106.

Holst, D. von. (1986): Vegetative and somatic components of tree shrews behavior. Journal of the Autonomic Nervous System, Suppl, S. 657–670.

Kraemer, G. W. (1992): A psychobiological theory of attachment. Behavioral and Brain Sciences, 15, S. 493–541.

Lacey, J. I. (1967): Somatic response patterning and stress. Some revisions of activation theory. In: Appley, M. H. & Trumbull, R. (Hg.): Psychological stress. Issues in research. New York (Appleton-Century-Crofts).

Lakatos, K., Toth, I., Nemoda, Z., Ney, K., Sasvary-Szekely, M. & Gervai, J. (2000): Dopamine D4 receptor (DRD4) gene polymorphism is associated with attachment disorganization in infants. Molecular Psychiatry, 5, S. 633–637.

Lang, P. J., Bradley, M. M. & Cuthbert, B. N. (1990): Emotion, attention, and the startle reflex. Psychological Review, 97, 377–395.

Levine, S. (1983): A psychobiological approach to the ontogeny of coping. In: Garmezy, N. & Rutter, M. (Hg.): Stress coping and development in children. New York (McGraw Hill). S. 107–131.

Levine, S., Wiener, S. G., Coe, C. L., Bayart, F. E. S. & Hayashi, K. T. (1987): Primate vocalization: a psychobiological approach. Child Development, 58, S. 1408–1419.

Lewis, M., Feiring, C. & Rosenthal, S. (2000): Attachment over time. Child Development, 71, S. 707–720.

Lyons-Ruth, K., Repacholi, B., McLeod, S., Silva, E. (1991): Disorganized attachment behavior in infancy. Short-term stability, maternal and infant correlates, and risk-related subtypes. Development and Psychopathology, 3, S. 377–396.

Main, M. & Cassidy, J. (1988): Categories of response to reunion with the parent at age six: Predictable from infant attachment classification and stable over a one-month period. Developmental Psychology, 24, S. 415–426.

Main, M. & Goldwyn, R. (1985): Adult Attachment classification rating systems. Berkeley (University of California), (Unpublished manuscript).

Main, M. & Hesse, E. (1990): Parents unresolved traumatic experiences are related to infant disorganized attachment status. Is frightened and/or frightening parental behavior the linking mechanism? In: Greenberg, M. T., Cicchetti, D. & Cummings, E. M. (Hg.): Attachment in the preschool years. Chicago (University of Chicago Press), S. 161–184.

Main, M. (1995): Desorganisation im Bindungsverhalten. In: Spangler, G. & Zimmermann, P. (Hg.): Die Bindungstheorie. Grundlagen, Forschung und Anwendung. Stuttgart (Klett-Cotta), S. 651–693.

Nachmias, M., Gunnar, M. R., Mangelsdorf, S., Parritz, R. H. & Buss, K. (1996): Behavioral inhibition and stress reactivity. The moderating role of attachment security. Child Development, 67, S. 508–522.

Panksepp, J., Siviy, S. M., & Normansell, L. A. (1985): Brain opioids and social emotions. In: M. Reite & T. Field (Hg.): The psychobiology of attachment and separation. Orlando (Academic Press), S. 3–49.

Rottmann, U. & Ziegenhain, U. (1988): Bindungsbeziehung und außerfamiliale Tagesbetreuung im frühen Kindesalter. Die Eingewöhnung einjähriger Kinder in die Krippe. Freie Universität Berlin (Dissertation).

Scheuerer-Englisch, H. (1995): Die Bindungsdynamik im Familiensystem: Impulse der Bindungstheorie für die familientherapeutische Praxis. In: Spangler, G. & Zimmermann, P. (Hg.): Die Bindungstheorie. Grundlagen, Forschung und Anwendung. Stuttgart (Klett-Cotta), S. 361–374.

Scheuerer-Englisch, H. (1989): Das Bild der Vertrauensbeziehung bei zehnjährigen Kindern und ihren Eltern. Bindungsbeziehungen in längsschnittlicher und aktueller Sicht. Universität Regensburg (Dissertation).

Sokolov, E. N. (1963): Perception and the conditioned reflex. Oxford (Pergamon Press).

Spangler, G. (1992): Sozio-emotionale Entwicklung im ersten Lebensjahr. Individuelle, soziale und physiologische Aspekte. Universität Regensburg (Habilitationsschrift).

Spangler, G. (1995): Die Rolle kindlicher Verhaltensdispositionen für die Bindungsentwicklung. In: Spangler, G. & Zimmermann ,P. (Hg.): Die Bindungstheorie. Grundlagen, Forschung und Anwendung. Stuttgart (Klett-Cotta), S. 651–693.

Spangler, G. & Delius, A. (2000): Bindungsentwicklung im Vorschulalter. Das innere Arbeitsmodells von Bindung als »Theory of Attachment«. Vortrag beim 42. Kongreß der Deutschen Gesellschaft für Psychologie in Jena, September 2000.

Spangler, G., Emlinger, S., Meinhardt, J. & Hamm, A. (2001): The specificity of infant emotional expression for emotion perception. International Journal of Psychophysiology, 41, 155-168.

Spangler, G., Fremmer-Bombik, E. & Grossmann, K. (1996): Social and individual determinants of attachment security and disorganization during the first year. Infant Mental

Health Journal, 17, S. 127–139.

Spangler, G., Geserick, B., & von Wahlert, A. (in Vorb.): A positive bias in parental perception of infant emotions. Psychological and physiological processes.

Spangler, G. & Grossmann, K. E. (1993): Biobehavioral organization in securely and insecurely attached infants. Child Development, 64, S. 1439–1450.

Spangler, G. & Grossmann, K. (1999): Individual and physiological correlates of attachment disorganization in infancy. In: Solomon, J. & George, C. (Hg.): Attachment disorganization. New York (Guilford Press), S. 95–124.

Spangler, G., Maier, U. & Geserick, B. (in Vorb.). Perception of infant emotions imn parents with secure and insecure attachment representations.

Spangler, G. & Scheubeck, R. (1993): Behavioral organization in newborns and its relation to adrenocortical and cardiac activity. Child Development, 64, S. 622–633.

Spangler, G. & Schieche, M. (1998): Emotional and adrenocortical responses of infants to the strange situation. The differential function of emotional expression. International Journal of Behavioral Development, 22, S. 681–706.

Spangler, G., Schieche, M., Ilg, U., Maier, U. & Ackermann, C. (1994): Maternal sensitivity as an external organizer for biobehavioral regulation in infancy. Developmental Psychobiology, 27, S. 425–437.

Spangler, G. & Zimmermann, P. (1999a): Bindung und Anpassung im Lebenslauf. Erklärungsansätze und empirische Grundlagen für Entwicklungsprognosen. In: Oerter, R., Hagen, C. v., Röper, G. & Noam, G. G. (Hg.): Lehrbuch Klinische Entwicklungspsychologie. Weinheim (Beltz-Psychologie Verlags Union).

Spangler, G. & Zimmermann, P. (1999b): Attachment Representation and Emotion Regulation in Adolescents: A Psychobiological Perspective on Internal Working Models. Attachment and Human Development, 1, S. 270–290.

Sroufe, L. A. (1983): Infant-caregiver attachment and patterns of adaptation in preschool. The roots of maladaptation and competence. In: Perlmutter, M. (Hg.): Minnesota Symposium in Child Psychology, Bd. 16. Hillsdale, NJ (Erlbaum), S. 41–81.

Steklis, H. D. & Kling, A. (1985): Neurobiology of affiliative behavior in nonhuman primates. In: Reite, M. & Field, T. (Hg.): The psychobiology of attachment and separation. Orlando (Academic Press), S. 93–134.

Suess, G., Grossmann, K. E. & Sroufe, L. A. (1992): Effects of infant attachment to mother and father on quality of adaptation in preschool. From dyadic to individual organization of self. International Journal of Behavioral Development, 15, S. 43–65.

Suess, G. J. (1995): Das Selbst als Ausdruck dyadischer und individueller Organisation. Integrative Impulse der Bindungsforschung für die beraterische/therapeutische Praxis. In: Spangler, G. & Zimmermann, P. (Hg.): Die Bindungstheorie. Grundlagen, Forschung und Anwendung. Stuttgart (Klett-Cotta), S. 361–374.

Suess, G. J., Röhl, J. (1999): Die integrative Funktion der Bindungstheorie in Beratung /Therapie. In: Suess, G.J. & Pfeifer, W.-K. (1999): Frühe Hilfen. Die Anwendung von Bindungs- und Kleinkindforschung in Erziehung, Beratung, Therapie und Vorbeugung. Gießen (Psychosozial-Verlag).

Suess, G. J. & Fegert, J. M. (1999): Das Wohl des Kindes in der Beratung aus entwicklungspsychologischer Sicht. Familie, Partnerschaft & Recht, 03, S. 157–164.

Suomi, S. J. & Harlow, H. F. (1977): Early Separation and early maturation. In: Oliveiro, A. (Hg.): Genetics, environment, and intelligence. Amsterdam (Elsevier).

van den Boom, D. C. (1994): The influence of temperament and mothering on attachment and exploration. An experimental manipulation of sensitive responsiveness among lower class

mothers with irritable infants. Child Development, 65, S. 1457–1477.
van IJzendoorn M. H. (1995): Adult attachment representations, parental responsiveness, and infant attachment. A meta-analysis on the predictive validity of the adult attachment interview. Psychological Bulletin, 117, S. 387–403.
van IJzendoorn, M. H., Juffer, F., & Duyvesteyn, M. G. C. (1995): Breaking the intergenerational cycle of insecure attachment. A review of the effects of attachment-based interventions on maternal sensitivity and infant security. Journal of Child Psychology and Psychiatry and Allied Disciplines, 36, S. 225–248.
Wartner, U. G., Grossmann, K., Fremmer-Bombik, E., & Suess, G. (1994): Attachment patterns at age six in South Germany. Predictability from infancy and implications for preschool behavior. Child Development, 65, S. 1014–1027.
Waters, E., Merrick, S., Treboux, D., Crowell, J., & Albersheim, L. (2000): Attachment security in infancy and early adulthood. A twenty-year longitudinal study. Child Development, 71, S. 690–694.
Waters, E., Vaughn, B. E., & Egeland, B. R. (1980): Individual differences in infant-mother attachment relationships at age one. Antecedents in neonatal behavior in an urban, economically disadvantaged sample. Child Development, 51, S. 208–216.
Weinfield, N. S., Sroufe, L. A. & Egeland, B. (2000): Attachment from infancy to early adulthood in a high-risk sample. Continuity, discontinuity and their correlates. Child Development, 71, S. 695–702.
Zimmermann, P. (1995): Bindungsentwicklung von der frühen Kindheit bis zum Jugendalter und ihre Bedeutung für den Umgang mit Freundschaftsbeziehungen. In: Spangler, G. & Zimmermann, P. (Hg.): Die Bindungstheorie. Grundlagen, Forschung und Anwendung. Stuttgart (Klett-Cotta), S. 41–81.
Zimmermann, P., Fremmer-Bombik, E., Spangler, G. & Grossmann, K. E. (1997): Attachment in Adolescence. A longitudinal perspective. In: Koops, W., Hoeksma, J. B. & van den Boom, D. C. (Hg.): Development of interaction and attachment. Traditional and non-traditional approchaes. Amsterdam (North-Holland).

2. Bindung und Paardynamik

Bindung und romantische Liebe: Sozialpsychologische Aspekte der Bindungstheorie

Erich H. Witte

1. Einleitende Bemerkungen

In Verbindung mit den hier publizierten Arbeiten scheint es nicht opportun, ein weiteres Mal über die Bindungstheorie und ihre Entwicklung zu berichten.

Betrachtet man dagegen allgemeine Sozialisationsvorgänge, so erkennt man ausgehend vom Erwartungskonzept der Lerntheorie (Tolman 1932) die enge Verbindung zwischen Bindungstheorie und der Theorie des Sozialen Lernens von Rotter (1954). Hier wird das Konzept der generalisierten Erwartung eingeführt, das zwischen »Internals« und »Externals« unterscheidet, also zwischen Personen, die die Kontrollerwartung nach innen oder nach außen verlagern. Dieses ist ein im Vergleich zur Bindungstheorie eher *kognitiver* Ansatz, wobei die »Internals« einen sicheren Bindungsstil repräsentieren und die »Externals« einen eher unsicheren. Im Ansatz ähnlich ist auch Banduras Theorie der Selbsteffizienz (1977) in der auch an Modellen gelernt werden kann, sich mehr oder weniger auf seine eigenen Fähigkeiten zu verlassen, so dass auch hier ein *kognitiver* Weg eingeschlagen wird.

Im Rahmen der *emotionalen* Beziehung zu anderen Personen muss man neben der Bindungstheorie auch an die Forschungen zur Affiliationstheorie von Schachter (1959) denken. Sie weisen auf die Abhängigkeit der Suche nach emotionaler Unterstützung durch andere Personen von der *Form* der Bedrohung durch äußere Bedingungen (Teichmann 1978) hin. Das Suchen nach positiver Unterstützung von außen ist also auch von der Bedrohungsform abhängig und muss nicht nur durch interne Bindungsstile hervorgerufen werden. Ganz generell muss man davon ausgehen, dass mit zunehmendem Alter neben der affektiven Reaktion ohne kognitive Reflexion verstärkt kognitive Prozesse eingesetzt werden, durch die der Bindungsstil mitgeprägt wird. Außerdem werden *Verhaltens*normen und -fähigkeiten ins Zentrum rücken, die die Interaktion mit Personen determinieren. Folglich wird der Bindungsstil in zunehmendem Alter durch immer komplexere Sozialisationsvorgänge auf kognitiver, affektiver und konativer Ebene geprägt, für die dann auch eine komplexere Sozialisationstheorie als Rahmenkonzept notwendig wird. Der Versuch, eine solche Theorie zu skizzieren, ist an anderer Stelle vorgenommen worden (Witte 1994). Wichtig in diesem Zusammenhang ist, dass z. B. die soziale Lage, unter der Kinder aufwachsen, einen gewissen Einfluss nimmt bei der Herausbildung eines Bindungsstils. Konstante soziale Bedingungen ohne wirtschaftliche Bedrohung erleichtern die Herausbildung einer positiven Sicht von anderen Personen. Auch generelle *Werte* in Form von Erziehungszielen spielen eine Rolle bei der quantitativen Verteilung von Bindungsstilen in einer Gesellschaft (siehe van Ijzendoorn & Sage 1999). Wir führen hier letztlich nur eine der beiden Ursprünge der Bindungstheorie an, die neben psychoanalytischem Gedankengut auch auf kulturanthropologischen Ursprüngen basiert (Ainsworth 1967). Diese allgemeinen Rahmenbedingungen, wie sie direkt an den Sozialisanten herangebracht werden, haben einen wichtigen Einfluss auf die Sozialisation, wobei er oder sie nur diejenigen Anteile übernehmen oder für sich nutzen kann, die die bereits entwickelte personale und soziale Identität nicht beeinträchtigen bzw. sogar stärken. Im Rahmen eines komplexen Sozialisationsgeschehens macht die primäre Sozialisation in der Mutter-Kind-Interaktion mit ihrer psychoanalytischen Deutung und dem Schwerpunkt auf emotionale Prozesse nur einen gewissen Anteil in der lebenslangen Entwicklung aus. Kulturelle bzw. subkulturelle Rahmenbedingungen mit Werten, Normen, Zielen und sich herausbildenden Erwartungen sind die ebenfalls wirkenden Einflussquellen in der Sozialisation.

Dieses jedenfalls ist die Sicht aus der sozialpsychologischen Perspektive auf die Bindungstheorie.

2. Methodisch-technische Hinweise

Das außerordentlich anspruchsvolle und sehr zu begrüßende Herangehen an die Messung des Bindungsstils von der frühen Kindheit bis in das Erwachsenenalter führt dazu, dass auch entsprechend differenzierte Methoden eingesetzt werden müssen. Wir haben bei der Ainsworth-Fremde-Situation die *professionelle Beobachtung*, bei dem AAI die *retrospektive Selbstbeobachtung*, bei der Vorgabe prototypischer Selbstbeschreibungen eine aktuelle *Klassifikation* und bei der Selbsteinschätzung eine *differenzierte Selbstdiagnose* (Doll, Mentz & Witte 1995). Die Methodenvarianz ist hier sicherlich sehr groß, weil sehr unterschiedliche

Perspektiven eingenommen werden. Die Beobachtungsmethode ist offensichtlich nicht direkt durch das kognitive System des Beobachteten bei der Messung geprägt. Die Meta-Perspektive wird erst durch die Selbstbeschreibung relevant. Hinzu kommen bei dem AAI noch Gedächtniseffekte mit entsprechenden Verzerrungen. Ferner bleiben bei den Messungen über die Zeit Fragen der Stabilität zu klären (Main 1999). Angemessener als ein Stabilitätsmaß scheint das Konzept der Vorhersagbarkeit oder der systematischen Veränderung zu sein, das differentielle Veränderungschancen beschreibt, abhängig von den Ausgangsbedingungen und den Einwirkungen. Der Bindungsstil ist dann kein Trait-Konzept, sondern ein State-Konzept. Diese entwicklungspsychologische Frage, die eher vergangenheitsorientiert ist, kann man konfrontieren mit einer gegenwartsorientierten Frage, ob aus dem *augenblicklichen Selbstbild* Einflüsse auf andere Bereiche beobachtbar sind, wobei die Entstehung des augenblicklichen Bindungsstils vorerst sekundär bleibt. Generalisiert der Bindungsstil auf die Hilfsbereitschaft und die Sexualität? Wir gehen dieser Frage weiter unten nach.

Ein erster Ausgangspunkt für theoretische Konzepte, die gegenwartsorientiert vorgehen, ist die Bildung von Typen. Anfänglich gab es drei Bindungsstile: Sicher, vermeidend, ängstlich-ambivalent. Diese Dreiteilung ist wahrscheinlich auch bedingt durch die Klassifikation von außen durch Beobachter, die selten mehr als diese drei Kategorien reliabel verarbeiten können.

Der nächste Schritt war dann eine analytische Differenzierung in eine Innen- und Außen-Perspektive mit einer positiven-negativen Abstufung (Bartholomew 1990):

	Selbstkonzept (Abhängigkeit)	
	Positiv (gering)	Negativ (hoch)
Positiv (gering) Bild von anderen (Ablehnung) Negativ (hoch)	**Sicher** (secure) Sich wohlfühlen mit Intimität und Autonomie	**ängstlich-ambivalent** (preoccupied) In Beziehungen ganz verstrickt sein
	gleichgültig-vermeidend (dismissing) Intimität und Abhängigkeit ablehnend	**ängstlich-vermeidend** (fearful) Angst vor Intimität Beziehungen vermeiden

Abbildung 1: Vierfelder Darstellung der Bindungsstile

Anschließend kann man übergehen zu synthetisch-empirischen Unterscheidungen, indem man Fragebögen zur Selbstbeschreibung einsetzt und dann die unabhängigen Dimensionen zu ermitteln versucht (Bierhoff & Grau 1999). Man findet dann eine Dimension, die *Sichere* von *Ängstlichen* trennt, und eine zweite Dimension, die *Ablehnende* von *Besitzergreifenden* unterscheidet. Die Ausprägungen auf diesen beiden Dimensionen sind nicht normalverteilt, weil die Häufigkeiten sehr verschieden sind: Es dominiert immer der sichere Bindungsstil vor dem ängstlichen; der ablehnende Bindungsstil macht häufig nur um 10% der Stichprobe aus (Doll, Mentz & Witte 1995), wodurch sich teilweise die beobachteten Abhängigkeiten zwischen den einzelnen Stilen (Asendorf & Banse 2000) ergeben.

Wenn man jetzt die Bindungsstile als Selbstkategorisierung erhebt und gleichzeitig ein Rating-Verfahren einsetzt, das die jeweilige Nähe zu den *vier* Bindungsstilen erfasst, dann kann man feststellen, dass beide Verfahren zu sehr ähnlichen Ergebnissen führen (Doll, Mentz & Witte 1995). Erhebt man ferner zusätzlich zu den Bindungsstilen noch die Hilfeorientierung und die Sexualorientierung in vergleichbarer Weise, dann kann man feststellen, dass auch diese Orientierungen sich recht gut mit dem Bindungsstil zu einem gemeinsamen Muster vereinigen lassen. Es ist also so, dass Liebesbeziehungen, Freundschaftsbeziehungen und Sexualbeziehungen ähnlich gelebt werden, wenn man die Selbsteinschätzungen verwendet. Theoretisch müssten jetzt die Sozialisationsbedingungen in der frühen Kindheit mit diesen Bindungsstilen in Verbindung gebracht werden können. Leider sind hier die Zusammenhänge nur recht gering. Die kanonische Korrelation beträgt $r = 0.26$ (Doll, Mentz & Witte 1995). Denkbar ist jetzt, dass a) entweder die heutige Sicht über die Beziehungen zu den Eltern unzutreffend ist, b) das verwendete Instrument mangelhaft ist oder c) die nachfolgenden Einflüsse vielfältige Veränderungen erzeugt haben, die in der Kindheit so noch nicht angelegt waren. Geht man von der letzten Annahme aus, so müssten genaue biographische Betrachtungen und entsprechende Längsschnittstudien über diese Prozesse Aufschluss geben. Insbesondere zu beachten ist dabei die Veränderung der internen Arbeitsmodelle nach der Ablösung aus der Familie, weil erst danach neue Sozialisationsbedingungen voll wirksam werden können, sofern auch eine emotionale Ablösung diese neuen Einflüsse wirksam werden lässt. Hier spielt jetzt das Konzept der personalen und sozialen Identität eine Rolle, das Einwirkungen selektiv nach der Sicherung der Identität wirksam werden lässt.

Für viele Anwendungsfragen ist weniger die Entstehung des Bindungsstils von Bedeutung als vielmehr das augenblickliche Arbeitsmodell, das Personen für sich gefunden haben. Diese Arbeitsmodelle thematisieren in Paarbeziehungen vor allem die Frage nach Distanz und Nähe, also die *Art* der emotionalen Beziehung (Witte & Lehmann 1992; Witte & Wallschlag 2000).

3. Die Bindungsstile als Grundlage für die Partnerschaftsbeziehung.

Man hat oft den Eindruck, als sei ganz eindeutig festgelegt, dass es gute und schlechte, gesunde und kranke Bindungsstile gibt. Diese Zuordnung ist im Erwachsenenalter sicherlich nicht so eindeutig möglich, aber die Verschiedenheit in den Bindungsstilen von Partnern führt oft zu einer Auseinandersetzung über das Thema Nähe und Distanz (Witte & Lehmann 1992, Witte & Wallschlag 2000). Mit allen vier Bindungsstilen sind letztlich Chancen und Risiken für eine glückliche Partnerschaft verbunden. So kann man bei sicher gebundenen Partnern feststellen, dass sie nicht rechtzeitig merken und korrigierend einwirken, wenn sie in einer Partnerschaft diejenigen sind, die ausgenutzt werden, was dann wiederum zu schwierigen Auseinandersetzungen in der Partnerschaft führt, weil sich ein bestimmter Interaktionsstil herausgebildet hat. Ansonsten ist es natürlich vergleichsweise einfach, mit diesen Personen zusammenzuleben. Ängstlich-ambivalente Personen bemühen sich jedoch noch intensiver um die Partnerschaft und schaffen eine große Nähe. Schließlich sind die gleichgültig-vermeidenden Partner diejenigen, die dem anderen große Freiheiten zur Selbstentfaltung ermöglichen. Sie versuchen, eine größere Distanz in der Partnerschaft zu leben und dem Partner größere Freiräume zu gestatten. Sicherlich ist es schwierig, mit ängstlich-vermeidenden Partnern umzugehen und längere Beziehungen zu erhalten. Bei diesem Bindungsstil sind die größten Risiken zu erwarten. Alle anderen haben auch ihre Chancen. So investieren die sicher gebundenen Personen mehr in die Partnerschaft, führen eher eine positive Kommunikation und lassen eher Zärtlichkeit zu. Vielleicht wird dann eine solche Partnerschaft eher zu einer auf Gewohnheit basierenden Gemeinschaft im Laufe der Beziehung, weil man sich auch des Partners und seiner Liebe sicher ist. Demgegenüber sind die ängstlich-ambivalenten viel stärker mit der Partnerschaft beschäftigt, idealisieren den Partner und zeigen ein viel größeres Ausmaß an Eifersucht. Diese Lebensform verändert sicherlich manche Routine. Die gleichgültig-vermeidenden Partner können Stress in der Partnerschaft, der auch von außen herangetragen werden kann, besser kompensieren und bleiben bei der Thematik der Machtbalance, die ein weiteres wichtiges Thema in Beziehungen ist, davon weniger berührt, wobei sie dem Partner auch ein gleiches Ausmaß an Macht zugestehen. Man erkennt an diesen Kombinationen von Beziehungsstilen in Partnerschaften, dass es sehr verschiedene Formen des Zusammenlebens geben muss, wenn man nur aus dem Blickwinkel der Typologie von Bindungsstilen schaut.

4. Die Bindungsstile und ihre Auswirkung auf die Liebesstile

Wie wir in Partnerschaften leben wollen, woran wir unser Verliebtsein erkennen und wie wir uns unsere Liebe erklären, ist wesentlich auch durch unsere Kultur geprägt (Kraft & Witte 1992). Diese Sozialisationsbedingungen nehmen als kulturellen Hintergrund Einfluss auf Wahrnehmungs-, Erklärungs- und Erwartungshypothesen der Personen einer Gesellschaft. Sie stellen die soziale Repräsentation von Verliebtsein, Liebe und Partnerschaft dar. Gleichfalls erlernen wir vor allem in Verbindung mit unserer primären Sozialisation Bindungsstile als »Arbeitsmodelle« (working models) im Umgang mit intimen Sozialbeziehungen; Partner, Freunde, Sexualbeziehungen (Doll, Mentz & Witte 1995). Wie hängen jetzt diese beiden kognitiv-affektiven Repräsentationen zusammen?

Bei den Liebesstilen wurden sechs verschiedene gefunden (Bierhoff & Grau 1999):

1. Romantische Liebe (Eros)
2. Besitzergreifende Liebe (Mania)
3. Freundschaftliche Liebe (Storge)
4. Spielerische Liebe (Ludus)
5. Pragmatische Liebe (Pragma)
6. Altruistische Liebe (Agape).

Betrachtet man entsprechende Korrelationen, so zeigt sich deutlich, dass es einen negativen Zusammenhang gibt zwischen allen drei unsicheren Stilen und der romantischen Liebe (Eros), die auch durch sexuelles Interesse gekennzeichnet ist. Die drei unsicheren Bindungsstile haben dagegen einen positiven Zusammenhang mit der spielerischen Liebe (Ludus) und der pragmatischen Liebe (Pragma). Das gilt für alle drei Stile mit einem besonders deutlichen Zusammenhang mit dem gleichgültig-vermeidenden Bindungsstil.

Die besitzergreifende Liebe (Mania) ist vor allem verbunden mit dem ängstlich-ambivalenten Liebesstil, was auch der Erwartung entspricht. Der Partner soll das negative Selbstbild kompensieren.

Interessanterweise gibt es *keine* deutlichen Zusammenhänge zwischen sicherem Bindungsstil und allen Liebesstilen. Ein sicherer Bindungsstil legt am wenigsten die Liebesbeziehung fest.

5. Die Bindungsstile und ihre Auswirkung auf die Stabilität der Paarbeziehung

Neben der Art, wie man zusammenlebt, kann man sich auch die Konsequenzen des Zusammenlebens anschauen und Verbindungen zu den Bindungsstilen herstellen.

Die Beziehungen, die von zwei sicher gebundenen geführt werden, dauern im Durchschnitt 10 Jahre, die anderen 5 Jahre. 7% der sicher gebundenen Personen leben vom Partner getrennt, aber 14% der ängstlich-ambivalenten Personen. Die anderen beiden Bindungsstile liegen dazwischen. Ferner zeigt sich, wie erwartet, dass 25% der gleichgültig-vermeidenden Personen als Single leben, aber nur 10% der sicher Gebundenen.

Geht man in unserer Gesellschaft davon aus, dass es eine freie Partnerwahl gibt, so wählen ängstlich-ambivalente Frauen überzufällig gleichgültig-vermeidende Männer, wobei diese Beziehungen sehr stabil sind, aber nicht sehr glücklich, jedoch sexuell befriedigend. Besonders gefährdet ist die Beziehung, wenn ängstlich-ambivalente Männer und gleichgültig-vermeidende Frauen eine Beziehung eingegangen sind (Feeney 1999).

6. Bindungsstile und ein Funktionsmodell von Partnerschaft: Eine gemeinsame Grundlage für Paartherapie

An anderer Stelle ist ein Funktionsmodell von Partnerschaft dargelegt worden (Witte & Lehmann 1992, Witte & Wallschlag 2000). Es besagt, dass jede Paarbeziehung als soziales System drei Aufgaben lösen muss zur Stabilisierung, nämlich *Systemtransparenz* herstellen, *Strukturflexibilität* aufweisen und ein gewisses Ausmaß an *Umweltoffenheit* zeigen. Dabei wird die Systemtransparenz durch die *Beziehungsdefinition* und die *verbale Auseinandersetzung* herbeigeführt. Die Beziehungsdefinition erfasst dabei, wie deutlich ich meine positive Beziehung zum Partner zeige, so dass er genau weiß, wie sehr er gemocht wird. Die verbale Auseinandersetzung als zweites Element der Systemtransparenz erfasst die Korrektur der Abweichung vom Ziel der Paarbeziehung, nämlich ihren Glückszustand. Dabei ist es außerordentlich wichtig zu wissen, dass die verbale Auseinandersetzung nicht beliebig forciert werden darf, wie es manchmal in Kommunikationstrainings angestrebt wird. Man sollte nur soviel kommunizieren, wie der positive Zustand der Beziehung es zulässt, ansonsten endet eine Kommunikation in Streit, was kontraproduktiv ist für den Glückszustand als Ziel. Gegenstand der verbalen Auseinandersetzungen sind vor allem zwei interne und zwei externe Bereiche. Die interne Beziehung bezieht sich auf die Struktur, die durch *Nähe und Distanz* sowie *Machtbeziehung* gekennzeichnet ist. Der externe Bereich betrifft das *Ansehen* und die *Beliebtheit* bei anderen Personen, die das Paar als Einheit, aber auch die einzelnen Partner bei anderen erleben. Wenn man dieses Funktionsmodell zur Grundlage nimmt, dann lassen sich abhängig vom Bindungsstil sensible Bereiche unterstellen, die den Glückszustand der Paarbeziehung bedrohen. Zwei sicher gebundene Partner haben die geringste Belastung durch unterschiedliche Ansprüche. In einem unglücklichen Zustand ist vor allem die Frage nach der Routine und der vernachlässigten Beziehungsdefinition zu klären. Wenn beiden deutlich ist, dass man dem anderen auch seine Gefühle zeigen muss, sollte sich ein Prozess der positiven Selbstverstärkung in Gang setzen lassen.

Ängstlich-ambivalente Partner werden immer unzufrieden mit der Nähe zum Partner sein und ein geringes Ausmaß an Umweltoffenheit fordern. Wenn sie dieses nicht eingelöst bekommen, werden sie sich unglücklich fühlen. Ebenso kann sich der Partner natürlich eingeengt fühlen, was in der Tendenz zur Folge haben muss, dass der ängstlich-ambivalente einerseits deutlich eine positive Beziehungsdefinition erfahren sollte mit der Konsequenz, selber für eine größere Umweltoffenheit zu sorgen.

Die gleichgültig-vermeidenden Partner thematisieren vor allem die Machtkomponente und die Umweltoffenheit. Wenn diese Problematik mit dem Geschlechterrollenstereotyp konform geht, d. h. der Mann gleichgültig-vermeidend und die Frau ängstlich-ambivalent sind, dann kann eine solche Beziehung stabil, aber nicht sehr glücklich sein, wie oben schon erwähnt.

Bei ängstlich-vermeinenden Personen ist jede Form der Paarbeziehung problematisch. Diese Personen müssen zuerst einmal lernen, dass die Partnerschaft mit ihnen von großer Bedeutung ist, d. h. die Beziehung zu ihnen muss besonders aufmerksam positiv definiert werden. Dann kann man damit rechnen, dass durch diese Erfahrungen zumindest in dieser konkreten Beziehung das Bild vom Partner positiv wird, so dass diese Personen die Partnerschaft akzeptieren können. Bei schwierigen Bedingungen mag eine Individualtherapie vorangehen müssen, um ein ausreichend positives Selbstbild zu entwickeln.

Vielleicht sind als Grundlage für eine Paartherapie der Bindungsstil der Partner und die Thematik der Auseinandersetzungen zu erheben (Fragebögen für den Bindungsstil, der Hilfeorientierung und der Sexualität finden sich bei Doll, Mentz & Witte (1995); ein umfangreicher Fragebogen zu den Systemvariablen findet sich bei Witte & Wallschlag 2000). Dabei soll die Erhebung vor allem Grundlage für die Paartherapie sein, um sich als Therapeut bei der großen Komplexität der Fragestellung eine gewisse Orientierung zu verschaffen. Bindungstheorie und Systemtheorie geben bei der Paartherapie dann eine gemeinsame Grundlage für kritische Bereiche ab. Dabei ist im Erwachsenenalter darauf hinzuweisen, dass durch die zunehmende Reflexionsmöglichkeit kognitive Umstrukturierung eine wichtige Vorgehensweise in der Therapie sein kann, ähnlich wie bei der Behandlung von der Depression.

7. Fazit

Wenn man von einer lebenslangen Sozialisation ausgeht, dann muss das Konzept der Bindungsstile auch entsprechend eingebettet werden. Wenn man ferner davon ausgeht, dass mit zunehmendem Alter auch die Paarbeziehung als Sozialisationsagent eine Rolle spielt, dann kann man auch später noch neue Bindungsstile erwerben. Ferner muss man wohl mit zunehmendem Alter auch eine vermehrte Reflexionsfähigkeit vermuten, die zu stärkeren Einflüssen über kognitive Prozesse führt. Dieses wiederum bedeutet eine verstärkte Möglichkeit durch kognitive Umstrukturierung, therapeutisch zu intervenieren.

Auf jeden Fall haben die im Augenblick empfundenen Bindungsstile Einfluss auf die Partnerschaft, wobei gleichzeitig eine Generalisierung auf Freundschaften und Sexualbeziehungen zu beobachten ist. Die drei unsicheren Bindungsstile scheinen dominante Störbereiche in der Partnerschaft zu erzeugen. Allein der sichere Bindungsstil zeigt keinen Zusammenhang zu den Liebesstilen, was die Beziehung dann vor allem von dem Partner abhängig macht und sie sich in alle Richtungen entwickeln kann. Die Theorie der Bindungsstile führt zu einem gewissen Verständnis von Paarbeziehungen und deren Problembereiche, wodurch sie auch in Verbindung mit einem generellen Funktionsmodell zur Grundlage von Paartherapie herangezogen werden kann (s. a. Scheuerer-Englisch 1999).

Literatur

Ainsworth, M. D. S. (1967): Infancy in Uganda: Infant care and the growth of Machment. Baltimore (John Hopkins University Press).
Asendorpf, J. & Banse, R. (2000): Psychologie der Beziehung. Bern (Huber).
Bandura, A. (1977): Social learning theory. Englewood Cliffs (Prentice Hall). Deutsch: Sozial-kognitive Lerntheorie (1979). Stuttgart (Klett-Cotta).
Bartholomew, K. (1990): Avoidance of intimacy: An attachmenz perspective. Journal of Social and Personal Relationships, 7, S. 147–178.
Bierhoff, H. W. & Grau, I. (1999): Romantische Beziehungen. Bern (Huber).
Doll, J., Mentz, M. & Witte, E. H. (1995): Zur Theorie der vier Bindungsstile: Meßprobleme und Korrelate dreier integrierter Verhaltenssysteme. Zeitschrift für Sozialpsychologie, 26, S. 148–159.
Feeney, J. A. (1999): Adult romantic attachment and couple relationships. In: Cassidy, J. & Shaver, P. R. (Hg.): Handbook of attachment. New York (Guilford Press).
Ijzendoorn, M. H. van & Sagi, A. (1999): Cross-cultural patterns of attachment: Universal and contextual dimensions. In: Cassidy, J. & Shaver, P. R. (Hg.): Handbook of attachment. New York (Guilford Press).
Kraft, C. & Witte, E. H. (1992): Vorstellungen von Liebe und Partnerschaft. Strukturmodell und ausgewählte empirische Ergebnisse. Zeitschrift für Sozialpsychologie, 23, S. 257–267.
Main, M. (1999): Attachment theory: Eighteen Points of suggestions for future studies. In: Cassidy, J. & Shaver, P. R. (Hg.): Handbook of attachment. New York (Guilford Press).
Rotter, J. B. (1954): Social learning and clinical psychology. Englewood Cliffs (Prentice-Hall).
Schachter, S. (1959): The psychology of affiliation. Stanford (University Press).
Scheuerer-Englisch, H. (1999): Bindungsdynamik im Familiensystem und familientherapeutischer Praxis. In: Suess, J. J. & Pfeifer, W.-K. (Hg.): Frühe Hilfen. Gießen (Psychosozial-Verlag).
Teichmann, Y. (1978): Affiliative reaction in different kind of threat situations. In: Spiegelberger, D. C. & Sarason, J. G. (Hg.): Stress and Anxiety. Vol. 5. New York (Wiley).
Tolman, E. C. (1932): Purposive behavior in animals and men. New York (the Century).
Witte, E. H. & Lehmann, W. (1992): Ein Funktionsmodell von Ehe und Partnerschaft. Gruppendynamik, 23, S. 77–96.
Witte, E. H. (1994): Lehrbuch Sozialpsychologie. Weinheim (Beltz-PVU).
Witte, E. H. & Wallschlag, H. (2000): Die fünf Säulen der Liebe. Freiburg (Herder Spektrum).

Bindungen und die Fähigkeit zu lieben und zu arbeiten

Hans-Peter Hartmann

Einleitung

Im allgemeinen wird davon ausgegangen, dass bereits Freud als Behandlungsziele einer Psychoanalyse die Wiederherstellung der Fähigkeit zum Lieben und zum Arbeiten definiert habe. Folgt man Sandler und Dreher (1996), kommt dieser Satz so in seinen Schriften gar nicht vor. Freud (1912, S. 385) spricht lediglich von der Wiedergewinnung der Leistungs- und Genussfähigkeit.

Wenn man von der Fähigkeit zu lieben und zu arbeiten spricht, beschreibt man einen lebenslangen Prozess von der Geburt bis zum Tod. Freuds wesentliche Einsicht, dass frühe Erfahrungen bedeutsam für das weitere Leben sind und wesentlich zur späteren Entwicklung beitragen, liegt bezüglich der Liebe auf der Hand und ist auch bindungstheoretisch gut belegbar. Die Liebesbeziehungen Erwachsener weisen in der Tat überzeugende Zusammenhänge zu ihren jeweiligen infantilen Liebesbeziehungen auf, denken wir nur an die Untersuchungen zur Konstanz früher Bindungsmuster bis ins junge Erwachsenenalter (Waters u. a. 1995). Bindung stellt eine wesentliche Basis für die Liebesbeziehung zur Verfügung. Freud ordnete Bindung allerdings in seine sehr erweiterte Definition des Sexualtriebs ein. In seiner zweiseitigen Liebestheorie ist Liebe sublimierte Sexualität und hat zwei Wurzeln (Freud 1912): zärtliche und sinnliche Strömungen. Die zärtliche Strömung ist abgeleitet von der zielgehemmten Objektlibido und folgt aus der ursprünglichen kindlichen Objektwahl (Anlehnung der Sexualtriebe an die Ichtriebe). Die sinnliche Strömung tritt in der Pubertät dazu und fördert (wegen der Inzestschranke) die Ablösung von den infantilen Objekten. Allmählich geht die zärtliche (infantil entstandene) Strömung auf das neue Liebesobjekt über und es entsteht die sinnliche Verliebtheit. Kernberg (1997) nennt dies erotisches Begehren und ordnet es als Affekt höherer Ebene ein. Er betont dabei die Grenzüberschreitung bei gleichzeitigem Gewahrsein von Grenzen, insbesondere in der sexuellen Leidenschaft (Kernberg 1977). Die Liebesfähigkeit sieht Freud neben der Arbeitsfähigkeit als Teil der psychischen Gesundheit (Erikson 1963, S. 259). Sie ist jedoch eingebunden in ein Modell triebhaft motivierter Leidenschaften, die intrapsychisch zu Konflikten (mit dem Über-Ich) Anlass geben. Die Tragödie der Suche nach Glück durch Arbeit und Liebe führt letztendlich zu Trauer und Schmerz, da der Mensch die Erfahrung macht, die Triebe nicht beherrschen zu können und den destruktiven Kräften der Aggression und seiner Schuld ausgeliefert ist.

Freuds Theorien der Liebe hängen eng mit seiner Konzeption des Narzissmus zusammen. Er kennt nur die Entwicklungslinie vom Narzissmus zum Objekt. Freud (1914) definiert den primären Narzissmus[1] in ökonomischen und energetischen Begriffen als libidinöse Besetzung des Ich. Die vorher unorganisierten Sexualtriebe schließen sich zusammen und richten sich auf ein Objekt (das sich entwickelnde Ich). Ein mehr oder weniger an Narzissmus steht daher mit entsprechenden Veränderungen der Objektliebe in Verbindung. Entwicklungsziel ist die postödipale Objektliebe. Diese führt jedoch nie zur vollen Befriedigung, weil das endgültige Liebesobjekt nie mit dem urspünglichen übereinstimmt und die kulturellen Anforderungen eine Sublimierung der ursprünglich vielfältigen sexuellen Befriedigungsmöglichkeiten erzwingen (Freud 1912). »Die Objektfindung (ist) eigentlich eine Wiederfindung« (Freud 1905, S. 124), denn in der Erwachsenenliebe wird das Liebesobjekt der Kindheit gesucht.

Während die Beziehung zwischen Bindung und Liebe offenkundig ist, fällt es etwas schwerer, die Beziehung zwischen Bindung und Arbeit aufzuzeigen. Wenn wir jedoch davon ausgehen, dass sichere Bindung exploratives Verhalten ermöglicht, kommen wir der Sache näher. Exploratives und kreatives Spiel sind Vorläufer der Arbeit. Huizinga (1956) weist in seinem »Homo ludens« auf das Spiel als Kulturerscheinung hin. Für ihn wurzeln alle großen Triebkräfte des Kulturlebens – Recht und Ordnung, Verkehr, Erwerb, Handwerk und Kunst, Dichtung, Gelehrsamkeit und Wissenschaft – im Boden des spielerischen Handelns. Hazan und Shaver (1990) betrachten die Arbeitsaktivität Erwachsener als funktionelle Parallele zur Exploration. So wie Kinder im Spiel und in der Exploration sich kompetent fühlen können, kann die Arbeit für Erwachsene – bei sicherer Bindung – ebenfalls eine Quelle von Kompetenz

---

[1] Der spätere sekundäre Narzissmus tritt dann als Folge der Rücknahme libidinöser Objektbesetzungen nach der Phase des primären Narzissmus auf.

sein. Zwar ist nicht jede Arbeit heutzutage dazu angetan, Interesse und Kompetenz zu ermöglichen, aber Arbeit stellt prinzipiell eine wesentliche Möglichkeit zur Exploration und Erfahrung von Bemeisterung (mastery) zur Verfügung.

Kinder mit unsicher-vermeidender Bindung können zwar ebenfalls explorieren, aber viel mehr unter dem Aspekt der Möglichkeit, Nähe zur Bindungsperson zu erlangen, die anderweitig nicht zu haben ist. Hier ist entspanntes, kreatives Spiel nicht so leicht möglich. Häufig steht die Spiel-*Leistung* im Vordergrund. Im Erwachsenenalter erscheint dieses Bindungsmuster in Bezug auf die Arbeit z. B. als zwanghaft durchgeführte Tätigkeit oder als Arbeitssucht zur Kompensation von Beziehungsdefiziten. Kinder mit unsicher-ambivalenter Bindung können sich kaum explorativem Spiel zuwenden, weil sie die affektive Verwicklung mit ihrer Bindungsperson als ständiges Signal ihrer Nähe brauchen und ihnen daher eine konzentrierte Beschäftigung mit anderen Dingen unmöglich ist. Erwachsene mit diesem Bindungsmuster betrachten Arbeit als Gelegenheit, Bindungsbedürfnisse zu befriedigen.

Im Erwachsenenalter bereiten sichere Bindungsmuster den Boden für ein kreatives und konzentriertes Arbeiten mit dem Ziel, persönliche Ziele zu erreichen, also die Erfahrung von Kompetenz machen zu können.

Leistungs- und Arbeitsfähigkeit, die im Unterschied zur Liebesfähigkeit in der Freudschen Psychoanalyse relativ wenig Aufmerksamkeit erfährt, ist wie diese ebenfalls Folge von Triebsublimierung. Bei Erikson (1988) kommt noch ein weiterer Gesichtspunkt der Leistungs- und Arbeitsfähigkeit zum Zuge. Mit seiner Konzeption des Werksinnes (vs. Minderwertigkeitsgefühle) als Phase vier des Lebenszyklus, betont er die Wichtigkeit der Arbeit für die Identitätsbildung in der Zeit von 6-14 Jahren.

Die psychoanalytische Selbstpsychologie dagegen ist in ihrer Konzeption von Liebe und Arbeit der Bindungstheorie viel näher, weil sie als wesentliche motivationale Kraft nicht die libidinösen und aggressiven Triebkräfte zugrunde legt, sondern das Bedürfnis, Selbstkohäsion zu erreichen. Erst wenn das Selbst einen solchen Zustand von Zusammenhalt, Harmonie und Vitalität erreicht hat, treten sekundär andere Bedürfnisse in den Vordergrund.

Liebe und Arbeit bei Kohut

Die Vorstellungen zur Liebe bei Kohut können nicht ohne Bezug auf seine Konzeption des Narzissmus verstanden werden. Im Unterschied zu Freud nimmt Kohut (1966, 1971) eine eigene, von den Trieben abgekoppelte Entwicklungslinie des Narzissmus (bzw. des Selbst und seiner Selbstobjekte) an und konzipiert diese zunehmend nicht nur als unabhängig von der Triebentwicklung, sondern als primär (Kohut 1984). Unter Selbstobjekt verstand Kohut (1971, 1977, 1984) diejenige Dimension unseres Erlebens eines Mitmenschen, die mit dessen Funktion als Stütze unseres Selbst verbunden ist. Das Selbstobjekt ist also der subjektive Aspekt einer das Selbst erhaltenden Funktion, zustande gekommen durch die Beziehung zwischen Selbst und Objekt.

Die Entwicklungslinie des Narzissmus geht nach Kohut von einem virtuellen Selbst[2] aus, führt über das archaische[3] zum reifen Selbst und ermöglicht dadurch die Entwicklung eines in eine Selbstobjektmatrix eingebetteten kohäsiven Selbst (Wolf 1980). Nach Wolf (1988) ist das Selbst das organisierende Prinzip der menschlichen Psyche. Es ist definiert als strukturierte Organisation von Erfahrungen, die der Person einen Sinn von sich selbst verleiht. Es entsteht in einem Wechselspiel zwischen genetischen (inneres Design) und Umweltfaktoren (frühe Objekterfahrungen) im Prozess des affektiven Austauschs zwischen Eltern und Kind.

Nur ein nicht-kohäsives Selbst ist in unterschiedlichem Ausmaß auf archaische Selbstobjekterfahrungen angewiesen, je nach Ausmaß der intrapsychischen Strukturierung. Geringe Selbstberuhigungskapazität führt z. B. zur Suche nach idealisierten Selbstobjekten, wenig Selbstwertempfinden zur Suche nach spiegelnden Selbstobjekten. Normale Entwicklung wird also nicht als Schritt von der hilflosen Abhängigkeit zur Autonomie bzw. von der Selbstliebe zur Objektliebe konzipiert. Vielmehr bestehen Selbstobjektbedürfnisse (wie auch

---

[2] Mit virtuellem Selbst sind die Vorstellungen oder inneren Bilder der Eltern über ihr noch ungeborenes oder gerade geborenes Kind gemeint, mit denen sie dem Neugeborenen begegnen und damit seine angeborenen Potentiale ansprechen oder nicht.

[3] Der Zustand des archaischen Selbst ist gekennzeichnet durch Verschmelzungsbedürfnisse sowohl mit spiegelnden als auch mit idealisierten Selbstobjekten. Unvermeidliche Versagungen dieser Verschmelzungsbedürfnisse führen zu den normalen Ausgangsstrukturen des archaischen Selbst: das Größenselbst und die idealisierte Elternimago. Im Verlauf der Konsolidierung des Selbst treten Verschmelzungsbedürfnisse in den Hintergrund, es bleiben aber Bedürfnisse nach Spiegelung, Idealisierung sowie Gleichheit (alter ego) lebenslang erhalten (Übersicht bei Milch und Hartmann 1996), die im Rahmen der Verfolgung reifer narzisstischer Ziele, Strebungen und Ideale befriedigt werden können.

Bindungsbedürfnisse, siehe Main 1999) lebenslang und entwickeln sich gewöhnlich aus archaischen zu reifen Formen. Archaische Selbstobjektbedürfnisse entstehen nicht (nur) durch Verlust eines Liebesobjekts, sondern bei Verlust reiferer Selbstobjekterfahrungen.

Bei normaler Entwicklung zum reifen Narzissmus (d. h. zu reifen Selbstobjektbeziehungen) und intakter Selbstkohärenz erweitern sexuelle und aggressive Wünsche die Selbsterfahrung und bedrohen nicht wesentlich den Selbstzustand. Unter der Voraussetzung eines nichtkohärenten Selbst werden triebhafte Äußerungen als Sexualisierung[4] und Aggressivierung[5] und damit als Abwehr aufgefasst (Ornstein 1992); primär geht es dabei um archaische oder unreifere Formen von Selbstobjekterfahrungen (Spiegelung, Idealisierung, alter ego). Sexualisierte Phantasien entstehen auf dem Hintergrund unbeantworteter Selbstobjektbedürfnisse, um auf diese Weise jene zu befriedigen.

Die psychoanalytische Selbstpsychologie geht ebenso wie Freud davon aus, dass sich aktuelle Liebesbeziehungen aus frühen Beziehungsmustern entwickeln (Beebe & Lachmann 1992), bezieht deren motivationale Basis allerdings nicht auf Triebbefriedigung, sondern auf die Erbringung von Selbstobjektfunktionen. Kohut (1977) greift bei seinen Überlegungen zur Liebe auf seine Konzeption des Narzissmus zurück. Für ihn gibt es keine reife Liebe, bei der das Liebesobjekt nicht zugleich auch ein Selbstobjekt ist. D. h. es gibt aus selbstpsychologischer Sicht »(...) keine Liebesbeziehung ohne gegenseitiges (das Selbstwertgefühl steigerndes) Spiegeln und Idealisieren« (Kohut 1977, S. 112, Fußnote 12). Das gilt jedoch nicht immer umgekehrt. Da die Objektliebe sich parallel zum Narzissmus entwickelt, kann neben starken narzisstischen Beziehungen auch die Objektliebe zu einem vom Selbst unterschiedenen anderen Objekt bestehen bleiben. Daraus folgt, dass die Wahl des Liebesobjekts nicht unbedingt etwas über Narzissmus und Objektliebe bzw. Reife und Unreife aussagt, sondern die Annahme zweier getrennter Entwicklungs-

---

[4] z. B. eine fieberhaft gesuchte intensive Lusterfahrung als Ausdruck eines im Erleben prioritär gewordenen Triebs. Dies dient der Erlangung größerer Selbstkohärenz (sich selbst spüren) bei Vorliegen einer Desintegration. Masturbation dient dem depressiven Kind (und auch Erwachsenen) als Hilfe zur Selbstkohärenz und hat beim gesunden ödipalen Kind eine ganz andere Bedeutung (Freude über sich selbst, Spiegelung). Schließlich prägt die elterliche Reaktion auf die kindliche Liebe deren spätere Ausformung in der Partnerschaft.

[5] z. B. frustrationsbedingte narzisstische Wutzustände bei Selbstobjektversagen, im Unterschied zu Kernbergs Hypothese, wonach Wutzustände Folge einer Fixierung auf triebbedingte orale Aggression sind.

linien diese Phänomene besser beschreibt. Diese Hypothese wird durch die Tatsache illustriert, dass dann, wenn man ein Liebesobjekt begehrt und dieses sich einem anderen zuwendet, nicht nur Trauer und Wut über den Verlust spürbar werden, sondern auch das Gefühl verletzten Stolzes auftaucht. Schließlich ist Sexualverkehr nicht nur spannungsreduzierend, sondern auch narzisstisch befriedigend (z. B. als Spiegelungserfahrung). Im Mittelpunkt steht also die Fähigkeit zweier Partner, sich wechselseitig Selbstobjektfunktionen gewähren zu können, so zur je individuellen Selbststabilisierung und Kohärenz beizutragen und damit auch die Basis für befriedigende sexuelle Beziehungen zu legen.

Terman (1980) greift bei seiner Diskussion der Objektliebe aus selbstpsychologischer Sicht auf das Konzept der primären Liebe von Balint (1965) und auf Ferenczi (1933) zurück. Für ihn sind Selbstobjektbeziehungen mit primärer Liebe vergleichbar. Prozesse und Erfahrungen im Bereich der primären Liebe oder der Selbstobjektbeziehungen ermöglichen die Selbstentwicklung und sind zugleich die Basis für die Fähigkeit zur Objektliebe. Die innere Erfahrung des Geliebtwerdens, d. h. die durch die Eltern erfüllte Selbstobjektfunktion der Sorge, Verfügbarkeit, Empathie und Lust im Umgang mit dem Kind, reduziert die Liebe also nicht allein auf innere somatische Ursprünge. Selbstgefühl und Liebe entwickeln sich aus einer Matrix von Selbstobjektbeziehungen. Liebe ist das Bedürfnis nach aktiver Wiederherstellung einer frühen Selbstobjektbeziehung, in der sich lieben und geliebt werden realisieren lassen.[6] Ziel der meisten intimen Beziehungen ist der wechselseitige Austausch von Selbststützung. Auf diese Weise sind die Entwicklungslinien (des Narzissmus und der Objektliebe) eng miteinander verbunden. Objektliebe realisiert frühe Selbstobjektbedürfnisse zu einem Zeitpunkt, wo Subjekt und Objekt deutlich getrennt existieren. Die Objektliebe hängt also wesentlich mit der Selbstliebe zusammen. Das Liebesobjekt hat Selbstobjektfunktion und dementsprechend wird mit narzisstischer Symptomatik reagiert, wenn eine Beziehungsunterbrechung durch Demütigungen und Zurückweisungen entsteht. Sexualität wird damit sekundär, primär ist die motivationale Bedeutung der Erhaltung von Selbstkohärenz. Die Bedeutung von Sexualität wird damit aber nicht minimalisiert, sondern nur anders eingeordnet. In der Äußerung sexueller Bedürfnisse kann sich ein intaktes, starkes Selbst manifestieren, denn Erleben und Ausdruck von

---

[6] Solche archaischen Selbstobjektbedürfnisse (etwa archaische Verschmelzungswünsche) drücken sich in erotischer Sehnsucht aus.

gesunden Trieben sind der Verwirklichung der Ziele und Strebungen des Selbst förderlich. Ebensowenig sind sexuelle Kontakte ohne die Bedingung von Selbstkohärenz unbefriedigend, sondern sie stellen wichtige vitalisierende und kohärenzfördernde Selbstobjekterfahrungen dar.[7]

Reife Liebe ist nach Bacal und Newman (1990) charakterisiert durch den reiferen (gegenseitigen) Gebrauch, den der Erwachsene vom anderen (als Selbstobjekt) macht.[8] Reifung der Selbstobjektbeziehungen heißt also nicht Reife im Sinne einer Zurücknahme der Besetzung des Selbst oder Ersetzung eines narzisstisch besetzten Objekts durch ein Objekt der Liebe oder Anteilnahme. Dieser reifere Umgang kommt durch ein stärkeres (kohärenteres) Selbst zustande, welches sich zu einem relativ unabhängigen Zentrum der Initiative entwickelt hat, und daher auch den anderen als solches (Objekt) sehen kann. Unausweichlich sind dabei natürlich Konflikte zwischen Selbst und Selbstobjekt, die durch die gegenseitig beanspruchten Selbstobjektfunktionen hervorgerufen werden können. Das Erleben der Anerkennung eigener Selbstobjektbedürfnisse in der Entwicklung, welches mit dem Empfinden eigener Berechtigung einhergeht, ermöglicht die Entfaltung der angeborenen Bereitschaft zu geben und damit die Wechselseitigkeit von Selbstobjektfunktionen.

Die selbstpsychologische Auffassung von Arbeit kommt der bindungstheoretischen Konzeptualisierung sehr nahe. Für viele Erwachsene ist die Arbeit eine extrem wichtige Selbstobjekterfahrung, die Stabilität, Kohäsion und Wertschätzung ermöglicht. Gerade in unserer Gesellschaft ist das persönliche Wertgefühl abhängig von der Tätigkeit, nicht zuletzt führt deshalb Arbeitslosigkeit bei vielen Menschen zu depressiv-narzisstischen Krisen.

So wie die Bindungstheorie die Arbeitstätigkeit Erwachsener mit der kindlichen Exploration in Verbindung bringt, sieht die psychoanalytische Selbstpsychologie einen Zusammenhang zwischen Arbeit und Spiel, verstanden als eine Aktivität, die sowohl Exploration als auch Problemlösen und regelorientierte Spiele umfasst. Dabei ist ein kohärentes Selbst Voraussetzung für die Entwicklung von Freude bei der Arbeitstätigkeit. Bei einem nicht-kohärenten Selbst kann die Arbeit als wesentliche Quelle der Selbstachtung dienen. Arbeit ist dann

---

[7] Die subjektiv gefühlte erotische Spannung hat mit solchen Selbstobjekterfahrungen zu tun, weshalb nicht immer sofort klar ist, ob sie Folge eines sexualisierten oder sexuellen Begehrens (bei vorhandener Selbstkohärenz) ist.

[8] wie an verschiedenen Stellen dieser Arbeit betont wird, spielt die Dialektik des Gebrauchens und Sich-Gebrauchen-Lassens eine wesentliche Rolle.

keine mit Freude empfundene Selbstverwirklichung oder motiviert durch die Notwendigkeit des Lebensunterhalts. Vielmehr scheint das Leben ohne Arbeit für diese Menschen jede Bedeutung zu verlieren. Vielleicht ist dies in manchen Fällen der Grund für den schnellen Tod nach Eintritt der Berentung. Es scheint so, als ob solche Menschen die Befriedigung durch enge und intime Beziehungen durch Arbeit ersetzt hätten.

Das Verständnis von Liebe und Arbeit in einer bindungstheoretisch inspirierten Selbstpsychologie

Die Ergebnisse der Bindungsforschung und der zeitgenössischen Entwicklungspsychologie spielen heute in der Selbstpsychologie zunehmend eine Rolle und führen zu einem differenzierteren Verständnis der Liebe. Wie sich schon in der Beschäftigung mit Kohuts Verständnis der Liebe andeutete, sind an ihr mehrere Bereiche menschlichen Erlebens und Verhaltens beteiligt. Nach meiner Auffassung kann man mindestens drei Bereiche unterscheiden: Bindung, Sorge und Anteilnahme sowie Sinnlichkeit und Sexualität. Damit sind mindestens zwei von Lichtenbergs fünf Motivationssystemen angesprochen (Lichtenberg 1989), nämlich Bindung und Sensualität/Sexualität. Sorge und Anteilnahme lassen sich gut dem Bindungssystem zuordnen, entwickeln sich wahrscheinlich aber auch zum Teil im Rahmen der physiologischen Grundregulation (erstes Motivationssystem bei Lichtenberg). Emde (1991) geht davon aus, dass die wechselseitige Regulation neben biologischen Prädispositionen die entscheidende Basis für die Moralentwicklung (und damit auch für das prosoziale Verhalten) ist.

Die anderen drei motivational-funktionalen Systeme bei Lichtenberg sind das schon erwähnte Bedürfnis nach Regulation physiologischer Erfordernisse, das Bedürfnis nach Exploration und Selbstbehauptung und das Bedürfnis nach Aversion durch Rückzug und Widerspruch. Bei allen diesen Systemen nimmt Lichtenberg von der Reaktion der Umwelt abhängige selbstregulierende Fähigkeiten an. Die motivationalen Systeme sind Ausdruck der Organisation gelebter Erfahrung (lived experience) und beruhen auf Grundbedürfnissen. Sie befinden sich auf sich selbst bezogen als auch untereinander in einem dialektischen Spannungsverhältnis. Jedes System kann erfahrungsabhängig dominant werden. Bezüglich der Bindung ist festzuhalten, dass Bindung und Liebe natürlich nicht identisch sind. Jede Liebesbeziehung enthält eine Bindungsbeziehung, aber nicht umgekehrt. Freuds erste Liebestheorie (die Wiederfindung des frühen Liebesobjekts in der erwachsenen Liebe) kann als Vorläufer einer Bindungsbeziehung betrachtet werden. Zeitgenössische Bindungsforscher (Hazan und Shaver 1987) haben herausgefunden, dass Liebesbeziehungen Erwachsener auf infantil erworbene Bindungsstile rückführbar sind. Sie schlagen vor, eine Spielart der Liebe – die romantische Liebe – als Bindungsprozess zu verstehen. Besondere Bedeutung hat diese Sichtweise deshalb, weil die romantische Liebe immer größere Bedeutung gewinnt. Im Editorial der Zeitschrift Familiendynamik weisen Retzer und Simon (1998) darauf hin, dass trotz steigender Scheidungsraten niemals zuvor so viele Menschen über so lange Zeiträume mit demselben Partner zusammenlebten und angesichts des Wegfalls der traditionellen Versorgungsfunktion der Ehe diese immer häufiger als Liebesehe begründet wird. Die Liebesehe stellt jedoch hohe Ansprüche an die Partner mit der Folge vermehrter Trennungen (weil in der Beziehung die eigenen Liebesideale nicht durchgesetzt werden können) und zeigt besonders deutlich die Kennzeichen einer Selbstobjektbeziehung (es entsteht durch sie ein neues Selbstgefühl).

Mit Hilfe der Bindungstheorie ist es möglich, unterschiedliche Liebesformen im Verlauf der Entwicklung zu konzeptualisieren. Es wird dabei angenommen, dass die Kommunikationsbesonderheiten der infantilen Bindung (z. B. Responsivität, Vorhersagbarkeit, Unterstützung, Sicherheit usw.) auch die Sicherheit erwachsener romantischer Bindungen determinieren.

Im Gegensatz zu den schon erwähnten Untersuchungen zur Dauerhaftigkeit frühkindlich erworbener Bindungsmuster (Waters u. a. 1995) wiesen Owens u. a. (1995) nach, dass die determinierende Kraft früher Erfahrungen nicht ganz so stark ist, sondern dass die gemeinsame Konstruktion einer erwachsenen (romantischen) Bindungsbeziehung die Wirkung der frühen Erfahrungen verändern kann. Sie fanden keine Korrelation zwischen den infantilen Bindungstypen zweier Partner, aber Korrelationen zwischen den Repräsentanzen ihrer gegenwärtigen Liebesbeziehung. Daraus folgt, dass die frühe Bindungserfahrung nur mäßigen Einfluss auf die Bindungsbeziehung zweier erwachsener Partner hat, somit immer eine gewisse Offenheit für Veränderung vorhanden ist und die Gleichung (un)glückliche Kindheit = (un)glückliche Liebe (Hohage 1997) nicht immer stimmt. In ähnlicher Weise äußert sich Pearson (1988, 1991) über die kreativen Potentiale romantischer Liebe und die damit verbundenen Veränderungsmöglichkeiten sowohl hinsichtlich einer Veränderung der Selbststruktur als auch der Selbstverwirklichung.

In der Bindungstheorie wird davon ausgegangen, dass ein Modell über die Bindung Erwachsener sich an Bowlby's Schema der Bindungsentwicklung bei

Kindern (Bowlby 1975) anlehnen kann. Nach Hazan und Zeifman (1999) entspricht Bowlby's erste Phase (Orientierung und Signale ohne Unterscheidung der Figur) beim Erwachsenen einem Prä-Bindungsverhalten in Form von Attraktion und Flirt. Die zweite Phase (Orientierung und Signale, die sich auf eine oder mehrere unterschiedene Personen richten) kann man mit dem beginnenden sich Verlieben beim Erwachsenen in Verbindung bringen. Die dritte Phase (Aufrechterhaltung der Nähe zu einer unterschiedenen Figur durch Fortbewegung und durch Signale) entspricht der erwachsenen Liebe mit ihrem beruhigenden, arousal-moderierenden Effekt auf beide Partner (als Folge der Erfahrung gegenseitiger Erregung und Entspannung). Schließlich kann man die vierte Phase (Bildung einer zielkorrigierten Partnerschaft) auch in der postromantischen Phase des Erwachsenen wiederfinden.

Beebe und McCrorie (1996) weisen daraufhin, dass bei Paaren ein Abgleich vokaler Rhythmen stattfindet, eine Koordination zeitlicher Muster, welche dem Erwerb einer kokonstruierten Bindungssicherheit (über Erwartungen und Antizipationen) dienen kann. Hier findet dann ein ähnlicher Prozess wie zwischen Mutter und Kind statt (oder zwischen Analytiker und Analysand). Interessanterweise führt ein Höchstmaß an Kontingenz vokaler Rhythmen zwischen Mutter und Kind (vier Monate alt) zu einem desorganisierten Bindungstyp beim Kind im Alter von zwölf Monaten (Jaffe u. a. 1996). Was hier vermutlich erfasst wird, ist ein besonderes Ausmaß an Vigilanz in Form einer völlig übermäßigen Abstimmung (Stern 1985), wie sie auch bei schizophrenen Müttern vorkommt, die nicht in der Lage sind, zwei Bezugsrahmen gleichzeitig aufrecht zu erhalten, und sich dann völlig auf das Kind einstellen (oder völlig bei sich bleiben). In vergleichbarer Weise zeigte Gottman (1981, zit. n. Beebe und McCrorie a. a. O.), dass verzweifelte Ehepartner ein höheres Maß interaktiver Kontingenz aufwiesen. Es wird so deutlich, dass es darauf ankommt, wie das Wechselspiel beider Partner funktioniert. Die psychoanalytisch inspirierte Entwicklungspsychologie stellt mit ihrer Konzeption von Selbst- und Fremdregulation (Beebe, Jaffe & Lachmann 1992) ein Koordinatensystem zur Verfügung, das helfen kann, das Zusammenspiel von Selbstobjekterfahrungen bei Paaren zu verdeutlichen. Bezug genommen wird dabei auf die Bindungstypologie (Grossmann u. a. 1989) mit den Klassifikationen A (unsichervermeidend), B (sicher gebunden), C (unsicher-ambivalent) und D (desorganisiert/desorientiert).

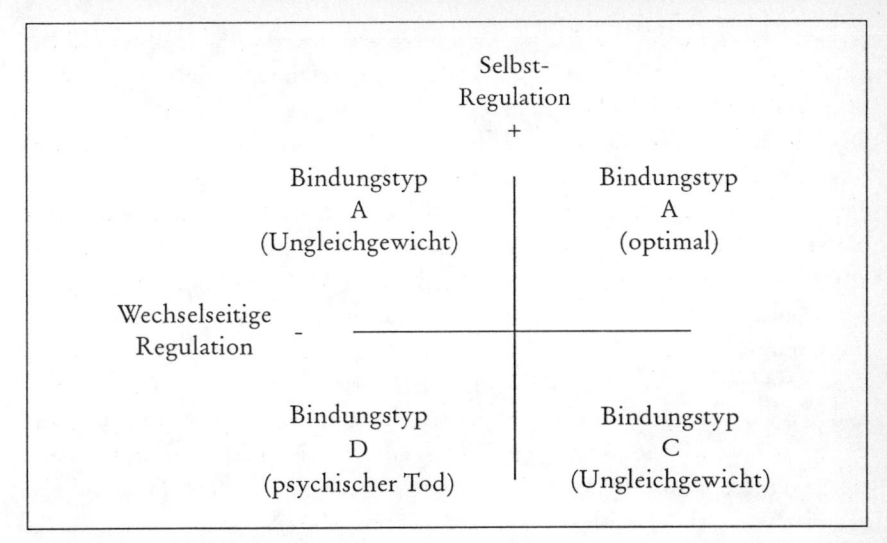

```
                        Selbst-
                      Regulation
                          +
             Bindungstyp      |    Bindungstyp
                 A            |        A
          (Ungleichgewicht)   |     (optimal)
                              |
Wechselseitige  ──────────────┼──────────────
  Regulation                  |
              -               |
                              |
             Bindungstyp      |    Bindungstyp
                 D            |        C
          (psychischer Tod)   |  (Ungleichgewicht)
```

Abbildung 1: Bindungstypologie

Die ideale Paarbeziehung mit den größten Freiheitsgraden liegt dann vor, wenn beide Partner sich selbst und wechselseitig regulieren können. Sind weder Selbst- noch wechselseitige Regulation möglich, dürfte die Paarbeziehung kaum Chancen haben. Im Fall C liegt übergroße Abhängigkeit vor, im Fall A übergroße Unabhängigkeit und wenig Vertrauen.

Schließlich ist noch ein weiterer Aspekt der Liebe zu erwähnen, der bereits von Erikson (1968) für bedeutsam gehalten wurde: die Intimität. In der psychoanalytischen Selbstpsychologie hat sich vor allem Lichtenberg (1998) damit beschäftigt. Intimität bezieht sich nicht nur auf Sexualität, sondern allgemein auf emotional nahe Beziehungen. Sie entwickelt sich ebenso wie Bindung und Liebesfähigkeit durch wichtige Erfahrungen mit anderen. Die Fähigkeit zur Intimität (mit anderen) fußt dabei auf der Fähigkeit zur Intimität mit sich selbst. Letztere hat zur Voraussetzung:

1. die Bereitstellung von Gelegenheit für Intimität durch andere (beginnend vor der Geburt und andauernd durch das ganze Leben).

2. die allmähliche Entwicklung eines Selbstempfindens, welches im Zusammenhang mit dem Aufkommen und Verschwinden von Motivationen in fünf Motivationssystemen als kohäsiv erlebt wird.

3. die allmähliche Entwicklung selbstreflexiver Fähigkeiten (oder einer Theorie des Mentalen) für die Bereiche der Selbst-Anderer- und Selbst-Selbst-Kommunikation[9].

Basis der Intimität für sich selbst ist die Möglichkeit, emotionales Erleben selbst wieder erschaffen zu können. Intimität mit dem anderen wird ab Erreichen der Intersubjektivität (subjektives Selbstempfinden bei Stern 1985) hergestellt durch aktives Angleichen und Erkennen emotionaler Zustände. Ein positives Intimitätsgefühl beruht darauf, dass man sich selbst mag. Hieraus entsteht Selbstsympathie, die, wenn nötig, vor Angriffen von außen geschützt wird oder die man mit anderen in Liebe, Zuneigung und Sicherheit teilen möchte. Beim Zusammentreffen von starken Gefühlen der Intimität mit sich selbst und mit anderen wird die Qualität menschlicher Erfahrungen verbessert und belebt. In der Intimität mit einem Partner liegt immer auch eine Möglichkeit durch dessen spiegelnde Responsivität Aspekte des eigenen Selbst zu erkennen. Dies sind die Voraussetzungen der Entwicklung reifer Liebesfähigkeit.

Reife Liebe ist vielleicht eine Mischung aus Selbstgefühl, Gefühl für einen bedeutsamen anderen und Wir-Gefühl, eine Mischung aus Selbstregulation und wechselseitiger Regulation, Fusion und Separation, verbunden mit erotischer Sehnsucht und Spannung, wobei die Sexualität Ausdruck von Vitalität ist oder vitalisierend wirkt. Liebe ist aber nicht nur auf Paarbeziehungen beschränkt, besonders dann, wenn man Liebe definiert als Gefühl von Glückseligkeit und momentaner Zeitlosigkeit, Verschmelzungssehnsucht und dem Wunsch, eins zu werden. Solche Gefühle von Liebe können sich auch in Gegenwart bestimmter Musik, bei Naturerlebnissen oder Kunstwerken einstellen.

Wie bereits bei der Darstellung von Lichtenbergs fünf motivational-funktionalen Systemen deutlich geworden ist, wird durch die Untersuchung der Bindungsfähigkeit nur ein, wenn auch wichtiger Teil, menschlicher Motivation erfasst. Sicherlich ist eine sichere Bindung nicht nur eine wesentliche Voraussetzung für zufriedenstellende Liebesbeziehungen, sondern auch für das Erreichen von Arbeitszufriedenheit. Motivational spielt bei der Arbeitszufriedenheit aber Lichtenbergs drittes motivational-funktionales System von Exploration und Selbstbehauptung eine wesentliche Rolle. Arbeit ist eine explorierende und

---

[9] Braten (1992) hypostasiert eine von Geburt an wirksame Organisation von Selbst und anderem, welche intrapersonal über die Kommunikation von Selbst und virtuellem anderen, interpersonal zwischen Selbst und realem anderen abläuft. Dazwischen nimmt er einen Übergangsbereich an, in dem der reale andere als virtueller Begleiter vom Säugling kreiert wird. (Mirror neurons Ergänzung?)

selbstbehauptende Aktivität, bei der der dominante Affekt auf Effektanz und Kompetenz begrenzt ist. Im Unterschied zur Arbeit ist nach Lichtenberg beim Spiel der dominante Affekt zwar ebenfalls Effektanzlust, aber verbunden mit Intimität, wodurch das Spiel seinen spezifischen Vitalitätscharakter erhält und dementsprechend von Kindern gerne wieder aufgenommen wird.

Die vermeintlich scharfen Unterschiede zwischen Arbeit, Lernen und Spiel, wie von Lantos (1952) vertreten, sind zu sehr vereinfacht dargestellt. Eher geht es um eine Entwicklungslinie vom Spiel zur Arbeit, wodurch auch ein Teil des spielerischen Vitalitätserlebens in die Arbeit einfließen kann. Der Entwicklung einer persönlichen Partnerschaft kommt insbesondere bei der Verwirklichung eigener beruflicher Träume im jungen Erwachsenenalter eine große Bedeutung zu.

Um Arbeit zufrieden und erfolgreich durchführen zu können, muss entweder ein sicheres inneres Arbeitsmodell von Bindung vorhanden sein oder die Arbeitsbedingungen erlauben die Entwicklung verlässlicher Beziehungen. Eine Polarität von Arbeit und Spiel wird heute nicht mehr gesehen (Axelrod 1999). Vielmehr kommt es darauf an, dass die Bedeutung von Arbeit für jeden Einzelnen in ihrer gesamten Bandbreite betrachtet wird, von der leidenschaftlichen bis zur langweiligen Arbeit, von der von Hoffnungen und Wünschen getragen bis zur zutiefst enttäuschenden Arbeit. Die Arbeitszufriedenheit hängt davon ab, ob wir unsere Ziele erreichen und uns in der Welt sicher fühlen können.

Literatur

Axelrod, S. D. (1999): Work and the evolving self. Hillsdale, NJ. (Analytic Press).
Bacal, H. A., Newman, K. M. (1990): Objektbeziehungstheorien – Brücken zur Selbstpsychologie. Stuttgart (1994) (Frommann-Holzboog).
Balint, M. (1965): Die Urformen der Liebe und die Technik der Psychoanalyse. Fischer (Frankfurt/M. 1969).
Beebe, B., Jaffe, J. & Lachmann, F. M. (1992): A dyadic systems view of com-munication. In: Skolnick, N. J. & Warshaw, S. C. (Hg.): Relational perspecti-ves in psychoanalysis. Hillsdale (Analytic Press), S. 61–81.
Beebe, B. & Lachmann, F. M. (1992): The contribution of mother-infant mutual influence to the origins of self- and object representations. In: Skolnick, N. J. & Warshaw, S. C. (Hg.): Relational perspectives in psychoanalysis. Hillsdale (Analytic Press), S. 83–117.
Beebe, B. & McCrorie, E. (1996): A model of love for the 21st century. Infant research, literature, romantic attachment, and psychoanalysis. Vortrag 19th Annual Conference on the Psychology of the Self. Washington D.C., 17.–20.10.1996.
Bowlby, J. (1975): Bindung: eine Analyse der Mutter-Kind-Beziehung. München (Kindler).
Braten, S. (1992): The virtual other in infants' minds and social feelings. In: Wold, A. H. (Hg.): The dialogical alternative. Towards a theory of language and mind. Oslo (Scandinavian University Press), S. 77–97.

Emde, R. N. (1991): Die endliche und die unendliche Entwicklung. I. Angeborene und motivationale Faktoren aus der frühen Kindheit. Psyche 45, S. 745–779.
Erikson, E. H. (1963): Kindheit und Gesellschaft. Stuttgart (1984) (Klett-Cotta).
Erikson, E. H. (1968): Jugend und Krise. Stuttgart (1970) (Klett).
Erikson, E. H. (1988): Der vollständige Lebenszyklus. Frankfurt/M. (Suhrkamp).
Ferenczi, S. (1933): Sprachverwirrung zwischen dem Erwachsenen und dem Kind. In: Bausteine zur Psychoanalyse, Bd. 3, S. 511–525.
Freud, S. (1905): Drei Abhandlungen zur Sexualtheorie. G. W. Bd. 5, S. 27–145.
Freud, S. (1912): Über die allgemeinste Erniedrigung des Liebeslebens. G. W. Bd. 8, S. 78–91.
Freud, S. (1914): Zur Einführung des Narzißmus. G. W. Bd. 10, S. 137–170.
Freud, S. (1920): Jenseits des Lustprinzips. G. W. Bd. 13, S. 3–69.
Grossmann, K. E., August, P., Fremmer-Bombik, E., Friedl, A., Grossmann, K., Scheuerer-Englisch, H., Spangler, G., Stephan, C. & Suess, G. (1989): Die Bindungstheorie: Modell und entwicklungspsychologische Forschung. In: Keller, H. (Hg.): Handbuch der Kleinkindforschung. Berlin (Springer), S. 31–55.
Hazan, C. & Shaver, P. R. (1987): Romantic love conceptualized as an attachment process. J. Pers. Soc. Psychology 52, S. 511–524.
Hazan, C. & Shaver, P. R. (1990): Love and work: an attachment-theoretical perspective. J. Pers. Soc. Psychol. 39, S. 270–280.
Hazan, C. & Zeifman, D. (1999): Pair bonds as attachments. Evaluating the evidence. In: Cassidy, J. & Shaver, P.R. (Hg.): Handbook of attachment. Theory, research and clinical applications. New York und London (Guilford), S. 336–354.
Hohage, R. (1997): Das erotische Element der Liebe. In: Höhfeld, K. & Schlösser, A.-M. (Hg.): Psychoanalyse der Liebe. Gießen (Psychosozial), S. 13–24.
Huizinga (1956): Homo ludens., Hamburg (Rowohlt).
Jaffe, J., Feldstein, S., Beebe, B., Crown, C.L. & Jasnow, M. (1996): Rhythms of dialogue in infancy: coordinated timing and infant development. Monograph Series of the Society for Research in Child Development.
Kernberg, O. (1977): Boundaries and Structure in Love Relations. J. Am. Psychoanal. Assn. 25, S. 81–114.
Kernberg, O. (1997): Sexuelle Erregung und Wut: Bausteine der Triebe. Teil 1 und 2. Forum der Psychoanalyse 13, S. 97–118.
Kohut, H. (1966): Formen und Umformungen des Narzißmus. Psyche 20, S. 561–587.
Kohut, H. (1971): Narzißmus. Frankfurt/M. (1973) (Suhrkamp).
Kohut, H. (1977): Die Heilung des Selbst. Frankfurt/M. (1979) (Suhrkamp).
Kohut, H. (1984): Wie heilt die Psychoanalyse? Frankfurt/M. (1987) (Suhrkamp).
Lantos, B. (1952): Metapsychological considerations on the concept of work. Int. J. Psycho-Anal. 33, S. 439–443.
Lichtenberg, J. D. (1989): Psychoanalysis and Motivation. Hillsdale (Analytic Press)
Lichtenberg, J. D. (1998): Intimacy with the Self. Unveröffentl. Manuskript.
Main, M. (1999): Epilogue. In: Cassidy, J. & Shaver, P.R. (Hg.): Handbook of attach-ment. Theory, research and clinical applications. New York und London (Guilford), S. 845–887.
McGuire, W. & Sauerländer, W. (Hg.) (1979): S. Freud/C.G. Jung Briefwechsel. Frankfurt (1984) (Fischer).
Milch, W. E. & Hartmann, H.-P. (1996): Zum gegenwärtigen Stand der psycho-analytischen Selbstpsychologie. Psychotherapeut 41, S. 1–12.

Ornstein, P. H. (1992): Zur Bedeutung von Sexualität und Aggression für die Pathogenese psychischer Erkrankungen. In: Schöttler, Chr. & Kutter, P. (Hg.): Sexualität und Aggression aus der Sicht der Selbstpsychologie. Frankfurt (Suhrkamp), S. 77–97.

Owens, G., Crowell, J.A., Pan, H., Treboux, D., O'Connor, E. & Waters, E. (1995): The prototype hypothesis and the origins of attachment working models: adult relationships with parents and romantic partners. In: Waters, E., Vaughn, B.E., Posada, G. & Kondo-Ikemura, K. (Hg.): New Growing points of attachment theory and research. Monographs of the Society for Research in Child Development, Serial No. 244, Vol. 60, Nos. 2–3, S. 216–233.

Pearson, E. S. (1988): Dreams of love and fateful encounters: the power of romantic passion. New York (Norton).

Pearson, E. S. (1991): Romantic love: At the intersection of the psyche and the cultural unconscious. J. Am. Psa. Assn. 39 (Suppl.), S. 383–411.

Retzer, A. & Simon, F. B. (1998): Editorial. Familiendynamik 23, S. 113–116.

Sandler, J. & Dreher, A.U. (1996): Was wollen die Psychoanalytiker. Stuttgart (1999) (Klett-Cotta).

Stern, D. N. (1985) : Die Lebenserfahrung des Säuglings. Stuttgart (Klett-Cotta) (1992).

Terman, D. M. (1980): Object love and the Psychology of the Self. In: Goldberg, A. (Hg.): Advances in Self Psychology. Madison (International Universities Press), S. 349–362.

Waters, E., Merrick, S. K., Albersheim, L. J. & Treboux, D. (1995): Attachment security from infancy to early adulthood: A 20-year longitudinal study. Paper presented at the biennial meeting of the Society of Research in Child Development. Indianapolis, Indiana.

Wolf, E. S. (1980): Zur Entwicklungslinie der Selbstobjektbeziehungen. Psychoanalyse 3, S. 222–237.

Wolf, E. S. (1988): Theorie und Praxis der psychoanalytischen Selbstpsychologie., Frankfurt/M. (1996) (Suhrkamp).

3. Praxis der Eltern-Kind-Therapie und der außerfamiliären Betreuung von Kindern

Beiträge der Bindungsforschung zur Praxis der Familientherapie[1]

Robert S. Marvin

Einleitung

»Ein zentraler Teil meines Konzepts von Elternschaft ist die Bereitstellung einer sicheren Basis durch beide Eltern, von der aus ein Kind oder Jugendlicher Ausflüge in die Welt außerhalb der Familie unternehmen kann und zu der er mit der Gewissheit zurückkehren kann, dass er bei seiner Ankunft willkommen sein wird, dass er körperlich und emotional genährt wird, umsorgt, wenn er belastet ist, und beruhigt, wenn er geängstigt ist. Im Kern besteht diese Rolle darin, verfügbar zu sein, antwortbereit zu sein, wenn Ermutigung erwartet wird und vielleicht zu helfen, allerdings nur dann einzugreifen, wenn es offensichtlich notwendig ist.«

John Bowlby, MD
(A secure base: Parent-Child Attachment and Healthy Human Development)

Während der letzten 15 Jahre wuchs das Interesse, das Feld der Bindungstheorie und -forschung mit klinischen Einschätzungen und Interventionen zu verbinden (z. B. Fonagy 1999; Marvin 1992; Marvin, Cooper, Hoffmann & Powell 2000; Van den Boom 1995; Lieberman & Zeanah 1999). Die zwei *klinischen Anwendungsbereiche*, die sich am meisten darauf konzentrierten, sind die Objektbeziehungstherapie (Fonagy 1999) und die Familientherapie (Marvin & Stewart 1990, Byng-Hall 1999). Beide dieser Bewegungen sind in ihrer Anfangsphase und beide geben Anlass zu großen Hoffnungen. Betrachtet man Bindungsforschung und Familientherapie, scheint die Begeisterung und Motivation für eine Integration in erster Linie von den Familientherapeuten zu kommen.

Beim Schreiben dieses Kapitels verfolge ich drei Hauptziele. Als erstes will ich eine Sichtweise der Bindungstheorie und -forschung aus der Perspektive eines Familienforschers und Familientherapeuten vorstellen. Dies wird eine sehr persönliche Sichtweise sein, die sich etwas vom Schwerpunkt der Arbeit der

---

[1] Aus dem Englischen übersetzt von Hermann Scheuerer-Englisch.

meisten aktuellen Bindungsforscher unterscheidet. Dieser persönliche Blick leitet sich in erster Linie her von:

    a) meinem fortdauernden Interesse an der systemtheoretischen Natur der Bindungstheorie,

    b) der Tatsache, dass meine klinische Arbeit immer am Modell der Familie als System orientiert war und

    c) meinem aktiven Engagement bei der Entwicklung von bindungsgeleiteten Interventionen für belastete Kinder und ihre Familien.

Ich habe den Eindruck, dass die meisten praktizierenden Kliniker ein Verständnis der Bindungstheorie und Forschung haben, welches sich auf das individuelle Kind oder meist die Kind-Eltern-Dyade bezieht und weniger auf das Kind und die Dyade als ein Subsystem des größeren Familiensystems. Dieser eingeschränkte Blick ist vor dem Hintergrund der Tatsache, dass der größte Teil der laufenden Bindungsforschung auf das Kind oder mehr noch auf die Kind-Eltern-Dyade abzielt, verständlich.

Mein zweites Ziel ist es, Interventionsbeispiele aus der Forschung und klinischen Arbeit meiner Kollegen und mir selbst zu präsentieren, die diese beiden Felder integrieren. Als drittes will ich schließlich das Kapitel mit einigen Gedanken über zukünftige Entwicklungen abschließen. Wie deutlich werden wird, vertrete ich die Meinung, dass eine Integration von Bindung und Familiensystem sowohl möglich als auch vielversprechend ist. Ich denke aber auch, dass diese Integration spezielle Werkzeuge und ein spezielles Training und/oder eine besondere Zusammenarbeit erfordert. Obwohl die Familientherapie-»Schule«, die hier im Mittelpunkt steht, die strukturelle Familientherapie ist, meine ich, dass sich die Integration in gleicher Weise auf andere Schulen, z. B. die »konstruktivistische« und die »psychoanalytische« Schule der Familientherapie, beziehen lässt.

Bindungstheorie und Familiensystemtheorie: Gemeinsamkeiten und Unterschiede

Interessanterweise nahm der Begründer der Bindungstheorie selbst, John Bowlby, immer eine Familiensystemperspektive ein. Bereits zu Beginn seiner Laufbahn erkannte Bowlby, dass Kinder sich innerhalb eines erweiterten Familiensystems entwickeln und dass unser Verständnis von Beziehungsproblemen und unsere Interventionen aus dieser Perspektive betrachtet werden sollten. Tatsache ist, dass Bowlby eine seiner ersten Veröffentlichungen über Familientherapie schrieb (Bowlby 1949), in der er zu bedenken gab, dass

> »(...) Erziehungsprobleme von Kindern sich in Wirklichkeit auf das Vorhandensein von Spannungen innerhalb der Familie beziehen und dass die Verminderung dieser Spannungen die Hauptaufgabe der Therapie sei (...). Eine gemeinsame Interviewmethode mit dem Kind und den Eltern wird beschrieben, in deren Verlauf die Teilnehmer bedeutsame Gefühle und Informationen mitteilen. Es liegt nahe, dass das Vorhandensein eines tiefen Bedürfnisses und Antriebs, harmonisch zusammen zu leben, in den meisten Familiensituationen solche Verfahren mit einer beträchtlichen Hoffnung auf Erfolg ermöglicht.«

Als einen der wesentlichsten Beiträge von Bowlby stellt sich seine Leidenschaft heraus, diese Beziehungsprobleme innerhalb eines tatsächlich wissenschaftlich-empirischen Rahmens zu erforschen. In den späten 40er und frühen 50er Jahren war er allerdings der Ansicht, dass Familiensysteme noch zu komplex seien, um sie mit den damaligen wissenschaftlichen Methoden untersuchen zu können. Er entschied sich, zunächst den ersten Schritt in diesem Prozess zu gehen, nämlich die Eltern-Kind-Beziehung als ein Subsystem des größeren Familiensystems zu untersuchen. Bowlby fuhr fort, die Theorie zu entwickeln, und es waren die Robinsons, H. R. Schaffer, Mary Ainsworth und andere, die die empirische Bestätigung für die Theorie lieferten.

Obwohl er den Teil seiner Theorie, der sich auf Familiensysteme anwenden lässt, nicht speziell entwickelte, war dennoch die Systemtheorie eine der zwei grundlegenden Theorien, die Bowlby bei der Entwicklung der Bindungstheorie verwendete – die zweite war die Ethologie. Tatsächlich bediente er sich in großem Umfang der allgemeinen Systemtheorie, der Informationsverarbeitungstheorie und der Kybernetik bei der Entwicklung von dem, was er schließlich »Control Systems Theory of Attachment«[2] nannte. Gegen Ende seines Lebens betonte Bowlby (1988) schließlich erneut mit Nachdruck, dass sich das Kind innerhalb des Familiensystems entwickelt und er forderte mehr Forschung in diesem Bereich.

Meines Wissens waren Patrica Minuchin (1985) und Marvin & Stewart (1990) die ersten, die betonten, dass beide Bereiche von einer Integration profitieren könnten. Ein kurzer Rückblick auf diese Veröffentlichungen zeigt Ähnlichkeiten und Differenzen auf. Was ich immer hochinteressant fand, ist die Tatsache, dass die beiden Disziplinen *keine* grundsätzlich widersprüchlichen theoretischen Grundannahmen aufweisen. In dem Ausmaß, in dem dies zutrifft,

---

[2] Systemsteuerungstheorie der Bindung

bedeutet es auch, dass eine Integration dieser beiden Gebiete möglich ist, ohne dass die Ziele der jeweiligen Theorie verletzt werden.

Systemtheoretische Ähnlichkeiten

Nach Minuchin (1985) und Marvin und Stewart (1990) teilen beide Theorien folgende Grundannahmen:
1. Jedes System bildet eine organisierte Ganzheit. Elemente innerhalb des Systems sind notwendigerweise wechselseitig voneinander abhängig. Dies gilt in gleicher Weise und in gleichem Ausmaß für triadische Mutter-Vater-Kind-Rollen innerhalb der Familie, für die reziproken Verhaltensweisen von Fürsorgeperson und Kind, und für Bestandteile des Kindes selbst[3] (z. B. sein Bindungs- und sein Explorations-Verhaltenssystem).
2. Komplexe Systeme bestehen aus Systemen und Subsystemen. Dieses verbundene Set von (Sub-)Systemen ist in gleicher Weise auf das Kind als System oder auf die Familie als System anwendbar. Die Subsysteme innerhalb eines größeren Systems sind durch Grenzen getrennt. Die Interaktionen über die Grenzen hinweg werden durch unausgesprochene Regeln und Muster gesteuert. Dysfunktion innerhalb des Systems ist häufig das Ergebnis eines Zusammenbruchs der adaptiven Regeln, die diese Grenzen steuern.
3. Verhaltensmuster in einem System sind eher zirkulär als linear. Dies zwingt uns, von einem wesentlich komplexeren Modell von Faktoren auszugehen, die verschiedene Verhaltensmuster aktivieren oder beenden. Bindungstheorie (Bowlby 1969, 1982) und Familiensystemtheorie (Minuchin 1985) haben jeweils einen ähnlichen Rahmen, um diese Faktoren in Konzepte zu überführen – bei beiden basieren diese weitgehend auf einer breit definierten Informationsverarbeitungstheorie.
4. Systeme haben homöostatische oder selbstregulierende Eigenschaften, die die Stabilität von bestimmten unveränderlichen Mustern oder zu erreichenden Ergebnissen aufrecht erhalten. Dies trifft zu, ob wir nun von einem dysfunktionalen Muster von Grenzverletzungen innerhalb eines Familiensystems sprechen, oder von dem grundle-

---

[3] Um Verwirrung zu vermeiden, wird in diesem Kapitel das Kind immer in der maskulinen Form und die Fürsorgeperson in der femininen Form verwandt.

genden Vorgang, wenn das kleine Kind die Bindungsfigur als sichere Basis für die Exploration nutzt.
5. Evolution und Selbstorganisation bei gleichzeitiger Entwicklung sind inhärente Eigenschaften offener Systeme. Bindungsverhaltensweisen des Kindes durchlaufen ebenso wie Familienstrukturen Entwicklungsveränderungen bezogen auf viele in gleicher Weise zugrunde liegende Entwicklungsprozesse.

Die systemtheoretischen Ähnlichkeiten zwischen den beiden Rahmentheorien schließen auch die Tatsache ein, dass Interaktionen *zwischen* und *unter* den Individuen ebenso im Zentrum der Beobachtung und Konzeptbildung stehen wie die Verhaltensweisen der Individuen selbst. Beide haben weiterhin ein Augenmerk auf lebenslange Entwicklungsprozesse im gesamten Familiensystem, welche mit Entwicklungsveränderungen beim Kind- und/oder dem Geschwistersubsystem einhergehen. Beide betrachten schließlich sowohl die kindliche Rolle bei der Organisation von Familieninteraktionsmustern wie sie umgekehrt das Kind selbst als durch Familienmuster beeinflusst und organisiert sehen.

Systemtheoretische Unterschiede

Obwohl es systemtheoretische Unterschiede in den beiden Theorierahmen gibt, behaupte ich, dass diese Unterschiede eher in unterschiedlichen Schwerpunkten und Betonungen als in der Substanz selbst liegen. Bindungsforschung hat sich beispielsweise hauptsächlich auf die Struktur und das Funktionieren von emotionalen Bindungen konzentriert. Familiensystemarbeit beschäftigte sich hauptsächlich mit Familiensubsystemen, Grenzen, Rollen, hierarchischen Beziehungen, Kommunikation und Konfliktlösung sowie Homöostase und Veränderung. Gewiss erkennen nun beide Bereiche die Wichtigkeit der jeweils anderen Schwerpunkte an, beide bewegen sich zunehmend aufeinander zu und beide würden von noch mehr Integration profitieren. Vor 15 Jahren gab es starke Unterschiede im jeweiligen Fokus zwischen den beiden Theorien, dadurch dass die Bindungsforschung mit dem Blick auf das individuelle Kind und die Fürsorgeperson begann und sich der Dyade als System zuwandte. Familientherapie und –forschung andererseits begann mit dem Augenmerk auf Triaden oder größere Systeme/Subsysteme (vgl. z. B. die Arbeiten von Bowen). In den letzten Jahren gab es aber ebenso viel Bewegung in der Familiensystem-Diskussion hin zu einem Fokus auf individuelle Familienmitglieder, wie bei der Bindungsforschung Bewegung in Richtung eines Fokus auf Triaden.

Bindungstheorie aus der Perspektive eines Familientherapeuten

Bowlby (1969/1982) und Ainsworth (z. B. 1990) sehen Bindungsverhalten als zugehörig zu einem kohärenten Verhaltenssystem, welches das vorhersagbare Ergebnis hat, das kleine Kind und seine Bezugsperson in Nähe und Kontakt zueinander zu bringen. Das Bindungsverhaltenssystem hat eine internale Organisation von Gedanken, Gefühlen, Plänen und Zielen (»innere Arbeitsmodelle«) und hat die biologische Aufgabe, Kinder vor einer großen Bandbreite von Gefahren zu schützen, während sie die Fähigkeiten entwickeln, sich selbst zu schützen. Bindungsforscher interessieren sich besonders für drei zusätzliche Verhaltenssysteme, die in einem dynamischen Gleichgewicht (»equilibrium«) mit dem Bindungssystem tätig sind (z. B. Ainsworth 1969, 1990; Cassidy 1999, Marvin 1999). Diese anderen Systeme sind das Erkundungssystem (exploratory system), das Angstsystem (wary/fear system) und das Freundschafts- oder Sozialbeziehungssystem (affiliative or sociable system). Familientherapeuten können sofort Gefallen daran finden, dass sich diese vier Verhaltenssysteme selbstregulierend gegenseitig aktivieren oder beenden, und zwar so, dass das Kind durch Blockierung des Erkundungs- und Sozialsystems bei gleichzeitiger

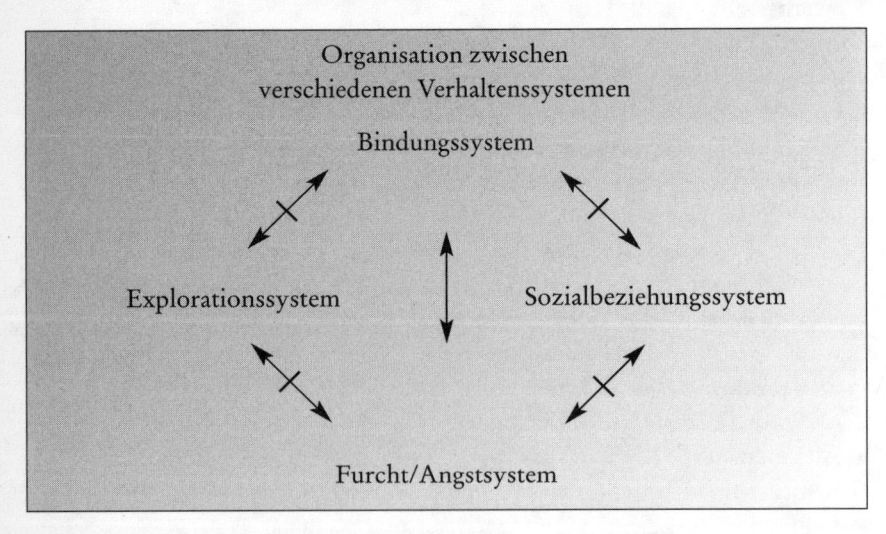

Abbildung 1: Organisation zwischen verschiedenen Verhaltenssystemen: Bindungssystem (attachment system), Explorationssystem (exploratory system), Furcht/Angstsystem (fear/wary system) und Sozialbeziehungssystem (sociable system)

Aktivierung des Bindungssystems geschützt wird, wenn es verängstigt oder belastet ist; oder umgekehrt die kindliche Entwicklungskompetenz durch Aktivierung des Erkundungs- und Sozialbeziehungssystems unterstützt wird, wenn das Furchtsystem und/oder das Bindungssystem nicht aktiviert sind.

Dies ist das komplexe, zyklische Verhaltensmuster, welches Ainsworth (z. B. Ainsworth 1967, Ainsworth, Blehar, Waters & Wall 1978) als »die Bindungsfigur als sichere Basis benutzen« bezeichnet hat. Wenn dies angemessen funktioniert, dann gewährt diese Bindung dem Kind ein inneres Gefühl von emotionaler Unterstützung und Sicherheit in dem Wissen, dass es sich von der Bindungsperson wegbewegen kann, um zu erkunden, dass die Bindungsperson jedoch erreichbar für Schutz und Unterstützung sein wird, sobald dies notwendig ist. Dies ist das »Urvertrauen«, von dem Erik Erikson vor so vielen Jahren sprach und dieses ermöglicht dem kleinen Kind eine innere Entwicklungsgrundlage, andere als liebend und sich selbst als liebenswert zu sehen und zu erleben.

Bindung ist eine Form eines emotionalen Bandes (»affectional bond«). Ein emotionales Band ist eine relativ lang andauernde Verbindung, bei der die Partner gegenseitig füreinander als einzigartige und nicht durch andere austauschbare Individuen wichtig sind. Der Begriff schließt bereits ein, dass diese Bande teilweise durch starke Gefühle bestimmt sind und die Tendenz haben, die Partner regelmäßig zueinander zu bringen – entweder physisch oder in verschiedenen Formen von Kommunikation. Im Fall der Bindungsbeziehung trifft dies vor allem zu, wenn der eine oder andere Partner Gefahr verspürt. Andere emotionale Bande betreffen das Fürsorgeband (die andere Seite der Bindung), Geschwisterbindungen, sexuelle Paarbindungen, Gleichaltrigen- oder Freundschaftsbande und Bindungen an einen Mentor oder Lehrer.

Der Bindungs-Fürsorge-»Tanz« im System

Was Bindungstheorie und Familiensystemtheorie tatsächlich verbindet, ist die Beachtung eines Bandes, welches an sich bereits konzeptuell die Interaktion von mindestens zwei Partnern erfordert. Bowlby bestand von Beginn seiner Arbeit an darauf, dass eine Bindung nicht außerhalb von den Interaktionen und der Beziehung mit einem Partner, der ein reziprokes Fürsorgeband mit dem Kind hat, existieren oder nicht verstanden werden kann. Wie das kindliche Bindungsverhaltenssystem besitzt auch das elterliche Fürsorgeverhaltenssystem eine innere und äußere Organisation mit der biologischen Funktion, den Säugling oder das Kind zu schützen (z. B. Marvin & Britner 1995, Solomon & George 1999). Für mich sind die aufregendsten Aspekte von Bowlbys (1969, 1982) erstem Band seiner Triologie über Bindung die detaillierten, klaren und wunderbar systemtheoretischen Beschreibungen, wie sich das kindliche Bindungsverhaltensystem und das elterliche Fürsorgesystem gegenseitig aktivieren und beenden, in einem komplizierten minutenweisen »Tanz« über den gesamten Tag hinweg, und wie dieser Reigen sich verändert und sich über die Zeit an die Entwicklung des Kindes und/oder sich verändernde Umstände (z. B. Krisen), in denen die Familie lebt, anpasst. Wie Familiensystemtheoretiker bereits so passend beschrieben haben, ist es oft nicht zu sagen, wer diesen Tanz »anführt« und wer ihm »folgt«.

Ainsworth beobachtete diesen »Tanz« unter natürlichen Bedingungen in ihren Beobachtungsstudien zur Eltern-Kind-Interaktion in Uganda (z. B. Ainsworth 1967), in Baltimore (z. B. Stayton, Ainsworth & Main 1973) und unter standardisierten Laborbedingungen in der »Fremden Situation« (»Strange Situation«; z. B. Ainsworth u. a. 1978). Der beschreibende Ansatz, für den sie so berühmt ist, konzentrierte sich auf den kindlichen Beitrag des Interaktionsmusters von Bindung und Fürsorge. Die meisten ihrer veröffentlichten Ausführungen über die elterlichen Beiträge zu den Beziehungsmustern liegen in Form von Ratingskalen[4] vor. Ihre Studenten und ihre Beschreibungen von Fürsorgeverhalten, die zu diesen Ratings geführt haben, können bestätigen, wie reichhaltig ihre Beschreibungen waren, die sie zum Verständnis der komplexen Interaktionsmuster bereitstellte. Zusammen mit Bowlbys Theorie haben diese Beschreibungen schließlich einige Bindungsforscher dazu gebracht, die Anteile der Fürsorgepersonen an der Interaktion und deren innere Arbeitsmodelle der Beziehung in einer Art darzustellen, die allmählich tatsächlich systemtheoretische Interaktionsmuster (wenigstens auf einer dyadischen Ebene) beschreibt (Marvin & Britner 1995, George & Solomon 1996).

Die Beschreibung der Bindungs-Fürsorge-Verhaltensweisen in der Fremden Situation bieten eine exzellente Möglichkeit, diese systemische Interaktion zu beschreiben, da die Verwendung der Fremden Situation so weit verbreitet ist und

---

[4] in der Bindungsforschung stellen globale beschreibende Einschätzskalen für die Qualität dar und werden von Grossmann (1977) zur besseren Unterscheidung von sonst in der Psychologie verwendeten Ratingskalen auch Verhaltensmuster-Zuordnungs-Skalen genannt. Die bekannteste Skala von Mary Ainsworth stellt die 9 Punkte umfassende Skala »elterliche Feinfühligkeit« im Umgang mit dem Säugling und Kleinkind (deutsch in Grossmann 1977) dar (Anmerkung des Übersetzers).

besonders für die Kleinkindzeit und das Vorschulalter standardisiert ist. Eine Mutter trägt ihren zwei Jahre alten Sohn Jochen in einen 4.5 x 4.5 Meter großen Raum mit einigen Stühlen, Spielzeug auf dem Fußboden und einer Einwegscheibe durch die die Situation videografiert wird. Sie setzt den Kleinen zwischen das Spielzeug auf den Boden, sie selbst nimmt auf einem der Stühle Platz. Jochen beobachtet genau, wie sich seine Mutter setzt und lächelt ihr zu, als er erkennt, dass sie nicht weggehen will. Dann wird sein Bindungsverhalten beendet und sein Explorationsverhalten aktiviert, er wendet sich um und beginnt, das Spielzeug zu untersuchen, wobei er die Mutter als sichere Basis für das Erkunden nutzt. Die Mutter schaut zu, während er spielt, lächelt manchmal mit leichter aber offensichtlicher Freude über seine Aktivitäten. Ihr Fürsorgesystem ist aktiv, aber sie sieht keinen Grund einzugreifen und deshalb achtet sie nur auf sein Spiel und ist jederzeit erreichbar, sollte er sie brauchen. Jochen spielt drei Minuten lang[5], er schaut gelegentlich zu seiner Mutter, zeigt ihr das Spielzeug, mit dem er gerade spielt, benennt dieses oder macht andere kurze Bemerkungen.

Nach drei Minuten betritt ein freundlicher Erwachsener den Raum, setzt sich ruhig für einige Augenblicke hin und beginnt dann ein Gespräch mit der Mutter. Während die fremde Person hereinkommt und sich setzt, ist Jochens Furchtsystem aktiviert. Wie in Abbildung 1 dargestellt, beendet dies automatisch seine Erkundung und bringt sein Bindungsverhaltenssystem etwas in Gang. Aus den Augenwinkeln heraus bemerkt seine Mutter, dass er die Fremde mit ziemlich großen Augen anschaut, aufgestanden ist, aufgehört hat zu spielen und sich langsam in ihre Richtung bewegt. Während sie gerade damit aufhört, sich gegenüber der Fremden vorzustellen, ist ihr Fürsorgeverhaltenssystem in Reaktion auf sein Bindungsverhalten hin aktiviert, und sie hält Jochen ihre Hand entgegen, als er sich ihr nähert. Er steht hinter ihrem Knie, während er die fremde Person weiterhin mit Interesse anstarrt. Die Mutter reibt sanft seinen Rücken. Während sein Gefühl von Sicherheit zurückkehrt, lächelt Jochen der Fremden gewinnend zu, dann kehrt er zum Spiel zurück, allerdings jetzt näher bei Mutters Füßen.

Als die Fremde am Boden langsam Kontakt mit ihm aufnimmt, schaut Jochen noch einmal zu seiner Mutter, die ihm als Signal, dass die Situation sicher ist, zulächelt. Dann spielt er zufrieden mit dieser neuen Person.

Die nächste Episode beginnt, als die Mutter auf ein Signal hin den Raum verlässt. Jochen schaut auf, als sie aus der Tür geht, sein Erkundungs- und sein

---

[5] Die Länge dieser ersten Episode (die Fremde Situation besteht aus insgesamt neun Episoden von maximal drei Minuten) (Ainsworth u .a. 1978)

Sozialverhalten stoppt, und sein Bindungsverhalten ist stark aktiviert, während er sich unverzüglich zur Tür begibt. Er streckt sich nach dem Türgriff, ruft zweimal nach seiner Mutter und beginnt dann nervös zu werden. Er schaut kurz zu der Fremden, als sie versucht, ihn mit einem Spielzeug abzulenken, aber dann beginnt er zu weinen und ruft erneut nach seiner Mutter, während er vergeblich versucht, die Tür zu öffnen.

An diesem Punkt ruft die Mutter Jochens Namen von außerhalb der Tür und betritt den Raum wieder, nachdem sie zusammen mit den Fachleuten hinter der Einwegscheibe eine wachsende Dringlichkeit verspürt hatte, zurückzukehren. Ihr Fürsorgesystem ist hoch aktiviert, als sie sich ganz ihrem Sohn und weniger der Fremden zuwendet. Jochen schaut sofort zu ihr hoch, streckt seine Arme aus, um hochgenommen zu werden, klammert sich für ein paar Momente an, als er aufgenommen wird, er hört auf zu weinen und schluchzt noch ein oder zwei Mal, während er beobachtet, dass die fremde Person den Raum verlässt. Seine Mutter schaut ihn, noch während sie ihn hält, direkt an, drückt ihn für einen weiteren Moment an sich, sie bemerkt, dass er aufgehört hat zu schluchzen, lehnt sich über die Spielzeuge und fragt ihn, ob er nicht wieder spielen wolle. Sofort klammert sich Jochen wieder an sie und sagt in einem aufgeregten Ton »Nein«. Seine Mutter sagt: »Jetzt noch nicht, hmm? (...) ist schon gut.« Sie geht zum Stuhl und setzt sich, hält Jochen dabei auf ihrem Schoß. Nach einem weiteren Moment fühlt sich Jochen wieder sicher, er bewegt sich in Richtung Boden, seine Mutter folgt seiner Bewegung und lässt sie zu und er sitzt wieder bei den Spielzeugen und spielt wie in der ersten Episode. Seine Mutter verfolgt jetzt wieder sein Spiel, indem sie auf seine Äußerungen über das Spielzeug antwortet, ihm kurz mit einem Spielzeug hilft, wenn er das wünscht und seine Freude mit dem Spielzeug genießt.

Bindungs-Fürsorge-Interaktionen innerhalb größerer Familiensysteme

Während der gesamten »Fremden Situation« kann man beobachten, wie das Bindungssystem des Kindes und das Fürsorgesystem des Elternteiles des jeweils anderen Verhalten in einem komplizierten Muster aktiviert und beendet, indem jeder das Verhalten des anderen und veränderte Bedingungen im Raum vorwegnimmt (antizipiert) und darauf antwortet. Die Muster werden sogar noch komplexer, wenn ein weiteres Familienmitglied zu dem beobachteten System hinzukommt. Zum Beispiel haben Stewart (1977) und Stewart und Marvin (1984) Bindungs-Fürsorge-Muster in »Fremden Situationen« beobachtet, bei denen nicht nur Mutter und Kind, sondern auch entweder der Vater oder ein etwas älteres Geschwister mit anwesend waren. Stewart (1977) fand heraus, dass für Kleinkinder (Toddler[6]) aus »traditionellen« Familien die normale Reaktion war, Bindungsverhalten gegenüber der Mutter zu zeigen, wenn die Fremde den Raum betritt, in dem Mutter, Vater und das Kind anwesend sind. Geht die Mutter dann weg und lässt das Kind mit dem Vater zurück, tendiert das Kind dazu, mit dem Spielen aufzuhören, und den Vater als sicheren Hafen zu nutzen, um dann bald wieder zum Spiel zurückzukehren. Obwohl das Kleinkind während der mütterlichen Abwesenheit nicht besonders geängstigt ist, neigt es dazu, Kontakt zu ihr zu suchen, wenn sie zurückkehrt.

Stewart und Marvin (1984) beobachteten Kleinkinder (toddlers) und ihre älteren Geschwister im Kindergartenalter in der Fremden Situation. Sie fanden, dass das ältere Geschwister, sofern es vier oder mehr Jahre älter war, dazu tendierte, eine schützende Rolle gegenüber dem jüngeren Geschwister einzunehmen, dass die jüngeren Geschwister das ältere aktiv als sicheren Hafen nutzten, und dass die Mütter dieser Geschwister-Dyaden das ältere baten auszuhelfen, wenn sie den Raum verließen. War aber der Abstand zum älteren Geschwister dreieinhalb Jahre oder weniger, neigten beide Kinder dazu, aufgeregt zu werden, wenn sie von der Mutter alleingelassen wurden, und sie bezogen sich nicht aufeinander und beschützten sich nicht. Die meisten von uns kennen diese etwas komplexeren Bindungs-Fürsorge-Interaktionen innerhalb des größeren Familiensystems von den eigenen Familienerfahrungen her. Sie unterstreichen die Wichtigkeit, diese Bindungen innerhalb ganzer Familien zu untersuchen. Und sie weisen auf die Tatsache hin, dass die Verfahren, die entwickelt wurden, um diese Prozesse in Eltern-Kind-Dyaden zu untersuchen auch angepasst werden könnten, um diese komplexeren Familien-System-Muster zu erforschen. Nicht zuletzt ist die Eltern-Kind-Dyade ja eingebettet in das größere Familiensystem. Stewart und Marvin sind überzeugt, dass die Ausweitung der Untersuchungseinheit von der Dyade auf größere Familien(sub)systeme möglich *und* vielversprechend ist.

---

[6] Toddlerhood bezeichnet im Englischen in etwa die Phase des zweiten Lebensjahres.

Individuelle Unterschiede in Bindungs-Fürsorge-Beziehungen

Diese Idee, bestehende Verfahren und Befunde innerhalb größerer Systeme anzuwenden, kann man auch auf die Untersuchung individueller Unterschiede übertragen. Es ist wohl tatsächlich eben diese Arbeit, die den größten Beitrag für die klinische Intervention und die Integration von Bindungstheorie und Familiensystemtheorie leisten wird.

Bindungsforscher haben drei Grundmuster oder Klassifikationen des kindlichen Bindungsverhaltens (z. B. Ainsworth u. a. 1978, Cassidy & Marvin 1992, Main & Cassidy 1988), sowie Muster von Fürsorgeverhalten und inneren Arbeitsmodellen der Fürsorgeperson gefunden, die jedes dieser kindlichen Muster komplementär ergänzen (z. B. George & Solomon 1996, Main & Goldwyn 1994, Marvin & Britner 1995). Es gibt außerdem weitere Muster, die gemeinhin als desorganisierte oder unorganisierte (»disordered«) Formen der drei Bindungsgrundmuster gelten. Die drei - »organisierten« - Muster kann man als innerhalb »normaler Grenzen« liegend betrachten, während man bei den unorganisierten Formen Zusammenhänge zu vergangenem oder aktuellem unverarbeiteten Verlust und/oder traumatischen Erfahrungen im Hinblick auf die Fürsorgeperson sowie Zusammenhänge zu erhöhtem Risiko für aktuelle und zukünftige negative Entwicklungsfolgen für das Kind gefunden hat (z. B. Solomon & George 1999).

Obwohl sicher noch viel mehr Forschung notwendig ist, wird doch zunehmend deutlich, dass diese Muster mittels standardisierter Interview- und Beobachtungsmethoden klassifizierbar sind, und nicht nur bei Klein- und Vorschulkindern, sondern auch bei älteren Kinder, Jugendlichen und Erwachsenen anwendbar sind. Außerdem haben diese Muster die Tendenz, dass sie innerhalb bestimmter Beziehungen von einer Generation zur nächsten weitergegeben werden (siehe Cassidy & Shaver 1999). Im Folgenden werden kurze Beschreibungen der Muster, wie sie in der Fremden Situation auftreten, gegeben:

1. Organisiertes Muster: Sicheres Kind – Autonomer Elternteil[7].
Dieses Bindungsmuster stellt die theoretische Norm dar und kommt bei der Hälfte bis zu zwei Drittel in Populationen mit geringem Risiko vor.

---

[7] »Autonomous« werden im Erwachsenen-Bindungsinterview (Adult-Attachment-Interview) die Personen mit einem sicheren Bindungsmodell bezeichnet, »dismissing« Personen mit einem vermeidenden, von Bindungsthemen abgeschnittenen Modell und

- Das Kind spielt zufrieden, wenn es nicht unter Stress steht, und sucht nach Hilfe, wenn es notwendig ist. Das Kind hält über gegenseitigen Blickkontakt und ausgedehnte »Konversation« die Eltern mühelos über seine Spielaktivitäten auf dem laufenden. Das Gespräch kann das Spiel oder mehr persönliche Themen behandeln. Der Elternteil ist gegenüber dem Kind aufmerksam, ohne zudringlich zu sein oder das Kind offen zu einer Zielerreichung bei der Erkundung zu drängen.
- Beide Partner können sich leicht gegenseitig annähern und miteinander interagieren, wenn das Kind belastet ist.
- Falls die Dyade einen Moment von emotionalem oder strukturellem Ungleichgewicht (dies tritt gewöhnlich gleichzeitig auf) erfährt, sind beide bereit und in der Lage, das Gleichgewicht wieder herzustellen. Der Elternteil ist bei diesen Prozess klar in der Verantwortung, aber erlaubt dem oder ermutigt das Kind in einer altersgemäßen Art, daran mitzuwirken und dazu beizutragen.
- Körperlicher und/oder verbaler Kontakt beenden vorhersagbar das kindliche Bindungsverhalten und seinen emotionalen Stresszustand. Sie führen ebenso vorhersagbar zur Wiederherstellung der kindlichen Exploration und zu Entwicklungskompetenz.

2. Organisiertes Muster: Ängstliches, vermeidendes Kind – abwehrender/distanzierender Elternteil

Dieses Muster ist bei ungefähr 20% in Populationen mit niedrigem Risikopotential anzutreffen.

- Das Kind spielt unbekümmert, wenn es nicht unter Stress steht. Es gibt wenig gemeinsamen Blickkontakt, wenig Gespräch oder gemeinsame Aufmerksamkeit im Hinblick auf persönliche Themen. Gespräch und gemeinsame Aufmerksamkeit richtet sich eher auf die kompetente Leistung des Kindes als auf persönliche Dinge.
- Der Elternteil neigt dazu, entweder sich aus dem kindlichen Spiel herauszuhalten oder leicht zudringlich zu sein indem er das Kind in Richtung Kompetenz treibt.
- Beide Partner haben die Tendenz, die intimeren Bindungs-Fürsorge-Interaktionen zu minimieren. Wenn das Kind leicht gestresst ist,

---

»enmeshed«/»preoccupied« Personen, die ein verstricktes, von Bindungsthemen dauernd besetztes unsicheres Modell haben (Main & Goldwyn 1984) (Anmerkung des Übersetzers)

- versuchen beide Partner, eher die Belastung zu übergehen, statt die Aufmerksamkeit darauf zu lenken und sie zu aufzulösen. Beide Partner sind geneigt, sich von Bindungs-Fürsorge-Interaktionen durch eine Überbetonung der kindlichen Exploration abzuschneiden.
- Der Elternteil übernimmt eher klar die Verantwortung und kann tatsächlich (übermäßig) hohe Erwartungen bezüglich des kindlichen Verhaltens haben.

3. Organisiertes Muster: ängstliches, ambivalentes Kind – bindungsbesetzter, verstrickter Elternteil[8]

Der Anteil dieses Musters beträgt bei Niedrig-Risiko-Stichproben ca. 10%.

- Beide Partner neigen dazu, die kindliche Abhängigkeit vom Elternteil und seine relative Unfähigkeit, in einer kompetenten, unabhängigen Art und Weise zu erkunden, überzubetonen. Der Elternteil engagiert sich eher zu stark bei den kindlichen Aktivitäten, sei es bei der Exploration oder der Behandlung der kindlichen Gefühle. Im Ergebnis sind sowohl Spiel, als auch Bindungs-Fürsorge-Interaktionen von Konflikt und Ambivalenz gekennzeichnet, weil sich die Partner in die gegenseitigen Aktivitäten, Gespräche und sogar Gedanken hineindrängen!
- Sogar leichte Konflikte werden eher nicht gelöst. Stattdessen führen Versuche der Konfliktlösung selbst zu weiteren Auseinandersetzungen, und Konflikte werden eher durch Aufmerksamkeitsverschiebung auf andere Themen als durch direktes Angehen und Lösen des Konfliktes beendet.
- Kindliche Belastung und Bindungsverhalten werden sehr leicht aktiviert, dies wird tatsächlich durch den Elternteil ermuntert, der sich selbst besser fühlt, wenn er gebraucht wird.
- Das Kind tendiert zu übermäßiger Belastung durch Trennung, sogar im späten Kindergartenalter. Nach der Wiedervereinigung kann die gemeinsame Nähe oder können irgendwelche folgenden Gespräche das kindliche Bindungsverhalten eher nicht beenden. Das Kind hängt eher am »Rockzipfel« des Elternteiles, statt zur Exploration zurückzukehren.

---

[8] Vergleiche Anmerkung 7.

Klassifikation von Bindungs- und Familieninteraktionsmustern

Bindungsmuster	Familiensystem
(B) sicher/selbstständig ⟷	anpassungsfähig
(A) vermeidend/»abgeschnitten« ⟷	losgelöst
(C) ambivalent/ängstlich ⟷	verstrickt

Abbildung 2: Klassifikation von Bindungs- und Familieninteraktionsmustern: (Similar attachment and familiy systems classification groups)
attachment family system
(B) Secure/Autonomous   Adaptive
(A) Avoidant/Dismissing   Disengaged
(C) Ambivalent/Preoccupied   Enmeshed
Weitere Erklärungen im Text

Es ist höchst beeindruckend, dass die drei primären Bindungsmuster und die reziproken Fürsorgemuster Minuchins (1974) drei Hauptmustern der Familienstruktur so ähneln: Anpassungsfähig (»adaptive«), losgelöst (»disengaged«) und verstrickt (»enmeshed«) (vgl. Abbildung 2). Ausgehend von dieser Ähnlichkeit besteht ein schneller und leichter Beitrag der Bindungsforschung für die Familientherapie in der Erkenntnis, dass diese Muster, die vermutlich von beiden theoretischen Standpunkten aus zunächst als innerhalb normaler Grenzen befindlich betrachtet werden sollten, unter bestimmten Bedingungen schnell unorganisiert/gestört (disordered) und deutlich dysfunktional werden. Bindungsforscher haben wiederholt gefunden, dass insbesondere unbewältigter Verlust und/oder Trauma in der elterlichen Geschichte eng mit desorganisierter Bindung und Fürsorge zusammenhängen. Der Mechanismus für diese Zusammenhänge ist komplex (vgl. z. B. Main & Hesse 1990, Solomon & George 1999), eine vollständige Diskussion würde aber den Rahmen dieses Beitrages sprengen (siehe hierzu den Beitrag von Jacobvitz u. a. in diesem Band). Die

Grundidee ist aber, dass ein unverarbeiteter Verlust oder ein Trauma in der Geschichte der Fürsorgeperson (aber auch genauso gut einer/s in der aktuellen Lebenssituation) mit bewusster oder unbewusster Furcht auf der Elternseite verbunden ist, wenn das kindliche Bindungsverhalten deren eigenes Fürsorgesystem aktiviert. Dies führt dann dazu, dass sich der Elternteil gegenüber dem Kind genau dann in einer geängstigten oder ängstigenden Weise verhält, wenn dieses ihn als einen verlässlichen, beschützenden Hafen der Sicherheit benötigt. Im Ergebnis gibt der Elternteil seine ausführende fürsorgende Rolle mindestens in dem Bereich der Bindung und Fürsorge, wenn nicht sogar genauso in anderen Bereichen oder Interaktionsformen, auf. Damit haben wir das folgende vierte Bindungs-Fürsorge-Muster.

4. Unorganisiertes Muster: Rollenumkehr beim Kind
– abgedankter Elternteil.

Dieses Muster beobachtet man bei 10 – 15% in Niedrigrisikostichproben, und in gut über 50% bei einer großen Bandbreite von Hochrisikopopulationen.

- Kind und Elternteil sind beide häufig ängstlich, wenn sie miteinander in Kontexten umgehen, die normalerweise nicht mit Angst verbunden sind.
- Wenn das Bindungsverhalten des Kindes aktiviert ist, verhält sich der Elternteil in einer geängstigten oder ängstigenden Art und Weise. Nach einem Training kann ein Beobachter zuverlässig beobachten, dass dieser Elternteil seine beschützende, organisierende Rolle aufgibt. Wenn z. B. ein Kind in der Wiedervereinigungssituation belastet ist, kann diese Mutter kurz einen geängstigten Gesichtsausdruck zeigen, sich dann hinsetzen, in den Raum starren und depressiv erscheinen.
- Bei Kindern unter zwei bis zweieinhalb Jahren führt dies dazu, dass sich das Kind in einer desorganisierten-desorientierten Art und Weise verhält, z. B. leise weint, während es den Elternteil aktiv vermeidet, oder indem es die Augen mit den Händen bedeckt, während es einen deutlich ängstlichen Gesichtsausdruck hat.
- Hat das Kind das Alter von zweieinhalb bis drei Jahren erreicht, hat es die sozial-kognitiven und sozialen Fähigkeiten entwickelt, die es ihm erlauben, eine Bindungsstrategie zu verfolgen, die kurzfristig im Hinblick auf die Beziehung sehr funktional erscheint, auf lange Sicht

aber eine sehr riskante Strategie darstellt (Main & Hesse 1990). Ein solches Kind wird sich der Stimmungen seiner Fürsorgeperson sehr klar bewusst, verfolgt deren Verhalten sehr vorsichtig und tauscht die Rollen in den Bindungs-Fürsorge-Interaktionen – und allgemeiner in Interaktionen, bei denen starke Gefühle beteiligt sind. Es ist dann eher das Kind als der Elternteil, das die Belastungen des anderen zu lindern versucht und sein Verhalten zu organisieren. Und es ist der Erwachsene – statt das Kind – der den anderen ermutigt oder mindestens ihm erlaubt, diese Rolle auszufüllen. Kurzfristig ist diese Strategie eine gute Anpassung, da sie die Wahrscheinlichkeit der Verfügbarkeit und Antwortbereitschaft der Bindungsperson erhöht, falls etwas wirklich Gefährliches passiert. Auf lange Sicht ist es ein sehr dysfunktionales und sehr riskantes Muster aus einer Reihe von individuellen, entwicklungsbedingten, dyadischen und familiären Gründen. Es gibt außerdem zunehmend nachdrückliche Hinweise, dass dieses Muster – wenn es nicht bearbeitet wird – mit hoher Wahrscheinlichkeit vom Kind in die nächste Generation weitergegeben wird, wenn es groß wird.

Dieses Muster ist Familientherapeuten sehr vertraut, es wird seit langem mit vielen schweren psychosomatischen und anderen Familienproblemen in Zusammenhang gebracht. Bindungsforschung kann eine Reihe von Beiträgen für das familientherapeutische Verständnis von Rollenumkehr in Beziehungen liefern. Erstens ist nun klar, dass es dieses Muster gibt, und dass es ernste negative Folgen hat, sogar schon in viel jüngeren Jahren, als man bisher annahm. Zweitens ist es deutlich geworden, dass diese rollenumgekehrten, Beziehungen größere Gefühlsregulations- und strukturelle Komponenten haben. Drittens haben wir nun ein differenzierteres Modell für die Ätiologie dieses emotional-strukturellen Problems. Viertens bieten die standardisierten Kodiersysteme der Bindungsforschung dem Familientherapeuten ein wirkungsvolles Set von Beobachtungsmethoden, um das Problem zu identifizieren. Das zusätzliche Wissen über die Ätiologie dieses strukturellen Problems sollte schließlich auch zu neuen und möglicherweise verbesserten Behandlungsansätzen für dieses Problem und die damit verbundenen Fragen führen.

> **»Familienlandkarten«**
>
> (B) R-R
> Mutter = Vater   Mutter ≠ Vater
>
> (B) \\ // (B)   (A) ⇹ ↗↙ (A)
>
> Kind   Kind

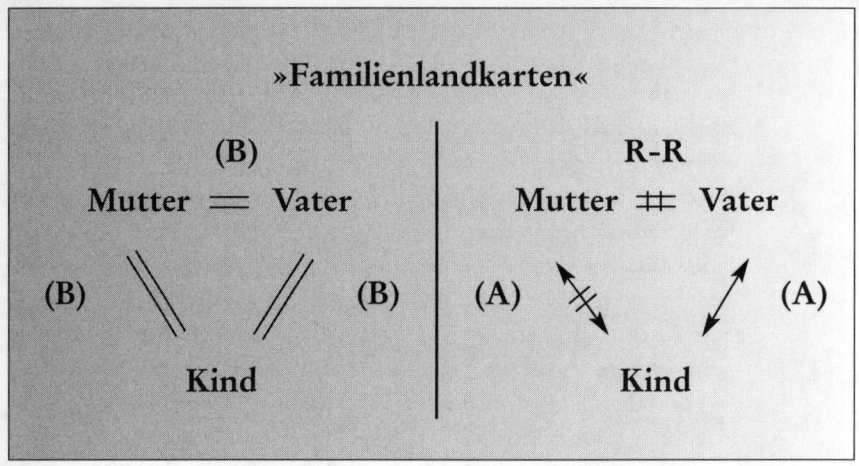

Abbildung 3: »Familienlandkarten« (Attachment family system: »maps«)

Es sei darauf hingewiesen, dass wir bindungsbezogene Verfahren und auch Klassifikationen als Hilfe nutzen können, um »Familienlandkarten« zu erstellen, wie sie von Familientherapeuten als hilfreich empfunden werden. Abbildung drei zeigt zum Beispiel zwei unterschiedliche Drei-Personen-Familien, bei denen hypothetische Fremde Situationen für jede Eltern-Kind-Dyade durchgeführt wurden, und bei denen die Ehepaare über ihre Beziehung befragt wurden. Auf der linken Seite befindet sich eine gut funktionierende, anpassungsfähige Familie. Die Bindungs-Fürsorge-Muster zwischen jedem Elternteil und dem Kind sind sicher-autonom, die Paarbeziehung ist angemessen vertraut und ohne übermäßigen Konflikt, und es gibt angemessene Grenzen zwischen der Paarbeziehung und jeder der Eltern-Kind Beziehungen. Auf der rechten Seite befindet sich eine dysfunktionale Familie mit einer »klassisch« verstrickten Mutter-Kind Beziehung sowie einer losgelösten (disengaged) Beziehung des Vaters zur Mutter und zum Kind. Die Paargrenzen sind unangemessen durchlässig bei Ehekonflikten. Außerdem ist die Mutter-Tochterbeziehung rollenverkehrt.

Drei Interventionsbeispiele auf der Grundlage der Integration von Bindung und Familiensystem

Mit diesem Überblick über die Bindungsforschung als Hintergrund will ich nun kurz drei Fallbeispiele aus meiner eigenen klinischen Praxis berichten – Fälle, die meiner Meinung nach einige der möglichen Beiträge der Bindungsforschung für die Praxis der Familientherapie aufzeigen. Sicherlich hat dies meine eigene Familienarbeit bereichert. Jedes Beispiel stammt aus einer unterschiedlichen Altersstufe bezogen auf das betroffene Kind und soll verschiedene, aber sich überlappende Beiträge der Bindungsforschung aufzeigen.

Fall 1: Ein achtzehn Monate alter Junge mit einer reaktiven Bindungsstörung

Michael ist ein achtzehn Monate alter Junge. Er wurde von seinen Adoptiveltern wegen verschiedener Symptome vorgestellt, u. a. zeigte er gegenüber unterschiedlichen fremden Erwachsenen distanzlose Freundlichkeit und ein fast vollständiges Fehlen von Nähe- und Kontaktsuche, bei seinen Adoptiveltern konnte er sich in Situationen, in denen er überfordert oder geängstigt ist, keinen Trost holen. Aus seiner Vorgeschichte geht chronische Vernachlässigung durch seine leiblichen Eltern hervor, eine Reihe von Unterbringungen bei drei verschiedenen Pflegefamilien im Alter von sechs bis dreizehn Monaten schloss sich an. Mit ungefähr vierzehn Monaten wurde er von seinen jetzigen Eltern adoptiert, die sehr liebevolle und feinfühlige Fürsorgepersonen zu sein scheinen. Trotz dieser liebevollen Pflege zeigte Michael die Symptome weiter, und seine Adoptiveltern waren belastet und sehr besorgt um seine »Genesung«. Die Intervention fand in vier Phasen statt.

Diagnostische Einschätzung. Die Familie wurde zu Beginn in einem therapeutischen Spielzimmer durch die Einwegscheibe beobachtet. Obwohl der Vater nicht so häufig und aktiv beteiligt war wie die Mutter, verfolgten dennoch beide Eltern Michaels Spiel und erfreuten sich daran. Sie spielten mit ihm in einer Art, die sein Erkundungsverhalten unterstützte und wenig störte, und unterhielten sich gut und gerne über Michael und sein Spiel. Ähnlich wie beim Ablauf in der Fremden Situation ging ich nach ein paar Minuten in den Raum. Wie es die Eltern bereits beschrieben hatten, kam Michael sofort zu mir und nahm körperlichen Kontakt mit mir auf. Einige Minuten später stolperte er über ein Spielzeug, fiel hin und tat sich offensichtlich weh. Wie ebenfalls bereits beschrieben, weinte er nicht und suchte auch keine Nähe zu seinen Eltern. Er hatte sich ihnen aber während seiner Exploration freudig genähert und sie mir trotz seiner distanzlosen Freundlichkeit klar vorgezogen.

Als Michael stolperte bemerkte ich, dass beide Eltern sich sofort vorbeugten, als ob sie zu ihm gehen wollten, (...), abwarteten, und sich dann mit einem besorgten und unsicheren Gesichtsausdruck wieder zurücklehnten sobald sie erkannten, dass er nicht zu weinen anfangen würde. Als wir sein Verhalten und ihre Reaktion diskutierten, beschrieben sie ihre Unsicherheit und ihre Angst, sie könnten in einer Weise reagieren, die seinen Zustand verschlechtern könnte. Ihre Verhaltensunsicherheit führte zu dem Ergebnis, zu »respektvoll« gegenüber Michaels eigenem unangemessenen und unorganisierten Bindungsmuster zu sein. Obwohl dieses Familiensystem noch nicht vollständig »rollenverkehrt« war, hatte es weitgehend angemessene Bindungs-Fürsorge-Rollen aufgegeben, und die Familienmuster trugen zu einer Aufrechterhaltung von Michaels desorganisierter Bindung bei. Die Eltern erkannten und bestätigten diese Verwirrung, den »falschen Respekt« und die Aufgabe der Rollen schnell.

Elterninformation. Ein großer Teil unseres angemessenen Fürsorgeverhaltens als Eltern gegenüber unseren »Toddlers« basiert auf »Skripts«, die eher automatisch, als sorgfältig durchdacht, aktiviert und beendet werden. Unser Kind fällt hin, weint, und wir gehen automatisch hin und nehmen es auf. Unerwartetes, scheinbar widersprüchliches oder unkohärentes Verhalten von Seiten des Kindes kann uns verwirrt und ohne eigene Verhaltensstrategie zurücklassen. In dieser Situation kann häufig ein reines Verstehen der »Logik« des kindlichen desorganisierten Verhaltens, eine Klärung der normalerweise zu erwartenden Bindungs-Fürsorge Muster, und ein Experimentieren mit alternativen Handlungsstrategien gegenüber dem kindlichen Verhalten, bereits eine Veränderung hin zu einem angemesseneren Familienmuster anstoßen.

Der nächste Schritt war es, das vorhandene elterliche Wissen über normale, organisierte Bindungs-Fürsorge-Interaktionsmuster zu verdeutlichen, und ihnen zu helfen, die Ätiologie und Logik von Michaels desorganisiertem Verhalten zu verstehen. Aufzuzeigen, dass Toddlers gegenüber völlig fremden Erwachsenen vorsichtig sein sollten, und dass sie bei Belastung unruhig werden sollten und schnell die Nähe zu ihren Bindungsfiguren suchen sollten, war kein Kunststück. Was Michaels Eltern sehr geholfen hat, war die Aufdeckung der Tatsache, dass er auf Grund seiner Vorgeschichte und seiner Bindungsbeeinträchtigung unter den genannten Umständen bei ihnen keine für sein Alter normale Rolle beim Suchen von Nähe und Kontakt eingenommen hat: Dass er also *seine* Rolle in den Bindungs-Fürsorge-Interaktionen nicht ausgeführt hat. Es war daher eine Erleichterung und die Erlaubnis für sie, sich sicher zu sein, dass ein aktives Eingreifen in die desorganisierten Verhaltensmuster ihres Sohnes ihm nicht weiter schaden würde.

Experimentieren mit Veränderung der Muster. Der dritte Interventionsschritt bestand darin, die Eltern im Ausprobieren von Vorgehensweisen zu unterstützen, die zu angemessenen Ergebnissen führten, gleichgültig ob Michael seine Rolle in der Interaktion spielte oder nicht. Wenn sich Michael zum Beispiel ein fremder Erwachsener näherte, und er zeigte keine Beunruhigung, ging einer seiner Eltern schnell zu ihm, nahm ihn auf den Arm und sprach mit ihm kurz darüber, nicht zu Fremden zu gehen. Aus der Sicherheit des elterlichen Armes konnte Michael dann mit dem Fremden bekannt gemacht werden, und ein paar Minuten später wurde ihm dann erlaubt, mit dieser neuen Person zu interagieren. Oder wenn Michael hinfallen und sich weh tun sollte, oder wegen irgendetwas belastet sein sollte, ohne zu seinen Eltern hinzugehen, sollte wieder einer von ihnen schnell zu ihm hingehen, ihn aufnehmen, halten und beruhigen, selbst wenn kein Bedürfnis danach signalisieren sollte. Die ausdrückliche Hoffnung war, dass - wenn die Eltern das von sich aus täten, was z. T. Michael hätte tun sollen – sich Michael dann allmählich an die angemessenen *Familiensystemfolgen anpasst* und eventuell eine organisiertere Rolle in dem Muster annimmt.

Nachsorge. In den nächsten Monate wurden regelmäßig Folgetermine durchgeführt. Michaels Eltern berichteten von einer allmählichen Verhaltensänderung in Richtung zunehmender Verantwortung für Nähe und Kontakt-Suchen unter Bedingungen, die bei Toddlern normalerweise Bindungsverhalten auslösen. Sich seinen Eltern zu nähern, wenn er sich weh getan hatte oder anderweitig belastet war, war einer der beiden Hauptbereiche, in denen Michael verstärkt Verantwortung übernahm. Die Angstreduktion oder der Rückzug auf seine Eltern bei Konfrontation mit einem unbekannten Erwachsenen verbesserte sich ebenfalls allmählich, aber geschah langsamer. Sobald Michael mehr Verantwortung in diesen Situationen übernahm, kehrten die Eltern zunehmend zu ihrer normalen elterlichen Rolle zurück. Es braucht nicht besonders erwähnt werden, dass die Eltern schnell ein wachsendes Vertrauen in ihre bestimmende Rolle als Eltern bekamen und sie berichteten, dass sie sich wesentlich besser fühlten.

Zwei kurze Anmerkungen scheinen bei diesem Fall noch wichtig zu sein. Als erstes betrachten wir Michaels Bindungsstörung weder als in ihm liegend, noch als das Ergebnis der Verhaltensmuster seiner Adoptiveltern. Indem wir uns auf die Ebene dyadischer oder familiärer Interaktionen konzentrierten und auf die aus dieser »Analyseebene« erwarteten Wirkungen, gelang es uns leicht, uns ein Ergebnis - oder einen Gleichgewichtszustand – vorzustellen, auf den die Eltern hinarbeiten können, und den die Eltern sich leicht vorstellen können, während sie sich parallel zu Michaels Verantwortungsübernahme auf ihre Rolle zurückbesinnen.

Zweitens waren diese Eltern in ihrem Elternverhalten und in ihrer gegenseitigen Beziehung intakt, sicher und effektiv genug, um von einem Modell zu profitieren, das man als eine auf Familiensystemtheorie basierende Elternschulung bezeichnen könnte. Hätten sie mehr problematische Interaktionsmuster oder mehr problematische Muster von inneren Arbeitsmodellen über sich oder ihre Beziehung zu Michael gezeigt, hätte die Arbeit eine viel stärkere - individuelle und/oder familienbezogene – psychotherapeutische Komponente enthalten müssen.

Fall zwei: Ein sechsjähriges Mädchen mit fortdauernder Aggression gegenüber ihrer Mutter

Ein ansonsten gesundes und normales sechsjähriges Mädchen wurde durch ihren Kinderarzt wegen fortdauernd aggressivem und kontrollierendem Verhalten gegenüber ihrer Mutter vorgestellt. Der Vater zögerte zunächst, an der Behandlung teilzunehmen, tat dies aber, nachdem betont wurde, dass er eine wesentliche Rolle bei der Lösung dieses Problems haben würde.

Diagnostische Einschätzung. In diesem Fall führten wir zu Beginn ein Familieninterview durch und dann eine vollständige Erhebung von Bindung und Fürsorge beider Eltern-Kind-Dyaden. Dies umfasste eine Fremde Situation getrennt mit jeder Eltern-Kind Dyade, das Erwachsenen-Bindungs-Interview mit jedem Elternteil, und die Puppen-Geschichten-Vervollständigungsaufgabe (Bretherton, Ridgeway & Cassidy 1990; ASCT: siehe auch Bretherton u.a. in diesem Band) mit dem Kind.

Die Ergebnisse der Familienerhebung waren wie folgt: Mutter und Tochter waren verstrickt. Vater und Tochter waren abgelöst (disengaged). Vater und Mutter waren ebenfalls abgelöst und hatten häufig Konflikte über den Umgang der Mutter mit dem Fehlverhalten der Tochter. Folgendes Muster war typisch: Das Kind benahm sich daneben, die Mutter versuchte das Verhalten der Tochter zu beeinflussen und gab schließlich auf, der Vater griff dann sehr streng ein, die Mutter schützte dann das Kind vor dem Vater, der Vater wurde auf Mutter und Tochter ärgerlich und zog sich mit seinem Ärger zurück, und die Tochter fuhr fort, die Mutter zu kontrollieren.

Die Ergebnisse der Bindungserhebung waren folgende: Die Mutter-Tochter-Bindung war desorganisiert, kontrollierend und rollenverkehrt. Die Vater-Kind-Bindung war vermeidend. Die mütterliche Klassifikation im Erwachsenenbindungsinterview war unbewältigte Trauer (U) im Hinblick auf frühen Verlust (ihrer eigenen Mutter) mit einer Hauptklassifikation von bindungsbesetzt-verstrickt bezüglich enger Beziehungen (E). Die väterliche Klassifikation im Erwachsenenbindungsinterview war abgeschnitten (D; dismissing) im Hinblick auf enge Beziehungen. Die Einschätzung der Tochter nach der Geschichtenergänzungsaufgabe war desorganisiert.

Intervention. In diesem Fall waren die Ergebnisse bei beiden Komponenten der Untersuchung sehr übereinstimmend. Unter der Vorraussetzung, dass die Art der Intervention Familientherapie sein sollte, lag der hauptsächliche Nutzen der Bindungs-Fürsorge-Einschätzungen darin, dass die persönlich-geschichtlichen Faktoren (aus dem Erwachsenenbindungsinterview: AAI) in Verbindung mit den aktuellen Familieninteraktionsmustern identifiziert wurden, die sowohl mit der mütterlichen Angst und dem Aufgeben gegenüber ihrer Tochter, als auch der väterlichen Tendenz, sich zurückgewiesen zu fühlen und sich zurückzuziehen, verbunden waren. Die ausführliche Behandlung dauerte ungefähr ein Jahr mit nahezu wöchentlichen Sitzungen. Statt Einzelheiten will ich eher eine Abfolge der therapeutischen Schritte, die dabei beteiligt waren, vorstellen:

1. Aufspüren der Familienmuster und den Eltern helfen, sie zu erkennen und zu reflektieren. Manchmal war die ganze Familie, und manchmal nur die Eltern anwesend.
2. Verschiebung der Diskussion von der Verhaltensmanagement-ebene hin zur Erfahrung der Angst der Mutter vor dem aggressiven und kontrollierenden Verhalten der Tochter (in Abwesenheit des Kindes).
3. Gespräch mit der Mutter über den Verlust ihrer eigenen Mutter und die Reaktionen ihres Vaters und der weiteren Familie auf diesen Verlust.
4. Reden über ihre alte Angst vor diesem Verlust.
5. Gespräche darüber, wie die Eltern des Vaters sein Bindungsverhalten und seinen Gefühlsausdruck zurückgewiesen hatten, und wie er als kleiner Junge lernte, sich zurückzuziehen, wenn er geängstigt oder verletzt war.
6. Einbeziehung des Ehemannes in das Gespräch, damit er den Verlust der Mutter verstehen und lindern kann.
7. Rückführung des Gespräches zu der Angst, die die Mutter im

Hinblick auf das Verhalten ihres Kindes und die Versuche ihres Mannes, hart einzugreifen, erlebt.
8. Einsicht der Mutter, dass sie sich in einer untergeordneten, rollenverkehrten Position gegenüber ihrer Tochter fühlt, wenn sich diese auffällig verhält.
9. Reden darüber, wie der Vater sein altes Muster als Teil seines aktuellen Familienmusters wiederholt.
10. Entwicklung eines Vorgehens, bei dem der Therapeut den Vater unterstützen und ihn von einem Rückzug abhalten kann, während der Vater gleichzeitig die Ängste der Mutter beruhigt und sie dabei unterstützt, wenn sie eine stärkere Position gegenüber der Tochter einnimmt.
11. Wiederholtes Durcharbeiten dieses Vorgehens während der Therapiesitzungen – untergeordnet weiter kurzzeitige Trauerarbeit mit der Mutter.
12. Nachdem das Rollenumkehrmuster zwischen Mutter und Tochter korrigiert worden war, wurde die Mutter unterstützt und trainiert, die Not ihre Tochter zu erkennen, ihr beizustehen und zu lindern. Dies führte zu einer weiteren Korrektur des Rollenumkehrmusters, da dadurch die *Mutter* angemessen in die Lage versetzt wurde, das Unwohlsein und Bindungsverhalten *der Tochter* zu beenden – was vorher eher umgekehrt war.
13. Unterstützung der Mutter bei der gelegentlichen Einnahme einer Beobachtungsposition, während der Vater mit dem Verhalten der Tochter umging. Herausarbeiten und Verstärken der mütterlichen Erleichterung, dass sie die Tochter nicht länger vor ihrem Ehemann »beschützen« müsse.
14. Planen von regelmäßigen Unternehmungen vom Mann und Frau.
15. Die Intervention endete mit Gesprächen über zukünftige Einzel- oder Paartherapie für die Eltern.

Ich halte zwei Punkte bei diesem Fall für besonders bemerkenswert. Als erstes erlaubt uns die Einschätzung der Bindungen – wie bereits erwähnt – den Beitrag der eigenen Bindungsgeschichte der Eltern mit den eher traditionellen familiensystemtheoretischen Erfassungen der aktuellen Interaktionsmuster zu verbinden. Diese kombinierten Einschätzungen, die sich aus hoch komplementären theoretischen Rahmenkonzepten herleiten, ermöglichen uns viele zusätzliche therapeutische Wahlmöglichkeiten. Zweitens ermöglichte es die Bindungsorientierung, den therapeutischen Focus von der anfänglichen Macht, Autorität und der Grenzverletzungen zu verschieben auf einen *zusätzlichen* und starken Fokus auf die innere Verbundenheit und die Auswirkungen, die unverarbeitete Angst und Verlust auf die Intimität und Elternfähigkeiten haben.

Fall 3: Ein fünfzehn Jahre altes Mädchen mit psychogenem Schmerz

Dieser dritte Fall ist der komplexeste von allen dreien und er ist ein solch »klassischer« Fall sowohl aus der Familiensystem-Perspektive als auch aus Bindungssicht, dass es schwierig wird, zwischen diesen Bereichen zu unterscheiden. Ein fünfzehnjähriges Mädchen wurde von ihrem Orthopäden wegen eines chronischen »psychogenen« Schmerzes in ihrem Fußknöchel (Reflex Sympathetic Dystrophy) vorgestellt. Der Schmerz hatte ursprünglich nach einer leichten Knöchelverrenkung begonnen. Er verschwand zunächst ganz normal, kam aber bald wieder, nahm an Intensität zu und blieb trotz intensiver medizinischer Behandlungsversuche bestehen. Dieser Zustand kostete das Kind und die gesamte Familie sehr viel Kraft. Die Familie stimmte zu, an einem von uns entwickelten Programm teilzunehmen, das aus einer sehr spezifischen und detaillierten Vorgehensweise besteht (Marvin 1992). Der viertägige Ablauf kombiniert Hypnose mit speziellen Bindungs-Familiensystem-Interventionen, die ambulant oder stationär durchgeführt werden können. Auch hier will ich nur einen Überblick über die Vorgehensweise geben.

Diese Vorgehensweise basiert auf der Erkenntnis, dass folgende vier Familienmuster sehr wahrscheinlich und völlig normal – auch bei ansonsten gesunden und funktionalen Familien – sind, wenn ein Kind krank wird:

1. Es gibt eine zunehmende Aktivierung von Bindungs-Fürsorge-Interaktionen zwischen dem Kind und einem oder beiden Elternteilen.
2. In seiner Rolle als krankes Familienmitglied wird das Kind von einigen oder allen entwicklungsangemessenen Verantwortlichkeiten und Privilegien befreit. In diesem Sinne wird das kranke Familienmitglied typischerweise als jünger und/oder weniger kompetent als üblich behandelt.
3. Es gibt eine Abnahme in den ehelichen Interaktionen verbunden mit einer Zunahme in der Sorge um und Fürsorge-Interaktionen mit dem Kind.
4. Falls die Krankheit nicht auf die Behandlung anspricht, steigt die Wahrscheinlichkeit eines Verlustes von Durchsetzungskraft im

elterlichen Subsystem verbunden mit einer Zunahme an medizinischem Management.

Vielleicht ist das wichtigste an diesen vier Punkten, dass sie sich so leicht stabilisieren können und chronisch und veränderungsresistent werden, wenn sich die Krankheit nicht schnell bessert.

Diagnostische Einschätzung. Die Vorgehensweise beginnt mit einem ausführlichen Familieninterview, das den Zweck verfolgt, sehr detaillierte und beispielhafte Beschreibungen für die oben beschriebenen Muster zu bekommen, soweit sie in dieser Familie aufgetreten sind. Die Familien sind sich typischerweise zunächst über keine der durch die Krankheit ausgelösten Veränderungen in ihren Familienmustern bewusst. Durch nachhaltiges Fragen beginnen sie aber die Veränderungen, die sie erlebt haben, zunehmend richtig einzuschätzen, und arbeiten sie oft begeistert heraus. Ein weiteres ausführliches Interview wird außerdem im Hinblick auf tatsächliche oder befürchtete Verluste in der Familie, z. B. Tod eines Familienmitglieds im erweiterten Familiensystem, einen herannahender Verlust oder eine Scheidung etc. geführt. Bei dieser Familie stellte sich eine bevorstehende Trennung der Eltern heraus.

Intervention. Der tatsächliche Behandlungsablauf enthält die folgenden fünf Schritte, verteilt über vier Tage:

1. Schritt: Vorstellung des Interventionsrahmens für die Familie. Dieser ist so gestaltet, dass er der Familie helfen soll, von der Suche nach einer medizinischen Lösung zu einer Lösung zu wechseln, die auf Hypnose und Beziehungsarbeit basiert. Eine wesentliche Komponente dabei ist (in enger Abstimmung mit den Ärzten), diesen spezifischen Schmerz als eine Unregelmäßigkeit des kindlichen sympathischen Nervensystems sowie als nicht lebensbedrohlich und »unnötig« darzustellen. So betrachtet kann die Familie diese Situation solange ignorieren, solange der vom Kind erlebte Schmerz minimiert werden kann.

2. Schritt: Hypnose mit dem Kind, konzentriert auf Schmerzreduktion. Dieser folgt schnell ein Training in Selbsthypnose, damit das Kind diesen Teil der Arbeit nach dem kurzen Behandlungsprogramm weiterführen kann.

3. Schritt: Es wird ein ausführliches Familiengespräch mit dem Ziel durchgeführt, sehr spezielle und konkrete Pläne auszuarbeiten, in welcher Weise die Familie zu ihren normalen Umgangsmuster

zurückkehren kann. Ein Weg wird gefunden, damit die Familie bereits während der Behandlung anfangen kann, diese Veränderungen zu praktizieren, mit angemessenen Nachsorgeterminen, falls diese Praxis noch nicht erfolgreich ist.

4. Schritt: Ein ausführliches Familiengespräch wird mit dem Ziel durchgeführt, sehr spezifische und konkrete Pläne herauszuarbeiten, wie diese Familie die Entwicklung des Kindes erleichtern kann.

5. Schritt: Am letzten Tag des Programms werden den Eltern in einer Sitzung ohne das Kind »feste Verschreibungen« (die Eltern schließen Vereinbarungen, zusammen auszugehen oder andere Aktivitäten mit klaren Paargrenzen durchzuführen) präsentiert. Für Familientherapeuten nicht überraschend, ist dieser Schritt für die Familie meist der schwierigste in der Umsetzung und es ist der Schritt, der am wahrscheinlichsten das gesamte Programm sabotieren kann.

Tatsächlich gibt es noch einen sechsten Schritt. In Beratung mit dem Therapeuten treffen die Eltern eine Entscheidung, ob sie Familien-, Paar-, und/oder Einzeltherapie in Anspruch nehmen wollen – oder auch nicht –, um weiter an noch nicht gelösten Themen zu arbeiten.

Diese Familie war Teil einer klinischen Untersuchung von neunzehn Familien, bei denen jeweils junge Heranwachsende chronische psychogene Schmerzen erlebten. In allen Familien war ein bedeutender Verlust aufgetreten oder drohte (im vorliegenden Fall eine befürchtete elterliche Trennung), und die chronische Wiederkehr des kindlichen Schmerzes war sowohl eine Bindungsstrategie des Mädchens, als auch ein Symptom, das die Familie »gewählt« hatte, um das aktuelle Familiengleichgewicht aufrechtzuerhalten. Wie bei sechszehn dieser neunzehn Familien wurden die Symptome des Mädchens durch die Entlastung vollständig beseitigt. Die Familie normalisierte viele ihrer täglichen Routinen und Muster. Die Eltern kehrten zu Gesprächen über die Zukunft ihrer Beziehung zurück und begannen eine Paartherapie. Bei einer Sechs-Monate-Nachbefragung war das Mädchen symptomfrei geblieben. Die Eltern waren noch im Versuchsstadium ihrer Paartherapie.

Schlussfolgerungen

Natürlich gibt es viele Möglichkeiten für eine gegenseitige Befruchtung – in beide Richtungen – zwischen Familienforschung und Therapie und Bindungsforschung und Therapie. Es gibt zahlreiche Gründe, warum dieser Vorgang bisher nicht in bedeutsamem Ausmaß stattgefunden hat. Erstens ist Bindungsforschung und darauf aufbauende klinische Arbeit so spezialisiert und mit einem so umfassendes Training für eine Zertifizierung verbunden, dass es einem zusätzlichen akademischen Ausbildungsberuf gleichkommt. Ein zweiter Grund ist rein historischer Natur. Bindungsforschung hat sich während der letzten 20 Jahre beinahe ausschließlich auf individuelle Unterschiede, innere Arbeitsmodelle und mit einigen bemerkenswerten Ausnahmen auf die Mutter-Kind-Dyade konzentriert. Dies hat mit dem Wesen der amerikanischen Entwicklungspsychologie zu tun, mit der die Bindungstheorie hauptsächlich identifiziert wird. Die Theorie jedoch, wie sie von Bowlby und Ainsworth entwickelt wurde, ist mit dem Feld der Familientherapie vollkommen vereinbar. Drittens wurden die Methoden zur Anwendung in der Erforschung von Individuen und Dyaden entwickelt. Wie jedoch Stewart (1977) und Stewart & Marvin (1984) in ihrer Arbeit gezeigt haben, kann sogar die »Fremde Situation« selbst zur Erforschung von familiären Subsystemen, die größer als eine Dyade sind, verwendet werden. Viertens war die Familiensystem-Forschung mit wenigen bemerkenswerten Ausnahmen viel mehr auf die klinische Beobachtung und auf Selbsteinschätzungs-Verfahren(self-report measures) beschränkt als auf standardisierte Beobachtungsverfahren.

Ich erkenne mehrere zukünftige Ausrichtungen. Diese basieren auf zwei Dingen, auf die ich mich in meinen eigenen Versuchen der Integration der beiden Bereiche konzentrierte. Erstens gibt es einen offensichtlichen Bedarf, die Forschung und Interventionsarbeit an *familiären Gefühlssystemen* mehr in die Arbeit an der *Familienstruktur zu integrieren*. Zweitens gibt es sehr viel Ähnlichkeit in den Klassifikationssystemen, die über beide Disziplinen hinweg bereits existieren.

Eine erste Ausrichtung besteht in der vermehrten Hinwendung zu deskriptiven Beobachtungsstudien über familiäre Interaktion innerhalb des Familien-System-Feldes statt zu Fragebogentechniken (pencil-paper measures). Maße aus Fragebogentechniken sind einfach zu künstlich und anfällig für Selbst-Idealisierung und andere Verzerrungen, wenn sie nicht auf gründliche deskriptive Vorarbeiten aufbauen.

Eine zweite liegt in der Entwicklung relevanter Messinstrumente und methodischer Werkzeuge zur Datenreduktion. Bei der gegebenen starken Zunahme von bindungsbezogenen Verfahren, die gegenwärtig entwickelt werden, bin ich zuversichtlich, dass dies möglich ist. Meine Hoffnung geht dahin, dass Familienforscher anfangen, sorgfältig nicht nur die abschließenden

– aus der Bindungsforschung stammenden – Klassifikationen zu überprüfen, sondern – was sehr viel bedeutsamer ist – auch die beobachteten Interaktionsmuster, die die *Grundlage* für jene Klassifikationen bilden. Die Realzeit-Beobachtungen von Interaktionen, die Ainsworth in den 60iger und 70iger Jahren beisteuerte, und jene, die Mary Main zur Klassifikation von desorganisierter Bindung im Kleinkindalter und von Repräsentationsmodellen Erwachsener zu engen Beziehungen entwickelte, sowie jene, die von ForscherInnen wie George und Solomon (1996) und von Marvin und Britner (1995) entwickelt wurden, um die Bindungen von Fürsorgepersonen zu ihren Kindern zu klassifizieren, sie alle sind in einer Sprache abgefasst, die vollständig »offen« ist für Familiensystemforscher und -therapeuten und die ein wunderbar einfühlsames und ausgefeiltes Set an Linsen zur Verfügung stellt, durch die intime (intimate) Interaktionen innerhalb von Familien betrachtet werden können.

Aufgrund von Budget-Zwängen und der erforderlichen Spezialisierung gibt es einen großen Bedarf an der Entwicklung von speziellen Standards für die Behandlung bestimmter Muster. Ich bin besonders angetan von der Arbeit einiger auf der ganzen Welt verteilten Labors, die klinische Einschätzungs- und Interventionsverfahren auf der Basis der in der Grundlagen- und klinischen Bindungsforschung entwickelten und validierten Methoden, entwickeln(z. B. Cassidy, in Vorb.; Dozier, M., Higley, E., Albus, K. E. & Nutter, A., im Druck; Marvin, Cooper, Hoffman & Powell 2000). Dieser Ansatz ist nicht nur produktiv, sondern auch kostspielig und zeitaufwändig, besonders was das notwendige Training angeht.

Bis mehr Standards entwickelt sind und erfolgreich in der Praxis getestet sind, halte ich mindestens zwei Ansätze für Familientherapeuten, die an einer Anwendung von Bindungskonzepten in ihrer praktischen Arbeit interessiert sind, für nützlich und gangbar. Einer besteht im Aufbau einer Arbeits-Beziehung zwischen einem Bindungsforscher/-kliniker und einem Familientherapeuten. Der zweite besteht für Familientherapeuten darin, soviel Praktisches wie möglich über Bindungstheorie und -verfahren zu lernen und sie sorgsam auf dem Hintergrund ihrer allgemeinen klinischen Praxis anzuwenden, indem sie sich besonders darum kümmern, die Bindungskomponente als Teil in ihre oder seine bedachten klinischen Aktivitäten einzubauen. Als Kliniker sollten wir uns besonders bewusst sein, dass einige unserer Interventionen möglicherweise einige schädliche Nebeneffekte haben können. Wie bei jeder Intervention der Gesundheitshilfe müssen wir solchen möglichen Nebeneffekten gegenüber wachsam sein und kontinuierlich daran arbeiten, sie zu minimieren.

Literatur:

Ainsworth, M. D. S. (1967): Infancy in Uganda: Infant Care and the growth of love. Baltimore (John Hopkins University Press).
Ainsworth, M. D. S. (1990): Some considerations regarding theory and assessment relevant to attachments beyond infancy. In: Greenberg, T. M., Cicchetti, D. & Cummings, M. (Hg.): Attachment in the preschool years. Chicago (University of Chicago Press), S. 463-488.
Ainsworth, M. D. S., Blehar, M. C., Waters, E. & Wall, S. (1978): Patterns of attachment. A psychological study of the Strange Situation. Hillsdale, NJ (Erlbaum).
Ainsworth, M. D. S. (1969): Object relations, dependency and attachment. A theoretical review of the infant-mother relationship. Child Development, 40, S. 969-1025.
Bowlby, J. (1949): The study and reduction of group tensions in the family. Human Relations. 2, S. 123-128.
Bowlby, J. (1969/1982): Attachment and loss. Vol. 1. Attachment. New York (Basic Books).
Bowlby, J. (1988): A Secure Base. Parent-Child Attachment and Healthy Human Development. New York: Basic Books.
Bretherton, I., Ridgeway, D. & Cassidy, J. (1990): Assessing internal working models of attachment relationships. An attachment story completion task for 3-year-olds. In: Greenberg, M. T., Cicchetti, D. & Cummings, E. M. (Hg.): Attachment in the preschool years. Theory, research, and intervention. Chicago (University Press), S. 273-308.
Byng-Hall, J. (1999): Family and couple therapy. Toward greater security. In: Cassidy, J. & Shaver, P. (Hg.): Handbook of Attachment. New York (Guilford).
Cassidy & Marvin with the MacArthur Working Group (1992): Attachment organization in preschool children. Procedures and coding manual. Unpublished manuscript. University of Virginia.
Cassidy, J. & Shaver, P. (1999): Handbook of Attachment. New York (Guilford).
Cassidy, J. (in Vorb.): The Hand-in-Hand Infant-Mother Program.
Dozier, M., Higley, E., Albus, K. E. & Nutter, A. (im Druck): Intervening with foster infants' caregivers. Targeting three critical needs. Infant Mental Health Journal.
Fonagy, P. (1999): Psychoanalytic theory from the viewpoint of attachment theory and research. In: Cassidy, J. & Shaver, P. (Hg.): Handbook of Attachment. New York (Guilford).
George, C. & Solomon, J. (1996): Representational models of relationships. Links between caregiving and attachment. Infant Mental Health Journal, 17, S.198-216.
Grossmann, K. E. (1977): Entwicklung der Lernfähigkeit in der sozialen Umwelt. München (Kindler Verlag).
Lieberman, A. F. & Zeanah, C. H. (1999): Contributions of attachment theory to infant-parent psychotherapy and other interventions with infants and young children. In: Cassidy, J. & Shaver, P. (Hg.): Handbook of Attachment. New York (Guilford).
Main, M. & Goldwyn, R. (1994): Adult attachment classification and rating system. Unpublished manuscript. University of California, Berkeley.
Main, M. & Cassidy, J. (1988): Categories of response to reunion with the parent at age six. Predictable from infant attachment classifications and stable over a one-month period. Developmental Psychology, 24, S. 415-426.
Main & Hesse (1990): Parents unresolved traumatic experiences are related to infant disorganized attachment status. Is frightened and/or frightening parental behavior the linking meschanism? In: Greenberg, M. T., Cicchetti, D. & Cummings, E. M.: a. a. O., S. 161-184.

Marvin, R. S. & Stewart, R. B. (1990): A family systems framework for the study of attachment. In: Greenberg, M. T. u. a.: a. a. O., S. 51-86.
Marvin, R. S. (1992): Attachment- and family systems-based intervention in developmental psychopathology. Development and Psychopathology, 4, S. 697-711.
Marvin, R. S. & Britner, P. A. (1995): Classification system for parental caregiving patterns in the preschool strange situation. Unpublished coding manual, University of Virginia. (Available on request).
Marvin, R. S. & Britner, P .A. (1999): Normative Development. The ontogeny of attachment. In: Cassidy, J. & Shaker, Ph. R. (Hg.): a. a. O., S. 44-67.
Marvin, R., Cooper, G., Hoffman, K. & Powell, B. (2000): Attachment-based interventions with at-risk Head Start child-parent dyads. National Head Start Research Meetings. Washington, D. C., June, 2000.
Minuchin, P. (1985): Families and individual development: Provocations from the field of family therapy. Child Development, 56, S. 289-302.
Minuchin, S. (1974). Families and family therapy. Cambridge, Mass.: Harvard University Press.
Solomon, J., & George, C. (1999). Attachment Disorganization. New York: Guilford.
Stayton, D. J., Ainsworth, M. D. S., & Main, M. (1973) The development of separation behavior in the first year of life. Protest, following and greeting. Developmental Psychology, 213-225.
Stewart, R. B. (1977): Parent-child interactions in a quasi-naturalistic setting. Unpublished Master's thesis. Pennsylvania State University.
Stewart, R. B. & Marvin, R. S. (1984): Sibling relations. The role of conceptual perspective taking in the ontogeny of sibling caregiving. Child Development, 55, S. 1322-1332.
Van den Boom, D. C. (1995): Do first-year intervention effects endure? Follow-up during toddlerhood of a sample of Dutch irritable infants. Child Development, 66, S. 1798-1816.

Anwendung der Bindungstheorie und Entwicklungspsychopathologie

Eine neue Sichtweise für Entwicklung und (Problem-) Abweichung

Gerhard J. Suess & Peter Zimmermann

Die Psychopathologie des Kindes- und Jugendalters hatte von jeher schon mit besonderen Problemen zu kämpfen. Zunächst können die aus dem Erwachsenenalter bekannten Kategorien nicht einfach in den Altersbereich der Kindheit übertragen werden, da hier noch nicht der gleiche kognitive, emotionale und soziale Entwicklungsstand erreicht ist. Außerdem sind es sehr wahrscheinlich nicht die gleichen Phänomene, die das Krankheitsbild im Kindesalter prägen. Dennoch kann man davon ausgehen, dass die bekannten psychopathologischen Kategorien des Erwachsenenalters – wie z. B. Depression, Schizophrenie usw. – Entwicklungsvorläufer im Erleben und Verhalten der einzelnen Personen hatten. Eine solche entwicklungspsychologische Herangehensweise geht davon aus, dass sich psychopathologische Phänomene nicht plötzlich, allein aus der Aktivität von Genen oder einer tiefgreifenden Umwelterfahrung heraus aufgrund einer vollständigen und plötzlichen Veränderung des betroffenen Individuums entwickelt haben.

Die Bindungstheorie war zunächst dazu angelegt, eben gerade hierzu Aussagen zu treffen. Bowlby wollte für die klinische Praxis eine Theorie aufstellen, die das Verständnis für die Entstehung von Fehlanpassung im Kindes- und Jugendalter und schließlich der Psychopathologie im Erwachsenenalter fördert. Die Langzeituntersuchungen der Bindungsforschung sollten Aufschlüsse über Entwicklungsmechanismen in diesen Bereichen liefern, wurden jedoch vorrangig mit nicht klinischen Stichproben durchgeführt. Die klinische Relevanz steht hier an zweiter Stelle. Die Psychopathologieforschung andererseits beschäftigte sich zunächst weniger mit der Bindungstheorie und ihrer Betonung emotionaler Interaktionserfahrungen.

In dem Maße, in dem die Psychopathologie des Kindes- und Jugendalter auch eine entwicklungspsychologische Perspektive übernahm, und die

Bindungsforschung nach der Etablierung klarer Erhebungsmethoden und auf der Suche nach differenzierten Entwicklungsmodellen, mit denen sich längsschnittliche Entwicklungsverläufe erklären ließen, in zunehmendem Maße systemtheoretisches Denken anwendete, ergab sich die Möglichkeit für einen fruchtbaren Austausch zwischen den beiden Bereichen. Sroufe und Rutter (1984) stellten in ihrem programmatischen Artikel, der das Feld der Entwicklungspsychopathologie als eine neue Disziplin beschrieb, die Bindungstheorie als einen ihrer zentralen Forschungsbereiche dar.

Dieses Feld der Entwicklungspsychopathologie soll im vorliegenden Kapitel in seinen zugrundeliegenden Annahmen und Denkansätzen dargestellt werden, da es nicht nur für die Anamnesen in Beratung und Therapie wertvolle Anregungen bietet und darüber hinaus auch Anhaltspunkte für erfolgreiche Intervention eröffnet, sondern auch für ein besseres Verständnis der gefundenen Kontinuitäten und Diskontinuitäten innerhalb der Bindungsforschung dient. Bei der Vermittlung bindungstheoretischer Erkenntnisse wird in ähnlichem Ausmaß wie in Fallbesprechungen unter Praktikern immer wieder deutlich, wie stark doch Annahmen über Veränderungsprozesse bzw. Prozesse der Kontinuität unser Handeln und Verstehen leiten. Dies gilt natürlich für alle Praktiker gleichermaßen, doch insbesondere die Jugendhilfe kann von entwicklungspsychopathologischem Denken profitieren. Und damit wäre auch schon die vor uns liegende Aufgabe umrissen.

❶ Schwere Ehekonflikte
❷ Sozioökonomischer Status
❸ Räumliche/familiäre Enge
❹ Kriminalität der Eltern
❺ Psychische Erkrankung der Eltern (bes. d. Mutter)
❻ Fremdplazierung eines der Kinder

* Rutter's 6 chronic family adversity variables (Rutter, 1979; Rutter & Quinton, 1987)

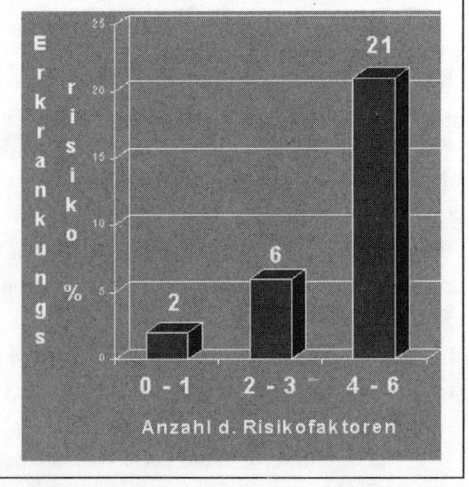

Abbildung 1: Risikofakroren für psychiatrische Erkrankung[*]

Das Konzept der Risiko- und Schutzmechanismen

In verschiedenen Längsschnittstudien hat man versucht, die Entstehungsbedingungen psychiatrischer Erkrankungen nachzuvollziehen. Dabei ließen sich sogenannte Risikofaktoren identifizieren. Diese sind zwar in verschiedenen Längsschnittstudien oftmals etwas unterschiedlich benannt und unterscheiden sich in der Anzahl, gemeinsam ist ihnen jedoch immer die insgesamt enttäuschend geringe Prognosekraft. Am aussagekräftigsten erwies sich hierbei nicht die Besonderheit einzelner Risiken, sondern ihr gehäuftes Auftreten (s. Sroufe u. a. 1992, Garmezy 1993). In Abb. 1 sind die Risikofaktoren in einer Grafik über das psychiatrische Erkrankungsrisiko bei ihrem Vorliegen enthalten, wie sie von Rutter (1979) – einem der renommiertesten Forscher auf diesem Gebiet – und seinem Team beschrieben werden. Selbst bei einer Häufung von 4–6 der beschriebenen Risikofaktoren lag das Erkrankungsrisiko nur bei 21%. Hier half auch meistens kein Nachbessern, keine noch so gute Verfeinerung der Risikokonstellationen – dies alles führte zu keiner nennenswerten Steigerung in der Vorhersage psychiatrischer Erkrankung. Etwas besser fiel die Vorhersage von nicht ganz so schwerwiegenden Problemen aus, wie etwa von Verhaltensproblemen (dies wird für später berichtete Ergebnisse wichtig!). Hier kann man davon ausgehen, dass beim Vorliegen von mindestens vier Risikofaktoren bei Geburt von Kindern ca. 2/3 der Personen Auffälligkeiten (wie erhebliche Schulschwierigkeiten, Delinquenz o.ä.) im Verlauf der nächsten 18 Jahre zeigten (Werner & Smith 1982).

Eine der Erkenntnisse der Entwicklungspsychopathologie war, dass es nicht immer möglich ist, gleichlautende Variablenlisten mit zufriedenstellender Prognosekraft für bedeutsame Entwicklungsbereiche zu erstellen. Dies hat mehrere Gründe. Einer davon liegt in den unterschiedlichen Forschungsbereichen, in denen man auf die Wirkung von Risikofaktoren stieß: die Schizophrenie-, die Armuts- und die Traumaforschung. Hierbei konnten zwar durchaus gleichlautende Risiken identifiziert werden, jedoch vermutete man alsbald neben global auch sehr spezifisch wirkende Risikofaktoren. Erstaunlich genug, dass man in solch unterschiedlichen Bereichen überhaupt auf vergleichbare Risikofaktoren stieß. Neben dem besonderen Einfluss ihrer Kumulation ist eine besondere Wirkung im Aufeinandertreffen und der gegenseitigen Verstärkung bzw. Abschwächung bestimmter Risiken möglich (Cicchetti & Toth 1997). Da jedoch in der Realität Risikofaktoren in natürlicher Weise gemeinsam auftreten und dieses gemeinsame Auftreten nicht experimentell manipuliert werden kann, ist es schwer, diese Interaktionseffekte bzw. die Wirkung von Mediations- und Moderationseffekten auf die Entwicklung zu erkennen. Der Effekt von Armut kann z. B. neben der Einschränkung in der materiellen Grundversorgung und möglicherweise auch der Bildungschancen vor allem auch indirekt über eine Beeinträchtigung der Eltern-Kind-Beziehung erfolgen. Wird diese Beziehung nicht negativ beeinflusst, dann ist auch ein geringerer – bzw. auch kein – negativer Effekt zu erwarten. Beim Auftreten von Risikofaktoren muss somit zunächst überprüft werden, *ob* diese und *wie* diese die Fähigkeit des Einzelnen mit Anforderungen zurecht zu kommen beeinträchtigen bzw. die täglichen Anforderungen erhöhen (vgl. Richter und Weintraub 1990). Geschieht dies nicht, ist wiederum die Kraft ihrer Prognose beeinträchtigt. Ein wesentliches Ergebnis der Entwicklungspsychopathologie ist die Tatsache, dass verschiedene Risikofaktoren für dasselbe Ergebnis verantwortlich sind (Äquifinalität); jedoch auch, dass ein und derselbe Risikofaktor unterschiedliche psychopathologische Symptome (Multifinalität) zur Folge hat (Cicchetti 1999).

Risikofaktoren sind aufgrund statistischer Betrachtungen über Lebensbedingungen und Entwicklungsvorläufer von Personen mit psychischen Störungen bzw. abweichendem Verhalten aufgestellt worden. Die Risiken werden dabei als Variablen verstanden, die unabhängig von individuellen Entwicklungsformen wirken. Dies ist bis zu einem bestimmten Grade möglich, jedoch zeigten sich auch eindeutig die Grenzen eines solchen Ansatzes in einer geringen Prognosekraft. Für Praktiker ergibt sich zudem dabei die Schwierigkeit, dass bei rein statistischen Aussagen immer Ungewissheit darüber herrscht, ob es bei einem bestimmten Kind im Einzelfall überhaupt zu Problemen kommen wird, wann diese eintreten und wie die Nachwirkungen verlaufen. Darum sind Konzepte notwendig, die die individuumsspezifischen Wirkungen von Risikofaktoren mehr berücksichtigen und somit in der Praxis Prognosen verbessern helfen (s. Suess & Fegert 1999).

Schon längst war Forschern[1] aufgefallen, dass es eine Gruppe von Kindern gab, die sich trotz enormer Risiken, durchaus normal entwickelten. Man glaubte schon an eine Unverwundbarkeit bestimmter Kinder, bevor man auf die Wirksamkeit von sogenannten Schutzfaktoren stieß (Garmezy 1971,

---

[1] Theoretische Vorarbeiten gehen auf das Jahr 1957 (Adolf Meyer) zurück, unter den empirisch ausgerichteten Ansätzen waren insbesondere die Arbeiten des Teams um Norman Garmezy (1970, 1971) wegbereitend.

- Schwieriges Temperament
- Verlust: Mutter/Vater
- Familiäre Konflikte
- Psychisch kranker Elternteil
- Armut
- Minderjährige Mutter
- Frühgeburt/Wiederholte Klinikaufenthalte

- Hohe Intelligenz
- *gute Eltern-Kind-Bindung*
- Soziale Unterstützungssysteme
- Ausgeprägte Interessen
- Armut
- Stabile Wertorientierungen

Abbildung 2: Risiko- & Schutzfaktoren

1993). So fiel Rutter (1979) die abmildernde Wirkung einer liebevollen und verlässlichen Bezugsperson auf – einem prominenten Schutzfaktor. Bei mehr als 3 Risikofaktoren lag die Wahrscheinlichkeit ein Verhaltensproblem zu entwickeln bei 75%, wenn der o. g. Schutzfaktor nicht gefunden werden konnte. Verfügten Kinder mit vergleichbarer Risikokonstellation jedoch über eine liebevolle und verlässliche Bezugsperson, so verringerte sich ihr Erkrankungsrisiko auf 25%. Dies führte zur Einsicht, dass Prognosen zum Entwicklungsverlauf die Berücksichtigung von Risiko- und Schutzfaktoren gleichermaßen bedürfen.

In der Abb. 2 ist eine Zusammenfassung von Risiko- und Schutzfaktoren dargestellt, wie sie in der Literatur zu den entsprechenden Längsschnittuntersuchungen immer wieder zu finden sind (Garmezy 1993, Übersichten in dt. Dornes 1999, Romer & Riedesser 1999, Petermann u.a. 2000, s. auch Oerter u.a. 1999).

Schutzfaktoren werden im allgemeinen in drei Hauptkategorien unterteilt: Faktoren, die beim Kind feststellbar sind, solche in der unmittelbaren familiären Umgebung und solche im weiteren sozialen Unterstützungsnetz . Risikofaktoren können zu einer Verletzlichkeit führen (Vulnerabilität), Schutzfaktoren zu Widerstandskraft (Resilienz) des Kindes. Manchmal werden

Vulnerabilitäten lediglich als individuelle Risikofaktoren betrachtet. (s. Scheithauer u.a. 2000)[2].

Für eine Prognose über den weiteren Entwicklungsverlauf bzw. für das Vorliegen eines Hilfebedarfes bzw. Interventionsnotwendigkeit ist immer eine Bilanzierung sowohl der Verletzlichkeit sowie der Resilienz als auch der Risiko- und Schutzfaktoren notwendig (vgl. Werner & Smith 1982).

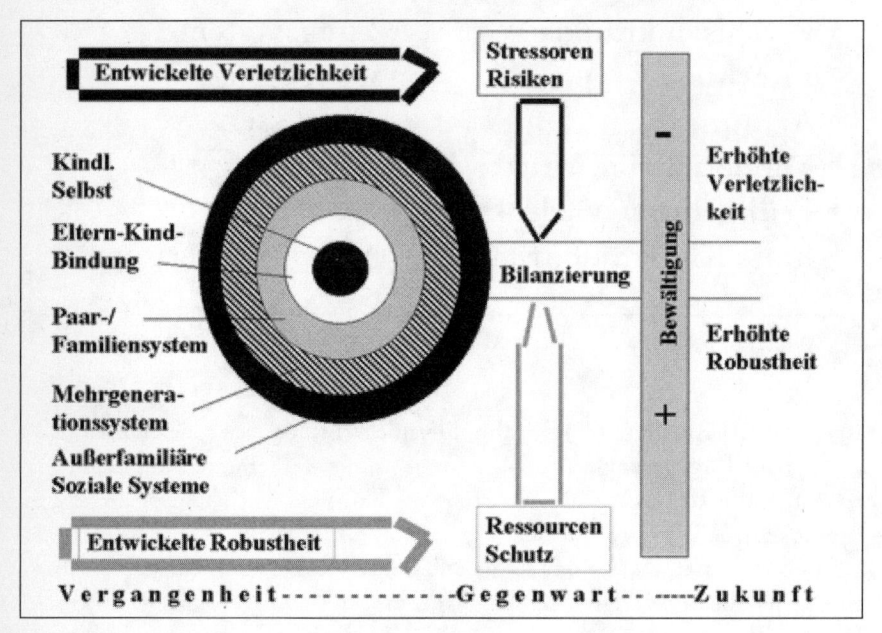

Abbildung 3: Prozessmodell (adaptiert nach Schneewind, 1995)

---

[2] Eine von Scheithauer, Niebank & Petermann (2000, S. 66 ff.) angeführte Begriffsregelung, wonach kindsbezogene risikoerhöhende Bedingungen Vulnerabilitäten sowie umgebungsbezogene risikoerhöhende Bedingungen Risikofaktoren genannt werden sollen, lässt sich auf dem Hintergrund eines transaktionalen Entwicklungsmodells – siehe Ausführungen hierzu weiter unten - nicht sauber durchhalten. Die Überzeugung, sauber zwischen den Kindsbeiträgen und den Umgebungsbeiträgen zu Entwicklungsresultaten trennen zu können, entspricht dagegen einem interaktionalen Entwicklungsmodell. Innerhalb der Entwicklungspsychologie hat es sich darüber hinaus immer mehr gezeigt, dass die Organisation psychischer Strukturen sich auf einem Kontinuum zwischen den Polen Individuum und Beziehung bewegt, und zwar in einer entwicklungslogischen und dynamischen Weise. Während das Selbst zunächst voll in der Eltern-Kind-Bindung aufgehoben ist, bildet es sich ab dem zweiten Lebensjahr zunehmend als individuelle Organisationseinheit heraus. Dabei wird es nie vollständig von Beziehung zu trennen sein, was wiederum für lebenslange Interventionsmöglichkeiten spricht.

Diese Bilanzierung und der prozesshafte Charakter der Erfassung und Bewertung des Hilfebedarfes ist in Abb. 3 dargestellt (s. Suess & Fegert 1999). Aus der Vergangenheit hat sich bei einem Kind durch unbewältigte Risiken bzw. weniger adäquate Bewältigung von Entwicklungsaufgaben ein gewisser Grad an Verletzlichkeit herausgebildet. In ähnlicher Weise führten jedoch bei diesem Kind eine gelungene Bewältigung von Entwicklungsaufgaben und von risikobeladenen Herausforderungen zu einem gewissen Ausmaß von Stärke, Widerstandskraft und Robustheit oder Resilienz, wie es in der Fachliteratur nun heißt. Entwickelte Verletzlichkeit und Resilienz umfassen unterschiedlichste Systemebenen, die durch die sich überlagernden Kreise in Abb. 3 dargestellt sind. Es sind die Transaktionen zwischen diesen unterschiedlichen Entitäten, die für das Ausmaß an Verletzlichkeit und Resilienz bei einem bestimmten Individuum in der Vergangenheit gesorgt haben, wobei sich mit zunehmender Entwicklung die Einflussmöglichkeiten verschoben haben, da das Selbst ja nicht nur Resultat, sondern mit zunehmendem Alter der Kinder auch aktiver Gestalter von Beziehungen bzw. anderen Systemebenen ist. Ist ein Kind nun in der Gegenwart z. B. dem Risiko einer Trennung und Scheidung ausgesetzt, so entscheidet neben dem entwickelten Ausmaß an Verletzlichkeit bzw. Resilienz die Heftigkeit und Widrigkeit dieser Erfahrungen genauso wie die in der Gegenwart gleichzeitig für dieses Kind verfügbaren Ressourcen (Schutzfaktoren). Wird das Kind z. B. durch das Verhalten der Eltern in diesem Prozess verstärkt in Loyalitätskonflikte gestürzt und/oder bricht der Kontakt zu einem Elternteil ab usw., entscheidet dies genauso über die künftige Entwicklung des Kindes wie beispielsweise die Anwesenheit von erwachsenen Personen, denen es sich anvertrauen kann und die es einfühlsamer als die vom eigenen Trennungsschmerz und Scheidungsstress gebeutelten Eltern in seiner Krise begleiten und unterstützen. Das Ausmaß der Widrigkeiten der Scheidungserfahrungen zusammen mit der gleichzeitig erlebten Unterstützung bestimmen dann, wie stark an der Reslienz der Kinder gezerrt wird – und hier kommt es dann darauf an, was das Kind all dem entgegenzusetzen hat (Suess u. a. 1999). Bei einem Kind mit vielen und zentralen Verletzlichkeiten wird dies dann wahrscheinlich auch nicht sehr viel sein. Und wahrscheinlich sind hier auch noch die Besonderheiten der entwickelten Verletzlichkeiten von Bedeutung.

Ein reines Bilanzmodell von Risiko- und Schutzfaktoren kann jedoch nur eine Leitlinie für Prognosen sein, die bei Überwiegen der Schutzfaktoren eher zu Anpassung (Resilienz), bei Überwiegen von Risikofaktoren eher zu Fehlanpassung führt. Hierbei ist aber ungeklärt, welcher Schutzfaktor denn welchen Risikofaktor in seiner Wirkung abpuffert oder unwirksam werden lässt (Zimmermann 1998). Somit reicht eine Bilanzierung für Prognosen nicht aus oder könnte manchmal auch zu Fehlprognosen führen (Zimmermann 2000), da manche Schutzfaktoren wie z. B. ein soziales Netzwerk an Gleichaltrigen zu haben, bei Jungen mit bereits externalisierenden Tendenzen zu einer Verstärkung der Symptomatik führt (Bender & Lösel 1997, siehe auch Beitrag von Vaughn u. a. in diesem Band). Deshalb ist es sinnvoll für Prognosen individuelle Entwicklungsverläufe bei der Bewältigung von Belastungen oder individuellen Einschränkungen im Sinne eines transaktionalen Modells zu berücksichtigen.

Das Resilienz-Modell besagt nun nicht, dass eine erfolgreiche Bewältigung einer Krise nicht auch ihren Preis hat, selbst wenn diese schließlich sogar zu einer Stärkung von Kindern führt. Eine Krise hat immer auch seelisches Leid zur Folge und verbraucht Energie, die den betroffenen Kindern an anderer Stelle fehlt. Darum bedürfen auch diese resilienten Kinder der Hilfe und Unterstützung. Und wahrscheinlich ist die Inanspruchnahme und das Gewähren von Unterstützung bei Krisen gerade einer der Faktoren für Resilienz, so dass es ein Fehler wäre, wenn sich Hilfesysteme ausschließlich auf »verletzliche« Kinder konzentrieren würden. Diese Inanspruchnahme und das Gewähren von Hilfe sind zentrale Themen der Bindungstheorie und drücken sich in dem Konzept der »sicheren Basis« aus. Bevor wir jedoch darauf eingehen, wollen wir kurz auf Entwicklungsmodelle, die nicht nur unser Verständnis von Entwicklungsprozessen, sondern auch das Zustandekommen von Abweichung und Störung leiten.

Transaktionales Entwicklungsmodell

Unser Verständnis von Entwicklungsprozessen hängt im Wesentlichen von den zugrunde gelegten Modellen ab. So lassen sogenannte Haupteffektmodelle nur eindimensionale Wirkmechanismen (z. B. Kindeffekte oder Umwelteffekte) zu, während das Zusammenspiel unterschiedlicher Dimensionen in interaktionalen und transaktionalen Modellen Berücksichtigung findet. Auch in der Praxis kommt einem adäquaten Verständnis von Entwicklungsprozessen hohe Bedeutung zu, da sich darüber erst ein Verstehen des vorgestellten Problems ergibt, das wiederum den Interventionsprozess steuert. Welche Rolle wird genetischen und perinatalen Gegebenheiten auf der einen Seite und Erfahrungswirklichkeiten auf der anderen Seite eingeräumt? In demselben Maße ist es von Bedeutung, wie gegenwärtige gegenüber frühen Erfahrungen gewichtet werden. Systematisiert werden solche Annahmen in Entwicklungsmodellen, die sich wiederum in der Praxis in Anamnesen identifizieren lassen. Wird z. B. bei Unruhe, fehlender Aufmerksamkeit (ADHD-Syndrom, Hyperaktivität) und Schulleistungsproblemen in der Anamnese eine extreme Frühgeburtlichkeit [3] erwähnt und danach kein Interesse für das Erziehungsumfeld gezeigt, so entspricht dies im Denken den genannten Haupteffektmodellen. Es wird darin davon ausgegangen, dass durch cerebrale Dysfunktionen – meist mit dem Zusatz minimal – die frühen Regulationsstörungen hauptsächlich verursacht wurden. Später, mit zwei Jahren, führten sie zu einem umschriebenen Entwicklungsrückstand, dann zu Hyperaktivität und der Leistungsproblematik, mit der das Kind wenige Monate nach der Einschulung in einer Erziehungsberatungsstelle vorgestellt wird. Hier wird ein kindzentrierter Haupteffekt zugrundegelegt, andere Einflussgrößen aus der erzieherischen Umwelt werden weniger beachtet bzw. ignoriert. Würde dagegen der Beitrag des Kindes mit extremer Frühgeburtlichkeit ignoriert und nur der Effekt der Umwelt (z. B. der niedrige Bildungsstand der Eltern, Familienchaos, Überstimulierung) auf das Entwicklungsresultat betont, läge ebenfalls ein Haupteffektmodell zugrunde allerdings in seiner umweltzentrierten Variante.

---

[3] Frühgeborene erweisen sich in Langzeituntersuchungen immer wieder in ihrem weiteren Entwicklungsverlauf (z. B. Grundschulalter) als zerstreuter, hyperaktiver und desorientierter im Vergleich zu Kontrollgruppen (Drescher 1998, Veelken 1992). Dieser Zusammenhang gilt in besonderem Maße für frühgeborene Jungen, weshalb bei ihnen auch verstärkt mit Schulproblemen zu rechnen ist. Siehe hierzu auch Sarimski (Broschüre zu Frühgeburtlichkeit, hg. v. Bundesverband »Das Frühgeborene Kind« e.V.).

Das in Abb. 4 dargestellte Entwicklungsgeschehen wäre in beiden Fällen sehr vereinfacht: die Doppelpfeile, die die Wechselwirkungen zwischen der Kind-, Eltern- und Umweltebene darstellen, würden gänzlich fehlen. Die Berücksichtigung dieser Wechselwirkungen erwies sich jedoch innerhalb der entwicklungspsychopathologischen Forschung als wesentlich: Sie zeichnet das sogenannte transaktionale Entwicklungsmodell (Sameroff 1989) aus, das sich im wesentlichen von einem interaktionalen Modell dadurch unterscheidet, dass innerhalb der stattfindenden Transaktionen eine Veränderung der beteiligten Elemente (z. B. der Personen Kind und Elternteil) stattfindet. In einem interaktionalen Entwicklungsmodell sind dagegen weiterhin die zwei beteiligten Elemente nach einer Serie des Aufeinandertreffens unverändert identifizierbar. Auf der Grundlage eines transaktionalen Entwicklungsmodelles interessiert deshalb auch in erster Linie die Art des Zusammenspiels, z. B. von Kindeffekten mit Elterncharakteristika und Umwelteinflüssen, und weniger deren Anteil am Zustandekommen eines Produktes. Diese sind exemplarisch für den bereits erwähnten Vorstellungsgrund »Hyperaktivität« in Abb. 4 dargestellt.

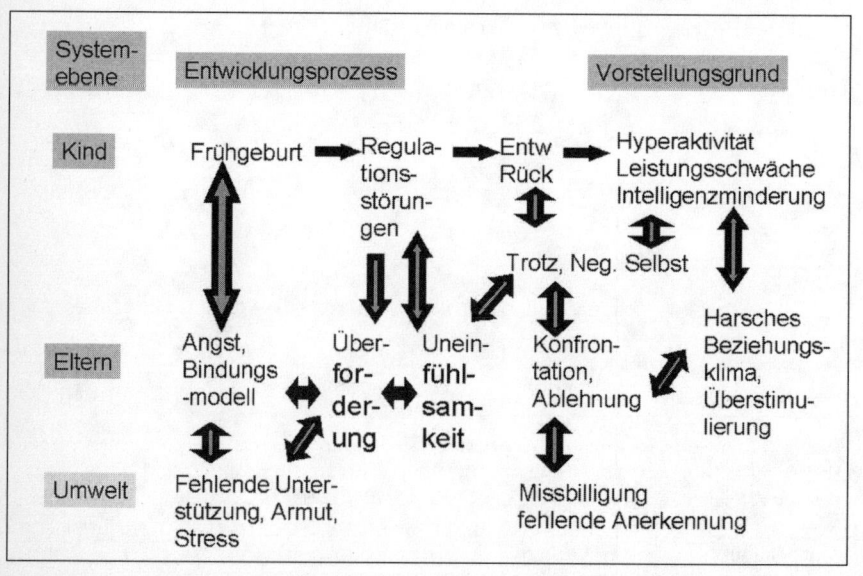

Abbildung 4: Transaktionales Entwicklungsmodell

Frühgeburtlichkeit führt in Abhängigkeit der Schwere (z. B. Geburtsgewicht und auftretende Komplikationen) sehr wahrscheinlich zu Regulationsstörungen bei Kindern mit der Folge, dass diese Kinder ihre Eltern in höherem Maße als andere Kinder beanspruchen, z. B. in dem sie weniger leicht zu beruhigen sind und generell leichter erregbar sind. Alles Phänomene, die wir von Kindern mit schwierigem Temperament kennen. Hierzu trägt bis zu einem gewissen Grade auch die für das Überleben dieser Kinder notwendige neonatologische Intensivbehandlung bei, jedoch insbesondere der unreife Zustand der Kinder. Und alles zusammen wirkt auf die betreuende Umgebung und vermengt sich mit ihr untrennbar zu Risiko verstärkenden bzw. vermindernden Entwicklungsbedingungen. Wie hoch das spätere Risiko aufgrund von Frühgeburtlichkeit ist, hängt nicht nur vom medizinischen Erfolg (z. B. Fehlen/Auftreten von Hirnblutungen)[4] ab, sondern gerade auch von der Qualität des Umgangs der Eltern mit dem Kind. Diese frühen Eltern-Kind-Interaktionen wiederum werden im wesentlichen dadurch beeinflusst, ob und in welchem Ausmaß die Eltern Überforderung erleben. Frühgeburtlichkeit bedeutet für viele Eltern ein traumatisches Erlebnis und löst die verschiedensten Ängste aus, wobei die um das Überleben des Kindes und die Gefahr von drohender Behinderung für das Kind noch am größten ist. Hier sind nicht nur die medizinischen Gegebenheiten von Bedeutung, sondern auch, in welchem Maße Eltern Hilfe und Unterstützung bekommen und annehmen können. Eltern aus niedrigen sozialen Schichten sind hier gegenüber anderen benachteiligt. Doch nicht immer wird Hilfe und Unterstützung gesucht und angenommen. Das jeweilige Bindungsmodell der Eltern spielt hier eine große Rolle, da es den Umgang mit Ängsten und Unsicherheiten bei sich selbst und in Beziehungen steuert. Eltern mit sicherem Bindungsmodell werden mit großer Wahrscheinlichkeit Hilfspotentiale nutzen können – doch nur dann, wenn diese in ihrer jeweiligen Umgebung zur Verfügung stehen und ihre Inanspruchnahme nicht mit zu großen Schwellen verbunden ist. Eltern mit unsicheren Bindungsmodellen dagegen haben Schwierigkeiten, bereitstehende Unterstützungssysteme angemessen zu nutzen. Fehlende Unterstützung – ob nun subjektiv bedingt oder bedingt durch die jeweilige Lebenslage und den Sozialraum – wird dann zusammen mit der allgemeinen Fähigkeit, sich auf Säuglinge und deren Bedürfnisse einzustellen, und der objektiven »Schwierigkeit« des Kindes, den jeweiligen Grad der Überforderung und den Umgang damit bei den

---

[4] Im Vergleich zur Klientel aus hochspezialisierten Zentren zeigten sich in Langzeituntersuchungen an regional repräsentativen Populationen ein deutlich erhöhtes Risiko für Residualschäden – ein deutlicher Beleg für die Bedeutung der Neonatologie (Veelken 1992).

Eltern festlegen. Führt jedoch der Umgang mit dem Frühgeborenen zu anhaltender Überforderung, wird sich dies negativ verstärkend auf die Regulationsfähigkeit des Kindes auswirken – zumindest keine Besserung bewirken – und dies wiederum verstärkt das Überforderungsgefühl. Überforderungserlebnisse wirken einem feinfühligen Umgang mit Kindern entgegen. Dieser wird als anstrengend und auslaugend erlebt, für positives Zusammenspiel fehlt danach meist die Energie. Aufgrund solcher Beziehungserfahrungen ergeben sich unsichere Bindungsqualitäten: Wenn Uneinfühlsamkeit mit subtiler Ablehnung und Zurückweisung des Kindes – insbesondere in Phasen emotionaler Unsicherheit – gepaart ist, beobachten wir im zweiten Lebensjahr häufig eine unsicher-vermeidende Bindungsqualität. Ist Uneinfühlsamkeit nicht durchgängig, sondern mal da und dann wieder gänzlich fehlend, und eine besonders intensive Reaktion auf alle negativen Äußerungen des Kindes feststellbar, dann beobachten wir später mit großer Wahrscheinlichkeit eine unsicher-ambivalente (Wechsel von Nähe suchen und sich widersetzen) Bindungsqualität, bei der sich das Kind den Kontaktversuchen der Eltern bei Verunsicherung eher widersetzt.

Beide unsicheren Bindungsqualitäten können als ineffektive Muster der Regulation von negativen Gefühlen und den damit verbundenen Verhaltensweisen verstanden werden. Diese Muster der Emotionsregulation werden gesteuert durch sogenannte internale Arbeitsmodelle also Erwartungen an sich selbst und die Bezugspersonen (oder gar andere Menschen generell), hinsichtlich der Effektivität, der Hilfsbereitschaft und der zu erwartenden Unterstützung oder Zurückweisung der Bedürfnisse nach Schutz und Sicherheit. Die Wirkung zeigt sich in entscheidendem Maße auch darin, wie Kinder ihre Eltern als sichere Basis für die Erkundung und den effektiven Umgang mit ihrer Umwelt nutzen können. Eine ausgeglichene Explorations-Bindungs-Balance ist bei Kindern mit unsicherer Bindungsqualität eingeschränkt und trägt auf keinen Fall zu einer Kompensation von Entwicklungsrückständen infolge der Frühgeburtlichkeit bei.

Ein Entwicklungsrückstand mit zwei Jahren ist die Folge dieser Transaktionen zwischen Kindes- und Beziehungsfaktoren – und eben nicht nur auf einer Seite abzuladen.

Unsichere Bindungen fördern in unterschiedlicher Art die Ausformung einer restriktiven bzw. negativen Selbst- und einer pessimistischen Weltsicht. Die Beziehung zu den Eltern kann von häufigen und »harten« Auseinandersetzungen geprägt sein, ein gemeinsames Aushandeln unterschiedlicher Standpunkte und Interessen immer seltener eine Rolle spielen. Die sogenannte Trotzphase fällt bei diesen Eltern-Kind-Paaren, mit zahlreichen Konfrontationen und gegenseitiger Ablehnung, sehr heftig aus. Nicht selten mündet ein solches Beziehungsgeschehen in einen koerziven Prozess ein (Crittenden 1999, Suess 2001), der von der unmittelbaren Umgebung oftmals mit Missbilligung beantwortet wird. Es ist eben nicht schön, eine auf Konfrontation und des Sich-Mit- »Gewalt« –Durchsetzen-Müssens aufbauende Eltern-Kind-Beziehung in seiner Nähe zu beobachten. Oftmals erhalten diese Eltern die unterschiedlichsten Ratschläge – meist ungebetene und selten hilfreiche. Damit lässt es sich schwer leben, da Eltern auf eine unterstützende Matrix mit Anerkennung angewiesen sind. Nicht nur, dass diese bei unserem Beispiel fehlt, die Eltern müssen vielmehr mit der erfahrenen Kritik zurecht kommen. Nicht selten wird das Problem gelöst, indem das Kind als Sündenbock gewählt wird. Hierzu bietet die Frühgeburtlichkeit viel Begründungsmaterial und: war das Kind nicht von Anfang an ein besonders schwieriges? In Wirklichkeit ist die »Schwierigkeit« des Kindes natürlich nicht nur ihm selbst zuzuschreiben, sondern ist das Ergebnis komplexer Transaktionsprozesse unter Einschluss von Kind-, Eltern- und Umweltebene. Doch unser Kind bekommt die Botschaft, es selbst habe versagt und entwickelt ein negatives Selbst-Bild, das seinerseits Selbstwirksamkeitserfahrungen entgegenwirkt. Doch hat das harsche Beziehungsklima, das sich zwischen Eltern und Kind entwickelt, noch weitere negative Auswirkungen, insbesondere bei Jungen. Eine durch koerzive Prozesse gekennzeichnete Beziehung ist gekennzeichnet durch extreme Formen des Emotionsausdruckes, gleichzeitiger Inkonsequenz und Unangemessenheit beim Setzen von Grenzen. Grenzen werden nicht mit Bestimmtheit und Nachdrücklichkeit gesetzt, beim Ausdruck von Ärger und Unmut lässt sich kein allmählich anwachsendes Crescendo beobachten: Wie ein Donnerwetter bricht die elterliche Reaktionen über die Kinder herein, die ihrerseits mit schräg gestellten Kopf von unter herauf die Eltern mit großen Augen wie ein »Unschuldslamm« anblicken, ganz so, als ob sie kein Wässerchen trüben könnten (s. Crittenden 1999). Dieses kleinkindhafte »Lieb-sein« (»Coy«) -Verhalten verliert seine beschwichtigende Wirkung auf die tobenden Eltern nicht, sie schalten sehr (zu) schnell auf liebevolles Elternverhalten um, nehmen vielleicht aus schlechtem Gewissen heraus ihr Kind in den Arm, wollen sich mit Küssen – in extremen Fällen auf den Mund, was kein Kind in diesem Alter in dieser Situation will – wieder mit ihrem Kind versöhnen. Äußerlich ist das Kind ruhig, doch der Schein trügt: innerlich tobt der Ärger im Kind weiter. Es lernt einen »falschen« Ausdruck ihrer Gefühle (s. Crittenden 1999) und lernt nicht, adäquat mit intensiven Gefühlen in zwischenmenschlichen Beziehungen umzugehen, und wird zudem überstimuliert (Küssen). Eine Gruppe von hyperaktiven Jungen – mit und ohne Frühgeburtlichkeit – zeichnet sich durch vergleichbares transaktionales Entwicklungsgeschehen aus (Jacobvitz u. a. 1987).

Der Nutzen eines transaktionalen Entwicklungsmodelles in der Entwicklungspsychopathologie kann zum Auffinden von komplexen Wirkmechanismen auch in der Praxis von Vorteil sein. Die Anamnese wird dadurch zur Abbildung spiralförmiger Entwicklungsverläufe unter Einbeziehung unterschiedlicher Systemebenen genutzt, um Interventionen zu planen und schließlich auch zu steuern. Hierbei ist es nützlich, dass die Entwicklungspsychopathologie für verschiedene Altersstufen Entwicklungsthematiken formuliert hat (Sroufe 1979, dt. Zimmermann 2000, Suess & Fegert 1999), die es ermöglichen, bei einem Kind altersspezifisch wesentliche Anforderungen und davon mögliche Abweichungen zu erkennen. Bei einer transaktionalen Betrachtungsweise lassen sich unterschiedliche Knotenpunkte, an denen sich um Entwicklungsthematiken herum Veränderungsmöglichkeiten verdichten, ausfindig machen (s. Erickson & Kurz-Riemer 1999, Brisch u. a. 1997, Suess & Röhl 1999, Suess 1995, Scheuerer-Englisch in diesem Band).

Die Bindungstheorie als entwicklungspsychopathologisches Konzept

Bereits im letzten Absatz sind Annahmen der Bindungstheorie über mögliche Zusammenhänge von Risiken, sich entwickelnde Vulnerabilitäten und Resilienz in unsere Betrachtung eines typischen Anmeldegrundes einer Beratungsstelle eingeflossen. Dies ist auch naheliegend, wurde sie doch von Bowlby zur Erklärung psychopathologischer Phänomene und als für Praktiker hilfreiche Theorie formuliert (Bowlby 1995, Dozier u. a. 1999). Im Unterschied zu den angeführten variablenorientierten statistischen Konzepten steht nun nicht die Definition von Risiko- und Schutzfaktoren – mit all den besprochenen Schwierigkeiten – im Vordergrund, sondern eine möglichst umfassende Nachzeichnung von transaktionalen Entwicklungsprozessen, im Sinne von Entwicklungspfaden.

Wodurch ergeben sich laut Bindungstheorie Risiken für die Entwicklung, wodurch schützende Kräfte und welche Wirkmechanismen sind dafür verantwortlich?

Die Bedeutung von Beziehungen für die seelisch geistige Gesundheit

Der Einfluss von Beziehungen auf die Entwicklung von Psychopathologie war bereits vor der Formulierung der Bindungstheorie immer wieder betont worden, insbesondere durch die seit den 40iger Jahren entstandene Familientherapie. Doch auf die Psychopathologieforschung hatte dies keinen durchschlagenden Effekt: Ihre Konzepte blieben weitgehend individuumzentriert. Es ist mit Bowlbys Verdienst, dass dies nun anders geworden ist (Greenberg 1999). Es gibt erste Ergebnisse aus Längsschnittstudien über die Zusammenhänge von frühkindlichen Bindungsbeziehungen bzw. von (Repräsentations-) Modellen Erwachsener über Bindung und Psychopathologie im Jugend- und Erwachsenenalter (siehe Beitrag von Jacobvitz u. a. in diesem Band). Statistisch nachweisbare Beziehungen zeigen sich im wesentlichen zwischen unsicher-widersetzenden (ambivalenten) Bindungserziehungen sowie ihrem Pendant im Erwachsenenalter, den »verwickelt/verstrickten« Bindungsmodellen (Bindungsrepräsentation), und den internalisierenden Störungsbildern wie Angst, Depression sowie Borderline-Persönlichkeit. Unsicher-vermeidende Bindungsbeziehungen im Kindesalter sowie eine distanzierte Bindungsrepräsentation (abwehrend/bagatellisierenden, Ds) im Erwachsenenalter weisen einen statistisch erhöhten Zusammenhang zu externalisierenden Psychopathologie-Formen auf, z. B. antisoziale Persönlichkeit, dissoziative Störungsbilder, Phobien und Manien.

Diese Zusammenhänge besagen allerdings nicht, dass unsichere Bindungsqualitäten bereits mit Störung gleichzusetzen sind. Im Gegenteil: sie sind es, nach Meinung der Bindungsforscher ausdrücklich nicht (Zimmermann, Suess, Scheuerer-Englisch & Grossmann, 1999). Bindungsqualitäten sind allenfalls Risiko- bzw. Schutzfaktoren und nicht mit Störung gleichzusetzen – dies gilt selbst für die D-Klassifikation (Desorganisiert/Desorientiert) im Kindesalter. Es müssen in der Regel noch weitere Risikofaktoren hinzukommen, damit sich über einen längeren Zeitraum Störungsformen entwickeln. Erst die Abbildung dieser transaktionalen Prozesse innerhalb von familiären und außerfamiliären Beziehungen (z. B. Gleichaltrigensystem) führt zu einem Verständnis der Ursachen von Psychopathologie. Dabei setzt sich innerhalb der Entwicklungspsychopathologie immer mehr die Überzeugung durch, dass es für Psychopathologie selten »einfache« Einzelursachen gibt, sondern immer ein komplexes Ineinandergreifen unterschiedlichster Ursachenkomplexe berücksichtigt werden muss, und in den seltensten Fällen Einzel- und punktuelle Ereignisse zu Störungen führen. Dies trifft vermutlich sogar auf traumatische Ereignisse, wie

z. B. Misshandlung und sexuellen Missbrauch zu. Hier scheint es nicht nur auf die traumatischen Erfahrungen anzukommen, sondern vielmehr auch darauf, inwieweit nach diesem Erleben die eigenen Bindungspersonen als hilfreich und unterstützend erlebt werden können. Und deswegen ist der schlimmste Missbrauch der, der durch die eigenen Eltern geschieht: Die eigenen Eltern sind dann Quelle der Sicherheit und des Schreckens gleichzeitig – ein unauflösbares Paradox für Kinder. Auch für die Erfahrung des Verlustes einer Bindungsperson z. B. durch Tod gilt: Informationen über die Qualität der Beziehung vor dem Verlust und die Möglichkeit der Unterstützung und Hilfe in sicheren Bindungsbeziehungen nach dem Verlust sind wesentlich bei der Einschätzung, ob sich beim Kind später ein depressiver Grundzustand entwickelt (Jacobvitz & Hazan 1999, Dozier u. a. 1999). Es werden also immer Beziehungserfahrungen über einen längeren Zeitraum und weniger punktuelle Ereignisse bei der Entwicklung von Abweichung, Störung etc. betont.

Bindungsstörungen

Die Frage, inwieweit Bindungsstörungen identifizierbar sind oder Bindungsphänomene lediglich als Risikopotential betrachtet werden sollen, war lange nicht einheitlich zu beantworten. Im DSM-IV sowie im ICD-10 sind Bindungsstörungen als eigenständige explizite Kategorien aufgeführt. Das Klassifikationssystem von Liebermann u. a. (1997) »DC 0-3« ist hier sehr differenziert. Bindungsstörungen können als weit extremere Formen der Beeinträchtigung der Bindungs-Explorationsbalance verstanden werden, als dies die Muster unsicherer Bindungsqualität sind, wie sie auch in Normalstichproben auftreten (Minde 1995; Zimmermann, im Druck). Bindungsstörungen lassen sich im wesentlichen nach Bindungslosigkeit, extremer Hemmung bzw. extremer Enthemmung von Bindung und Exploration differenzieren. In der klinischen Praxis lassen sich immer wieder Kinder identifizieren, deren Bindungsverhalten über die genannten unsicheren Bindungsmuster hinausreichende »Beeinträchtigungen« erkennen lassen (s. Brisch 1999). Darunter fallen Kinder, die als Kleinkinder (18.–30. Lebensmonat) distanzlos sind, weglaufen etc. Allerdings ist nicht jede Beeinträchtigung der Eltern-Kind-Beziehung bereits eine Bindungsstörung, so dass z. B. nicht jedes Kind, das sich von den Eltern entfernt, ohne auf sie zu hören, ein »Unfäller-Kind« oder ein Kind, das gegenüber den Eltern aggressiv ist, bindungsgestört ist. Ob man hierbei von Bindungsstörungen, »hochunsicheren« Bindungsformen sprechen sollte, ist derzeit noch nicht klar. Ob auch auf diese extremen Fälle die These von Sroufe zutrifft, dass Bindungsunsicherheit und -desorganisation an sich noch keine Störungen darstellen, sondern Störungen sich erst im Zusammenspiel mit anderen beeinträchtigenden Daseinserfahrungen auf unterschiedlichen Daseinsebenen entwickeln, muss sich erst noch klären. Für das Gros der Fälle wird allerdings zutreffen, dass der Beitrag der Bindungen in der Entwicklung von Psychopathologie als ein Risikopotential bzw. als ein fehlendes Schutzpotential formuliert werden muss.

Aus entwicklungspsychopathologischer Sicht sollte man mit dem Ausdruck »Störung« aus mehreren Gründen vorsichtig umgehen: Erstens, gehen Autoren der Entwicklungspsychopathologie von einem Kontinuum »Normal-Pathologie« aus und weniger von einem kategorialen »Entweder-Oder« (Cicchetti 1999). Zweitens, sind selbst beim Vorliegen einer Störung in einem Bereich andere Bereiche als normal entwickelt vorstellbar: Selbst bei einem schwer »gestörten« Klienten macht es Sinn, nach Stärken und Positivem zu suchen, und man wird fündig. Drittens wird immer der Prozess betont, und hier ist immer auch in einer Störung die Anpassungsleistung an gegebene Umstände zu sehen und auch manchmal ihre Notwendigkeit als Durchgang zu gesünderer Entwicklung. Viertens stellt sich hier die Frage nach der Stabilität einmal herausgebildeter, innerpsychischer Zustände.

Kontinuität und Veränderung in der Bindungsentwicklung

Übereinstimmend mit Freud glaubte Bowlby an die Wichtigkeit bereits früher Erfahrungen für die seelische Gesundheit, allerdings nicht wie dieser aufgrund der reinen Wirkung von intrapsychischen Mechanismen (Phantasietätigkeit), sondern aufgrund von reellen Erfahrungen in den eigenen Beziehungen (Bowlby 1995). Diese Erfahrungen in Beziehungen schlagen sich nach seiner Ansicht in intrapsychischen Arbeitsmodellen von sich und den Bindungspartnern nieder, die sich allerdings wiederum in einem ständigen Rückkoppelungsprozess mit aktuellen reellen Beziehungsgeschehnissen weiterentwickeln und auch verändern. Bowlby wählte bewusst den Begriff »Arbeits«-Modell, um deren dynamischen Charakter zu betonen.

Internale Arbeitsmodelle werden von Kindern aktiv als subjektive Konstruktion auf der Basis von Interaktionserfahrungen aufgebaut und steuern die Wahrnehmung, Bewertung und Vorhersage des Verhaltens der Bezugspersonen und des eigenen Selbst. Sie fassen das Geschehen innerhalb der frühkindlichen Bindungsbeziehungen des Kleinkindes zusammen und erlauben ihm, die Wirklichkeit zu simulieren und gewissermassen vorwegzunehmen. So wird ein Kind nicht immer wieder von Neuem die Beziehung analysieren und interpretieren, sondern wird sich aufgrund zurückliegender Erfahrungen schon mal auf eine zu erwartende Situation einstellen. Das Kleinkind steuert sein Verhalten gegenüber den Bezugspersonen (zuerst prozedural also nicht bewusst) aufgrund seiner Einschätzungen darüber, wie verlässlich die Bindungsperson bei Gefahrensituationen und Unsicherheiten des Kindes in der Vergangenheit war und nun wieder sein wird. Ein Kind lernt in einer sicheren Bindungsbeziehung nicht nur diese Beziehung möglichst realistisch abzubilden, das internale Arbeitsmodell steuert auch die Art und Weise des Umgangs mit eigenen Gefühlen: Inwieweit kann es mit dem vollem Spektrum seiner Gefühle das Beziehungsgeschehen erfassen, sich durch stimmigen Ausdruck dieser Gefühle in bedeutsamen Beziehungen effektiv zu Wort melden und eine bedürfnisgerechte Abstimmung erreichen. Kann ein Kind in diesem Sinne auf seine Gefühle bauen und sie auch in Beziehungen einsetzen, dann wird es auch zusammen mit anderen Partnern erfolgreich seine »soziale Wirklichkeit« ko-konstruieren können und auch erfolgreich »Up-Dates« seiner inneren Modelle anfertigen können. John Bowlby hat durch seine Ausführungen zu den inneren Arbeitsmodellen von Bindung beides ausgedrückt: sowohl etwas Überdauerndes der frühkindlichen Bindungen als auch deren Offenheit für Veränderung. Sein Entwicklungsmodell ist entsprechend auch kein Modell früher Prägung, sondern ein Modell der abnehmenden Sensitivität gegenüber Erfahrungen vom Kleinkindalter bis zum Jugendalter (Zimmermann 1995).

Mittlerweile liegen längsschnittliche Daten zur Bindungsentwicklung von der frühen Kindheit bis zum Jugend- und Erwachsenenalter vor. Betrachtet man die Bindungsentwicklung, so zeigte sich weitgehend hohe Kontinuität bis zum Alter von zehn Jahren. Allerdings zeigte sich auch meist durch Veränderung der Betreuungssituation bedingte Veränderung (vgl. Überblick Zimmermann 1995). Am deutlichsten konnte man Veränderung innerhalb der Bindungsentwicklun deshalb auch an Stichproben mit Geringverdienern und hohem Anteil Personen in schwierigen Lebenslagen studieren (Weinfield, Sroufe & Egeland 2000), während sich die größte Kontinuität in der Bindungsentwicklung bei weißen Mittelschichtsangehörigen zeigte (Waters u. a. 2000). Vergleicht man die Übereinstimmung zwischen den Bindungsmustern im Verhalten von Kleinkindern (Bindungsqualität in der Fremden Situation) mit der Art und Weise, wie später Jugendliche oder junge Erwachsene über ihre Erfahrungen mit den Eltern berichten und wie sie diese Erfahrungen aus heutiger Sicht bewerten (Bindungsrepräsentation im AAI), so ergibt sich folgendes Bild. Während in vier US-amerikanischen Studien, zwei Studien signifikante Beziehungen zwischen den frühkindlichen Bindungsqualitäten (2. Lebensjahr) und den Bindungsrepräsentationen dieser »Kinder« mit 17 bzw. 21 Jahren berichten konnten (Waters u. a. 2000, Hamilton 2000), ergab sich bei den anderen zwei Studien keine signifikante Kontinuität über den berichteten Zeitraum (Weinfield, Sroufe, Egeland 2000; Lewis, Feiring, Rosenthal 2000). In zwei deutschen Studien zeigte sich ebenfalls keine Kontinuität von dem frühkindlichen Bindungsmuster zu den Bindungsrepräsentationen dieser Kinder im Erwachsenenalter – und dies in Erweiterung der US-Studien weder zur frühkindlichen Bindung zur Mutter noch zur Bindung zum Vater. Allerdings ließ sich in diesen sowie in den US-amerikanischen Studien der Einfluss von kritischen Lebensereignissen (z. B. Trennung und Scheidung) als Veränderungsfaktor nachweisen (Zimmermann et u. a.1997; Zimmermann et u. a. 2000; Lewis, Feiring, Rosenthal 2000; Waters et u. a. 2000).

Somit kann aufgrund dieser Studien gezeigt werden, dass Bowlbys Annahme (1975), dass die frühen Repräsentationsmuster nicht autonom stabil sind, korrekt ist. Jedoch führen frühe Bindungsmuster im Verhalten dann eher zu einer kohärenten Art über die Kindheitserfahrungen zu sprechen, wenn die Lebensbedingungen relativ stabil bleiben. Desweiteren bestätigen sie Annahmen über Veränderung aufgrund von kritischen Lebensereignissen.

Betrachtet man jedoch die Auswirkungen frühkindlicher Bindungsmuster auf die Persönlichkeitsentwicklung, so kann man feststellen, dass trotz mangelnder Übereinstimmung zwischen Kindheitsbindung und Bindung im Jugendalter beides einen Effekt hat auf die Persönlichkeit oder die Ängstlichkeit in der Interaktion zwischen Freunden bei emotionaler Belastung beim Problemlösen (Zimmermann 2000; Zimmermann, Maier, Winter & Grossmann, im Druck). Wobei sich längsschnittlich immer zeigt, dass Prognosen dann deutlicher sind, wenn man nicht nur unsichere Bindung in der frühen Kindheit, sondern auch mangelnde Feinfühligkeit in der mittleren Kindheit mit einbezieht (Sroufe, Carlson, Levy & Egeland 1999).

Welche praktische Relevanz haben nun diese Studien? Aufgrund eines rein statistischen Vergleiches zwischen der Übereinstimmung von Verhalten gegenüber einem Elternteil mit 12 Monaten und der Bewertung der eigenen Kindheitserfahrungen ab dem Alter von 16 Jahren lässt sich nichts über die Mechanismen und Prozesse aussagen, die für Kontinuität bzw. Veränderung sorgen.

Und daran schließlich ist der Praktiker interessiert. Dieses Wissen hilft ihm, Veränderungsprozesse einzuleiten und zu unterstützen, wenn das Kindeswohl dies erfordert. Vorausgesetzt eine Veränderung von Bindungsmodellen geschieht auf der Grundlage eines nach bestimmten Regeln ablaufenden Prozesses, dann können wir von solchen »natürlichen Interventionen« sehr viel für unsere »künstlich« eingeleiteten Interventionen lernen.

Darum fordert eine entwicklungspsychopathologische Sichtweise die Untersuchung all der Teilnehmer der Stichproben, die aus der prognostizierten Richtung fallen. In den beiden deutschen Stichproben konnte zumindest der Einfluss von Risikofaktoren belegt werden (Zimmermann et u. a. 2000), allerdings werden diese aufgrund der geringen Stichprobengröße in große Kategorien eingeteilt, um statistische Analysen zu ermöglichen.

Obwohl der Effekt von Trennung und Scheidung in den Studien mit unsicherer Bindungsrepräsentation oder Veränderung zusammenhing, kann dieses Ereignis sehr unterschiedliche Formen annehmen und eine sehr unterschiedliche Belastung für Kinder darstellen. Desweiteren konnte nicht die individuelle Wirkung von Risikofaktoren bei gleichzeitigen Schutzfaktoren untersucht werden. Darum werden diese »Outcome«-Studien, die Prognosen über einen so langen Zeitraum überprüfen, nur Wissen über Denkmodelle bieten können. Man kann nun sagen, dass es auch empirisch geklärt ist, dass es keine notwendige frühe Prägung eines bestimmten Bindungsmusters gibt. Dies bietet eine wichtige Grundlage zur Rechtfertigung von Interventionen. Was bislang jedoch fehlt, ist eine genauere Beschreibung, wie Kontinuität bzw. Veränderung zustande kam, d. h. wir erfahren nichts über die zugrundeliegenden Mechanismen. Über diese kann jedoch eine prozessorientierte Forschung Aussagen treffen und erst diese fördert unser Verständnis des Veränderungsprozesses – eine Grundvoraussetzung für effektive Hilfen.

Beispielsweise erfahren wir im Erwachsenen-Bindungsinterview (AAI), dass es unter den Erwachsenen mit »sicher-autonomen« Bindungsrepräsentationen Personen gibt, die sich diesen Zustand erst im Laufe ihrer Entwicklung aneignen (verdienen) mussten, da ihre Kindheitsbindungen alles andere als sicher waren. Es ist die Fähigkeit dieser Personen, ihre negativen Kindheitserinnerungen kritisch reflektieren zu können und sie nicht nur stimmig in ihre Erwachsenenpersönlichkeit zu integrieren, sondern auch deren (potentielle) Auswirkungen auf Gegenwartsbeziehungen kritisch im Blick zu haben. Als verantwortlich für die berichteten Veränderungen von einer »unglücklichen« Kindheit hin zu einem »bindungssicherem« Status wurden in all diesen Fällen besonders hervorstehende Beziehungen zum Partner, Therapeuten etc. deutlich, die zu einer Überprüfung und Modifikation unsicherer Bindungsmodelle zwangen. Daraus lässt sich für den Interventionsprozess ableiten, dass die therapeutische Beziehung und das therapeutische Gespräch auf eine Überprüfung von Bindungsmodellen abzielen sollte. Dies geschieht durch die Lenkung der Wahrnehmung auf den Umgang mit eigenen Bindungsbedürfnissen (prozedurale Ebene), der Förderung der Erinnerung an Kindheitserlebnisse (episodische Ebene) und deren stimmige Bewertung (semantische Ebene) genauso wie die Überwachung (Monitoring) ihrer Auswirkungen in Gegenwartsbeziehungen (s. Suess & Röhl 1999). Das Erwachsenen-Bindungs-Interview (AAI) hat somit nicht nur zum Aufzeigen von Kontinuität in der Bindungsentwicklung beigetragen, es ist als Mess-Instrument in hervorragender Weise zur Abbildung von Veränderung angelegt.

Mary Main (1999) spricht auf die im AAI (Erwachsenen-Bindungs-Interview) erfassten globalen seelisch-geistigen Zustände in Bezug auf Bindung an, was hier »Pendel-Phänomen« genannt wird: Zu manchen Zeiten werden wir Mühe haben, einen sicheren seelisch-geistigen Zustand aufrechtzuerhalten und in unsichere Zustände wechseln, ohne dass wir unser sicheres Bindungsmodell gänzlich für immer verlieren – insbesondere dürfte das für das erworbene/erarbeitete sichere Bindungsmodell zutreffen, das in Krisenzeiten anfälliger sein wird. Es sollte deshalb in der Therapie/Beratung immer auch darauf vorbereitet werden, dass Ratsuchende selbst bei Erfolg der Intervention durchaus wieder Zustände mit Wirksamkeit eines unsicheren Bindungsmodells erleben werden, und sie sollten dafür sensibilisiert werden, dies zu erkennen und damit »angemessen« und »gesund« umzugehen. Sie tun gut daran, dann nachsichtig mit sich umzugehen und es nicht aufzugeben, einen sicheren Zustand bzgl. ihres Bindungsmodells anzustreben. Studien hierzu zeigen, dass Personen, die durch Reflexion und Integration als erarbeitet-sicher (»verdiente Sicherheit«) gelten, häufig über eher depressivere Tendenzen klagen und sich oft selbst kritischer sehen, als sie von außen gesehen werden, als Personen, die über unterstützende Erfahrungen eine sichere Bindungsrepräsentation erworben haben. Personen mit distanzierter Bindungsrepräsentation würden übrigens kaum über Symptome berichten, auch wenn diese von außen deutlich zu beobachten sind.

Zusammenfassend stellt eben das Aufsuchen von transaktionalen Spiralen einen grundlegend anderen Ansatz dar, als das Suchen nach Stabilitäten oder unveränderlichen und festgefügten Zuständen.

Es gehört zu den Grundüberzeugungen von Bindungstheoretikern, dass das, was einem von außen geschieht, sich irgendwie innen auswirken muss. Dieses »Irgendwie« geschieht zwar laut Bindungstheorie in einem ständigen Austausch zwischen dem Innen und dem Außen in Form der Inneren Arbeitsmodelle; dieses »Irgendwie« muss jedoch in der Bindungsforschung wieder verstärkt in den Mittelpunkt gerückt werden. D. h. die Beachtung von Verhaltens- und Repräsentationsebene zu einem gegebenen Alterszeitpunkt (siehe u. a. Marvin & Britner 1999, Grossmann u. a. 1999, Suess u. a. 1992, Scheuerer-Englisch 1989, Zimmermann 1995, Zach 2000, Spangler in diesem Band, Bretherton & Munholland 1999). Dazu ist es erforderlich, reliable und valide Maße über die »Fremde Situation« und das »AAI« hinaus zu entwickeln, und hier vor allem auch für das Vorschulalter und die Grundschulzeit. Bowlby ging nämlich davon aus, dass die Bindungsmodelle anfangs noch sehr plastisch und der Veränderung zugänglich sind. Desweiteren findet diese entwickelte Selbst- und Weltsicht eine erste größere Ausweitung und damit verbundene Herausforderungen mit ihrer Anwendung im Gleichaltrigenkontext (s. Suess 2001). So dürften gerade im Kindergartenalter nochmals bedeutsame Veränderungen zu erwarten sein. Und um diese Veränderungen besser verstehen zu können, muss man auch versuchen, zu verstehen, was in den Köpfen der Kinder vorgeht: welche Modelle ihre Wahrnehmung sozialer Situationen steuern, ihre Bewertung bindungsrelevanter Themen und vor allem ihre Art und Weise, mit solchen Themen umzugehen (gefühlsoffen, vermeidend etc.) – und dies nicht nur in Bezug auf das System Familie (Scheuerer-Englisch 1999), sondern insbesondere auch in Bezug auf das System der Gleichaltrigen. Familiäre Bindungserfahrungen bereiten gleichsam die Bühne für Erfahrungen im Gleichaltrigenkontext, in dem jedoch eigenständige Lernerfahrungen zur Ausdifferenzierung des eigenen Bindungsmodells gemacht werden – Erfahrungen, die innerhalb der familiären Bindungsbeziehungen nicht möglich sind. Die Berücksichtigung beider Bereiche, des familiären und den Gleichaltrigensystems, erlaubt schließlich die besten Prognosen für die weitere seelisch-geistige Entwicklung (Sroufe, Egeland & Carlson 2000; s. auch Krappmann 1994; s. Suess 2001). Schließlich könnte die Einbeziehung von Gleichaltrigenbeziehungen als eigenständiger Kontext für Beziehungslernen und der Persönlichkeitsbildung die soziale Öffnung der Bindungsforschung vorantreiben, wie dies beispielsweise durch die Ausdehnung der Bindungsforschung auf den Bereich der Tagesbetreuung von Kleinkindern (Ahnert & Rickert 2000; Ziegenhain, Rauh, Müller 1998; Ziegenhain & Wolff 2000) bereits geschehen ist.

Folgerungen für die Jugendhilfe

Eine entwicklungspsychologische Perspektive betont immer den Weg hin zu einem gewissen Resultat, der immer wieder Ausgangspunkt für weitere Entwicklung darstellt. Es interessieren Entwicklungsprozesse und die dafür verantwortlichen –mechanismen, und nicht so sehr Zustandsformen. Folgerichtig hat eine entwicklungspsychopathologische Herangehensweise den subklinischen Bereich betont, und nicht nur versucht, in zuverlässiger und gültiger Weise Störungsbilder zu beschreiben, die wiederum bedeutsame Prognosen für den weiteren Entwicklungsverlauf ermöglichen.

Gerade innerhalb der beraterisch/therapeutischen Bereiche der Jugendhilfe erweist sich der Rückgriff auf verbreitete, verlässliche Diagnoseschemata des Gesundheitsweisen als wenig zufriedenstellend, da diese in den Zuständigkeitsbereich des Gesundheitswesens (SGB V) fallen und dieses wiederum bei Finanzierungsfragen Vorrang vor der Jugendhilfe (SGB VIII) hat. Somit wurde Jugendhilfe gemeinhin unterschiedlichen Bereichen der Prävention zugeordnet bzw. der Präventionsbegriff innerhalb der Jugendhilfe in sehr allgemeiner Art verwendet: nämlich in gleicher Weise als Vermeidung von kindeswohlgefährdenden Sachverhalten und als Vermeidung von stationären und ambulanten Hilfen zur Erziehung. Bei einer präziseren Verwendung des Präventionsbegriffes – wie er beispielsweise innerhalb des Gesundheitsbereiches Verwendung findet – ergibt sich die Schwierigkeit, dass die Jugendhilfe von ihrem Verständnis nicht nur der Vermeidung von seelisch-geistiger Krankheit bzw. dem Abkürzen eines solchen Zustandes und der anschließenden Wiedereingliederung dienen kann, sondern darüber hinaus einen aktiven Beitrag für kindeswohlgerechte Entwicklungsbedingungen leisten sollte (Bundesministerium f. Familien, Senioren, Frauen und Jugend, 1998). Neben der Förderung junger Menschen in ihrer individuellen und sozialen Entwicklung und einem Beitrag zur Vermeidung oder dem Abbau von Benachteiligungen, soll Jugendhilfe nämlich insbesondere Eltern und andere Erziehungsberechtigte bei der Erziehung unterstützen, jedoch auch Kinder und Jugendliche vor Gefahren für ihr Wohl schützen und allgemein einen Beitrag zum Erhalt oder zur Schaffung positiver Lebensbedingungen für junge Menschen und ihre Familien sowie einer kinder- und familienfreundlichen Umwelt leisten (Wiesner u.a. 1995, S. 26ff). Diese Leitziele von Jugendhilfe sprengen den engen Rahmen eines im Gesundheitsbereiches verwendeten Präventionsbegriffes. Der innerhalb der Jugendhilfe verwendete Präventionsbegriff wiederum erweist sich als viel zu allgemein, um Diagnosen innerhalb der Jugendhilfe zu fördern, bzw. ist zu sehr in Abhängigkeit von den Hilfen zur Erziehung formuliert. Verlässliche und aussagekräftige Diagnosen wiederum sind notwendig, um die als sozialrechtliche Leistungen formulierte n Angebote der Jugendhilfe in Anspruch nehmen zu können. Nicht erst seitdem die knapper gewordenen Ressourcen Verteilungskämpfe zwischen einzelnen Ressorts kommunaler Haushalte sowie nun auch innerhalb der Jugendhilfe hervorgerufen haben, wird offen gegen die Unbestimmtheit des Präventionsbegriffes zu Felde gezogen. Während früher der Hinweis auf die Bedeutung von Prävention auch zur Kostenvermeidung genügte, begegnet man mit einem solchen Hinweis heute vielfach Misstrauen, dass darunter alles und jedes versteckt werden kann und man die Auseinandersetzung mit den wirklich schweren Problemen der Jugendhilfe scheut.

Die Jugendhilfe könnte deshalb von Bemühungen profitieren, den subklinischen Bereich in der Kindesentwicklung präziser zu fassen und die Mechanismen für die Entwicklung von schwerwiegenden Problemen lange vor deren tatsächlichem Einsetzen zu verstehen. Dieses liefert die Bindungsforschung als wesentlicher Teil der Entwicklungspsychopathologie.

Verschiedentlich wurde auf das Problem der Defizitorientierung in der Jugendhilfe bei Entscheidungen zur Hilfegewährung hingewiesen. Aufgrund der obigen Ausführungen lassen sich einerseits alleine aufgrund von Risiken keine verlässlichen Prognosen erstellen, des Weiteren steht eine Defizitorientierung dem Aufbau einer therapeutischen/beraterischen Beziehung, die sich aus dem Konzept der sicheren Basis ableitet, entgegen (s. Suess & Fegert 1999, Suess 1995, Suess & Röhl 1999, Zimmermann u. a. 1999, 2000). Schmidt (2000, S. 36) stellt bei einem ersten Resüme einer groß angelegten Jugendhilfe-Effekte-Studie (Petermann und Schmidt, 2000) [5] fest, dass eine »Orientierung an alterstypischen Kompetenzen von Kindern und ihren Ressourcen wenig in die Praxis eingeführt ist«, die zwar wünschenswert, jedoch auch schwieriger zu erreichen sei (S. 36). Hier könnte die Verbreitung der Bindungstheorie in der Praxis helfen, Schwierigkeiten zu überwinden. Eine sichere Eltern-Kind-Bindung lässt sich nicht nur zuverlässig einschätzen – das entsprechende Training hierzu vorausgesetzt – sie stellt auch eine der größten Ressourcen der kindlichen Entwicklung mit weitreichenden Einflüssen auf deren Kompetenz dar. Aber das kann nur ein Anfang sein: wir müssen wieder die normale Entwicklung von Kindern in ihren Familien – und auch außerhalb – in den Mittelpunkt

---

[5] Schwerpunktheft von »Kindheit und Entwicklung«, 9 (4), 2000.

unseres Bemühens rücken, um die im Zehnten Kinder- und Jugendbericht (1998) geforderte Kultur des Aufwachsens zu schaffen.

»Es stellt sich heraus, dass dieses Ziel nur durch eine erweiterte humane Bildung verwirklicht werden kann, eine Bildung, die ›schlechte‹ Selbstverständlichkeiten des Zusammenlebens durch verantwortetes Handeln ersetzt, also Menschen befähigt, miteinander sinnvolle Lebenszusammenhänge zu entwerfen oder, wie wir heute sagen, zu konstruieren, zu *ko-konstruieren*« (Krappmann, 2000).

Literatur

Ahnert, L. & Rickert, H. (2000): Belastungsreaktionen bei beginnender Tagesbetreuung aus der Sicht der frühen Mutter-Kind-Bindung. Psychologie in Erziehung und Unterricht. Heft1/2000.

Bowlby, J. (1988): A secure base. Clinical Applications of attachment theory. London (Tavistock/Routledge).

Bowlby, J. (1975): Bindung. München: Kindler.

Bowlby, J. (1995; Hg.). Elternbindung und Persönlichkeitsentwicklung. Therapeutische Aspekte der Bindungstheorie. Heidelberg (Dexter).

Bretherton, I. & Munholland, K. A. (1999): Internal Working Models in Attachment Relationships. A Consturct Revisited. In: Cassidy, J. & Shaver, P. R.: Handbook of Attachment – Theory, Research, and Clinical Implications. New York. (Guilford).

Brisch (1999): Bindungsstörungen. Stuttgart(Klett-Cotta).

Brisch, K.-H., Gontard, A. v., Pohlandt, F., Kächele, H., Lehmkuhl, G. & Roth, B. (1997): Interventionsprogramme für Eltern von Frühgeborenen. Monatsschr. Kinderheilkunde, S. 145, 457–465.(Springer).

Bundesministerium für Familie, Senioren, Frauen und Jugend (1998): Zehnter Kinder- und Jugendbericht. Bericht über die Lebenssituation von Kindern und die Leistungen der Kinderhilfen in Deutschland (Vorsitzender der Sachverständigenkommision: Lothar Krappmann).

Cicchetti, D. & Toth, S. L. (1997): Perspectives on Research and Practice in Developmental Psychology. In: Siegel, E. & Renninger, K. A. (Hg.): Handbook of Child Psychology Vol. 4: Child Psychology in Practice. New York.

Cicchetti, D. (1999): Entwicklungspsychopathologie. Historische Grundlagen, konzeptuelle und methodische Fragen, Implikationen für Prävention und Intervention. In: Oerter, R., Röper, G., Hagen, C. v. & Noam, G. (Hg.): Lehrbuch der klinischen Entwicklungspsychologie. Weinheim (Psychologie Verlags Union), S. 11–44.

Crittenden, P. M. (1999): Klinische Anwendung der Bindungstheorie bei Kindern mit Risiko für psychopathologische Auffälligkeiten oder Verhaltensstörungen. In: Suess, G. J. & Pfeifer, W.-K. (1999): Frühe Hilfen. Die Anwendung von Bindungs- und Kleinkindforschung in Erziehung, Beratung, Therapie und Vorbeugung. Gießen (Psychosozial-Verlag).

Dornes, M. (1999): Die Entstehung seelischer Erkrankungen. Risiko- und Schutzfaktoren. In: Suess, G. J. & Pfeifer, W.-K. (1999): Frühe Hilfen. Gießen (Psychosozial-Verlag).

Dozier, M., Stovall, K. C. & Albus, K. E. (1999): Attachment and Psychopathology in Adulthood. In: Cassidy, J. & Shaver, P. R.: Handbook of Attachment – Theory, Research, and Clinical Implications. New York (Guilford).

Drescher, J. (1998): Die Entwicklung von 316 VLBW-Kindern im Alter von 9 Jahren – Ergebnisse einer prospektiven, kontrollierten, regional repräsentativen Langzeitstudie. Hamburg (Dissertation).

Egeland, B., Weinfield, N. S., Bosquet, M. & Cheng, V. K. (2000): Remembering, Repeating, and Working Through. Lessons from Attachment-Based Interventions. In: Osowsky, J. D. & Fitzgerald, H. E.: Infant Mental Health in Groups at High Risk (Vol. 4). WAIMH Handbook of Infant Mental Health. New York (J. Wiley & Sons, Inc.).

Erickson, M. F. & Kurz-Riemer, K. (1999): Infants, Toddlers and their families. New York (Guilford Press).

Garmezy, N. (1970): Process and reactive schizophrenia. Some conceptions and issues. Schizophrenia Bulletin, 2, S. 30–74.

Garmezy, N. (1971): Vulnerability research and the issue of primary prevention. American Journal of Orthopsychiatry, 41, S. 101–116.

Garmezy, N. (1993): Developmental psychopathology. Some historical and current perspectives. In: Magnusson, D. & Casaer, P. (Hg.): Longitudinal research on individual development. Cambridge (University Press), S. 95–126.

Greenberg, M. T. (1999): Attachment and Pschopahtology in Childhood. In: Cassidy, J. & Shaver, P. R.: Handbook of Attachment – Theory, Research, and Clinical Implications. New York (Guilford).

Grossmann, K. E. (2000): Bindungsforschung im deutschsprachigen Raum und der Stand bindungstheoretischen Denkens. Psychologie in Erziehung und Unterricht, 2000, 47, S. 221–237.

Grossmann, K., Grossmann, K. E., Spangler, G., Suess, G. J. & Unzner, L. (1985): Maternal sensitivity and newborn orienting responses as related to quality of attachment in Northern Germany. In: Bretherton, I. & Waters, E. (Hg.): Growing points of attachment theory and research. Monographs of the Society for Research in Child Development, 50, S. 233–256.

Grossmann, K. E., Grossmann, K. & Zimmermann, P. (1999): A Wider View of Attachment and Exploration: Stablity and Achange during the Years of Immaturity. In: Cassidy, J. & Shaver, P.R.: Handbook of Attachment – Theory, Research, and Clinical Implications. New York (Guilford).

Hamilton, C. E. (2000): Continuity and Discontinuity of Attachment from Infancy through Adolescence. Child Development, 71, 3, S. 690–694.

Jacobvitz, D. & Hazan, N. (1999): Developmental Pathways from Infant Disorganization to Childhood Peer Relationships. In: Solomon, J. & George, C. (Hg.): Attachment disorganization. N.Y., London (The Guilford Press).

Jacobvitz, D. & Sroufe, L. A. (1987): The early caregiver-child relationship and attention deficit disorder with hyperactivity in kindergarten. Child Development, 58, S. 1488–1495.

Klitzing, K. v. (Hg.) (1998). Psychotherapie in der frühen Kindheit. Göttingen (Vandenhokck & Ruprecht) .

Krappmann, L. (1994): Sozialisation und Entwicklung in der Sozialwelt gleichaltriger Kinder. In: Schneewind, K. A. (Hg.): Enzyklopädie der Psychologie – Pädagogische Psychologie, Bd. 1: Psychologie der Erziehung und Sozialisation. Göttingen, S. 495–524.

Krappmann, L. (2000): Kinder in sich wandelnden familialen Lebenswelten. Vortrag bei einer Tagung der Landesarbeitsgemeinschaft für Erziehungsberatung am 24. November 2000 in Hamburg.

Lewis, M., Feiring, C. & Rosenthal, S. (2000): Attachment over time. Child Development, Vol. 71, No 3, S. 707–720.

Lieberman, A., Wieder, S. & Fenichel, E. (Hg.) (1997): DC: 0–3 Casebook. A Guide to the Use of ZERO TO THREE´s »Diagnostic Classification of Mental Health and Developmental Disorders of Infancy and Early Childhood« in Assemessment and Treatment Planning. Washington DC: Zero To Three: National Center for Infants, Toddlers, and Families.

Main, M. (1999). Epilogue. Attachment theory: eighteen Points with suggestions for future studies. In Cassidy, J., Shaver, P. R. (Hg.), Handbook of attachment. S. 845-888. New York. (Guilford Press).

Masten, A. & Garmezy, N. (1985): Risk, vulnerability, and protective factors in developmental psychopathology. In: Lahey, B. & Kazdin, A. (Hg.): Advances in clinical child psychology, Vol. 8, S. 1–52. New York (Plenum Press).

Marvin, R. S. & Britner, P. A. (1999): Normative Development. The Ontogeny of Attachment In: Cassidy, J. & Shaver, P. R.: Handbook of Attachment – Theory, Research, and Clinical Implications. New York (Guilford).

Meyer, A. (1957): Psychopahtology. A science of man. Springfield, IL (Thomas).

Minde, K. (1995). Bindung und emotionale Probleme bei Kleinkindern: Diagnose und Therapie. In Spangler, G., Zimmermann, P. (Hg.): Die Bindungstheorie. Stuttgart. (Klett-Cotta).

Oerter, R., Röper, G., Hagen, C. v. & Noam, G. (Hrsg.) **(1999)**: Lehrbuch der klinischen Entwicklungspsychologie. Weinheim (Psychologie Verlags Union), S. 11–44.

Papousek, M. (1998): Das Münchner Modell einer interaktionszentrierten Säuglings-Eltern-Beratung und Psychotherapie. In: Klitzing, K. v.: Psychotherapie in der frühen Kindheit. Göttingen (Vandenhoeck & Ruprecht).

Petermann, F., Niebank, K. & Scheithauer, H. (Hg.) (2000): Risiken in der frühkindlichen Entwicklung. Entwicklungspsychopahtologie der ersten Lebensjahre. Göttingen (Hogrefe – Verlag für Psychologie).

Petermann, F. & Schmidt, M. H. (2000): Editorial. Jugendhilfe-Effekte -Einführung in den Themenschwerpunkt. Kindheit und Entwicklung, 9 (4), S. 197–201.

Rauh, H. (2000): Themenhefte »Bindung (1 und 2)« der Zeitschrift »Psychologie in Erziehung und Unterricht« Heft 2 und 3.

Richters, J. & Weintraub, S. (1990): Beyond diathesis. Toward an understanding of high-risk environments. In: Rolf, J., Masten, A., Cicchetti, D., Nuechterlein, K. & Weintraub, S. (Hg.): Risk and protective factors in the development of psychopathology. Cambridge (University Press), S. 67–98.

Romer, G. & Riedesser, P. (1999): Prävention psychischer Störungen im Kindes- und Jugendalter – Perspektiven der Beziehungsberatung. In: Suess, G. J. & Pfeifer, W.-K. (1999): Frühe Hilfen. Gießen (Psychosozial-Verlag).

Rutter, M. (1979): Protective factors in children´s responses to stress and disadvantage. In: Kent, M. & Rolf, J. (Hg.): Primary prevention of psychopathology : Vol III. Social competence in children. Hanover, N.H (Iniv. Press of New England).

Rutter, M. & Garmezy, N. (1983): Developmental psychopahtology. In: Hetherington, E. M. (Hg.): Socialization, Personality, and Social Development. Handbook of Child Psychology, Vol IV, S. 775–981. New York.

Sameroff, A. J. (1989): Models of developmental regulation: The environtype. In: Cicchetti, D. (Hg.): Rochester Symposium on Developmental Psychopathology, Vol.1, S. 41–68.

Sarimski, K.: Bröschüre »Entwicklungsprognose frühgeborener Kinder.« Bundesverband »Das frühgeborene Kind« e.V.

Scheithauer, H., Niebank, K. & Petermann, F. (2000): Biopsychosoziale Risiken in der frühkindlichen Entwicklung. Das Risiko- und Schutzfaktorenkonzept aus entwicklungspsychologischer Sicht. In: Petermann, F., Niebank, K. & Scheithauer, H. (Hg.): Risiken in der frühkindlichen Entwicklung. Entwicklungspsychopahtologie der ersten Lebensjahre. Göttingen usw. (Hogrefe).

Scheuerer-Englisch, H. (1989): Das Bild der Vertrauensbeziehung bei zehnjährigen Kindern und ihren Eltern. Bindungsbeziehungen in längsschnittlicher und aktueller Sicht. Unveröffentlichte Dissertation, Universität Regensburg.

Scheuerer-Englisch, H. (1999): Bindungsdynamik im Familiensystem und familientherapeutische Praxis. In: Suess, G. J. & Pfeifer, W.-K.: Frühe Hilfen. Gießen (Psychosozial-Verlag), S.141-164.

Schmidt, M. H. (2000): Neues für die Jugendhilfe? Ergebnisse der Jugendhilfe-Effekte-Studie. Broschüre hrsg. vom Deutschen Caritasverband e.V. und vom Bundesverband katholischer Einrichtungen und Dienste der Erziehungshilfen e.V., Freiburg.

Schneewind (1995): Familienentwicklung. In: Oerter, R. & Montada, L.: Entwicklungspsychologie, 3. völl. Veränderte Auflage). Weinheim (Psychologie Verlags Union).

Spangler, G. & Zimmermann, P. (1995): Die Bindungstheorie – Grundlagen, Forschung und Anwendung. Stuttgart (Klett-Cotta).

Spangler, G. & Schieche, M. (1995): Psychobiologie der Bindung. In: Spangler, G. & Zimmermann, P. (1995): Die Bindungstheorie – Grundlagen, Forschung und Anwendung. Stuttgart (Klett-Cotta).

Sroufe, L. A. (1979). The Coherence of individual developmant: Early Care, attachment, and subsequent development issues. American psychologist, 34, 834-841.

Sroufe, L. A., Carlson, e., Levy, A. & Egeland, B. (1999). Implications of attachment theory for developmental psychopathology. Development and psychopathology, 11, 1-13.

Sroufe, L. A. & Rutter, M. (1984): The domain of developmental psychopahtology. Child Development, 55, S. 17–29.

Sroufe, L. A., Egeland, B. & Carlson, E.A.(2000): One Social World. The Integrated Development of Parent-Child and Peer Relationships. In: Collins, A. & Laursen: Relationships as developmental contexts, Vol. 30.

Sroufe, L. A., Cooper, R. G. & DeHart, G. (1992): Child Development – Its Nature and Course. N.Y. usw. (McGraw-Hill).

Suess, G. J. (1987): Auswirkungen frühkindlicher Bindungserfahrungen auf die Kompetenz im Kindergarten. Unveröffentlichte Dissertation, Universität Regensburg.

Suess, G. J., Grossmann, K. E. & Sroufe, L. A. (1992): Effects of infant attachment to mother and father on quality of adaptation in preschool. From dyadic to individual organization of self. International Journal of Behavioral Development, 15, S. 43– 65.

Suess, G. J. (1995): Das Selbst als Ausdruck dyadischer und individueller Organisation. Integrative Impulse der Bindungsforschung für die beraterische/therapeutische Praxis. In: Spangler, G. & Zimmermann, P. (1995): Die Bindungstheorie – Grundlagen, Forschung und Anwendung. Stuttgart (Klett-Cotta).

Suess, G. J. & Pfeifer, W.-K. (1999): Frühe Hilfen. Gießen (Psychosozial-Verlag).

Suess, G. J. & Röhl, J. (1999): Die integrative Funktion der Bindungstheorie in Beratung /Therapie. In: Suess, G. J. & Pfeifer, W.-K. (1999): Frühe Hilfen. Gießen (Psychosozial-Verlag).

Suess, G. J. & Fegert, J. M. (1999): Das Wohl des Kindes in der Beratung aus entwicklungspsychologischer Sicht. Familie, Partnerschaft & Recht, 03, S. 157– 164.

Suess, G. J., Scheuerer-Englisch, H. & Grossmann, K. (1999): Das geteilte Kind – Anmerkungen zum gemeinsamen Sorgerecht aus Sicht der Bindungstheorie und -forschung. Familie, Partnerschaft und Recht, Heft 03, S. 148–157.
Suess, G. J. (2001): Eltern-Kind-Bindung und kommunikative Kompetenzen kleiner Kinder – Die Bindungstheorie als Grundlage für ein integratives Interventionskonzept. In: Schlippe, A. v., Lösche, G. & Hawellek: Frühkindliche Lebenswelten und Erziehungsberatung – Die Chancen des Anfangs. Münster (Votum-Verlag).
Veelken (1992): Entwicklungsprognose von Kindern mit einem Geburtsgewicht unter 1501 g – Eine regional repräsentative Follow-Up Studie über 371 Kinder. Habilitationsschrift, Hamburg.
Waters, E., Merrick, S., Treboux, D., Crowell, J. & Albersheim, L. (2000): Attachment Security in Infancy and Early Adulthood. A Twenty-Year Longitudinal Study. Child Development, Vol. 71, No3, S. 684– 689.
Weinfield, N. S., Sroufe, L. A. & Egeland, B. (2000): Attachment from Infancy to Early Adulthood in a High-Risk Sample. Continuity, discontinuity, and Their Correlates. Child Development, Vol. 71, No 3, S. 695–702.
Werner, E., Smith, R. (1992). Overcoming the Odds. High-Risk Children from Birth to Adulthood. Ithaca und London. Cornell University Press.
Wiesner, R., Kaufmann, F., Mörsberger, T., Oberloskamp, H. & Struck, J. (1995): SGB VIII: Kinder- und Jugendhilfe. München (Beck´sche Velagsbuchhandlung).
Zach (2000): Bindungssicherheit im Kleinkindalter und Konfliktregulation während einer Geschichtenvervollständigungsaufgabe im Vorschulalter. Psychologie in Erziehung und Unterricht. Heft1/2000.
Ziegenhain, U., Rauh, H. & Müller, B. (1998): Emotionale Anpassung von Kleinkindern an die Krippenbetreuung. In: Ahnert, L. (Hg.): Tagesbetreuung für Kinder unter drei Jahren. Theorien und Tatsachen. Bern (Huber), S. 82–98.
Ziegenhain, U. & Wolff, U. (2000): Der Umgang mit Unvertrautem – Bindungsbeziehung und Krippeneintritt. Psychologie in Erziehung und Unterricht, 47.
Zimmermann, P. (1995): Bindungsentwicklung von der frühen Kindheit bis zum Jugendalter und ihre Bedeutung für den Aufbau von Freundschaftsbeziehungen. In: Spangler, G. & Zimmermann, P. (Hg.): Die Bindungstheorie. Grundlagen, Forschung und Anwendung. Stuttgart (Klett-Cotta), S. 203–231.
Zimmermann, P. (1998): Beziehungsgestaltung, Selbstwert und Emotionsregulierung. Glükksspielsucht aus bindungstheoretischer und entwicklungspsychopathologischer Sicht. In: Füchtenschnieder, I. & Witt, H. (Hg.): Sehnsucht nach dem Glück. Adoleszenz und Glücksspielsucht. Geesthacht (Neuland), S. 21–33.
Zimmermann, P. (2000): Bindung, Emotionsregulation und internale Arbeitsmodelle. Die Rolle von Bindungserfahrungen im Risiko-Schutz-Modell. Frühförderung Interdiziplinär, 19, S. 119–129.
Zimmermann, P. (im Druck): (Reaktive) Bindungsstörung im Kindesalter. In: Lauth, G. W., Brack, U. & Linderkamp, F. (Hg.): Praxishandbuch. Verhaltenstherapie bei Kindern und Jugendlichen. Weinheim (Psychologie Verlags Union), S. 54–62.
Zimmermann, P., Fremmer-Bombik, E., Spangler, G. & Grossmann, K. E. (1997): Attachment in adolescence. A longitudinal perspective. In: Koops, W., Hoeksma, J. B. & Boom, D. C. van den (Hg.): Development of interaction and attachment. Traditional and non-traditional approaches. Amsterdam (North-Holland), S. 281–292.

Zimmermann, P., Suess, G. J., Scheuerer-Englisch, H. & Grossmann, K. (1999): Bindungsforschung – Bindung und Anpassung von der frühen Kindheit bis zum Jugendalter. Ergebnisse der Bielefelder und Regensburger Längsschnittstudie. Kindheit und Entwicklung, 8 (1), S. 36–48.

Zimmermann, P., Suess, G. J., Scheuerer-Englisch, H. & Grossmann, K. (2000): Der Einfluss der Eltern-Kind-Bindung auf die Entwicklung psychischer Gesundheit. In: Petermann, F., Niebank, K. & Scheithauer, H. (Hg.): Risiken in der frühkindlichen Entwicklung. Göttingen usw.

Zimmermann, P., Becker-Stoll, F., Grossmann, K., Grossmann, K. E., Scheuerer-Englisch, H. & Wartner, U. (2000): Längsschnittliche Bindungsentwicklung von der frühen Kindheit bis zum Jugendalter. Psychologie in Erziehung und Unterricht. Heft2/2000.

Zimmermann, P., Maier, M., Winter, M. & Grossmann, K. E. (im Druck): Attachment and emotion regulation of adolescents during joint problem-solving with a friend. International Journal of Behavioral Development.

Besonderheiten der Beratung und Therapie bei jugendlichen Müttern und ihren Säuglingen – die Bedeutung von Bindungstheorie und videogestützter Intervention

George Downing und Ute Ziegenhain

Jugendliche Mütter als besondere Risikogruppe

Intervention bei jugendlichen Müttern und ihren Säuglingen stellt eine beträchtliche Herausforderung für Berater oder Therapeuten dar.

Auch wenn einige dieser jungen Frauen erstaunlich kompetent und selbstsicher sind, ist doch die Mehrzahl von ihnen psychologisch massiv belastet. Neben Selbstwertproblemen oder depressiver Symptomatik lassen sich bei jugendlichen Müttern auch psychiatrische Störungsbilder wie Sucht, Essstörungen oder Psychosen diagnostizieren.

Hinzu kommt, dass die jungen Frauen gewöhnlich oppositionell und misstrauisch gegenüber professionellen Hilfsangeboten sind.

Dies dürfte einmal durchaus entwicklungstypisch und Ausdruck des Autonomiestrebens Jugendlicher sein. Jugendliche erproben sich in neuen Rollen, und stehen vor der Aufgabe, ihre Identität und Persönlichkeit zu stabilisieren. Dies verläuft nicht konfliktfrei und äußert sich beispielsweise in bisweilen drastischen Abgrenzungen von Eltern und Autoritäten.

Insbesondere das ausgeprägte Misstrauen der jungen Frauen lässt sich aber aus ihrer besonders belasteten Situation erklären. Zumindest in unserer Gesellschaft sind jugendliche Mütter häufig arm, beziehen Sozialhilfe und haben wenig soziale und emotionale Unterstützung. Die Beziehung mit dem Vater ihres Kindes ist gewöhnlich lose oder kurzlebig. Die Beziehung zu den eigenen Eltern ist nicht nur aktuell, sondern auch durch negative Beziehungsvorerfahrungen belastet. Dabei sind Vernachlässigungs- und Misshandlungserfahrungen, häufig im Zusammenhang mit Alkoholmissbrauch der Eltern, nicht selten. Fehlendes soziales Vertrauen auch in professionelle Hilfsangebote ist also nachvollziehbar.

Andererseits aber ist ein entscheidendes Ereignis eingetreten. Die junge Frau hat sich dafür entschieden, ihr Baby zu bekommen. Sie hat es nicht abgetrieben und auch nicht zur Adoption freigegeben. Vermutlich können die betroffenen jungen Frauen die Auswirkungen dieser Entscheidung, wenn überhaupt, nur begrenzt absehen. Sie erleben aber infolge dieser Entscheidung möglicherweise zum ersten Mal, dass sie eine »Aufgabe« abschließen und erfolgreich bewältigen, nämlich die der Schwangerschaft und Geburt. In dieser Phase sind sie optimistisch und offen. Innerhalb dieses Zeitfensters bietet sich eine erfolgversprechende Chance, eine Beratung oder Therapie zu beginnen (Brazelton 1992, Ziegenhain, Wijnroks, Derksen & Dreisörner 1999). Solche Übergänge im Lebenslauf gelten in der entwicklungspsychologischen Forschung als Phasen prinzipieller Offenheit für Veränderungen. (Keller 1987).

Im Folgenden stellen wir zwei Ansätze früher und präventiver Intervention bei Eltern mit Säuglingen und Kleinkindern vor. Sie werden insbesondere in ihren gemeinsamen und integrativen Aspekten dargestellt. Diese liegen in ihrer grundlegenden bindungstheoretischen Konzeption. Dabei wird die systematische Nutzung der Videoanalyse als zentrale Methode von Beratung und Therapie bindungstheoretisch abgeleitet und diskutiert. Des weiteren wird gleichermaßen der beraterische und der therapeutische Einsatz der beiden Ansätze am Beispiel der Arbeit mit jugendlichen Müttern und ihren Säuglingen erläutert und diskutiert.

Frühe und präventive Intervention als bindungstheoretisch begründetes Vorgehen

Wir gelangten über unterschiedliche Wege dazu, uns mit früher und präventiver Intervention bei Eltern mit Säuglingen zu beschäftigen. Ein Weg war der über die klinische Psychologie, und zwar über tiefenpsychologisch fundierte Psychotherapie mit den Schwerpunkten Eltern-Säuglings-Psychotherapie und Körperpsychotherapie (»body micropractics«) (Downing 2000). Ein anderer Weg war der über die Entwicklungspsychologie mit dem Schwerpunkt Säuglings- und Bindungsforschung sowie deren Umsetzung in die Praxis (Ziegenhain 1999). Darüber entstand einmal der Ansatz »körperorientierter Beratung und Therapie bei Eltern und Säuglingen« (Downing 2000) und zum anderen das »entwicklungspsychologische Beratungsmodell zur Beziehungsförderung« (Ziegenhain, Dreisörner & Derksen 1999; Ziegenhain, Wijnroks, Derksen & Dreisörner 1999). Dabei war für uns beide der systematische und konzeptuelle Einbezug von Videoanalyse in der Diagnostik und Intervention folgerichtig. Ebenso ist uns eine psychodynamische Sicht gemeinsam. Des weiteren beschäftigen wir uns beide mit Säuglingen und Familien, die erheblichen psychosozialen und materiellen Risiken ausgesetzt sind.

Die Diskussionen und der Austausch über unsere unterschiedlichen Zugänge haben gleichermaßen unsere klinische Arbeit als auch deren Konzeptualisierung erweitert und vertieft. Dabei nutzen wir den bindungstheoretischen Ansatz als die grundlegende theoretische Folie, vor deren Hintergrund sich unsere Ansätze integrieren lassen. Mit Hilfe der Videotechnik und -analyse lassen sich bindungstheoretische Annahmen für die klinische Umsetzung spezifizieren und präzisieren.

Bindungstheoretische Grundlagen der Nutzung von Videoanalyse in Diagnostik, Beratung und Therapie

Videotechnik wird seit langem in der Verhaltensbeobachtung eingesetzt, und zwar gleichermaßen in der Forschung und klinischen Praxis. In letzterem Feld wird sie zudem auch therapeutisch genutzt, wie beispielsweise als »Video-Feedback« in der Gruppen-, Familien- oder Paartherapie (Zelenko & Benham 2000). In der klinischen Beratung und Therapie von Eltern und Säuglingen ist die Videotechnik mittlerweile unentbehrliches Hilfsmittel, und zwar sowohl in der Diagnostik als auch in der videogestützten Beratung oder Therapie (Weiner, Kuppermintz & Guttman 1994; McDonough 1995; Lieberman & Pawl 1997; Juffer, van IJzendoorn & Bakermans-Kranenburg 1997; Beebe 2000; Papousek 2000; Tronick 1998). Allerdings wird der Einsatz von Video in der Praxis in unterschiedlichem Ausmaß systematisch genutzt beziehungsweise unterschiedlich konsequent konzepualisiert.

Videodiagnostik und videogestützte Beratung und Therapie wird im hier dargestellten Ansatz bindungstheoretisch begründet. Danach wird eine Verhaltensänderung der beteiligten Eltern über ein Ansprechen ihrer internen Arbeitsmodelle über das eigene Selbst und seine Bindungen mit anderen nahestehenden Menschen angestrebt. Bowlby charakterisiert interne Arbeitsmodelle als Erwartungsmuster, die den Umgang mit nahestehenden Menschen anleiten.

Arbeitsmodelle über Bindungsbeziehungen repräsentieren die Gefühle, die Einschätzung über das vermutete Verhalten des anderen sowie eigenes Verhalten (Bowlby 1982; Main, Kaplan & Cassidy 1985; Bretherton & Munholland 1999). Es wird angenommen, dass eigene, und insbesondere frühe Beziehungserfahrungen von Eltern im Umgang mit dem eigenen Kind (re-)aktiviert werden (Crittenden 1992; Ziegenhain, Dreisörner & Derksen 1999). Dabei lässt sich unter Bezug auf die Ergebnisse neuerer Gedächtnisforschung davon ausgehen, dass frühe Beziehungserfahrungen als prozedurale Gedächtnisinhalte und -prozesse gespeichert werden (Tulving 1985). Das prozedurale Gedächtnis gilt als die entwicklungsmäßig früheste Gedächtnisform. Prozedurale Gedächtnisinhalte leiten vermutlich einen Großteil alltäglichen Verhaltens an, und dabei solche Verhaltensweisen, die sich selbst prozedural entwickelt haben. Dazu gehören die eigenen frühen Beziehungserfahrungen junger Eltern. Diese frühen Erfahrungen lassen sich als wiederholte und generalisierte Erfahrungen beschreiben, die als vorsprachliche und sensomotorische Informationen abgespeichert und nicht bewusst sind. Crittenden (1992) empfiehlt, solche prozeduralen Gedächtnisinhalte und -prozesse in Beratung und Therapie auch »prozedural« anzusprechen. Hierbei scheint die Videoanalyse eigenen Verhaltens ein vielversprechendes Vorgehen. Verhalten wird auf der Ebene wiedergegeben, auf der es aktuell geschieht beziehungsweise auf der es aus vorhergehender Erfahrung reaktiviert wird (Ziegenhain, Dreisörner & Derksen 1999).

Bisher wurde die Bedeutung der Videoanalyse für die Bindungstheorie und -forschung selten thematisiert beziehungsweise eher anekdotisch im Zusammenhang mit der Entwicklungsgeschichte der Bindungstheorie erwähnt (Karen 1994). Dabei wurde der immense Fortschritt durch die Einführung der Videotechnik beschrieben, die die ausführlichen und detaillierten paper-and-pencil-Protokolle ablöste, die in den frühen Bindungsuntersuchungen in der Tradition ethologischer Methoden erstellt wurden (Ainsworth, Blehar, Waters & Wall 1978). Tatsächlich aber beeinflusste die Entdeckung der Videotechnik die bindungstheoretische Forschung ebenso wie bindungstheoretische Annahmen die Methode der Videoanalyse konzeptuell untermauern.

Danach lässt sich beispielsweise die Entdeckung der Gruppe der hochunsicheren Kinder des desorganisierten/desorientierten Bindungstyps D (Main & Solomon 1990) ohne die Möglichkeit von Videoanalyse und -techniken (slow-motion; Auflösung) nicht denken, zumindest nicht in der differenzierten und systematischen Weise, wie die Identifikation der Feinzeichen desorganisierten Verhaltens es verlangen.

Umgekehrt dürfte eine klinisch sinnvolle Analyse von Eltern-Kind-Interaktionen von dem konzeptuellen Hintergrund zentraler bindungstheoretischer Annahmen enorm profitieren. Hierzu gehört die Annahme, dass Verhalten kontextabhängig ist. Je nach Vertrautheit oder Unvertrautheit einer Situation und der damit verbundenen inneren Sicherheit oder Unsicherheit eines Kindes, so die bindungstheoretische Interpretation, hat sein Verhalten eine unterschiedliche Funktion. Danach ist kindliches Verhalten in verunsichernden und belastenden Situationen absichernd und dient der körperlichen Nähe oder psychologischen Intimität mit der Bindungsperson. In vertrauten oder anregenden Situationen verhalten sich Kinder eher neugierig und interessiert. Ihr Verhalten dient dann der Erkundung und Autonomie. Die hier angesprochenen bindungstheoretischen Konzepte sind bekannt. Es ist die Annahme der »Bindungs-Explorations-Balance« und das Konzept der »sicheren Basis« (Waters 1982, Bowlby 1988). Danach wird eine positive sozial-emotionale Entwicklung entscheidend davon beeinflusst, dass Sicherheits- oder Bindungsbedürfnisse und Erkundungs- oder Autonomiebestrebungen gleichermaßen und ausgewogen befriedigt werden. Individuelle Abweichungen dieser Annahmen sind hinlänglich in den unterschiedlichen Strategien unsicherer Bindungstypen beschrieben (Ainsworth, Blehar, Waters & Wall,1978; Main & Solomon 1990). Diese lassen sich für klinische Arbeitshypothesen als »Dysregulationen« interpretieren, die von der beschriebenen Auffassung eines Gleichgewichtes zwischen Bindungs- und Erkundungsbedürfnissen abweichen. Danach erleben Kinder in der Beziehung mit den Eltern häufig, dass die Balance zwischen genügender emotionaler Unterstützung auf der einen Seite und der Möglichkeit, zu erkunden und Selbständigkeit zu erproben, unausgewogen ist. Dies zeigt sich in der Erfahrung von zuviel beziehungsweise unangemessener Unterstützung und damit fehlenden Möglichkeiten, eigenständig zu erkunden und sich als selbständig zu erleben. Dies zeigt sich aber umgekehrt auch in mangelnder emotionaler Unterstützung, die mit zu früher und überfordernder »Selbständigkeit« verbunden ist. In Verbindung mit den jeweils alters- und entwicklungstypischen Kenntnissen um Ausdrucksverhaltensweisen von Angeregtheit und Belastetheit lassen sich solche »Dysregulationen« mittels Videoanalysen differenziert und spezifisch selbst in kurzen Interaktionssequenzen herausarbeiten.

Daneben ist die Wahl eines entsprechenden Kontexts als Grundlage der Videoanalyse Teil der Diagnostik. In der Ainsworth-Fremden-Situation, dem klassischen Verfahren zur Erfassung der Bindungssicherheit, wird eine Situation von Unvertrautheit und Belastetheit gestaltet, um die Qualität absichernden Verhaltens bei Verunsicherung einzuschätzen. In beraterischen und therapeutischen Zusammenhängen lassen sich in ähnlicher Weise kleine Konfliktsituationen herstellen, in denen sich die Strategien beobachten lassen, mit denen Kinder ihr Bedürfnis nach emotionaler Sicherheit zeigen oder mit denen sie ihre Wünsche nach Unabhängigkeit demonstrieren. Dabei ist es insbesondere bedeutsam, wie sie ihre Bindungsperson als sichere Basis nutzen, und zwar gleichermaßen für ihre Sicherheitsbedürfnisse wie auch für ihre Autonomiebestrebungen.

Dabei ist für eine folgende Beratung oder Therapie gerade die spezifische und auf konkretes Verhalten bezogene differenzierte Analyse ausschlaggebend, wie sie durch Videotechnik ermöglicht wird. Nach unserer Erfahrung hängt die erstaunlich rasche Wirkung früher Intervention bei Familien mit Säuglingen entscheidend von einer spezifischen und differenzierten Hypothese über die jeweilige Problematik in der Eltern-Kind-Beziehung ab (Barth, persönliche Mitteilung).

Der integrative bindungstheoretische Ansatz für Beratung und Psychotherapie

1. Konzeptuelle Grundlagen

Grundlage beider Ansätze, die des körperorientierten und die des entwicklungspsychologischen, ist die zentrale bindungstheoretische Annahme, nach der sich Entwicklung in Beziehungen vollzieht und ihre Qualität durch die gemeinsame Ausgestaltung von Kind und Bindungsperson entscheidend beeinflusst wird (Bretherton 1987). Daher ist auch Prävention, Beratung oder Therapie bei Säuglingen und Kleinkindern, die erheblichen Risiken ausgesetzt sind beziehungsweise Verhaltensprobleme oder -auffälligkeiten zeigen, immer auch im Kontext ihrer Beziehung mit den Eltern zu betrachten (Stern 1998). Dies beginnt bereits bei der Diagnostik. »Verhaltensprobleme« auf dieser Altersstufe lassen sich nämlich gewöhnlich nicht nach altersentsprechend klar formulierten Kriterien diagnostizieren, sondern sind vielmehr eher situativ und vorübergehend oder kontextabhängig (Ziegenhain & Fegert, im Druck).

Die Bedeutung von Beziehungen für eine positive und zufriedenstellende oder eine negative und problematische Entwicklung von Kindern lässt sich auch auf die beraterische oder therapeutische Beziehung mit den Eltern übertragen. Danach ist der Aufbau einer vertrauensvollen und tragfähigen Beziehung im Sinne einer »sicheren Basis« wesentliches Kriterium einer erfolgreichen Zusammenarbeit (Bowlby 1988; Ziegenhain, Dreisörner & Derksen 1999; Suess & Röhl 1999).

Konzeptuell verknüpft das entwicklungspsychologische Beratungsmodell explizit bindungstheoretische Annahmen und Befunde zur elterlichen Feinfühligkeit (Ainsworth, Bell & Stayton 1974) mit entwicklungspsychologischem Wissen über Bedürfnisse, Kompetenzen und Ausdrucksverhaltensweisen von Neugeborenen, Säuglingen und Kleinkindern (Als 1982, Brazelton 1984). Im körperorientierten Ansatz sind die Erkenntnisse moderner Säuglingsforschung ebenfalls ausdrücklich enthalten. Diese sind in einen konzeptuellen Rahmen eingebettet, der explizit beziehungsbetont und psychodynamisch ist. In beiden Ansätzen ist die angestrebte Verhaltensänderung der beteiligten Eltern über ein Ansprechen prozeduraler Gedächtnisinhalte und -prozesse konzeptualisiert (Tulving 1985). Dabei werden Verhaltensänderungen überwiegend auf der Ebene konkreten und aktuellen Verhaltens der Bindungsperson im Umgang mit dem Kind angestrebt. Nach dem körperorientierten Ansatz wird darüberhinaus auch die Ebene der internen Repräsentationen mit einbezogen, und zwar insbesondere in einem therapeutischen Setting.

2. Diagnostik

Die Videoanalyse ist gleichermaßen systematischer Ausgangspunkt von Diagnostik und der darauf aufbauenden Beratung beziehungsweise Therapie. Sie hat sich in unserer Arbeit mit Eltern und Säuglingen als die Methode herausgestellt, mit der sich prozedurale Gedächtnisinhalte und -prozesse offenbar hervorragend ansprechen lassen.

Der Kontext als Grundlage von Videodiagnostik und -analyse sowohl in Beratung als auch in Therapie wird jeweils entwicklungstypisch und problembezogen gewählt. Typische und alltagsnahe Interaktionssituationen im Säuglingsalter sind beispielsweise Wickel-, Bade- oder Füttersituationen, aber auch Spielsituationen mit der Bindungsperson. Letztere Situationen können beispielsweise mit dem Baby im Kindersitz oder bei einem älteren Säugling oder Kleinkind auf dem Boden stattfinden. Bei älteren Kleinkindern sind häufig mäßige Konflikt- oder verunsichernde Situationen günstig. Auch der Ort der Videoaufnahme ist flexibel wählbar. Neben der Beratungsstelle oder Klinik können auch Videoaufnahmen in der häuslichen Umgebung des Kindes erstellt werden. Insbesondere bei Fütterproblemen oder -störungen beziehungsweise Schlafstörungen bieten sich Videoaufnahmen in der häuslichen Umgebung an. Dabei können die Eltern durchaus auch eigene Videoaufnahmen erstellen. Im Falle von Einschlaf und/oder Durchschlafproblemen ist dies häufig auch die pragmatischste Lösung dafür, überhaupt eine Videoaufnahme zu erstellen.

Gewöhnlich sind fünf bis maximal 15 Minuten videographierter Interaktion hinreichende Grundlage für die folgende Diagnostik. Es werden Arbeitshypothesen über Kompetenzen und Belastetheit der Interaktionspartner beziehungsweise die Stile ihrer Interaktion entwickelt. Diese Hypothesen erfolgen weitgehend vor dem oben beschriebenen bindungstheoretischen Hintergrund und den Annahmen über »dysregulierte« Interaktionen, d. h. Interaktionen, in denen Kinder ihre unterstellten Bedürfnisse nach gleichermaßen emotionaler Sicherheit und Unabhängigkeit nicht ausgewogen befriedigen können. Diese »Dysregulationen« lassen sich sowohl als jeweils individuell spezifische Interaktionsbeiträge des Kindes beziehungsweise der Bindungsperson beschreiben als auch, im Ergebnis, als spezifische Beziehungsdynamik des Paar- oder des Familiensystems. Dabei wird insbesondere das dynamische Wechselspiel der Verhaltensweisen und -mechanismen von Kind und Bindungsperson analysiert, das sich in positiven Dialogen oder Aushandlungsprozessen oder aber in Dysfunktionalität und Konflikten zeigt. Die folgenden Arbeitshypothesen sind präzise aus der Verhaltensanalyse nachvollziehbar und begründbar. Nicht selten ist ein mikroanalytisches Vorgehen notwendig und eine Analyse nach Einzelbildern beziehungsweise mittels »slow-motion«.

Als Ergebnis dieser Analyse werden dann kurze (drei bis fünfminütige) positive und negative Interaktionssequenzen als Grundlage des folgenden Beratungs- beziehungsweise Therapiegespräches zusammengestellt.

3. Beratung und Therapie
Es ist günstig, die Methode videogestützter Intervention früh im Beratungs- beziehungsweise Therapieverlauf einzuführen. Die Häufigkeit von Video-Feedback richtet sich danach, ob die Intervention als Beratung oder als Therapie vereinbart wird. Für einen Beratungsverlauf hat es sich als günstig erwiesen, die Intervention durchgängig videogestützt durchzuführen (Ziegenhain, Dreisörner & Derksen 1999). Für einen therapiebetonten Verlauf hingegen haben sich videogestützte Interventionen im Abstand von etwa zwei oder drei

Sitzungen bewährt (Downing 2000). Dabei verlaufen die Sitzungen ohne Videounterstützung entsprechend klassischem psychodynamischen Vorgehen. Gewöhnlich werden durchschnittlich etwa drei bis sieben videogestützte Interventionen durchgeführt, und zwar sowohl als Beratung als auch als Therapie. Im letzteren Falle wird die Therapie nach Abschluss der videogestützten Intervention nach klassischem Vorgehen fortgesetzt. Allerdings ist jederzeit eine weitere Sitzung videogestützter Intervention im Verlauf integrierbar. Insofern lässt sich videogestützte Intervention innerhalb eines therapeutischen Rahmens eher als eine unterstützende Ergänzung beschreiben, denn als ein zentraler konzeptueller Bestandteil, wie es im Rahmen einer Beratung der Fall ist. Die therapeutische beziehungsweise videounterstützte Intervention verläuft vor dem Hintergrund des zugrundeliegenden beziehungsbetonten und psychodynamischen Ansatzes. Dabei können die Sitzungen ohne Videounterstützung flexibel in jeweils unterschiedlichen Konstellationen durchgeführt werden: Mit einem Elternteil, mit einem Elternteil und dem Säugling oder auch, in einem systemisch-familientherapeutischen Setting, mit einer größeren Personengruppe. Unabhängig davon, ob die Intervention fortlaufend videogestützt verläuft (Beratung) oder aber von klassischem psychodynamischem Vorgehen unterbrochen wird (Therapie), wird für jede videogestützte Sitzung jeweils eine neue Aufnahme erstellt.

Videogestützte Intervention ist nach unserem Verständnis ein Prozess gemeinsamer Exploration. Dieser steht im Vordergrund, auch wenn bisweilen Instruktionen und Ratschläge hilfreiche Ergänzungen darstellen können.

Die Intervention nach beiden Ansätzen, dem entwicklungspsychologischen und dem körperorientierten, lässt sich als Abfolge von aufeinander aufbauenden Schritten beschreiben. Es besteht eine hohe Übereinstimmung zwischen beiden Ansätzen. Dabei entspricht das Vorgehen in den ersten Schritten gleichermaßen einer Beratung als auch einer Therapie. Im Verlauf der weiteren Schritte können dann therapeutische Elemente integriert werden oder der Prozess kann konsequent als Beratung fortgesetzt werden. Wesentlich ist eine klare Vereinbarung mit den Eltern.

Im ersten Schritt werden entsprechend einem ressourcenorientierten und fördernden Vorgehen zunächst *Sequenzen positiver Interaktion* vorgestellt. Zu diesem ressourcenorientierten und vertrauensbildenden Vorgehen gehört auch, die dargestellten Interaktionssequenzen nicht zu werten, sondern zu beschreiben, und zwar aus der Perspektive des Säuglings und Kleinkindes. Auch elterliches Verhalten wird ausschließlich aus der Perspektive des Kindes interpretiert, es sei denn, Aspekte gelungener Interaktion werden als Ergebnis feinfühligen elterlichen Handelns positiv hervorgehoben. Beispielsweise lässt sich ein Lächeln des Kindes oder ein langer Blickaustausch daraus ableiten, dass die Mutter das Kind adäquat hält, ein angemessenes Handlungstempo hat und es sanft anspricht. Dies lässt sich bisweilen mit Einzelbildern illustrieren. Die Anwesenheit des Kindes während des Gespräches ermöglicht es, dieses einzubeziehen und sich beispielsweise spielerisch und modellhaft mit ihm zu »unterhalten«. Gerade jugendliche Mütter haben offenbar kein »emotionales Repertoire« beziehungsweise verfügen nur über wenig entwickelte oder verzerrte intuitive elterliche Kompetenzen (Papousek & Papousek 1987). Auch ganz praktische, besonders für jugendliche Mütter hilfreiche Anregungen für den Umgang mit dem Baby lassen sich während des Gesprächs »beiläufig« ansprechen. Wichtige Hinweise für die Beratung beziehungsweise Therapie ergeben sich aus der Reaktion der Bindungsperson auf die gezeigten Videosequenzen beziehungsweise aus ihren Kommentaren. Dabei ist der Austausch über positive Videosequenzen gewöhnlich kurz. Manchmal sind Eltern aber auch positiv überrascht, wenn sie sich als kompetent erleben. Dann findet ein längerer Austausch bis hin zu einer ersten Exploration statt.

Im zweiten Schritt werden den Eltern auch *negative Videosequenzen* ihres Umgangs mit dem Kind demonstriert. Allerdings werden negative Sequenzen systematisch erst nach einer positiven Sequenz gezeigt und in der ersten Sitzung überhaupt nicht. In jedem Falle wird jeweils nur eine negative Interaktionsproblematik gewählt. Insbesondere, wenn negative Interaktionssequenzen gemeinsam betrachtet und diskutiert werden, ist es wesentlich, elterliches Verhalten zu beschreiben, und dabei auf die Perspektive des Kindes zu fokussieren. Gewöhnlich werden die ausgewählten negativen Interaktionssequenzen länger diskutiert. Wiederholtens Anschauen ist nicht selten. Dabei lässt sich herausfinden, inwieweit die Bindungsperson erfasst, was den Säugling belastet oder stört. In der Regel erkennen Eltern dies relativ schnell. Andernfalls lässt sich durch gezieltes Fragen eine zunehmende Annäherung an die Perspektive des Kindes erreichen.

An diesem Punkt in der Intervention beginnt die Unterscheidung zwischen Beratung und Therapie. In einem therapeutischen Setting werden in diesem dritten Schritt *negative Vorerfahrungen* der Bindungsperson exploriert. Diese versetzt sich in die videographierte Interaktion und entdeckt in kleinen und langsamen Schritten zunehmend genauer, wie sie ihren Körper organisiert und wie sie ihn fühlt und wahrnimmt. Damit gelingt es ihr, sich ihrer prozeduralen »Mikro«-Erfahrungen und -Bewegungen oder -Emotionen in bestimmten Körperbereichen verstärkt bewusst zu werden beziehungsweise zu versprachlichen. Ebenso reflektiert sie für die Interaktion relevante kognitive Aspekte.

Im vierten Schritt wird diese Exploration fortgesetzt und vertieft. Mit therapeutischer Unterstützung konzentriert sich die Bindungsperson nun auf *alternative Vorerfahrungen*. Sie beginnt, andere Möglichkeiten und Potentiale zu entdecken, ihren Körper in der Interaktion zu erleben. Dabei sind diese alternativen Erfahrungen gewöhnlich höchst individuell. Manche entsprechen plausiblen Erwartungen: »Ich merke, wenn ich mich nur leicht zurücklehne und mehr in den Bauch atme, kann ich besser wahrnehmen, was Jerome mir tatsächlich gerade (durch sein Verhalten) zeigt«. Manche Erfahrungen sind unerwartet: »Wenn ich meine Schultern besser fühle und auch meine Knie so fühle, als ob ich hopsen wollte, dann kommen diese kleinen Laute, die Suzie so sehr liebt«, sagte eine Mutter.

Im fünften Schritt schließlich stimmen beraterisches und therapeutisches Vorgehen wieder überein. Dieser Schritt ist gewöhnlich kurz. Vor dem Hintergrund eher praktischer Erwägungen werden die Überlegungen und Pläne der Bindungsperson diskutiert, ihre neu gewonnenen Erkenntnisse und Erfahrungen in den Alltag mit dem Kind zu integrieren. Insbesondere bei der Intervention mit belasteten Eltern, wie jugendlichen Müttern, wird an diesem Punkt die Notwendigkeit deutlich, auch ganz konkrete Hilfen anzubieten beziehungsweise zu vermitteln.

Die letzten beiden Schritte sind optional. Dabei bezieht sich der sechste Schritt darauf, relevante Aspekte der eigenen Kindheitsgeschichte der Bindungsperson anzusprechen. Dies ist an jedem Punkt der Intervention möglich. Gerade weil der Kontext sich auf die konkrete Beobachtung eigenen Verhaltens bezieht, lassen sich Emotionen und Erfahrungen leicht erinnern oder assoziieren.

Im siebten Schritt lassen sich dann, gewöhnlich nach der Exploration alternativer prozeduraler Möglichkeiten (Schritt 4), mögliche Auswirkungen dieser neu gewonnenen Erfahrungen auf andere wichtige Beziehungen diskutieren. Damit wird ein »systemischer Sprung« beispielsweise zu der Beziehung der Bindungsperson mit ihrem Partner, einem anderen Kind oder aber mit einer anderen Person gemacht.

Beratung/Therapie
⇨ Video-Sequenzen positiver Interaktion
⇨ Video-Sequenzen negativer Interaktion
⇨ Erkunden negativer Vorerfahrungen
⇨ Erkunden alternativer Vorerfahrungen
⇨ Verknüpfung mit aktuellen Handlungsmöglichkeiten
⇨ Ansprechen der Kindheitsgeschichte
⇨ Ansprechen anderer wichtiger Beziehungen

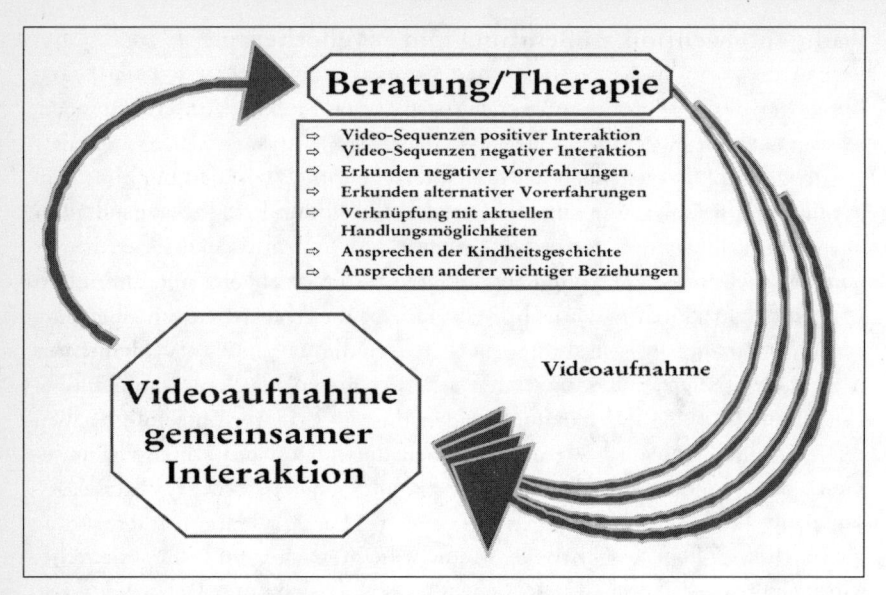

Videoaufnahme gemeinsamer Interaktion

Videoaufnahme

Abbildung 1: Intervention auf Basis von Videoanalysen

Selbstverständlich ist dieses beschriebene Vorgehen nicht im Sinne einer rigiden Umsetzung zu verstehen. Vielmehr lassen sich die einzelnen Schritte der Intervention flexibel ändern, wenn beispielsweise eine wichtige aktuelle Problematik der Mutter ihre Aufmerksamkeit bindet oder eine Phase der Intervention so bedeutungsvoll wird, dass sie viel Zeit in Anspruch nimmt. Flexibilität ist hier zentrales Prinzip und ein wichtiger Vorzug unseres Ansatzes. Die Schritte lassen sich als Anhaltspunkt für ein Vorgehen verstehen, das sich bisher als wirkungsvoll und effizient erwiesen hat. Dennoch kann auch anders vorgegangen werden, vorausgesetzt dies geschieht vor dem Hintergrund klinischer Erfahrung und professioneller Einschätzung. Insbesondere für ein therapeutisches Vorgehen werden dabei entsprechende Kompetenzen vorausgesetzt, die einen professionellen und seriösen Umgang mit den Beziehungsvorerfahrungen oder den Emotionen der betroffenen Eltern ermöglichen, ebenso wie mit der eigenen Rolle in der Beziehung mit den Eltern.

Frühe Intervention als Beratung und Psychotherapie

Ein Vorteil des beschriebenen Vorgehens ist es, dass Intervention sowohl innerhalb eines Beratungs-Settings als auch eines therapeutischen Settings gestaltet werden kann. Dabei nehmen wir die Unterscheidung zwischen Beratung und Psychotherapie ernst. Wir nehmen aber auch ein anderes Problem in der derzeitigen Jugendhilfe-Landschaft ernst: Insbesondere professionelle Helfer, die mit schwierigen Eltern und Säuglingen arbeiten beziehungsweise mit Eltern und Säuglingen aus Hochrisikogruppen, verfügen nicht systematisch über eine psychotherapeutische Ausbildung. Sie betreuen diese Familien im Rahmen der Allgemeinen Sozialen Dienste oder der Sozialpädagogischen Familienhilfe. Gewöhnlich sind sie aber damit diejenigen, die regelmäßigen und einigermaßen vertrauten Kontakt mit den Familien haben. Therapeutische Hilfen von anderen Helfern, zu denen die Familien überdies hingehen müssten, werden dagegen wenig akzeptiert beziehungsweise von den Eltern auch überhaupt nicht für notwendig gehalten. In der Arbeit mit jugendlichen Müttern ist dies die regelhafte Erfahrung.

Intervention auf Basis von Videoanalysen eröffnet hier eine praktische Lösung. Wie dargestellt, lässt sie sich gleichermaßen als Ausgangspunkt tiefgreifender Explorationen unter Einbezug vergangener Erfahrungen als auch der Exploration aktuellen Verhaltens nutzen. Im letztgenannten Falle bezieht sich die Intervention dann primär auf die gemeinsame Bearbeitung konkreten Umgangs der Bezugsperson mit dem Kind beziehungsweise dessen Ausdrucksverhaltensweisen, mit denen es signalisiert, ob es offen und aufgeschlossen oder belastet und überfordert ist. Ziel ist es, der Bindungsperson Verständnis für die Perspektive ihres Kindes zu vermitteln, ohne dabei aber ihre eigene Situation und Befindlichkeit zu vernachlässigen. Erst vor diesem Hintergrund dürften Hinweise und gemeinsame Entscheidungen über konkretes Verhalten im Umgang mit dem Kind oder mögliche entlastende Umstrukturierungen von Alltagssituationen wirkungsvoll sein. In einem solchen Beratungs-Setting werden vergangene Erfahrungen der Bindungsperson nicht thematisiert beziehungsweise nicht aufdeckend bearbeitet. Ebensowenig wird die affektive Organisation des Körpers, positiv wie negativ, exploriert.

Dennoch ist Beratung in dieser Form wirkungsvoll, wie in einer Studie mit jugendlichen Müttern und ihren neugeborenen Säuglingen nachgewiesen werden konnte. Danach verbesserte sich der feinfühlige Umgang der jugendlichen Mütter, die in der beschriebenen Weise entwicklungspsychologisch beraten wurden, in einer dreimonatigen Interventionsphase. Die jungen Mütter unterschieden sich damit positiv sowohl von einer Gruppe jugendlicher Mütter, die ein zeitlich vergleichbares Gesprächsangebot erhalten hatten als auch von einer Gruppe jugendlicher Mütter ohne jegliche Intervention (Ziegenhain, Dreisörner & Derksen 1999; Ziegenhain, Wijnroks, Derksen & Dreisörner 1999).

Dabei dürfte insbesondere die Methode der Videoanalyse wesentlich mit dazu beitragen, dass eigenes Verhalten in Beziehung zu dem des Kindes spezifisch und effektiv beziehungsweise relativ schnell verändert werden kann. Im Unterschied zu Gesprächen ist die Videoanalyse eigenen Verhaltens unmittelbar und umfassend. Verhalten wird in all seinen Ausdrucksformen wiedergegeben, und zwar ohne Hervorhebungen oder Auslassungen, wie sie in einem Gespräch allein schon durch die (Voraus-)Wahl des angesprochenen Aspektes zwangsläufig sind. Dabei ist Videoanalyse sehr konkret auf spezifisches Verhalten bezogen. Diese »Gegenwart« lässt sich zudem beliebig oft wiederherstellen und in einem gemeinsamen Prozess beschreiben und interpretieren (ikonische Äqivalenz, Thiel 1997). Damit dürfte auch zusammenhängen, dass sich positive Veränderungen relativ schnell einstellen.

Allerdings wird nach wie vor diskutiert, inwieweit ein stärker therapeutisch orientiertes Vorgehen auf der Ebene der Repräsentationen möglicherweise zeitlich verzögert einsetzt und dafür aber nachhaltigere Veränderungen bewirkt (van Ijzendoorn, Juffer & Duyvesteyn 1995; Dornes 2000). In der erwähnten Interventionsstudie bei jugendlichen Müttern zeigte sich beispielsweise in einem differenzierenden Aspekt mütterlicher Feinfühligkeit, nämlich dem der Stimulation, bei den jungen Frauen mit Gesprächsangebot eine zeitlich verzögerte, aber stabile Verbesserung ihres Verhaltens (Ziegenhain, Wijnroks, Derksen & Dreisörner 1999). Hier stehen systematische Forschungsbefunde noch aus.

Im Übrigen dürfte die Frage nach Veränderung nicht ausschließlich von der Methode Beratung oder Psychotherapie, sondern auch vom individuellen »Entwicklungsstand« der Bezugsperson abhängen. Danach lässt sich Veränderung nämlich unterschiedlich schnell beziehungsweise leicht bewirken, in Abhängigkeit davon, ob eine echte interne »Neukonstruktion« miteinander erarbeitet wird oder aber, ob schon bereits vorhandene Strukturpotentiale ausgeschöpft und/oder modifiziert werden können. Dabei dürften die Übergänge fließend sein.

Auch vor dem Hintergrund dieser Überlegungen dürften Hilfen, die nach einer strikten Trennung der klassischen Bereiche Beratung und Psychotherapie angeboten werden, den jeweiligen individuellen und institutionellen Gegebenheiten nicht entsprechen. Diese erfordern vielmehr flexible und variable Hilfsangebote, und zwar insbesondere in der Arbeit mit sogenannten Multiproblemfamilien. Tatsächlich lassen sich aber Beratung und Psychotherapie als zwei Pole eines Spektrums/Kontinuums auffassen, das durchaus Variationen und Modifikationen zulässt. Beispielsweise kann es auch in einem Beratungs-Setting sinnvoll sein, die Bezugsperson in ihrer Suche und Reflexion nach eigenen, alternativen Lösungen und Umgehensweisen zu unterstützen. Dabei ist es aber nicht erforderlich, aufdeckend vorzugehen oder Körperarbeit einzubeziehen. Es kann weiterhin auch innerhalb eines Beratungs-Settings sinnvoll sein, darüberhinaus eigene Kindheitserfahrungen der Bindungsperson einzubeziehen, ohne dabei aber einhergehende Gefühle und Körpererfahrungen zu betonen. Schließlich kann aber auch das volle psychotherapeutische Repertoire eingesetzt werden, um gemeinsam Lösungen zu entwickeln, die gleichermaßen die Exploration vergangener Erfahrungen ebenso wie die von Körpererfahrungen voraussetzen.

Spezifische Aspekte und Probleme bei der Intervention mit jugendlichen Müttern und ihren Säuglingen

Intervention bei jugendlichen Müttern und ihren Säuglingen oder Kleinkindern erfordert eine so beschriebene flexible Anwendung beraterischer beziehungsweise therapeutischer Elemente. Vor dem Hintergrund bisheriger Erfahrungen lassen sich dabei für die Arbeit mit jugendlichen Müttern die im folgenden dargestellten Aspekte als gleichermaßen spezifisch und schwierig beschreiben. Hier hat sich videogestützte Intervention als besonders hilfreich erwiesen.

1. Begrenzte Fähigkeit zur Selbst-Reflexion. Jugendliche Mütter verfügen häufig über eine stark eingeschränkte Fähigkeit zur Selbst-Reflexion. Dies gilt sicher auch für junge Eltern jenseits des Jugendalters. Die kognitiven Kompetenzen Jugendlicher aber dürften häufig noch nicht denen Erwachsener entsprechen. Selbst wenn Jugendliche bereits über formal-operatorische Kompetenzen verfügen und damit prinzipiell in der Lage sind, eigenes Verhalten zu abstrahieren und nach übergeordneten Prinzipien zu überprüfen oder miteinander unvereinbare Perspektiven oder Befindlichkeiten zu erfassen und gegeneinander abzuwägen, sind sie doch emotional häufig noch stark auf die eigene Position (ego-)zentriert (Elkind 1967). Hinzu kommt, dass diese Fähigkeiten individuell unterschiedlich ausgebildet sind. Die sozialen Kompetenzen, die eine adäquate Perspektivenübernahme voraussetzen, sind auch abhängig von einschlägigen Erfahrungen, beispielsweise im Umgang mit Gleichaltrigen.

Video-Intervention kann einer jugendlichen Mutter helfen, buchstäblich eine neue Perspektive von sich selbst einzunehmen. Videographiertes Verhalten ermöglicht, sich selbst aus der Distanz zu beobachten beziehungsweise eigenes Verhalten mikroanalytisch in Beziehung zu den Reaktionen des Kindes zu setzen. Damit lässt sich eine erste Form eines beschreibenden Diskurses entwickeln, der wiederum die Grundlage der weiteren Zusammenarbeit darstellt. Im weiteren Verlauf dieser Zusammenarbeit lässt sich dann in angemessener Weise ein zunehmend psychologisches Vokabular einführen.

Zudem kann Videointervention im Falle von sozial noch wenig erprobten Erfahrungen im Umgang mit der Wahrnehmung und der Interpretation des Verhaltens anderer Menschen als »Crash-Kurs« dienen, deren Signale und Bedürfnisse zu lesen. Die jugendliche Mutter lernt, die unabhängige und subjektive Perspektive ihres Säuglings zu erfassen und zu reflektieren.

2. Misstrauen gegenüber Erwachsenen. Jugendliche Mütter hegen häufig ein tiefes Misstrauen gegenüber Erwachsenen, nicht selten verbunden mit offenen oder verdeckten Aggressionen. Insbesondere dann, wenn die Jugendlichen den Erwachsenen Autorität unterstellen, ihre Situation womöglich entgegen ihren Wünschen zu beeinflussen, führt dieses Misstrauen zu Widerstand beziehungsweise mangelnder Kooperation. In traditionellen therapeutischen Settings ist der Umgang mit Widerstand in den ersten Wochen einer Beziehung mit Jugendlichen obligat. In der besonderen Situation von jugendlichen Müttern und Säuglingen aber ist diese zeitliche Perspektive nicht gegeben. Säuglinge entwickeln sich schnell und Interaktionsprobleme mit ihnen sind immer akut.

Videogestützte Intervention ermöglicht hier, eine »neutrale Ausgangssituation« herzustellen. Berater oder Therapeuten sind »dezentriert« und die Aufmerksamkeit der jungen Mutter konzentriert sich auf die ausgewählten Videosequenzen ihres Verhaltens. Dabei hat sich sogar die eher ungebräuchliche Konstellation, dass Person A und Person B gemeinsam auf Punkt C, nämlich den Monitor schauen, als hilfreich erwiesen: Für eine Jugendliche ist es ein vertrautes Ritual gemeinsam mit einer anderen Person »fernzusehen«. Das beschriebene Vorgehen, zunächst nur positive Videosequenzen einzuführen, und seien sie auch nur auf sekundenlange »Ausnahmen« eines sonst negativen Verhaltens beschränkt (positive exception techniques), dürfte die Koperationsbereitschaft der jugendlichen Mutter zusätzlich begünstigen. Die Darstellung solcherart positiven Ausnahmeverhaltens kann therapeutische Momente herbeiführen, die andernfalls lediglich zu Widerstand geführt hätten[1].

3. Massive Zweifel an der eigenen elterlichen Kompetenz. Jugendliche Mütter zweifeln gewöhnlich in starkem Maße an ihrer elterlichen Kompetenz. Diese Zweifel sind zwar aus den dargestellten Gründen realistisch, aber insofern überzogen als sie von den jungen Frauen häufig unspezifisch, global und umfassend fomuliert werden.

Diese absolut formulierte Selbstentwertung entspricht gewöhnlich den Selbstzweifeln wie sie für viele Jugendliche typisch sind. Sie wird aber nicht selten auch durch das Verhalten der sozialen Umgebung verstärkt. Eltern, Freunde oder Lehrer beziehungsweise betreuende Sozialarbeiter oder Erziehungsberater äußern oft mehr oder minder offen, dass sie den jungen Frauen nicht zutrauen, die Verantwortung für einen Säugling zu übernehmen und für ihn zu sorgen. Solche Bedenken finden sich selbst in (Sub-)Kulturen, in denen jugendliche Mütter häufig und akzeptiert sind.

Auch hier gelingt es mittels videogestützter Intervention, diesen Selbstzweifeln positiv gegenzusteuern. Über gemeinsames Anschauen positiver Videosequenzen und über die Reflexion darüber erfahren die jungen Frauen auch unterstützende Rückmeldung ihres Verhaltens im Umgang mit dem Kind. Diese aber wirkt den Selbstzweifeln zunehmend entgegen. Die videogestützten »Belege« kompetenten elterlichen Verhaltens sind konkret und unmittelbar nachvollziehbar. Damit können die jungen Frauen allmählich Repräsentationen darüber entwickeln, welche Kompetenzen und Verhaltensmöglichkeiten sie haben.

Ebenso stützen auch die negativen Videosequenzen im weiteren Interventionsverlauf ein zunehmendes Selbstbewusstsein der jugendlichen Mütter. Obwohl negative Verhaltensanteile angesprochen werden, sind diese aber auf spezifische Aspekte beschränkt. Hinzu kommt, dass im Gespräch kleinschrittige Möglichkeiten von Verhaltensänderungen durchgespielt werden. Damit unterscheiden sich diese negativen Verhaltensbeispiele positiv von den unterstellten globalen und umfassenden Selbstzweifeln der jungen Frauen.

4. Traumatische Vorerfahrungen. Traumatische Vorerfahrungen wie sexueller Missbrauch oder körperliche Misshandlung sind bei jugendlichen Müttern

---

[1] Didaktische Formen der Videointervention wie beispielsweise die von McDonough (1995) entwickelten, bestehen nahezu vollständig aus solcherart beschriebenen Strategien. Für den hier dargestellten Ansatz sind sie ein Beispiel unter anderen.

aus Familien mit Risikokonstellationen nicht selten (vgl. Ziegenhain, Dreisörner & Derksen 1999). Viele jugendliche Mütter sind aufgrund eigener traumatischer Vorerfahrungen in ihrem intuitiven elterlichen Verhalten eingeschränkt. Auswirkungen solcher Vorerfahrungen zeigen sich teilweise im körperlichen Ausdrucksverhalten, wie beispielsweise in rigider und »eingefrorener« Muskelanspannung. Diese dürfte nicht nur die eigene Körperwahrnehmung beeinträchtigen, sondern auch die Fähigkeit einschränken, die Signale des Säuglings wahrzunehmen, zu lesen und zu interpretieren (Ainsworth, Bell & Stayton 1974). Das innere »Radarsystem« der jungen Mütter ist wenig aufnahmefähig. Zudem ist häufig auch das Verhalten im Umgang mit dem Säugling belastet. Die jugendlichen Mütter halten das Baby merkwürdig steif oder in vom Körper abgewandter und für das Kind unbequemer Position. Schließlich lassen sich bei jungen Müttern mit traumatischer Vorerfahrung auch, offenbar unbewusste Bestrebungen beobachten, Nähe mit dem Säugling zu vermeiden. Dies lässt sich als psychologische Gleichsetzung der Erfahrung von Intimität mit der von Gefahr interpretieren (Crittenden 2000).

In solchen Fällen traumatischer Vorerfahrungen ist es notwendig, den jungen Frauen eine strukturierte und spezifische Therapie anzubieten beziehungsweise zu vermitteln. Diese findet dann selbstverständlich nicht in einem Setting videogestützter Intervention statt und auch nicht zu Beginn einer therapeutischen Beziehung. Dabei haben sich insbesondere Methoden als erfolgreich herausgestellt, die eine dosierte und behutsame Aufmerksamkeit gegenüber Körperphänomenen und Körpererfahrungen beinhalten (Downing 1996).

Allerdings lassen sich auch parallel im Rahmen der videogestützten Intervention einige unterstützende Schritte initiieren. Diese lassen sich günstigenfalls nach dem oben beschriebenen Vorgehen anlässlich der Exploration negativer Vorerfahrungen beziehungsweise alternativer Vorerfahrungen durchführen. Hierbei werden Körpererfahrungen betont, allerdings nicht bezogen auf traumatische Vorerfahrungen, sondern auf praktische und körperlich erfahrbare Lösungswege für den Umgang mit dem Säugling. Dazu gehören Wege, die, jeweils individuell unterschiedlich, einer jugendlichen Mutter helfen können, ihren Körper anders als bisher wahrzunehmen, sich selbst und das Baby anders zu positionieren, das Baby anders hochzuheben, zu halten oder zu tragen. Solche Explorationen haben sich als überaus hilfreich erwiesen, eine grundsätzliche Veränderung im (körperlichen) Zusammenspiel zwischen Mutter und Kind einzuleiten. Überdies entwickeln die jugendlichen Mütter zunehmend Fähigkeiten, die affektiven Resonanzen ihres eigenen Körpers als Informationen über die emotionalen Zustände des Babys zu nutzen.

5. *Beziehung der jugendlichen Mutter zur eigenen Mutter.* In Interventionen bei jugendlichen Müttern und ihren Säuglingen ist die Beziehung der Jugendlichen zu ihrer eigenen Mutter nicht selten zentrales, und dabei komplexes und schwieriges Thema. Unabhängig davon, ob sie in ihrer Herkunftsfamilie leben oder in Institutionen der Jugendhilfe untergebracht sind, sind sie zumindest emotional und oftmals auch finanziell von ihren Eltern abhängig. Dabei sind die Beziehungen der jungen Frauen mit ihrer Mutter beziehungsweise dem Vater gewöhnlich sehr konflikthaft. Daher besteht das Risiko, dass der Säugling in die bestehenden Konflikte einbezogen wird. Ein weiteres Risiko besteht darin, dass die jugendliche Mutter die Verantwortung und Sorge für das Baby an die Großmutter beziehungsweise die Großeltern abgibt. Häufig aber fehlt auch diesen die Kompetenz, angemessen für das Kind zu sorgen oder aber sie haben nicht den Wunsch, diese Aufgabe zu übernehmen. Aus diesen Gründen muss die Beziehung der jugendlichen Mutter zu der eigenen Mutter beziehungsweise den Eltern thematisiert werden.

Dies geschieht in wesentlichen Teilen außerhalb videogestützter Gespräche. Hierbei haben sich beispielsweise familientherapeutische Settings als günstig erwiesen, in denen zumindest die jugendliche Mutter und deren Mutter anwesend sind, aber auch andere Familienmitglieder. Dabei ist es Ziel, die jeweiligen Hilfen und Unterstützungsmöglichkeiten miteinander auszuhandeln.

Aber auch im Rahmen videogestützter Intervention lässt sich die Beziehung der jugendlichen Mutter zur eigenen Mutter thematisieren. Vor dem Hintergrund ihrer Interaktion mit dem Säugling entwickelt sie erweiterte Fähigkeiten zur Perspektivenübernahme beziehungsweise soziale Kompetenzen. Diese Fähigkeiten aber dürften auch auf Beziehungen jenseits der Beziehung mit dem Säugling übertragbar sein.

Diese unterstellte Anwendung neuer sozialer Kompetenzen in anderen sozialen Beziehungen lässt sich mittels der Technik des »systemischen Sprunges« unterstützen. Wenn eine junge Mutter innerhalb der Interaktion mit ihrem Säugling ihr Verhalten und Möglichkeiten der Verhaltensänderung exploriert, werden prozedurale körperliche Ressourcen aktiviert. Die Jugendliche mobilisiert alternative Möglichkeiten als die bisherigen, einen positiven Austausch mit dem Baby zu entwickeln. Sobald diese Exploration für sie erfolgreich verläuft, lassen sich weitere Schritte entwickeln. Die Jugendliche kann nun dieselben prozeduralen Erfahrungen für die Beziehung mit anderen Menschen als das Baby überprüfen, nämlich auch für die Beziehung mit ihrer eigenen Mutter. Wiederholte Anwendung dieses Vorgehens unterstützt gewöhnlich auch die therapeutische Bearbeitung der Tochter-Mutter-Beziehung.

6. *Arbeit mit dem jugendlichen Vater.* Jugendliche Väter spielen eine bedeutende Rolle in der Arbeit mit jugendlichen Müttern und ihrem Säugling, und zwar unabhängig davon, ob sie präsent sind oder ob ihre Beziehung zur Mutter nicht (mehr) besteht. Gleichwohl gibt es kaum Forschungsergebnisse über die Rolle jugendlicher Väter (Osofsky, Hann & Peebles 1993). Die folgenden Anmerkungen beziehen sich auf einige Aspekte der Arbeit mit jungen Vätern, sofern sie (noch) mit der jugendlichen Mutter befreundet sind, auch wenn sie nicht mit ihr zusammenleben und dies auch nicht planen. Dennoch können sie ihre Rolle als Vater durchaus ernst nehmen oder doch zumindest erwägen, sich mit dieser Rolle auseinanderzusetzen. Angesichts der häufig labilen Beziehungssituation der jungen Eltern aber lässt sich gewöhnlich schwer einschätzen, ob Säugling und Vater die Chance haben, eine Beziehung miteinander zu entwickeln.

Videogestützte Intervention ermöglicht hier dem jungen Vater in wenig bedrohlicher Weise, eine Beziehung mit dem Säugling aufzubauen. Dabei lassen sich die Interventionen gleichermaßen mit Mutter und Vater oder aber mit dem Vater alleine durchführen. Die jeweilige Konstellation hängt von den Wünschen beider Eltern ab und bedarf bisweilen auch einer vorherigen Aushandlung. In jedem Falle kann der junge Vater den Säugling kennenlernen ebenso wie sich selbst in Interaktion mit ihm, und zwar in einer unmittelbaren und nicht über die Mutter vermittelten Weise. In der Praxis hat sich dies häufig als wichtige Unterstützung erwiesen, eine positive Beziehung mit dem Säugling aufzubauen. Hinzu kommt, dass dieses Vorgehen nicht verlangt, sich auf einen therapeutischen Prozess einzulassen, was viele Jugendliche ablehnen (Allerdings kann sich im Verlauf einer Intervention durchaus auch ein Interesse an einer weiterführenden Therapie entwickeln).

In den Fällen, in denen die jungen Eltern zusammenleben beziehungsweise planen zusammenzuziehen, ergeben sich weitere Möglichkeiten videogestützt zu intervenieren. Bei Anwesenheit und Bereitschaft beider Eltern lässt sich die jeweilige Beziehung zwischen Mutter und Kind beziehungsweise Vater und Kind betrachten, wenn beide Eltern gemeinsam mit ihm interagieren (systemische triadische Interaktion, Fivacz-Despeursinge & Corboz-Warnery 1999). Zudem können die jungen Eltern auch in ihrer Paarbeziehung unterstützt werden. Dabei lässt sich erneut die Technik des »systemischen Sprunges«

anwenden, und zwar indem zunächst eine besondere Kompetenz des einen und/oder anderen Elternteils im Umgang mit dem Kind hervorgehoben wird und in einem nächsten Schritt diese Kompetenz auch in ihrer Bedeutung für die Paarbeziehung reflektiert wird.

7. Vertretung/Unterstützung im Umgang mit anderen Hilfesystemen. Bisweilen bezieht die Beratung oder Therapie einer jugendlichen Mutter auch die Moderation der Kontakte mit Kolleginnen oder Kollegen anderer Hilfesysteme mit ein. Dabei geht es häufig um die Entscheidung, inwieweit die junge Frau perspektivisch die Sorge für ihr Kind übernehmen kann beziehungsweise inwieweit zum Wohle des Kindes seine Betreuung in einer Pflege- oder Adoptionsfamilie erwogen werden muss. Insbesondere dann, wenn die Intervention eine positive Beziehungsentwicklung dokumentiert, kann eine Videoillustration eine überaus wichtige Grundlage für die Hilfeplanung in Kooperation mit den Kollegen der beteiligten Hilfesysteme darstellen. Wesentliche und entwicklungspsychologisch bedeutsame Verhaltensaspekte können am Beispiel demonstriert werden und auch in ihrer Veränderung im Verlauf illustriert werden. Selbstverständlich erfolgt eine derartige Videoillustration nur mit Zustimmung der Jugendlichen.

Aber auch konkrete und alltagspraktische Maßnahmen der Jugendhilfe müssen in die Intervention bei jugendlichen Müttern mit einbezogen beziehungsweise mit dem Jugendamt koordiniert werden. Dazu gehören beispielsweise die Vermittlung einer Tagesbetreuung für das Kind, Vermittlung einer Wohnung, Unterstützung und Beratung bei der Arbeitssuche. Dabei lässt sich eine beziehungsfördende Intervention häufig nur aufsuchend durchführen.

Zusammenfassend stellt die Förderung der Beziehung einer jugendlichen Mutter und ihres Säuglings einer erhebliche Herausforderung dar, und zwar beraterisch/therapeutisch als auch alltagspraktisch und organisatorisch. Dennoch haben sich in der Praxis erste Wege und Antworten entwickelt. Dabei lässt sich videogestützte Intervention, die auf bindungstheoretischen Annahmen gründet, bisher als sehr erfolgreich beschreiben. Insbesondere in der Intervention mit jugendlichen Müttern, die eine massive Symptomatik aufweisen und/oder traumatische Vorerfahrungen haben, hat sie sich im Kontext psychodynamischer Psychotherapie und unter Einbezug von speziellen Techniken der Körpererfahrung bewährt.

Frühe Intervention als flexible und interdisziplinäre Aufgabe

Solcherart flexible und sowohl klientenbezogene als auch institutionell abgestimmte Intervention setzt allerdings voraus, dass die fachlichen Kompetenzen und (Be-)Handlungsmöglichkeiten klar definiert sind.

Zumindest in der Beratung und Therapie mit Säuglingen und Kleinkindern ist eine spezifische und differenzierte Diagnostik wesentliche Voraussetzung. Damit ist die Forderung nach spezialisiertem und fundiertem entwicklungspsychologischen Wissen verbunden. Ähnliches gilt für fundierte Kenntnisse in der Verhaltensbeobachtung. Diese Kenntnisse beziehen explizit Kriterien über die Grenzen der eigenen professionellen Zuständigkeiten beziehungsweise des Beginns der Zuständigkeiten anderer Disziplinen wie die der Kinderpsychiatrie oder der Pädiatrie mit ein.

Tatsächlich kristallisiert sich die Behandlung von Verhaltensproblemen im Säuglings- und Kleinkindalter zunehmend als ein neues klinisches Feld heraus (Stern 1998). Dies hängt nicht nur mit dem jungen Alter der Kinder zusammen, sondern auch mit den für die Behandlung dieser Altersgruppe besonderen qualitativ neuen therapeutischen und beraterischen Anforderungen (Stern 1998). Hierzu gehört beispielsweise die Betrachtung des Klienten oder Patienten als »Beziehung« und nicht als Einzelperson. Hierzu gehören außerdem Fragen nach dem Zugang zu Familien. Eltern sind nicht zwangsläufig klinisch auffällig und haben nach ihrer eigenen Einschätzung bestenfalls ein »Problem«. Dabei sollte man sich sowohl vor der Pathologisierung von Beziehungen, wie auch von Verhaltensweisen hüten. Wichtig ist zunächst einmal eine deskriptive Erfassung der Problematik (Ziegenhain & Fegert, im Druck). Die Beratung oder Therapie bei Kleinkindern und ihren Eltern findet zudem in einer Phase besonders schnell aufeinanderfolgender Entwicklungsveränderungen statt, auf die es sich einzustellen gilt.

Insofern ließe sich also durchaus sinnvoll ableiten, spezifische und fachliche Zuständigkeiten für die Beratung und Therapie im Säuglings- und Kleinkindalter zu entwickeln. Dies wird derzeit auch fach- und berufspolitisch diskutiert. Allerdings birgt diese Bestrebung die nicht unerhebliche Gefahr, ein »Schmalspurprofil« zu entwickeln (Auhagen 2001). Gerade in der Arbeit mit Familien mit Risikokonstellationen ist aber die Koordinierung und Verknüpfung unterschiedlicher und interdisziplinär angelegter Hilfen unabdingbar. Beziehungsfördernde Beratung oder Therapie ist dabei nur ein Baustein. Diesen im Rahmen eines fachlich eingegrenzten und administrativ abgegrenzten Zuständigkeitsbereiches anzubieten, dürfte eine flexible und variable Arbeit zumindest mit

Multiproblemfamilien eher behindern. Derzeit ist noch offen, ob der neue Säuglings- und Kleinkindbereich sich berufspolitisch abgrenzt beziehungsweise »verschult« wird oder aber interdisziplinäre und offene Strukturen entwickelt. Der letztgenannte Entwicklungsgang wäre wünschenswert. Dies aber setzt die Entwicklung professioneller Standards voraus, die die fachliche Seriosität und Kompetenz der Beratung und Therapie im Säuglings- und Kleinkindalter sichern, ohne dabei aber die Vielfalt und die Anforderungen an Flexibilität in der Praxis zu verhindern.

Literatur

Als, H. (1982): Toward a synactive theory of development. Promise for the assessment and support of infant individuality. Infant Mental Health Journal, 3, S. 229–243.
Ainsworth, M. D. S., Bell, S. & Stayton, D. J. (1974): Infant-mother attachment and social development. Socialization as a product of reciprocal responsiveness to signals. In: Richards, P. M. (Hg.): The integration of a child into a social world. London (Cambridge University Press), S. 99–135.
Ainsworth, M. D. S., Blehar, M.C., Waters, E. & Wall, S. (1978): Patterns of attachment. A psychological study of the strange situation. Hillsdale, N.J. (Erlbaum).
Auhagen, A. E. (2001): Profil ja, Schmalspur nein. Zur Gegenwart und Zukunft psychologischer Beratung. Ethik und Sozialwissenschaften. Streitforum für Erwägungskultur. Bd. 12, 1, S. 4–6.
Beebe, B. (2000): Brief-infant treatment using psychoanalytically informed videomicroanalysis. Integrating procedural and declarative processing. Paper presented at the Association for Psychoanalytice Medicine. Psychoanalytic Center, Columbia University, February 1.
Bowlby, J. (1982): Verlust, Trauer und Depression. München (Kindler).
Bowlby, J. (1988): A secure base. Clinical applications of attahcment theory. London (Routledge).
Brazelton, T. B. (1984): Neonatal Behavioral Assessment Scale. Philadelphia (Lipincott).
Brazelton, B. T. (1992): Touchpoints. New York (Guilford).
Bretherton, I. (1987): New perspectives on attachment relations. Security, communication, and internal working models. In: Osofsky, J.D. (Hg.): Handbook of infant development. New York (Wiley), S. 1061–1100.
Bretherton, I. & Munholland, K. A. (1999): Internal working models in attachment relationships. A construct revisited. In: Cassidy, J. & Shaver, P. R. (Hg.): Handbook of attachment. New York (Guilford), S. 89–114.
Crittenden, P. M. (1992): Treatment of anxious attachment in infancy and early childhood. Development and Psychopathology, 4, S. 575–602.
Crittenden, P. M. (2000): A dynamic-maturational exploration of the meaning of security and adapation. Empirical, cultural,and theoretical considerations. In: Crittenden, P. M. & Claussen, A. H. (Hg.): The organization of attachment relationships. Maturation, culture, and context. Cambridge (University Press), S. 358–383.

Dornes, M. (2000): Die emotionale Welt des Kindes. Frankfurt (Fischer).
Downing, G. (1996): Körper und Wort in der Psychotherapie. **Ort** (Kösel).
Downing, G. (2000): Emotion theory reconsidered. In: Wrathall, M. & Malpass, J. (Hg.): Heidegger, coping, and cognitive science. Cambridge, Mass. (MIT Press).
Elkind, (1967): Egocentrism in adolescence. Child Development, 38, S. 1025–1035.
Fivacz-Despeursinge, E. & Corboz-Warnery, A. (1999): The primary triangel. A developmental systems view of mothers, fathers, and infants. New York (Basic).
Juffer, F., van Ijzendoorn, M. H. & Bakermans-Kranenburg, M. J. (1997): Intervention in transmission of insecure attachment. A case study. Psychological Reports, 80, S. 531–543.
Karen, R. (1994): Becoming attached. Unfolding the mystery of infant-mother bond and its impact on later life. New York (Warner).
Keller, H. (1987) In: Keller, H. (Hg.): Handbuch der Kleinkindforschung. Bern (Huber).
Lieberman, A. F. & Pawl, J. H. (1993): Infant-parent psychotherapy. In: Zeanah, C. (Hg.): Handbook of infant mental health. New York (The Guilford Press), S. 427–442.
Main, M., Kaplan, N. & Cassidy, J. (1985): Security in infancy, childhood, and adulthood. A move to the level of representation. In: Bretherton, I. & Waters, E. (Hg.): Growing points in attachment theory and research. Monographs of the Society for Research in Child Development 50 (1–2, Serial No. 209), S. 66–104.
Main, M. & Solomon, J. (1990): Procedures for identifying infants as disorganized/disoriented during the Ainsworth Strange Sitation. In: Greenberg, M. T. u. a. (Hg.): Attachment in the preschool years.Chicago (University of Chicago Press), S. 121–159.
McDonough, S. (1995): Promoting positive early parent-infant relationships through interaction guidance. Child and Adolescent Psychiatric Clinics of North American, 4 (3), S. 661–672.
Osofsky, J. D., Hann, D. M. & Peebles, C. (1993): Adolescent parenthood. Risks and opportunities for mothers and infant. In: Zeanah, C. H. (Hg.): Handbook of infant mental health. New York (Guilford), S. 106–119.
Papousek, H. & Papousek, M. (1987): Intuitive parenting. A dialectic counterpart to the infant's integrative competence. In: Osofsky, J. D. (Hg.): Handbook of infant development. New York (Wiley), S. 669–720.
Papousek, M. (2000): Einsatz von Video in der Eltern-Säuglings-Beratung und -Psychotherapie. Praxis der Kinderpsychologie und Kinderpsychiatrie. Göttingen (Vandenhoeck und Ruprecht).
Stern, D. (1998): Mutterschaftskonstellation. Stuttgart (Klett-Cotta).
Suess, G. J. & Röhl, J. (1999): Die integrative Funktion der Bindungstheorie in Beratung/Therapie. In: Suess, G. J. & Pfeifer, W.-K. (Hg.): Frühe Hilfen. Die Anwendung von Bindungs- und Kleinkindforschung in Erziehung, Beratung, Therapie und Vorbeugung. Gießen (Psychosozial-Verlag), S. 165–196.
Thiel, T. (1997): Film- und Videotechnik in der Psychologie. Eine erkenntnistheoretische Analyse mit Jean Piaget und ein historischer Rückblick auf Kurt Lewin und Arnold Gesell. In: Keller, H. (Hg.): Handbuch der Kleinkindforschung. Bern (Huber).
Tronick, E. (1998): Dyadically expanded states of consciousness and the process of therapeutic change. Infant Mental Health Journal, special issue edited by E. Tronick, 19 (3), S. 3.
Tulving, E. (1985): How many memories are there? American Psychologist, 40, S. 385-389.
Van Ijzendoorn, M. H., Juffer, M. & Duyvesteyn, M. G. C. (1995): Breaking the intergenerational cycle of insecure attachment. A review of the effects of attachment-based interventions on maternal sensitivity and infant security. Journal of Child Psychology and Psychi-

atry, 36, S. 225–248.
Waters, E. (1982): Persönlichkeitsmerkmale, Verhaltenssysteme und Beziehungen. Drei Modelle von Bindung zwischen Kind und Erwachsenem. In: Immelmann, K., Barlow, S., Petrinovich, L. & Main, M. (Hg.): Verhaltensentwicklung bei Mensch und Tier. Berlin (Parey). S. 721–750.
Weiner, A., Kuppermintz, H. & Guttman, D. (1994): Video home training (the Orion project). A short-term preventive and treatment intervention for families with young children. Family Process, 33, S. 441–453.
Zelenko, M. & Benham, A. (2000): Videotaping as a therapeutic tool in psychodynamic infant-parent threapy. Infant Mental Health Journal, 21 (3), S. 192–203.
Ziegenhain, U., Dreisörner, R. & Derksen, B. (1999): Intervention bei jugendlichen Müttern. In: Suess, G. J. & Pfeifer, W.-K. (Hg.): Frühe Hilfen. Die Anwendung von Bindungs- und Kleinkindforschung in Erziehung, Beratung, Therapie und Vorbeugung. Gießen (Psychosozial-Verlag), S. 222–245.
Ziegenhain, U., Wijnroks, L., Derksen, B. & Dreisörner, R. (1999): Entwicklungspsychologische Beratung bei jugendlichen Müttern und ihren Säuglingen. Chancen früher Förderung der Resilienz. In: Opp, G., Fingerle, M. & Freytag, A. (Hg.): Was Kinder stärkt. Erziehung zwischen Risiko und Resilienz München (Ernst Reinhardt Verlag), S. 142–165.
Ziegenhain, U. & Fegert, J. M. (im Druck): Diagnostik und Behandlung von Verhaltensproblemen im Kleinkindalter. In: Frank, R. & Mangold, B. (Hg.): Psychosomatische Grundversorgung von Kindern und Jugendlichen. Kooperationsmodelle zwischen Pädiatrie und Kinder- und Jugendpsychiatrie. Stuttgart (Kohlhammer).

Störungen der Bindungs-Explorationsbalance und Möglichkeiten der Intervention

Michael Schieche

Die Bindungstheorie betont den Wert einer sicheren Bindung für eine gesunde sozio-emotionale Entwicklung von Kindern (Grossmann, Grossmann, Spangler, Suess und Unzner1985; Spangler & Zimmermann1995). Zentraler Baustein ist dabei das Phänomen der »sicheren Basis« (Bowlby,1995), d. h. die Kinder können im Vertrauen auf die Verfügbarkeit der Bezugsperson in schwierigen Situationen (Trennungen, aber auch andere Belastungen) die Umwelt erkunden und explorieren. Damit wird von einer flexiblen Bindungs-Explorationsbalance bzw. Nähe-Distanzregulation bei sicher gebundenen Kleinkindern ausgegangen. Dieses Modell der flexiblen Nähe-Distanzregulation eignet sich für eine praxisnahe Umsetzung im klinisch-therapeutischen Alltag zur differenziellen Beschreibung von Mutter-Kind-Interaktionen und bietet Ansatzpunkte für Interventionen. In der klinischen Praxis an der Münchner Sprechstunde für Schrei-Babys begegnen uns Säuglinge und Kleinkinder (1.-3. Lebensjahr), denen eine flexible Nähe-Distanzregulation nicht gelingt. Sie zeigen exzessives Klammerverhalten in entspannten Spielkontexten. Viele verlangen ständig nach Aufmerksamkeit und Unterhaltung, können sich nicht selbstständig beschäftigen und die Eltern berichten von einer Unfähigkeit ihrer Kinder alleine zu spielen.

Dieser Beitrag beschreibt demzufolge zunächst das bindungstheoretische Konzept der Bindungs-Explorations-Balance. Um den Anforderungen der klinischen Praxis zu genügen soll dann der bindungstheoretische Ansatz mit dem systemischen Behandlungsmodell von Mechthild Papousek – basierend auf dem Konzept des intuitiven Elternverhaltens (Papousek & Papousek 1987) – verknüpft werden. Hier wird die Funktionalität der Mutter-Kind Kommunikation im Mittelpunkt stehen. In einem dritten Schritt werden anhand eines klinischen Fallbeispieles aus der Münchner Sprechstunde für Schrei-Babys exemplarisch Probleme und Störungen in der frühen Bindungs-Explorationsbalance in Spiel- und Abgrenzungskontexten dargestellt und Interventionsmöglichkeiten aufgezeigt. Insbesondere wird dabei auf die Möglichkeit eingegangen, wie mit Hilfe videogestützter Kommunikationstherapie Störungen in der Bindungs-Explorationsbalance bzw. dysfunktionale Kommunikationsmuster zwischen Bezugsperson und Kind verändert werden können, um eine flexible Nähe-Distanzregulation zu ermöglichen als Vorraussetzung für eine gelingende sozio-emotionale Entwicklung des Kindes.

Die Bindungs-Explorationsbalance

Die Bindungstheorie fußt auf den Erkenntnissen Bowlbys aus seiner eigenen klinischen Praxis (Bowlby 1951, 1988), auf Beobachtungen an Heimkindern (Spitz,1945, 1946) bzw. den Deprivationsstudien von Harlow an Primatenjungen (Harlow 1971). Neben klinischem Wissen flossen vor allem biologische Denkweisen, ethologische und evolutionsbiologische Überlegungen, sowie das Denken in Verhaltenssystemen und deren Steuerung in die Konzepte der Bindungstheorie ein.

Zwei wichtige Verhaltenssysteme bilden das Bindungssystem und das Komplement dazu, das Explorationsverhaltenssystem (vgl. Abbildung 1).

Diese beiden zog später Mary Ainsworth (1967, 1969) heran, um Verhaltensunterschiede von Kleinkindern, die mit einer für sie aufregenden und belastenden Situation (Trennung von der Bezugsperson) konfrontiert wurden, zu beschreiben und sie in Verbindung zu bringen mit den unterschiedlichen Erfahrungen, die sie im ersten Lebensjahr mit ihrer Bezugsperson gemacht haben. Die Erregung des Bindungssystems geschieht vor allem dann, wenn das Kind ängstlich, unsicher, misstrauisch, krank, müde, hungrig, einsam, verlassen, fremd ist oder bei Schmerz. Bei einer Aktivierung des Bindungsverhaltenssystems, wie es in der Fremden Situation durch eine Trennung von der Bezugsperson erzielt wird, werden Bindungsverhaltensweisen sichtbar (Weinen, aktives Nähesuchen, Anklammern etc.). Dies hat gleichzeitig eine Dämpfung des Erkundungssystems zur Folge. Das Kind ist nicht bereit zu explorieren. Die Umwelt und andere Eindrücke sind nicht wichtig, werden wenig wahrgenommen. Bei Beruhigung des Bindungssystems, d. h. bei Wohlbefinden und dem Gefühl der Sicherheit wird das Erkundungssystem aktiviert. Das Kind kann sich von seiner Bezugsperson lösen, ist neugierig und interessiert an der äußeren Umwelt, ist bereit neue Erfahrungen zu machen. Die individuelle Ausgestaltung dieser Wippe, also die Balance zwischen Bindung und Exploration bzw. die Erkundung der Umwelt ist dabei von zentraler Bedeutung für Klassifizierung der Bindungsqualität der Kinder.

Störungen der Bindungs-Explorationsbalance und Möglichkeiten der Intervention

Die Balance zwischen Bindung und Erkundung

Aktivierung des Bindungssystems

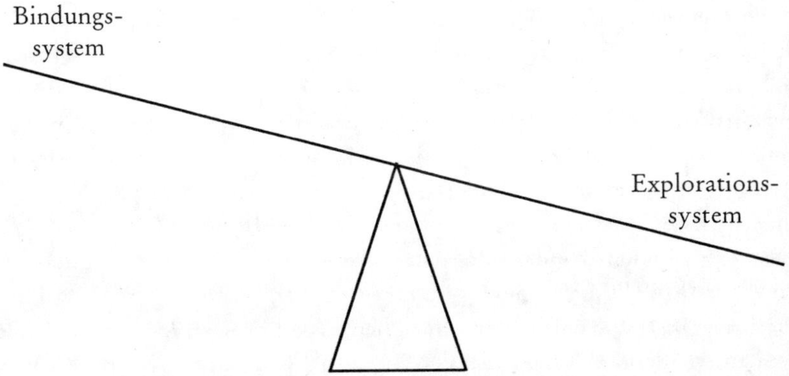

Bindungssystem

Explorationssystem

Aktivierung des Bindungssystems bei Angst, Unsicherheit, Krankheit, Müdigkeit, Einsamkeit, Verlassenheit, Überforderung, etc

Aktivierung des Explorationssystems

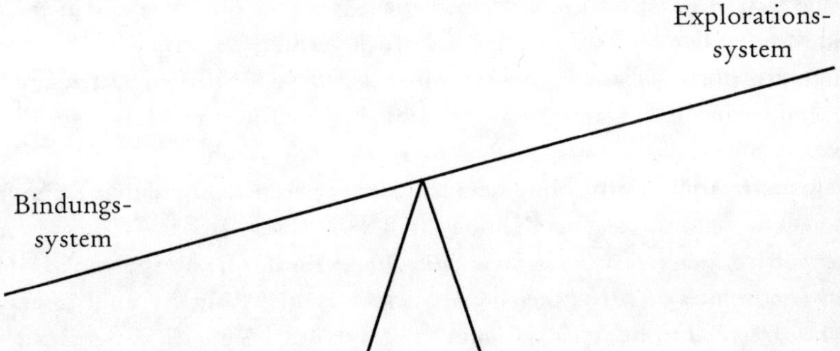

Explorationssystem

Bindungssystem

Deaktivierung des Bindungssystems (Wohlbefinden, Gefühl der Sicherheit): Aktivierung des Erkundungssystem. Das Kind ist unternehmungslustig, sozial neugierig, spielfreudig, explorativ.

Abbildung 1: Bindungs-Explorationsbalance (nach Grossmann & Grossmann, 1994)

Die Bindungsqualität am Ende des ersten Lebensjahres wird seit nunmehr fast 30 Jahren normalerweise in der Fremden Situation nach Ainsworth klassifiziert (Ainsworth & Wittig 1969). Die Fremde Situation ist eine ca. 20 Minuten dauernde milde Stressituation, die zwei kurze Trennungen des Kindes (max. drei Minuten) von seiner primären Bezugsperson beinhaltet, durch die das Bindungsverhaltenssystem der Kinder aktiviert wird[1]. Individuelle Unterschiede zwischen den Kindern zeigen sich dabei vor allem wie die Kinder es schaffen, das aktivierte Bindungsystem bei Rückkehr der Mutter zu deaktivieren und wieder zu Spiel und Exploration zurückzukehren. Traditionell können drei Verhaltensmuster mit unterschiedlich flexibler Bindungs-Explorationsbalance beobachtet werden, sicher (B), unsicher-vermeidend (A) und unsicher-ambivalent (C).

Sicher gebundene Kinder suchen nach der Trennung Nähe und Kontakt zur Bezugsperson. Falls die Trennung Kummer und Verzweiflung hervorrief, lassen sie sich von ihrer Bezugsperson schnell beruhigen. Danach spielen und explorieren sie wieder. D. h. ein flexibles Zurückschwingen der Wippe Richtung Spiel/Exploration macht keine Schwierigkeiten, nachdem Nähe und Trost gesucht wurde.

Unsicher-vermeidend gebundene Kinder zeigen während den Trennungen nur sehr wenig Betroffenheit und wenig Distress. In den Wiedervereinigungsepisoden beachten sie ihre Bezugsperson kaum oder vermeiden die Nähe und den Kontakt zu ihr. Diese Kinder versuchen ein gewisses Maß an Nähe nicht zu gefährden, indem sie aus Angst vor Zurückweisung negative Gefühle bzw. Bindungsbedürfnisse, welche die Trennung hervorrief, verbergen oder zu unterdrücken versuchen[2]. Damit ist eine flexible Nähe-Distanzregulation für diese Kinder schwierig.

Unsicher-ambivalent gebundene Kinder reagieren während den Trennungen verzweifelt und zeigen ein hohes Maß an Distress. In den Wiedervereinigungsphasen wollen sie sofort nach der Rückkehr der Bezugsperson auf den Arm genommen werden, zeigen dort jedoch Ärger, Kontakt- und Interaktionswiderstand und lassen sich nur schwer trösten. Sie wirken der Bezugsperson gegenüber widersprüchlich. Hier ist eine Deaktivierung des Bindungs-

---

[1] Bei psychobiologischen Studien (Spangler & Großmann 1993) zeigten alle Kinder unabhängig von ihrer Bindungsklassifikation einen Anstieg ihrer Herzrate während der Trennung von ihrer Mutter in der Fremden Situation. Dies deutet auf eine Aktivierung des Bindungssystems hin.

[2] Hausbeobachtungen während des ersten Lebensjahres haben ergeben, dass diese Kinder bei Bedürfnissen nach tröstender Nähe eher zurückgewiesen wurden (Ainsworth u. a. 1978).

systems und ein Umschwingen der Wippe Richtung Exploration nicht/nur eingeschränkt möglich.

Mittlerweile wurde bei einer näheren Analyse ursprünglich schwer auswertbarer bzw. nicht klassifizierbarer Kinder in der Fremden Situation Desorganisation als eine weitere, zusätzliche Verhaltensdimension erkannt (Main & Solomon 1990). Dabei kann das desorganisierte »D«-Verhalten im Zusammenhang mit jedem der drei genannten Bindungstypen, nicht nur bei Kindern auftreten, die in der ursprünglichen Typologie nicht eindeutig klassifizierbar waren. Desorganisierte Kinder weisen keine durchgängige oder kohärente Verhaltensstrategie (Ausgestaltung der Wippe) in ihrem Umgang mit trennungsbedingter Unsicherheit auf. Sie lassen stattdessen Anzeichen von Verhaltensdesorientierung und -desorganisation erkennen. So zeigen sich bei ihnen beispielsweise Episoden von zeitlich ungeordnetem Verhaltensfluss, ein gleichzeitiges Auftreten widersprüchlicher Verhaltensmuster oder unvollendete und ungerichtete Handlungen, Stereotypien oder direkte Anzeichen von Angst und Verwirrung sowie Erstarren (Ainsworth u. a. 1978; Grossmann, August, Fremmer-Bombik, Friedl, Grossmann, Scheuerer-Englisch, Spangler, Stephan & Suess 1989).

Innerhalb der Bindungstheorie wird das sichere Muster als das adaptivste für die individuelle Entwicklung angesehen und als effektive und adäquate Verhaltensstrategie, um emotional belastende Situationen zu meistern. Das unsicher-desorganisierte Muster tritt in klinischen Studien (Misshandlung, Vernachlässigung, High-Risk Familien, vgl. Crittenden 1988) gehäuft auf.

Bindungsentwicklung, internale Arbeitsmodelle

Diese Bindungsmuster sind nicht von Anfang an vorhanden, sondern entwickeln sich im Verlauf der ersten Lebensjahre in direkter Interaktion mit der Bezugsperson. Nach Bowlby (1975) verfügt bereits der neugeborene menschliche Säugling über Bindungsverhaltensweisen (Weinen, Saugen, Lächeln, Anklammern, Anblicken usw.), die sich im Laufe der Evolution herausdifferenziert haben. Wie bereits erwähnt, zeigen sich diese besonders in emotional belastenden Situationen oder auch in neuen, unsicheren Situationen, die bewältigt werden müssen. Zusammen mit dem genetisch verankerten Pflegeverhaltenssystem auf Seiten der Bezugspersonen, wird so der Aufbau einer Bindung an eine spezifische Bezugsperson ermöglicht (Bowlby 1987). Mary Ainsworth (1973) geht dabei von vier Phasen bei der Ausbildung des Bindungsgefühls aus.

In der Vorbindungsphase (preattachment; 0–3 Monate) richtet der Säugling seine Signale ohne Unterschied an vertraute und unvertraute Bezugspersonen, lässt sich von jedem beruhigen. Selektive Aufmerksamkeit und Vorlieben sind bereits vorhanden. In der zweiten Phase bei der Entstehung von Bindung (attachment in the making; 3–6 Monate) richtet sich der Wunsch des Kindes nach Nähe langsam auf spezifische Personen. Das Kind wird aktiver, erweitert so sein Repertoire an Bindungsverhaltensweisen. Ab dem sechsten bis siebten Monat kann man von einer spezifische Bindung (phase of clear cut attachment) sprechen. Das Kind sucht aktiv Nähe bei einigen wenigen Bezugspersonen, beginnt die Mutter bei Abwesenheit zu vermissen. Damit wird das Bindungsverhaltenssystem zielorientiert auf die Nähe zur Bezugsperson hin organisiert. Eine erste Generalisierung der frühen internalisierten Erfahrungen geschieht, internale Arbeitsmodelle entstehen. Spätestens ab Phase zwei und drei werden vor- und außersprachliche Mitteilungen bedeutungsvoll und differenzieren sich im Zusammenspiel mit dem feinfühligen Partner aus, als Mittel um Nähe herzustellen (Hinsehen, Lächeln, Rufen, Weinen). Bis zum dritten Lebensjahr und darüber hinaus entwickelt sich auf der Basis ständig neuer Kommunikations- und Interaktionserfahrungen mit der Bezugsperson eine zielkorrigierte Partnerschaft (goal corrected partnership). Mit wachsenden geistigen Fähigkeiten gewinnt das Kind durch Beobachtung und Erfahrung Einblick in die Motive, Gefühle und Interessen der Bindungspersonen und berücksichtigt diese immer mehr bei der Verwirklichung eigener Pläne. Verständnis für die Mutter und Empathie entstehen. Das Kind wird kompromissfähig.

Alles in allem betont die Bindungstheorie die Ethologie (den phylogenetischen Plan) und verknüpft sie mit Sozialisationserfahrungen (v. a. mütterlicher Feinfühligkeit) sowie der kognitiven Entwicklung. Das Kind entwickelt durch konkrete Interaktionserfahrungen im kontinuierlichen Prozess des gegenseitigen Austausches (Kommunikation) auf der Basis von Verfügbarkeit und emotionaler Unterstützung(sfähigkeit) der Bezugsperson im ersten Lebensjahr internale Arbeitsmodelle von sich selbst und seiner/seinen Bindungsperson(en) (Bretherton 1985, 1987; Fremmer-Bombik 1995). Diese internalen Arbeitsmodelle sind also generalisierte, verinnerlichte Erfahrungen, darauf aufbauend Vorstellungen von sich selbst und anderen und sind damit handlungs- und erwartungsleitend. Ein Kind, das immer wieder adäquat unterstützt wird und erfährt, dass es sich auf seine Eltern verlassen kann, braucht sich nicht stets der Verfügbarkeit der Bezugsperson zu vergewissern. Es kann von einer sicheren Basis aus seine Umwelt erkunden und damit auf längere Sicht zu einem kompetenten Umgang mit seiner sozialen Umgebung gelangen (Bretherton 1985, 1987). Internale Arbeitsmodelle neigen zwar zur Stabilität, sind jedoch durch neue Erfahrungen mit den Bezugspersonen oder später mit wachsender Fähigkeit zur Selbstreflexion durchaus veränderbar. Gerade wenn diese internalen Arbeitsmodelle in den ersten drei Lebensjahren entstehen, bietet sich damit eine große Interventions- und Entwicklungschance. Wenn es gelingt Mutter und Kind neue Interaktions- und Kommunikationserfahrungen im gegenseitigen Miteinander in unterschiedlichen Alltagskontexten zu ermöglichen – nicht nur in Trennungskontexten – könnte sich durch gelungene Interaktionen des Kindes mit der Mutter und damit aus Erfahrungen von Selbstwirksamkeit in unterschiedlichen Alltagskontexten ein generalisiertes, kohärentes Selbstwertgefühl im Sinne der verallgemeinerten Erfahrung »ich bin liebenswert«.

Hier zeigt sich deutlich die Nähe zu Mechthild Papouseks Modell der Kommunikationstherapie als Kernstück der interaktionszentrierten Säuglings-Eltern Beratung (vgl. Abb. 2).

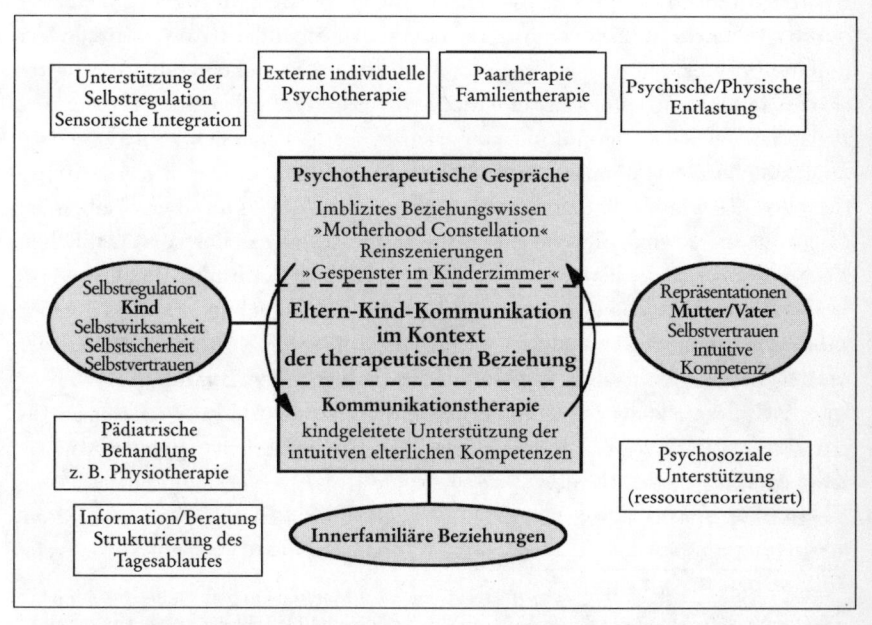

Abbildung 2: Kommunikationstherapie als Kernstück der Säuglings-Eltern-Beratung und -Psychotherapie (nach Papousek, 1998)

In ihrem Modell sind auf der Kindseite die Selbstwirksamkeitserfahrungen in der Kommunikation mit ihren Bezugspersonen zentrale Ansatzpunkte. Wenn die kommunikativen Signale erkannt, richtig interpretiert werden und auch adäquat beantwortet werden, entsteht positive Gegenseitigkeit. Dies steigert das Selbstwertgefühl des Kindes. Gelingt es diesen wechselseitigen, dialogischen Austausch in einer guten Art und Weise zu etablieren, hat dies auch positive Auswirkungen auf das Empfinden und Erleben der Eltern bezüglich Selbstwert, Elternrolle etc.. In Mechthild Papouseks Modell wird auch auf Kommunikationsebene interveniert. Durch Einsatz von Videofeedback wird versucht, auf die Repräsentationen der Eltern - Selma Fraiberg (1980) nennt sie »Gespenster im Kinderzimmer« oder »die ungeladenen Gäste bei der Taufe« – einzugehen, aufzudecken und zu verändern, die die unverzerrte Wahrnehmung der kindlichen Bedürfnisse erschweren sowie eventuell die intuitiven Kompetenzen blockieren. Auch hier wird die Nähe zur bindungstheoretischen Vorstellungen von Arbeitsmodellen deutlich. Denn auch die sogenannten unsicheren Bindungsrepräsentationen, wie sie im Adult Attachment Interview (AAI), einem semi-strukturierten Interview zur Erfassung der Bindungsrepräsentation bei Jugendlichen und Erwachsenen gefunden werden, sind gekennzeichnet durch Wahrnehmungsverzerrungen, einem Auseinanderklaffen von äußerer und innerer Realität, d. h. mangelnder Kohärenz. Abweichend oder dezidierter als dies in einer Bindungstherapie möglich wäre, welche bei einer Typisierung in A, B, C, D bleibt oder nur in Kategorien sicher/unsicher denkt, bietet sich im oben skizzierten systemischen Modell die Möglichkeit eine rigide Klassifizierung zu überwinden, indem auf einer eher individuellen und beschreibenden Ebene versucht wird, die »systemimmanenten Resourcen der vorsprachlichen Kommunikation, die in den intuitiven Kompetenzen der Eltern, dem Entwicklungspotential des Säuglings und seinen angeborenen Fähigkeiten und inneren Motivationen liegen, zu nutzen« (Papousek 1998, S. 118). Das Münchner Modell betont, mehr als dies z. T. in der traditionellen Bindungsforschung[3] lange Zeit der Fall war, die Veränderbarkeit, Dynamik und Entwicklungschancen, die in der frühkindlichen Entwicklung sowie in der entstehenden Mutter-Kind Bindung liegen. Denn wenn es gelingt durch Interventionen so etwas wie positive Gegenseitigkeit zu erreichen, besteht die Chance, dass neue, positive

---

[3] Einen ausführlichen Beitrag zum »Determionismusgedanken« und zur Überbetonung der Kontinuitätsannahme der Bindungstheorie liefert Fox (1995). Einen guten Überblick in dieser oft wenig sachlich und emotional geführten Diskussion liefert Zimmermann, Spangler, Schieche & Becker-Stoll (1995).

Erfahrungen im gegenseitigen Miteinander die Selbstwirksamkeitserfahrungen und das Selbstvertrauen beider Partner des Dialoges (Kind und Bezugsperson) stärken. Kernstück der Intervention bildet bei der interaktionszentrierten Eltern-Säuglings-Therapie das Videofeedback.

Wie dies praktisch aussehen kann, soll nun exemplarisch an einem Fallbeispiel aus der Münchner Sprechstunde für Schrei-Babys erläutert werden.

Fallbeispiel 4: Jakob, Zwei Jahre, sieben Monate

Jakob wird uns von seiner alleinerziehenden Mutter (23, Jahre, Verkäuferin) wegen exzessiven Trotzens, Klammerverhaltens und der Unfähigkeit, allein zu spielen, im Alter von 31 Monaten vorgestellt.

Vorgeschichte

Die Schwangerschaft war belastet. Obwohl sich die Eltern erst wenige Monate kannten, wünschten sich beide ein Kind. Als die Mutter schwanger wurde, zogen beide sofort zusammen und heirateten trotz z. T. bereits heftiger Auseinandersetzungen, bedingt durch die Arbeitslosigkeit des Vaters. Jakob kam dann in der 41 Schwangerschaftswoche als Zangengeburt zur Welt, nachdem die Geburt mehrmals eingeleitet werden musste. Die ersten Tage mit Jakob waren gekennzeichnet durch eine Trinkschwäche, die zu zahlreichen Nahrungsmittelumstellungen führte. Gleichzeitig entwickelte sich eine massive Schlafstörung. Jakob schlief nur in Anwesenheit der Mutter ein, wachte häufig in der Nacht auf, verlangte dann Körperkontakt und Flasche. Als Jakob zwölf Monate alt war, zog der Vater nach massiven Paarkonflikten endgültig aus der gemeinsamen Wohnung aus, wodurch sich die Schlafprobleme noch verstärkten. Im Kontext der Trennung erfuhr die Mutter zahlreiche Schuldzuweisungen und Vorwürfe ihrer eigenen Mutter, so dass der Kontakt zu ihr abgebrochen wurde.

Nachdem die Mutter die Schlafstörung mit unserer Unterstützung im Alter von einem Jahr und acht Monaten mit Hilfe einer verhaltenstherapeutisch orientierten Schlafintervention erfolgreich behob, stellen sich in der Folgezeit massive Trotzanfälle ein. Jakob setzt dabei Schreien zum Teil instrumentell ein. Die Mutter reagiert darauf sofort, wendet sich ihm zu und versucht ihn abzulenken.

Insgesamt, schildert die Mutter, versucht sie Jakob soviel wie möglich zu erlauben. Sie hat den Wunsch, ihm alles zu ermöglichen, was sie in ihrer eigenen

---

[4] Um der Schweigepflicht zu genügen, wird dieser Fall verfremdet wiedergegeben, wobei besonderer Wert darauf gelegt wurde, dass die dabei abgelaufenen psychodynamischen Prozesse unverändert geblieben sind.

Kindheit vermisst hat und Angst, dass sich ihr Schicksal wiederholt (Scheidung ihrer Eltern als sie vier war, viele Streitigkeiten, die sie immer versuchte zu schlichten). Dies ist für die Mutter der Grund für ihr ausgeprägtes Harmoniebedürfnis. So versucht sie sich immer wieder Jakob verstärkt zuzuwenden, sich ihm zu widmen, da Jakob schon die Trennung zu verarbeiten habe. Gleichzeitig gibt sie an, dass sie sehr frustriert sei, da Jakob ihre Bemühungen nicht würdige, dauernd aus dem Spiel aussteige, sich nichts sagen lasse und auf Grenzsetzungen mit Schreien reagiere.

Unsere Beobachtung in Spiel- und Abgrenzungskontexten, die die Mutter als typisch für ihre häusliche Situation ansieht:
In der videographierten Spielsituation (Spielmaterial: Bauernhof mit vielen Tieren) fällt als erstes auf, dass die Mutter sofort die Spielinitiative übernimmt, Jakob viele Spielangebote macht. Jakob schaut nur zu, wirkt ernst, verhält sich eher passiv, lässt sich bespielen. Er spricht wenig, beobachtet mit den Händen in den Hosentaschen. Die Mutter versucht ständig, Jakob in das Spiel zu integrieren, indem sie Jakob auffordert: »Stell mal die Kuh hin, die Gans kann man auch noch aufstellen!« Jakob geht dabei zunächst darauf ein, zieht sich dann immer mehr aus dem Spiel zurück, steht auf, geht aus dem Felde und wendet sich der Ringpyramide zu. Das sieht die Mutter, wendet sich ihm zu, versucht sich einzuklinken und zu helfen: »Schau das macht man so, zuerst den blauen Ring, dann den gelben (...)«.

Analyse des Kommunikations- und Interaktionsmusters:
Jakob macht wenig Selbstwirksamkeitserfahrungen im Spielkontext. Die Mutter, im Wissen um seine Spielschwierigkeiten, versucht durch viele Angebote immer wieder Jakob für die Tiere zu interessieren, zwingt sich dabei zur Ruhe, weil sie bemerkt, dass Jakob ihre Angebote zumindest indirekt ablehnt. Dieses dysfunktionale Interaktionsmuster (mehr und mehr Vorgaben, um das Spiel attraktiver zu machen, je mehr sich Jakob zurückzieht) lässt keine gemeinsame Spielfreude aufkommen. Die Mutter fühlt sich zurückgewiesen, Jakob erlebt den Spiel- und Explorationskontext immer mehr verknüpft mit An- und Aufforderungen, denen er nachkommen sollte. So bleibt für ihn wenig Raum, Eigeninitiative zu entdecken und Selbstwirksamkeitserfahrungen in Explorationskontexten zu machen.

Eine Abgrenzungssituation dagegen – hier fordern wir die Mutter auf, sich auf einen Sessel zurückzuziehen und eine Zeitschrift zu lesen – leitet die Mutter eher fragend ein: »Du Jakob, darf ich ein bisschen lesen, willst Du nicht noch ein bisschen mit den Tieren spielen?« Dann setzt sie sich zögerlich in den Sessel und schaut auf ihren Sohn. Die Zeitung bleibt zunächst auf dem Schoß, ehe sie zu lesen beginnt. Jakob beobachtet die Mutter genau, wendet sich für kurze Zeit den Tieren zu. Bald wird das Spielzeug uninteressant, er kommt zur Mutter, weint, drängt auf ihren Schoß und versucht in die Zeitung zu schauen. Die Mutter ihrerseits bittet Jakob immer wieder zum Spiel zurückzukehren: »Komm Jakob, willst Du nicht mehr spielen? Es sind doch so schöne Spielsachen da.« Jakob verweigert dies, klammert immer mehr und versucht die Mutter immer wieder in Diskussionen zu verstricken. Schließlich legt die Mutter die Zeitung weg, wendet sich ihm widerwillig zu und bittet ihn immer wieder, zum Spiel zurückzukehren. Wenn die Mutter dagegen die Diskussionsaufforderungen ignoriert und versucht sich in die Zeitung zu vertiefen, blickt Jakob zumindest ansatzweise zum Spielzeug, schafft es aber nicht ganz zum Spiel bzw. zur Exploration zurückzukehren.

Analyse der Abgrenzungssituation

Der Mutter fällt es sichtlich schwer sich abzugrenzen. Im Abgrenzungskontext macht die Mutter praktisch keine Vorgaben, Jakob bestimmt die Situation völlig. Die Mutter stellt Jakob viele Fragen, vermittelt ihm dadurch indirekt über Tonlage und Satzmelodie den Eindruck als könne er entscheiden. Darüber hinaus bekommt Jakob körperlich und verbal viel Zuwendung, wobei ihm gleichzeitig auch vermittelt wird, die Mama möchte sich eigentlich auch alleine beschäftigen. Klare Botschaften in feststellendem Tonfall sind nur ansatzweise vorhanden, Fragen und Bitten dominieren.

Intervention:

Gemäß unseres systemischen Behandlungsmodells intervenierten wir auf verschiedenen Ebenen. Mit Hilfe einer Kurzintervention auf Verhaltensebene versuchten wir als erstes das Kommunikationsmuster von Mutter und Kind in der konkreten Spielsituation zu verändern. Hier gingen wir ähnlich vor, wie van den Boom (1994) bei ihrer bindungstheoretisch orientierten Interventionsstudie. Ihr gelang es, die Feinfühligkeit von Müttern mit hochirritierbaren Säuglingen aus sozial schwachen Milieu zu verbessern und damit die Prozentzahl sicherer Bindungsmuster am Ende des ersten Lebensjahres zu erhöhen (van den Boom 1994).

Als die Spielsituation zu entgleisen drohte, kurz bevor Jakob entgültig aus dem Spiel ausstieg und die Mutter hilflos versuchte, Jakob durch ständige Aufforderungen wieder für das Spiel zu interessieren, wurde das dysfunktionale Kommunikationsmuster von unserer Seite aktiv unterbrochen. In dieser Situation war die Mutter extrem bereit, sich auf neue Erfahrungen einzulassen (»Ich sehe das Spielen bereitet Ihnen beiden keine Freude, sollen wir etwas neues ausprobieren?«). Dann wurde ihr angeboten, sich jetzt eher etwas zurückzulehnen und abzuwarten, was von Jakob >kommt<. Sie könne sich dann anstatt neue Spielangebote zu initiieren eher darauf konzentrieren, Jakobs Spiel zu begleiten und zu kommentieren. Sollte er versuchen, ihr die Initiative zurückzugeben, könne sie ruhig abwarten, bis er selbst handeln werde oder ihm anbieten, gemeinsam aktiv zu werden. Anstatt ihn aufzufordern, etwas Bestimmtes zu tun, könne sie eher fragen, was sie tun könne bzw. was man gemeinsam spielen solle.

Ziel war es dabei, dem Kind Gelegenheit zu geben, mehr Eigeninitiative zu entwickeln und ihm verstärkt Selbstwirksamkeitserfahrungen zu ermöglichen und dadurch Spaß am Spiel aufkommen zu lassen. Gleichzeitig wollten wir erreichen, dass sich die Mutter weniger verantwortlich für das Spiel ihres Sohnes fühlt und sich selbst weniger unter Zugzwang setzt.

Veränderungen, unmittelbar nach der Intervention:
Die Mutter setzte unsere Anregungen unmittelbar um. Sie verzichtete auf neue Spielangebote und wartete ab, fragte Jakob nur, was er spielen wolle. Nach einer kurzen Phase des Innehaltens begann Jakob sich einzelne Tiere zu nehmen, diese aufzustellen und spielbegleitend zu sprechen. Auch das Spielniveau änderte sich innerhalb von Minuten, Symbolspielsequenzen traten auf: Jakob ließ ein Pferd aus einem Ring der Ringpyramide Wasser trinken. Die Mutter entspannte sich deutlich, lehnte sich zurück, begleitete das Spiel von Jakob sichtlich erleichtert und gemeinsame Spielfreude kam auf, als sich die Mutter vorsichtig in sein Spiel einklinkte. Der Mutter gelang es ebenfalls, als Jakob sie aufforderte, einen Zaun um die Tiere zu bauen, die Spielinitiative zurückzugeben (»Das kannst du selbst!«). Diese neue Qualität des Miteinanders erhielten beide bis zur Abgrenzungssituation aufrecht.

Videogestützte Interaktionstherapie
Unmittelbar nach Aufnahme der gesamten Spiel- und Abgrenzungssituation wurden mit der Mutter einige wenige Szenen analysiert und besprochen. Mit Hilfe videogestützter Interaktionstherapie, deren Prinzipien aus Abbildung 3 entnommen werden können, wurde versucht, die Unterschiede in der Spielsituation vor und nach der Intervention herauszuarbeiten sowie an Gedanken und

Lösungsorientiertes Arbeiten
in der kommunikationszentrierten Eltern-Säuglings-Beratung an der
Münchner Sprechstunde für SchreiBabys:

Videogestützte Beratung und Therapie (Videofeedback)

+	reflexive Distanz zum aktuellen Kommunikationsgeschehen => **Perspektivenwechsel**
-	ungeschminkte Rückspiegelung eigener Affekte und Misserfolge möglich
=>	Einsatz nur im Kontext einer tragfähigen therapeutischen Beziehung und mit lösungsorientierter Haltung
!	Vorsicht bei depressiv verstimmten oder psychisch auffälligen Eltern

Therapeutischer Fokus:

1. Rückspiegelung der intuitiven elterlichen Kompetenzen und positiver Gegenseitigkeit »uns geht es gerade gut miteinander«
2. Sensibilisierung für kindliche Signale: momentane Aufnahmebereitschaft
   Motivation, Interessen,
   Aufmerksamkeit
   Bedürfnisse, Belastung, Entwicklung,
   Lesbarkeit der Signale
   »Was sagt mein Kind, wie geht es ihm?«   => **Perspektivenwechsel**
3. Rückspiegelung kindlicher Kompetenzen in der Selbstregulation
   »Was macht es gut?«
   »Wo kommt es allein zurecht?«   => **mehr Zutrauen zum Kind**
4. »Doppelbotschaften« zwischen nonverbalen und verbalen Verhalten aufdecken
   »Was nimmt mein Kind wahr (hören,   => **Perspektivenwechsel**
   fühlen), wenn ich mich so verhalte?«   => **klare Botschaften einüben**
                                               (verhaltensbezogen)
5. Dysfunktionale Muster
   »Erfahren (sehen, hören, nachspüren)« von Mechanismen, die das Problem aufrechterhalten und von Lösungsstrategien, um
   alternative Interaktions- und Kommunikationsformen zu entwickeln
6. Ansprechen der subjektiven Wahrnehmung, der Befindlichkeit im Hier und Jetzt, von Erwartungen, Enttäuschungen und Phantasien
   »Wie geht's der Mutter?«, »Wie geht's dem Kind?«, »Wie Ihnen beiden miteinander?« »Was fühlen Sie gerade?«, »Was kommen für Bilder?« etc.
                               => **Vor- und Zurückpendeln**
                                  zwischen Jetzt und Erinnerungen an früher, um Umschwung zu ermöglichen.

Abbildung 3: Kommunikationstherapie als Kernstück der Säuglings-Eltern-Beratung

Gefühle der Mutter in der Abgrenzungssituation heranzukommen, Doppelbotschaften aufzudecken und Lösungsmöglichkeiten zu entwickeln.

Ähnlich wie beim Videohometraining wurde auf der Grundlage eines systemischen, lösungsorientierten Ansatzes (De Shazer 1997) mit der Mutter im wesentlichen auf zwei Szenen aus dem Videomaterial eingegangen. Zunächst wurde auf die gemeinsame Spielfreude nach der Unterbrechung zentriert. Hier empfand die Mutter, zum ersten Mal seit langem positive Gegenseitigkeit und das Gefühl ihrem Sohn nahe zu sein. Diese Empfindungen machten es ihr leichter, ihre Repräsentationen gegenüber ihren Eltern und ihre Rolle, die sie früher einnahm, kritisch zu reflektieren. Außerdem gelang es ihr mit Hilfe einer Szene aus der Abgrenzungssituation, die Sichtweise ihres Sohnes einzunehmen und wahrzunehmen, dass es für ihn leichter ist, wenn sie sich auf ihre Zeitung konzentriert und dabei auf längere Erklärungen verzichtet, die Jakob als Einladung zur Unterhaltung interpretiert.

Basierend auf diesen Erfahrungen wurde mit der Mutter erarbeitet, wie es möglich sei, Jakob im Alltag – auch außerhalb von Spielsituationen – Selbstwirksamkeitserfahrungen ähnlich wie in der Spielsituation machen zu lassen (Mithilfe im Haushalt etc.). Nach dem Videofeedback gelang es Mutter und Jakob immer häufiger Phasen positiver Gegenseitigkeit zu etablieren, so dass die Trotzphasen in der Folgezeit deutlich an Häufigkeit und Intensität abnahmen. Jakob spielte häufiger alleine, blieb ausdauernder bei einer Sache, zeigte eine höhere Frustrationstoleranz. Gleichzeitig schaffte es die Mutter Streitereien mit ihren Sohn besser in ein reflektiertes, realitätsangepasstes Mutterbild zu integrieren und gewann so deutlich an Souveränität und Selbstbewusstsein.

Resümee und Ausblick

Durch unsere Intervention wurde eine nur wenig flexible Nähe-/Distanzregulation verändert. Vorher explorierte Jakob nur wenig selbständig in Anwesenheit der Mutter. Bei aktiviertem Erkundungssystem dominierten im Extremfall zu Hause sogar Bindungsverhaltensweisen, wie Schreien, Anklammern, Nähesuchen[5]. Dies verhinderte gleichzeitig, dass sich die Mutter bei wirklichen Belastungen auf die Nähebedürfnisse des Kindes – so berichtete es jedenfalls die Mutter – einlassen konnte. Abwehr und Zurückweisung schlichen sich ein.

Wie das Fallbeispiel exemplarisch aufzeigen kann, gelang es vor dem Hintergrund eines systemischen, kommunikationsorientierten Behandlungsmodells

---

[5] Eine emotionale Belastung des Kindes und damit einhergehend eine Aktivierung des Bindungsverhaltenssystems kann wohl angesichts der Kurzintervention und den daraus folgenden Veränderungen bei gleichen Rahmenbedingungen ausgeschlossen werden.

dysfunktionale Interaktionsmuster bzw. Störungen in der Bindungs-Explorationsbalance zu verändern und so wieder mehr positive Gegenseitigkeit zu schaffen. Den Grundbaustein bildete dabei die videogestützte Kommunikationstherapie, wobei der Schwerpunkt auf der Rückspiegelung der intuitiven elterlichen Kompetenzen und gemeinsamer Spielfreude und dem Aufdecken von Doppelbotschaften lag. Es gelang dysfunktionale Kommunikationsmuster aufzudecken, diese zu verändern und eine flexible Nähe-Distanzregulation zu erreichen. Aus bindungstheoretischer Sicht verbesserte sich dadurch auch die Feinfühligkeit der Mutter.

Schlussbemerkung

Wird Feinfühligkeit nicht als wenig beeinflussbare Persönlichkeitsvariable der Mutter missverstanden, werden Bindungsmuster und Bindungsrepräsentationen (internale Arbeitsmodelle) nicht als unveränderbar betrachtet, sondern eher mit Alan Sroufe (Carlson & Sroufe 1993) als Prototypen funktionaler bzw. dysfunktionaler Kommunikationsmuster sowie dyadischer Affektregulation angesehen, kann das bindungstheoretische Konzept der Bindungs-Explorationsbalance einen wertvollen Erklärungs- und Interventionsansatz bieten. Vor diesem Hintergrund können Interventionen in der kommunikationszentrierten Eltern-Säugling Beratung auf die individuellen Bedürfnisse von Eltern und Kind abgestimmt werden und somit zu einer erfolgreichen Etablierung von gegenseitig belohnenden Kommunikationsformen beitragen. Damit schließt sich der Kreis zu John Bowlby, der immer wieder die Veränderbarkeit von Bindungsmustern und die Chancen positiver Interaktions- und Kommunikationserfahrungen mit den engsten Bezugspersonen für eine gesunde sozio-emotionale Entwicklung betont.

Literatur

Ainsworth, M. D. S. & Wittig, B. A. (1969): Attachment and the exploratory behavior of one-year-olds in a strange situation. In: Foss, B. M. (Hg.): Determinants of infant behavior, Vol. 4. London (Methuen), S. 113–136.

Ainsworth, M. D. S. (1967): Infancy in Uganda: Infant care and the growth of love. Baltimore (Johns Hopkins University Press).

Ainsworth, M. D. S. (1969). Object relations, dependency and attachment. A theoretical review of the infant-mother relationship. Child Development, 40, S. 969–1025.

Ainsworth, M. D. S., Blehar, M. C., Waters, E. & Wall, S. (1978): Patterns of attachment. A psychological study of the strange situation. Hillsdale, NJ (Erlbaum).

Ainsworth, M. D. S. (1973). The development of infant-mother attachment. In: Caldwell, B. M. & Riciutti, H. N. (Hg.). Review of child development research, Vol. 3 (31-96). Chicago (University of Chicago Press).

Bowlby, J. (1987): Attachment. In:. Gregory, R. L (Hg.): The Oxford Companion to the Mind. Oxford (University Press), S. 57–58.

Bowlby, J. (1975) Bindung. München (Kindler).

Bowlby, J. (1995): Bindung. Historische Wurzeln, theoretische Konzepte und klinische Relevanz. In: Spangler, G. & Zimmermann, P. (Hg.): Die Bindungstheorie. Grundlagen, Forschung und Anwendung. Stuttgart (Klett-Cotta), S. 17–26.

Bowlby, J. (1951). Maternal care and mental health, Geneva: World Health Organization Monograph Series, No. 2 (dt. 1973). Mütterliche Zuwendung und geistige Gesundheit. München (Kindler).

Bowlby, J. (1988). a secure base. Clinical applications of attachment theory. London (Rourlege).

Bretherton, I. (1985): Attachment theory. Retrospect and prospect. In: Bretherton, I. & Waters, E. (Hg.): Growing points of attachment theory and research. Monographs of the Society for Research in Child Development, 50, S. 3–35.

Bretherton, I. (1987): New perspectives on attachment relations. Security, communication, and internal working models. In: Osofsky, J. D. (Hg.): Handbook of Infant Development. New York (Wiley), S. 1061–1100.

Carlson, E. A. & Sroufe, A. L. (1993): Contribution of Attachment Theory to Developmental Psychopathology. In: Cicchetti, D. & Cohen, D. J. (Hg.): Developmental Psychopathology, Vol. 1.: Theory and Methods. New York (John Wiley & Sons), S. 581–617.

Crittenden, P. M. (1988): Relationships at risk. In: Belsky, J. & Networski, T. (Hg.): Clinical implications of attachment theory. Hillsdale, NJ (Lawrence Erlbaum), S. 136–174.

De Shazer, S. (1997): Der Dreh. Überraschende Wendungen und Lösungen in der Kurzzeittherapie. Heidelberg (Carl Auer Verlag), 5. unveränderte Auflage.

Fox, N. A. (1995): Off the way we were. Adult memories about attachment experiences and their role in determining infant-parent relationships. A commentary on van IJzendoorn (1994). Psychological Bulletin.

Fraiberg, S., Adelson, E., Shapiro, V. (1980): Ghosts in the Nursery. A psychoanalytical approach to the problem of impaired infant-mother relationships. In: Fraiberg, S. (Hg.): Clinical studies in infant mental health. NY, S. 164–196.

Fremmer-Bombik, E. (1995): Innere Arbeitsmodelle von Bindung. In: Spangler, G. & Zimmermann, P. (Hg.): Die Bindungstheorie. Grundlagen, Forschung und Anwendung. Stuttgart (Klett-Cotta), S. 109–120.

Grossmann, K. E. & Grossmann, K. (1994): Bindungstheoretische Grundlagen psychologisch sicherer und unsicherer Entwicklung. GWG Zeitschrift der Gesellschaft für wissenschaftliche Gesprächspsychotherapie, 96, S. 26–41.

Grossmann, K. E. (1993): Bindungen zwischen Kind und Eltern: Verhaltensbiologische Aspekte der Kindesentwicklung. In: Kraus, O. (Hg.): Die Scheidungswaisen. Göttingen (Vandenhoeck & Ruprecht). Veröff. Joachim-Jungius-Ges. Wiss. Hamburg, 70, S. 49–63.

Grossmann, K. E., August P., Fremmer-Bombik E., Friedl A., Grossmann K., Scheuerer-Englisch H., Spangler G., Stephan C. & Suess G. (1989): Die Bindungstheorie. Modell und entwicklungspsychologische Forschung. In: Keller, H. (Hg.): Handbuch der Kleinkindforschung. Berlin (Springer), S. 31–55.

Grossmann, K., Grossmann, K. E., Spangler, G., Suess, G. & Unzner, L. (1985): Maternal sensitivity and newborns' orientation responses as related to quality of attachment in northern Germany. In: Bretherton, I. & Waters, E. (Hg.): Growing points in attachment theory and research. Monographs of the Society for Research in Child Development, 50, S. 233–278.

Harlow, H. F. (1971): Learning to love. San Francisco (Albion Publishing Co).

Main, M. & Solomon, J. (1990): Procedures for identifying infants as disorganized/disoriented during the Ainsworth strange situation. In: Greenberg, M. T., Cicchetti, D. & Cummings, E. M. (Hg.): Attachment in the preschool years. Theory, research and intervention. Chicago (University of Chicago Press), S. 121–160.

Papousek, H. & Papousek, M. (1987): Intuitive parenting. A dialectic counterpart to the infant's integrative competence. In: Osofsky, J. D. (Hg.): Handbook of infant development. New York (Wiley & Sons), S. 669–720.

Papousek, M. (1998); Das Münchner Modell einer interaktionszentrierten Säuglings-Eltern-Beratung und -Psychotherapie. In: Klitzing, K. v. (Hg.): Psychotherapie in der frühen Kindheit. Göttingen (Vandenhoeck & Ruprecht), S. 88–118.

Spangler, G. & Grossmann, K. E. (1993): Biobehavioral organization in securely and insecurely attached infants. Child Development, 64, S. 1439–1450.

Spangler, G. & Zimmermann, P. (1995): Die Bindungstheorie. Grundlagen, Forschung und Anwendung. Stuttgart (Klett-Cotta).

Spitz, R. A. (1945): Hospitalism. Psychoanalytic Study of the Child, 1, S. 53–74.

Spitz, R. A. (1946): Hospitalism. A follow-up report. Psychoanalytic Study of the Child, 2, S. 113–117.

van den Boom, D. C. (1994): The influence of temperament and mothering on attachment and exploration. An experimental manipulation of sensitive responsiveness among lower class mothers with irritable infants. Child Development, 65, S. 1457–1477.

Zimmermann, P., Spangler, G., Schieche, M. & Becker-Stoll, F. (1995): Bindung im Lebenslauf. Determinanten, Kontinuität, Konsequenzen und künftige Perspektiven. In: Spangler, G. & Zimmermann, P. (Hg.): Die Bindungstheorie. Grundlagen, Forschung und Anwendung. Stuttgart (Klett-Cotta), S. 311–334.

Wege zur Sicherheit
Bindungsgeleitete Diagnostik und Intervention in der Erziehungs- und Familienberatung

Hermann Scheuerer-Englisch

»Es gibt keinen besseren Maßstab der Liebe als das Vertrauen.« (Meister Eckhart)

Die existentielle Orientierung des Menschen auf ein »Du«, diese bekannte Tatsache, dass wir Menschen uns in wesentlichen Beziehungen entwickeln und sozialisieren, ist durch die Bindungstheorie und -forschung umfassend beschreibbar und erfassbar geworden.

Im Rahmen der lebenslang bedeutsamen (Bindungs-)Beziehungen werden die wesentlichen Bedürfnisse des Individuums von Nähe und Autonomie verhandelt, von Sicherheit, Geborgenheit, Schutz und Grenzen, aber auch von Individuation, Eigenständigkeit, Kompetenz und eigener Identität. Die Bindungserfahrungen werden verinnerlicht, ins eigene Selbst transformiert und steuern als innere Arbeitsmodelle und Erwartungen wiederum den Umgang des Individuums mit sich selbst, den Zugang zu seinen Gefühlen und werden handlungsleitend beim Aufbau eigener Beziehungen (Cassidy & Shaver 1999).

Die wesentlichen Beziehungsthemen von Sicherheit und Autonomie bleiben in Eltern-Kind-Beziehungen auf jeder Altersstufe bedeutsam, ebenso in Paarbeziehungen. Die Passung zwischen feinfühliger Fürsorge auf Seiten der Eltern – vor dem Hintergrund ihrer eigenen Geschichte und deren Reflexion – und den Bedürfnissen und Entwicklungsanforderungen auf Seiten des Kindes – vor dem Hintergrund seiner Eigenart, seiner alterstypischen Entwicklungsthemen und seiner Erfahrungen – führt zu unterschiedlichen Bindungsqualitäten, die ein unterschiedliches Ausmaß an Sicherheit und Zufriedenheit sowie Offenheit in der Beziehung ermöglichen.

Die verfügbare Sicherheit in diesen intimen Bindungsbeziehungen sowie die flexible Balance zwischen Sicherheit und Exploration stellen den wesentlichen Focus für klinische Anwendungen dar, da sie die Basiskompetenz für die weitere kindliche Entwicklung bilden und als Ressource und Beziehungskontext vermutlich den wesentlichen Beitrag zur Bewältigung von emotionalen Belastungen, von Entwicklungskrisen und Verunsicherung leisten (z. B. Kobak 1999, Zimmermann u. a. 2000, Byng-Hall 1999, Davies & Cummings 1998).

Die Bindungstheorie geht zunächst von normalen Entwicklungs- und Beziehungsprozessen und deren Einbettung in größere Zusammenhänge aus und eignet sich damit hervorragend als Grundlagentheorie für Erziehungs- und Familienberatung. In der Arbeit mit Kindern, Jugendlichen und Familien im Rahmen der Jugendhilfe (SGB VIII) geht es nämlich weniger um Krankheitszuschreibungen, sondern um eine entwicklungsoffene diagnostische Sichtweise, um die Überwindung von Entwicklungsblockaden beim Kind und seinem Beziehungsumfeld und um eine Verbesserung der Gesamtsituation des Kindes. Sie sollte schließlich dazu beitragen, dass das Kind seine altersgemäßen Entwicklungsaufgaben erfüllen kann und seine Integration in Familie, Gleichaltrigengruppe und die weitere soziale Umwelt gelingen kann. Die Herstellung von größtmöglicher Sicherheit und Offenheit des Kindes in seinen Bindungsbeziehungen ist damit gerade für die Erziehungsberatung, aber auch die Jugendhilfe allgemein eine zentrale Aufgabe. Dabei gilt es, die aktuelle altersangemessene emotionale Unterstützung und Verfügbarkeit wichtiger Bindungspersonen für das Kind zu fördern und die innere Welt des Kindes, die mit zunehmendem Alter ein eigenständiger Einflussfaktor wird, zu verstehen und aus einer entwicklungspsychopathologischen Sichtweise für Interventionen nutzbar zu machen. (Suess & Pfeifer 1999, Suess & Fegert 1999, Zimmermann u. a. 2000). Die Ausweitung der Bindungsperspektive auf das gesamte Familiensystem ist dabei nicht nur möglich, sondern in der Bindungstheorie angelegt und wird in Zukunft zu einem noch besseren Verständnis problematischer Entwicklungswege bei Kindern führen (vgl. Byng-Hall 1999; Scheuerer-Englisch 1995, 1999a; Marvin in diesem Band).

Handlungsleitende Konzepte der Bindungstheorie in der Arbeit mit Kindern und Familien: Bausteine der Diagnostik und Intervention

Die im folgenden aus der Bindungstheorie abgeleiteten diagnostischen Prozessschritte korrespondieren miteinander und sollen eine Einschätzung der Situation des Kindes und seiner Beziehungen ermöglichen, um zu effektiven Interventionen auf der jeweils angemessenen Ebene zu gelangen. Die Reihenfolge dieser Schritte ist nicht festgelegt, sie stellen eher Heuristiken dar, um die Situation eines Kindes und der Familie vor dem Bindungshintergrund umfassend zu beleuchten. Der Focus liegt dabei jeweils auf der Frage der aktuell möglichen Sicherheit für das Kind und seine Familie in unterschiedlichen Beziehungs- und Entwicklungskontexten. Jede Intervention muss schließlich unter der Frage reflektiert werden, ob sie die Sicherheit für die Ratsuchenden erhöht und nicht gefährdet. Die verschiedenen Schritte werden dann in einer Fallvignette aus der mittleren Kindheit praktisch vorgestellt.

Das Konzept der sicheren Basis

Das Hauptziel des Bindungssystems ist es, für das Kind oder auch einen Erwachsenen im Rahmen der »intimen« Bindungsbeziehung(en) das Gefühl von Sicherheit herzustellen, wenn die betreffende Person emotional belastet, krank, geängstigt oder anderweitig überfordert ist. Dabei geht es darum, eine größtmögliche Nähe, Verfügbarkeit und Erreichbarkeit zu dieser Bezugsperson herzustellen, um das Ziel von Sicherheit und Vertrauen zu ermöglichen. Fühlt sich eine Person in diesem Sinn sicher, ist sie in der Lage, sich anderen Dingen, z. B. neuen Erfahrungen zuzuwenden. Bindungssicherheit ermöglicht es dabei, sich liebenswert und kompetent zu fühlen, um die eigenen Entwicklungsziele zu verfolgen. Daneben ermöglicht eine sichere Bindungsbeziehung, besser mit überfordernden Krisen und Belastungen, mit Trennung, Verlust, Schicksalsschlägen und damit verbundenen Gefühlen von Kummer, Angst und Ärger umzugehen, da in sicheren Beziehungen darüber offen kommuniziert werden kann, die Partner gegenseitig einschätzen können, wie es dem anderen geht und flexible Reaktionen möglich sind, um sich gegenseitig zu unterstützen (siehe auch Witte, Schieche, Grossmann in diesem Band). Dieses Ziel der Nutzung der Bindungsperson als *Sichere Basis* ist als das zentrale Konzept für die Logik und das Verstehen des Bindungsprozesses zu betrachten (Kobak 1999, Waters & Cummings 2000). Das Bedürfnis, sich bei Unsicherheit an eine Bindungsperson zu wenden, korrespondiert auf der Seite des Partners mit dem Fürsorge-System, welches in den Konzepten der Feinfühligkeit (Ainsworth, in: Grossmann 1977) und der herausfordernden Feinfühligkeit (Grossmann & Kassubek 1999) beschrieben ist und zu unterschiedlichen Bindungsqualitäten führt (Ainsworth u. a. 1978, Grossmann u. a. 1985).

In Abhängigkeit von alltäglichen Erfahrungen mit der feinfühligen Antwortbereitschaft der Bindungsperson bilden sich beim Kind dann unterschiedliche verinnerlichte Erwartungen und Überzeugungen bezüglich der Verfügbarkeit der Bindungsperson heraus. Diese umfasst nach Bowlby drei Kriterien (zitiert nach Kobak 1999): Die physische Erreichbarkeit, die Antwortbereitschaft und die Offenheit der Kommunikation. In Interviews und projektiven Verfahren kann man diese in inneren Arbeitsmodellen organisierten Erwartungen und Haltungen erfassen. Dabei kann man das Bild der emotionalen Unterstützung und Verfügbarkeit der Eltern und die inneren Bindungsstrategien des Kindes bei emotionaler Belastung abfragen und erfassen (z. B. Bindungsinterview in der mittleren Kindheit: Scheuerer-Englisch 1989; Bindungs-Geschichten-Ergänzungs-Aufgabe von Bretherton, Ridgeway & Cassidy 1990; siehe Bretherton in diesem Band.).

Zu Beginn der Erziehungs- und Familienberatung steht deshalb in der Regel der *Blick auf die Sicherheit beim Kind und den Familienmitgliedern* im Mittelpunkt. Im Rahmen der Prozessdiagnostik ist direkt zu beobachten – und auch in der Exploration zu erfragen –, inwieweit das Kind die Eltern als *sichere Basis* nutzt, inwieweit die Eltern angemessenes Fürsorgeverhalten zeigen, aber auch inwieweit die Eltern gegenseitig als sichere Basis und Fürsorgepersonen fungieren. Dabei wirken innere Modelle aufgrund früherer Erfahrungen, aktuelle Einflüsse und die ganz konkrete Interaktionssituation zusammen und beeinflussen das beobachtbare Verhalten. In Anlehnung an die Feinfühligkeitskonzepte der Bindungsforschung und neuere Konzepte von Crowell u. a. (1997) kann man dabei zwei Dimensionen betrachten:

a) *Bereitstellung der sicheren Basis*: Dies umfasst die Wahrnehmung der impliziten und expliziten Wünsche und Signale des Partners nach Unterstützung, die richtige Interpretation der Signale und die Auswahl einer angemessenen Reaktion in einer angemessenen Zeit darauf.

b) *Die Nutzung der sicheren Basis*: Dies betrifft die Frage, wie klar Wünsche und Bedürfnisse nach Unterstützung ausgesendet werden, ob sie so lange ausgesandt werden, bis sie entdeckt werden, ob die Person bei Belastung die Nähe sucht, sich also beziehungsorientiert verhält, und ob die in der Beziehung gefundene Antwort Entlastung und Entspannung bringt. Nicht zuletzt auch, ob Angebote des Partners angenommen werden können.

Beide Dimensionen gehören komplementär zusammen und haben eine hohe Entsprechung bei stabilen Beziehungsmustern. Die Sicherheit und das Funktionieren der sicheren Basis ist in Belastungssituationen, z. B. beim Erstkontakt in der fremden Beratungs-Umgebung, bei besonders belastenden Themen (z. B. Verlust oder Trennung in der Familie) oder bei Verletzungen (z. B. wenn sich das Kind weh tut), aber auch schon bei der Erörterung bindungsrelevanter

Themen (Wer unterstützt wen wann? Wie wird in der Familie mit Kummer, Angst, Ärger umgegangen?) zu erkennen. Neben den Fragen nach der Sicherheit und den Bindungsstrategien bei Belastung (Was tust du, wenn es dir nicht so gut geht, wenn du Kummer, Angst oder Ärger empfindest? Teilst du wichtige Gefühle und Situationen mit? Gibt es jemanden, der dich versteht, von deinen Gefühlen weiß oder dich gut trösten kann?) steht dabei auch die Frage der Autonomie und der Selbstentfaltungsmöglichkeiten des Kindes, aber auch der Eltern im Mittelpunkt des Interesses (Was sind deine Interessen, Wünsche, Fähigkeiten, Beziehungen innerhalb und außerhalb der Familie und inwieweit fühlst du dich dabei von den anderen in der Familie unterstützt?).

Es ist davon auszugehen, dass das Grundmotiv des Bindungssystems, nämlich Sicherheit herzustellen und das Bedürfnis des Kindes, feinfühlige und altersangemessene Zuwendung (einschließlich der Erfahrung von Grenzen) erleben zu dürfen, immer aktiv ist, auch wenn in Erwartungen und Verhalten scheinbar gegenläufige Strategien, z. B. Vermeidung der Bindungsperson bei Belastung, verfolgt wird. Es ist therapeutisch außerordentlich hilfreich, mit dieser wachstumsorientierten Intention und Sichtweise zu arbeiten und sozusagen diesen Wunsch nach Sicherheit als natürlichen Bündnispartner zu nutzen. Im Rahmen der Beratungsarbeit ist es häufig zu beobachten, dass Bindungsbedürfnisse in den Beziehungen nicht mehr offen gezeigt werden oder Gefühle von Enttäuschung und Ärger wegen nicht erfüllter Bindungsbedürfnisse von den damit verbundenen Bindungsthemen abgeschnitten sind und auf andere Situationen, z. B. Erziehungsfragen oder Meinungsverschiedenheiten bei Sachthemen verschoben sind oder sich auf andere Personen richten, z. B. Geschwister oder Gleichaltrige. Das Wissen um die Bindungsdynamik ermöglicht es, die richtigen Fragen zu stellen, nach verschütteten und nicht mehr kommunizierten Themen zu fragen und die Beziehung zwischen Gefühl, Verhalten und Bindungsbedürfnissen/-themen wieder in den Blick zu bringen

Während beim Säugling und Kleinkind (bis zum 6. Lebensjahr) die direkte Beobachtung der Interaktion mit den wesentlichen Bindungspersonen die Hauptmethode der Diagnostik darstellt, ist daneben bei älteren Kindern auch deren innere Bindungsorganisation in Interviews oder projektiven Verfahren zu erfassen (siehe Bretherton in diesem Band). Darüber hinaus ist die Bindungsgeschichte (z. B. Wer versorgte das Kind in welcher Altersstufe und wie lange Zeit? Gab es wesentliche Wechsel, Verluste, Trennungen von den Bindungspersonen?) und die möglichen Erfahrungen des Kindes mit den Bindungspersonen wichtig sowie aktuell die Sicherheit bedrohende Ereignisse (z. B. Trennungsüberlegungen der Eltern, Konflikte, etc.), um eine Einschätzung der inneren Welt der Personen neben den direkten Beobachtungen zu erhalten.

Als diagnostische Leitlinien für die Einschätzung der Sicherheit in den Dyaden können neben den obengenannten zwei Dimensionen der sicheren Basis die allgemeinen Kriterien sicherer, unsicher-vermeidender, unsicher-ambivalenter und desorganisiert-kontrollierender Beziehungsmuster und -modelle, wie sie ausgehend von Ainsworth und Kollegen (1978) und von Main und Solomon (1990) aus der Bindungsforschung abzuleiten sind, herangezogen werden (vgl. im Überblick: Scheuerer-Englisch 1999a, siehe Tabelle im Anhang; Solomon & George 1999). Dabei sind in der Praxis die strengen Kriterien der wissenschaftlichen Kategorisierung oft nicht anwendbar und m. E. auch nicht in dem Maße erforderlich, da die Einschätzungen der Sicherheit und der Balance von Sicherheit und Exploration in Beratung und Therapie Prozesscharakter haben und fortlaufend hinterfragt und überprüft werden. Und nicht zuletzt gilt: Der Praktiker muss mit dem arbeiten, was er hat. Darum wird auch befürwortet, dass die in der Bindungsforschung verwandten Methoden für Praktiker besser zugänglich gemacht werden und auch spezielle Fortbildungen dazu angeboten werden.

Die Merkmale eines sicheren Bindungs- und Beziehungsmusters, nämlich:
– Nähe suchen unter emotionaler Belastung mit Trost und gelingende Beruhigung im Rahmen der Bindungsbeziehung (sichere Basis)
– beiderseitige Offenheit der emotionalen Kommunikation und
– Vertrauen in die physische und psychische Verfügbarkeit der Bindungsperson (Feinfühligkeit) sowie eine
– flexible Balance von Nähe und Exploration (Sicherheit und Autonomie)

stellen dabei sowohl die Leitlinie zur Einschätzung bestehender oder fehlender Sicherheit dar als auch einen wesentlich zu erreichenden Zielpunkt für die Interventionen. Diese Einschätzung der sicheren Basis ist sehr wichtig, da sie nicht nur die Grundlage für weitere Entwicklungsprozesse beim Kind bildet, sondern auch die Bewältigungsmöglichkeit von Belastungen für das Kind und andere Familienmitglieder darstellt: Wenn ich offen mitteilen kann, was mich bedrückt, wenn darüber geredet werden kann und von wichtigen Menschen Ermutigung, Unterstützung und ggfs. Schutz gewährt werden kann, dann werden Belastungen subjektiv und objektiv bewältigbar.

Mögliche traumatische Erfahrungen und Desorganisation von Bindung

Bei nicht wenigen Familien, die um Beratung nachsuchen, gibt es verborgene oder offene, frühere oder aktuelle traumatische Erfahrungen, die die Sicherheit für das Kind in der Beziehung zu den Eltern herabsetzen oder unmöglich machen und zu vielfältigen Folgeproblemen führen. Unverarbeitete traumatische Erfahrungen oder aktuelle Bedrohungen des Kindes durch die Bindungspersonen stehen nach neueren Befunden der klinischen und nichtklinischen Bindungsforschung in engem Zusammenhang zu Desorganisation von Bindungsstrategien (siehe Darstellungen von Jacobvitz, Grossmann und Spangler in diesem Band). In Normalstichproben war Desorganisation mit unverarbeiteter Trauer der Bindungsperson über einen Verlust wichtiger Personen in der eigenen Kindheit verbunden, aber auch mit der geringeren Fähigkeit des Säuglings, eigene Erregungszustände und Gefühle zu regulieren (Ainsworth & Eichberg 1991, Spangler u. a. 2000). Main und Hesse (1990) nehmen an, dass Eltern, die unverarbeitete Verlust-, Misshandlungs- oder Missbrauchserfahrungen in der eigenen Kindheit aufweisen, einen »traumatisierten Erwachsenenstatus« haben und subtil ängstigend mit dem Kind umgehen bzw. selbst geängstigt sind und bei der intimen Nähe zum Kind dieses in seiner Bindungsstrategie irritieren. Das Kind kommt dann in einen Nähe-/Vermeidungskonflikt, wenn die Vertrauensperson gleichzeitig eine Quelle von Verunsicherung darstellt.

In klinischen Studien mit Risikofamilien konnte inzwischen klar nachgewiesen werden, dass Kinder, die von den Bindungspersonen misshandelt, missbraucht oder vernachlässigt werden, oder bei denen ein Elternteil psychisch erkrankt ist, verstärkt in diesem Annäherungs-/Vermeidungskonflikt gefangen sind und in hohem Maße (bis zu 80% der untersuchten Beziehungen) desorganisiert in den Bindungsbeziehungen sind. In der Regel ist neben der Desorganisation dann auch noch eine vermeidende Grundhaltung beim Kind zu finden, so dass Belastungen des Kindes nicht mehr im Rahmen der wichtigen Beziehungen zu den Eltern kommuniziert und verarbeitet werden können. Im Zusammenhang mit Desorganisation von Bindungen finden sich eine breite Palette von kindlichen Verhaltensauffälligkeiten im weiteren Beziehungsumfeld von Kindergarten und Schule, v. a. feindselig-aggressives Verhalten gegenüber Gleichaltrigen, aber auch gegenüber Lehrkräften oder Erzieherinnen, Vermeiden von positiven Annäherungen der erwachsenen Bezugspersonen, Probleme im kognitiven Bereich und der Schulleistungen etc.

Die tiefe Verunsicherung durch das geängstigte oder ängstigende Verhalten der Bindungsperson führt dazu, dass das Kind mit zunehmendem Alter und kognitiven Fähigkeiten anfängt, die Kontrolle in der Beziehung zu übernehmen, da es sich so am sichersten fühlen kann. Längsschnittliche Untersuchungen konnten zeigen, dass die überwiegende Zahl der Kinder, die mit einem Jahr einen desorganisierten Bindungsstatus hatten, mit sechs Jahren gegenüber der Bindungsperson entweder fürsorglich oder ärgerlich-bestrafend kontrollierend waren (Lyons-Ruth & Jacobvitz 1999). Diese Kinder unterhalten z. B. ihre Eltern, organisieren schwierige Abläufe im Alltag (z. B. Kontakte zum sozialen Umfeld), treffen Entscheidungen für die Eltern oder bekräftigen deren Wünsche oder sie attackieren die Eltern, weisen sie zurück, erniedrigen sie oder zwingen ihnen ihren Willen auf.

In der klinischen Arbeit beobachten wir solche Muster von Rollenumkehr häufig. Aufgrund der Ergebnisse der Bindungsforschung wissen wir jedoch um die Angst dieser Kinder, ihr geringes Selbstvertrauen und die Sehnsucht nach Berücksichtigung ihrer Bindungsbedürfnisse. Lyons-Ruth (2000) führt auf der Seite der Eltern neben großer Hilflosigkeit und geängstigtem Verhalten folgende möglichen korrespondierenden elterlichen Verhaltensweisen bei desorganisierten Beziehungsmustern auf: Inkongruenz zwischen Gefühlsausdruck und Aussagen sowie dem Verhalten und Aussagen, Rollenkonfusion und -umkehrung (auch Sexualisieren des Kontaktes zum Kind), physisch und verbal eingreifende grenzverletzende Erziehungsmuster, und physischer und verbaler Rückzug der Eltern. Der Familienbeziehungsprozess ist durch Feindseligkeit und Hilflosigkeit gekennzeichnet.

Tatsächlich durch die Bezugspersonen traumatisierte Kinder, z. B. misshandelte Kinder, brauchen zusammen mit ihren Bezugspersonen umfassende und nachhaltige Hilfen, notfalls auch Schutz vor diesen überwältigenden, verletzenden Beziehungen. Die Feststellung von Traumatisierungen ist eine wesentliche Aufgabe der Jugendhilfe. Die angemessenen Hilfsangebote sind in diesen Fällen oftmals auch jenseits der ambulanten Hilfen verortet. Die ambulante Familienberatung stellt aber einen wesentlichen Vermittlungspfad für weitergehende Hilfen für solche Kinder dar (Scheuerer-Englisch 1998, 1999b). Durch den niedrigschwelligen Zugang und den geschützten Arbeitsrahmen in der Erziehungsberatung oder spezialisierten Beratungseinrichtungen für Familien mit Gewalterfahrungen kann aber bei vorhandener Motivation der Familie oftmals auch ambulant effektiv und unterstützend geholfen werden. Die Unterstützungsangebote für Eltern, die ihrer Erziehungs- und Beziehungsverantwortung nicht nachkommen können und deren Kinder fremduntergebracht werden, sind im Rahmen der Jugendhilfe noch stark auszubauen.

Da bei Desorganisation die Funktion der sicheren Basis selbst gestört ist, wiegt die Gefährdung der kindlichen Entwicklung hier besonders schwer. Desorganisation – insbesondere mit dem möglichen Hintergrund von Vernachlässigung, Missbrauch oder Misshandlung – wird daher als eigenständiger Risikofaktor[1] eingeschätzt, ebenso wie die vermutlich mit dem desorganisierten Status verwandten klinisch diagnostizierbaren Bindungsstörungen, wie sie von einigen Fachleuten für die frühe Kindheit bis zum dritten Lebensjahr postuliert werden (Zeanah, Mammen & Lieberman 1993; Brisch 1999). Diese Bindungsstörungen werden in drei Gruppen unterteilt:

a) fehlende Bindung und fehlende Nutzung einer Bindungsperson als sichere Basis, entweder in einer blockierten, zurückgezogenen Form oder einer distanzlosen, unterschiedslosen Bevorzugung fremder und bekannter Erwachsener

b) gestörte Formen der Bindungs-Explorations-Balance:
  ba) extreme Anhänglichkeit und Fehlen von Exploration
  bb) unbekümmerte Selbstgefährdung, ohne bei Gefahr auf die Bindungsperson zurückzugreifen (scheinbar Fehlen von Bindung bei Gefahr)
  bc) Rollenumkehr, bei der das Kind starke Zuwendung gegenüber der und Besorgnis um die Bindungsperson zeigt und eigene Interessen vernachlässigt.

c) Formen von Trauerreaktionen auf Verlusterfahrungen, z. B. Klinikaufenthalt der Mutter etc., die oftmals normale Reaktionen darstellen, aber die kindliche aktuelle Unsicherheit widerspiegeln.

Der diagnostische Blick auf alle Formen traumatischer Beziehungserfahrungen der Eltern in der eigenen Kindheit oder in den aktuellen Familienbeziehungen und den daraus resultierenden, oftmals gravierenden Beeinträchtigungen der sicheren Basis und weiteren Entwicklungsproblemen in Schule und Gleichaltrigengruppe, gehören aus der Bindungssicht elementar zu einer gelingenden Beratung. Dabei ist es besonders wichtig, möglichst frühzeitig intervenieren zu können, um die Basiskompetenz einer gelingenden Bindungsbeziehung herstellen zu helfen. Diese desorganisierenden Grundstörungen der Sicheren Basis

---

[1] Im Gegensatz zu unsicheren Bindungsqualitäten, die in der Bindungsforschung übereinstimmend noch im Rahmen normaler Entwicklung verortet sind und von einigen sogar allein noch nicht einmal als Risikofaktor, sondern als Abwesenheit eines Schutzfaktors eingeschätzt werden (siehe Suess & Zimmermann in diesem Band)

müssen erkannt werden, da ansonsten eine Behandlung von Symptomen beim Kind wenig erfolgreich verlaufen dürfte. Gelingt trotz einer häufig hohen Ambivalenz zwischen Hilfewunsch und Angst vor zuviel Nähe in der Beratung eine tragfähige Arbeitsbeziehung zu Eltern und Kind, kann gerade bei Desorganisation schnell soweit geholfen werden, dass die direkten Bedrohungen der Sicherheit für das Kind minimiert werden und Besserungen der Situation möglich sind (vgl. auch Fallbeispiel).

Erweiterter Blick auf die Sicherheit im Familiensystem: Intergenerationentradierung, Paarbeziehung, Elternsystem, Familiensystem
Auch wenn die bisherige Bindungsforschung von ihren Fragestellungen und den Methoden her häufig die Zweierbeziehung zwischen Elternteil und Kind, die Dyade, im Blick hatte, ist die Sicherheit des Kindes und auch symptomatische Entwicklungen ohne Erweiterung auf das Familiensystem und das die Familie umgebende größere Sozialsystem nicht zu verstehen (siehe hierzu auch Witte in diesem Band). Die Forschung hat dem inzwischen zunehmend Rechnung getragen:

- Neueste Befunde der Regensburger Bindungsforschung legen nahe, dass eigenständige Beiträge von Vater und Mutter zusammen die kindliche Sicherheit und Kompetenz im Entwicklungsverlauf beeinflussen, bei der Mutter besonders die Feinfühligkeit im ersten Lebensjahr und die Sicherheit der Bindung am Ende des ersten Lebensjahres, beim Vater die herausfordernde Feinfühligkeit im zweiten Lebensjahr im Zusammenspiel mit dem Kind (Grossmann, K. u. a., in Vorb.).
- Weiter ist die Fähigkeit der Erwachsenen, im Rahmen der Paar- und Elternbeziehung eine sichere Basis als Partner und Eltern zu bilden, Gegenstand der aktuellen Bindungsforschung (vgl. Hazan & Zeifman 1999, Feeney 1999, Witte in diesem Band). Die Beziehungsmuster der Eltern und ihre Erziehungsfähigkeit sowie der Aufbau von Bindungsmustern zu den eigenen Kindern ist dabei neben aktuellen Einflüssen auch von der elterlichen Bindungsrepräsentation im Hinblick auf die eigene Kindheit beeinflusst, wie sie im Erwachsenen-Bindungsinterview, dem »Adult-Attachment-Interview« (George, Kaplan & Main 1985) erhoben wird. Auch hier können die Bindungsmodelle als sicher-autonom, unsicher-distanziert, unsicher-verwickelt und unverarbeitet-desorganisiert beschrieben werden. Diese Muster können in der Zweierbeziehung hand-

lungsleitend werden und bilden die Grundlage für das Paarsystem, dessen Sicherheit ebenfalls eingeschätzt werden kann (vgl. auch Tabelle im Anhang). Für die klinische Arbeit kommt es wiederum weniger darauf an, eine exakte Klassifikation dieser Muster vornehmen zu müssen, sondern eher auf die Offenheit der Kommunikation, v. a. im Gefühls- und Bedürfnisbereich zu achten, auf Muster der Beziehungsorientiertheit und das gegenseitige Ausmaß an Bereitstellung einer sicheren Basis und der Nutzung der sicheren Basis in der Elternbeziehung.

- Die kindliche Sicherheit selbst hängt auch wesentlich von der Qualität der Paarbeziehung der Eltern und deren Kontexten ab (vgl. Belsky 1999). Dazu zählt die Fähigkeit der Eltern, ihre Konflikte bewältigen zu können, gemeinsam Probleme zu lösen, gemeinsam die Erziehungsverantwortung zu übernehmen und dem Kind auch bei belastenden Situationen, z. B. bei Scheidung, Funktionen der sicheren Basis – z. B. offenes Reden über die Belastungen – anbieten zu können. Neben den Erfahrungen in der Dyade mit einem Elternteil macht das Kind auch wesentliche Erfahrungen in seiner Sicherheit bei Anwesenheit beider Eltern, also in der Triade, oder sogar noch größeren Systemen. Bei massiven Konflikten der Eltern oder einer strittigen Trennung kann die Fähigkeit der Eltern, Sicherheit für das Kind gemeinsam bereitzustellen in der Triade völlig verloren gehen, so dass das Kind im Beisein beider Eltern geängstigt ist und Muster entwikkelt, die Konflikte der Eltern zu minimieren, z. B. durch eigene Symptomentwicklung, die vom Konflikt ablenkt, durch Vermittlung im Elternstreit, durch Kontaktverweigerung (z. B. bei hochstrittigen Besuchskontakten) etc. um so auch die eigene Sicherheit wieder zu erhöhen (Solomon & George 1999, Scheuerer-Englisch in Vorb.).
- Für familienorientierte Kliniker ist es offensichtlich, dass auch die Herkunftsfamilien der Eltern, die Großeltern, einen wesentlichen Einfluss auf die Ehezufriedenheit der Eltern, auf ihre Fähigkeit, sich als Elternteil gut und sicher zu fühlen, und auf ihre Erziehungsfähigkeit ausüben und die aktuelle Sicherheit des Familiensystems und der Kinder beeinflussen können (Reich 1987).
- In Ausweitung der Bindungstheorie kann schließlich das ganze Familiensystem in seiner Fähigkeit, für die Mitglieder wechselseitig Sicherheit in Belastungssituationen, offenen Umgang mit Gefühlen und Bedürfnissen und offene autonome Entwicklung bereitzustellen, beschrieben werden (Byng-Hall 1999; Scheuerer-Englisch 1995, 1999a; Marvin in diesem

Band). Neben dem sicheren Muster können wiederum unsicher-vermeidende, verstrickte und desorganisierte Familienmuster beschrieben werden, die die Sicherheit im Familiensystem herabsetzen, die Entwicklung der Familienmitglieder blockieren und zu Symptomen beim Kind führen können (vgl. Tabelle im Anhang). Verlust von Bindungspersonen, Trennungen, traumatische Erlebnisse, psychische und physische Krankheiten sind Faktoren, die die Sicherheit im Familiensystem generell herabsetzen. Bindungsorientierte Familientherapeuten nennen als wesentlichstes Ziel der Paar- und Familientherapie, die Sicherheit im Gesamtsystem zu erhöhen. Dies kann mit verschiedenen Interventionsformen auf unterschiedlichen Systemebenen erfolgen.

- Unterstützung außerhalb der Familie, insbesondere soziale Kontakte, die die Rollenzufriedenheit der Mütter erhöhen, können zu größerer Sicherheit in den Eltern-Kind-Beziehungen beitragen. Sozial unterstützende Kontakte scheinen insbesondere in Familien mit höherem Entwicklungsrisiko bedeutsam zu sein (vgl. Belsky 1999).

Auf dieser Ebene geht es in der Beratung vor allem darum, die Prozesse und Muster der Kommunikation und Interaktion, die die Sicherheit herabsetzen, zu erkennen und im beratend-therapeutischen Prozess zu verändern bzw. einer Veränderung zugänglich zu machen. Sehr häufig ist in der Erziehungsberatung zu erleben, dass ein Kind (oder auch ein anderes Familienmitglied) unter einer spezifischen, subjektiven Belastungssituation leidet, z. B. Kummer mit Freunden oder in der Schule hat (schlechte Noten). Aufgrund eines vermeidenden Modells des Kindes, der wesentlichen Dyaden oder des Gesamtsystems, wird darüber nicht emotional offen kommuniziert, d. h. das Kind teilt den Kummer nicht mit und versucht, alleine damit klarzukommen. Die Bezugspersonen erkennen ebenfalls nicht, dass das Kind belastet ist oder sind nicht in der Lage, die Belastung zu erkennen, so dass Fehlzuschreibungen (z. B. du bist nicht nett zu den Kindern oder faul in der Schule) erfolgen. In der Folge entstehen beim Kind Überlastung, Bindungsärger, da es sich nicht verstanden fühlt, Entfremdung oder noch stärkerer Rückzug in der Beziehung zu den Bindungspersonen und Symptome (z. B. aggressive Auseinandersetzungen mit Gleichaltrigen oder Leistungsverweigerung). Diese verstärken den Druck im Familiensystem mit der Folge weiteren Ärgers, Fehlzuschreibungen und Symptomen. Die vermeidenden Beziehungsmuster werden dadurch bestätigt und aufrechterhalten. Zu den ursprünglichen Gefühlen der

Belastung aufgrund der auslösenden Situation kommen beziehungsspezifische von Ärger auf die Bindungsperson, Resignation und Enttäuschung, Minderung des Selbstwertgefühles auf Seiten des Kindes und Hilflosigkeit, aber auch Enttäuschung und Ärger auf Seiten der Eltern. In der Regel können Eltern und Kinder z. B. im Rahmen der Beratung offen auch über blockierte oder vermeidende Beziehungsstrukturen Auskunft geben, ohne sie auflösen zu können, z. B. sagt die Mutter: »Mein Kind lässt mich nicht an seiner inneren Welt teilhaben, erzählt nichts von Belastungen in der Schule« und das Kind bestätigt dies. Oftmals kann das Kind oder der Elternteil sogar angeben, ob diese Beziehungshaltung schon immer da war oder in einem bestimmten Alter angefangen hat. In der Beratung geht es darum, den Teufelskreis von Vermeidung, Enttäuschung und Fehlzuschreibungen zu unterbrechen, über die Realität der erlebten Belastungen und der daraus entstehenden Bedürfnisse wieder offen zu kommunizieren und angemessene Hilfen zu etablieren. So kann z. B. deutlich werden, wie sehr das Kind unter dem Schulversagen leidet, dass unter der »coolen« Fassade tiefer Kummer steckt, der von den Eltern wieder wahrgenommen werden kann. Es kann sein, dass die Realität einer Beeinträchtigung des Kindes in seinem Leistungsvermögen neu oder überhaupt erst wahrgenommen wird und eine Förderung des Kindes begonnen werden kann, so dass die Beziehung selbst entlastet wird und die Offenheit und Liebe wieder möglich wird.

Bei traumatischem Hintergrund mit Desorganisation von Beziehungsstrukturen ist im Familiensystem oftmals ein starke Verstrickung der Familienmitglieder untereinander im Hinblick auf die Gefühle, im Hinblick auf die Vergangenheit und die aktuelle Situation, starke Nähe-Distanz-Konflikte und verborgene Gefühle, vor allem von Angst, anzutreffen. Auch hier ist die behutsame Herstellung einer Situation, in der die unterschiedlichen Ebenen, Personen, Bedürfnisse und die Verbindung mit den relevanten Situationen möglich werden, das Ziel der Intervention. Das Wissen über die Beziehungsfolgen von traumatischen Erfahrungen der Eltern, z. B. von Verlust, erlauben es, in der Beratung auch extreme Gefühle und Reaktionen, z. B. von Wut und Traurigkeit, als normal zu verstehen und zuzulassen, so dass Sicherheit und Hoffnung auf der Grundlage des Verstehens möglich werden und damit wieder eine Öffnung für die notwendigen Handlungen in der aktuellen Auseinandersetzung mit der Wirklichkeit. Auch hier erleichtert es das klinische Wissen über die Bindungsmodelle und -muster, die richtigen Fragen zu stellen und wesentliche Zusammenhänge herzustellen.

Der kindliche Entwicklungsweg: Diagnostik der wesentlichen Entwicklungsthemen und subjektiven Belastungsfaktoren vor dem Hintergrund der Beziehungsmatrix und der Bindungshaltungen des Kindes

Ein aktuelles aus der Bindungsforschung entstandenes Modell von der kindlichen Entwicklung sieht die Bindung im Rahmen einer allgemeinen Kompetenzentwicklung (Sroufe 1989, Spangler & Zimmermann 1999). Wie bereits dargestellt, ist demnach der Aufbau einer organisierten Bindung zu wesentlichen Bezugspersonen eine Basiskompetenz für die weitere Entwicklung des Kindes, seiner Gefühlsregulation, seinem Beziehungsaufbau, seiner Entwicklung von Selbstwertgefühl und der Meisterung von Herausforderungen im kognitiven Bereich. Daneben ist der Bindungsaufbau als eine eigenständige zentrale frühe Entwicklungsthematik für das erste Lebensjahr zu begreifen. Das Kind hat in seiner weiteren Entwicklung jeweils alterstypische Thematiken zu meistern, nämlich die Entwicklung von Neugier und Autonomie (1–3 Jahre), die Steuerung seiner Impulse und den Aufbau von gelingenden Gleichaltrigenbeziehungen (3–6 Jahre), die Entwicklung körperlicher, kognitiver (schulischer) und sozialer Kompetenz (6–10 Jahre) und die Entwicklung einer eigenen Identität und enger neuer Bindungen an einen Partner (Jugendalter und frühes Erwachsenenalter). Es wird davon ausgegangen, dass jede Thematik im Entwicklungsverlauf ihre Bedeutung beibehält, aber die jeweils altertypische Thematik im Vordergrund steht. Außerdem wird angenommen und ist zum Teil auch bereits durch Forschungen nachgewiesen, dass die Meisterung einer früheren Entwicklungsthematik die Wahrscheinlichkeit erhöht, dass das Kind auch die folgende Thematik erfolgreich bewältigt (Zimmermann u. a. 2000).

Je älter das vorgestellt Kind in der Beratung ist, desto mehr Entwicklungsdimensionen sind von daher diagnostisch vor dem Hintergrund der Altersangemessenheit und der Ausprägung einzuschätzen und mögliche Entwicklungshypothesen zu bilden. Ein Schulkind mit zehn Jahren z. B. verfügt über eine internalisierte allgemeine Bindungshaltung, ein für das Kind typisches Ausmaß von Eigenständigkeit seiner Interessen und Autonomie, über mehr oder weniger Fähigkeiten zur Impulskontrolle und Konzentration, über gelingende oder nicht gelingende Freundschaftsbeziehungen und über bestimmte Kompetenzen im schulischen und körperlichen Bereich. Bei jedem dieser Bereiche können beobachtbare Probleme aufgrund einer durch frühere Entwicklungsthemen beeinflussten Beeinträchtigung entstanden sein oder auch durch im Kind begründete physiologische, biologische oder anlagebedingte Faktoren oder durch ein Zusammenwirken dieser Faktoren. Die Diagnostik von Intelligenz, Wahrnehmungsfähigkeit, Motorik etc. durch psychologische und ggfs. neurologische Untersuchungen sind deshalb Bestandteil einer sorgfältigen Untersuchung.

Wenn z. B. ein siebenjähriges Kind nicht gerne zur Schule geht und den Stoff der ersten Klasse nicht ausreichend aufnimmt, könnte dies entwicklungsthematisch von unsicheren oder desorganisierten Bindungen, von fehlender Autonomieentwicklung oder von einem ängstlichen geringen Selbstwertgefühl und einer Rückzugshaltung bei Herausforderungen in neuen Situationen und den damit einhergehenden Anpassungsproblemen beim Schuleintritt beeinflusst sein, oder von eher anlagebedingten kognitiven Überforderungen mit dem Stoff oder einer vorliegenden Wahrnehmungs- oder Teilleistungsstörung.

Das Scheitern oder Probleme in einer Entwicklungsthematik, z. B. den Schulanforderungen, bedeuten in der Regel im emotionalen Erleben des Kindes wiederum eine große bindungsrelevante Belastung, die dann im sicheren und offenen oder vermeidenden und verschlossenen Beziehungsprozess zu den Bindungspersonen innerhalb der Familie, aber auch mit den jeweiligen außerfamiliären Bezugspersonen (Lehrern) und zwischen der Familie und den externen Systemen verhandelt werden. Vor dem Hintergrund offener bindungssicherer Grunderfahrungen und -muster in den Familienbeziehungen und von Vertrauen in den außerfamiliären Beziehungen sind sie in der Regel besser zu bewältigen. Ob sich z. B. ein Kind mit einer Teilleistungsstörung als liebenswert empfinden kann, ob es trotz der spürbaren Beeinträchtigung ein gesundes Selbstbewusstsein entwickeln kann und eine positive Gesamtentwicklung nimmt, hängt wesentlich von den begleitenden emotionalen Unterstützungserfahrungen ab. Neben der genauen Diagnostik über die tatsächlichen möglichen Einflussfaktoren bei Problemen in der jeweiligen Entwicklungsthematik (z. B. Wahrnehmungs- und Intelligenzdiagnostik bei Schulproblemen) ist daher immer auch die Einbettung in den Beziehungsprozess der wesentliche Focus der Familienberatung. Störungen in früheren Entwicklungsthemen sollten in der Bearbeitung Vorrang haben und das Kind da abgeholt werden, wo Entwicklungsprobleme ihren Ausgang genommen haben.

Weitere soziale Systeme: Kindergarten, Schule, etc.

In den sozialen Systemen außerhalb der Familie realisiert das Kind einen großen Teil seiner Entwicklungsthemen und -aufgaben. Die Bindungsforschung konnte eindrucksvoll nachweisen, dass gelingende Beziehungen zu Gleichaltrigen, aber auch zu Erwachsenen Zusammenhänge zur Bindungsgeschichte des Kindes aufweisen (siehe Vaughn in diesem Band, Suess u. a. 1992). So haben Kinder mit einem unsicheren Bindungshintergrund weniger Freunde und mehr Probleme mit Gleichaltrigen, sie können Konflikte nicht so kompetent lösen und haben eher eine misstrauische und feindselig verzerrte soziale Wahrnehmung, die den Beziehungsaufbau erschwert. Auch Erzieher und Lehrkräfte nehmen diese Kinder eher als schwierig, unsympathisch und pädagogisch schwer zu beeinflussen wahr. Probleme in den außerfamiliären Bereichen können ebenso wie innerhalb der Familie zu einer massiven Verunsicherung und zu einer Fortschreibung unsicherer Beziehungs- und Entwicklungserfahrungen führen. Das Kind erzeugt so z. T. mit seinen inneren Erwartungen die ihm bekannte soziale Realität. Weiter gibt es häufig Misstrauen und Verunsicherung zwischen den Erwachsenen im Familiensystem und in Kindergarten oder Schule. Nicht selten ist hier gerade bei auftretenden Problemen des Kindes eine offene Kommunikation zwischen den Erwachsenen aus unterschiedlichsten Gründen erschwert, so dass das Kind durch Spannungen und Konflikte der wichtigen Bezugspersonen innerhalb und außerhalb der Familie zusätzlich verunsichert wird.

Durch vielfältige integrative Interventionen, z. B. Arbeit an den Bindungsrepräsentationen und Erfahrungen in der Familie, durch Beratung und Kooperation mit Erziehern und Lehrkräften, die das Bild vom Kind verändern, durch gemeinsame moderierende Gespräche mit den für das Kind verantwortlichen Erwachsenen, aber auch durch Gruppenangebote, in denen das Kind neue soziale Erfahrungen machen kann sowie durch Ermutigung und Vermittlung von Kompetenzen beim Kind etc. kann seine Sicherheit in den eigenständigen Beziehungen erhöht werden und negative Entwicklungsverläufe unterbrochen oder beeinflusst werden.

Abbildung 1 fasst die diagnostischen Schritte noch einmal im Überblick zusammen, die bei Familien- und Erziehungsberatung unter einer Bindungsperspektive wesentlich erscheinen:

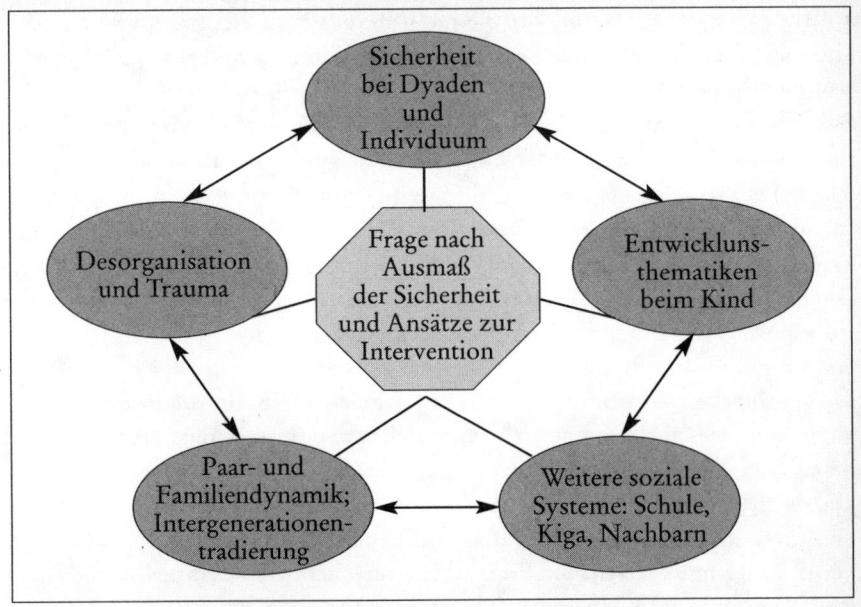

Abbildung 1: Dimensionen der Diagnostik von Sicherheit und Intervention aus einer Bindungsperspektive

Anmerkungen zur Intervention

Ausgehend von dem oben dargestellten diagnostischen Blick werden die Interventionen aus Bindungssicht immer daran gemessen, ob sie die Sicherheit im Familiensystem und dem erweiterten System, bei den einzelnen Familienmitgliedern und insbesondere den Kindern erhöhen. Dies bildet den inhaltlichen Schwerpunkt.

Die beratende und therapeutische Arbeit nimmt dabei vorrangig die im jeweiligen Fall bedeutsamen Beziehungen und Beziehungsprozesse, z. B. zwischen Elternteil und Kind, des Individuums zu sich selbst, zwischen den Eltern, den Geschwistern, zu den Großeltern und den Herkunftsfamilien und der Entwicklungsgeschichte, zu Gleichaltrigen und Freunden oder anderen Personen außerhalb der Familie (Kindergarten, Schule) in den Blick. Damit verbunden sind immer die inneren Prozesse bei den beteiligten Personen, die Erwartungen in Beziehungen, das geäußerte Vertrauen und die Offenheit und Kohärenz in der emotional vermittelten Kommunikation (vgl. auch Suess & Röhl 1999).

Im Kleinkindalter zielen die Interventionen v. a. auf die Sicherheit und Unterstützung in der Eltern-Kind-Beziehung, da diese die Grundlage für die Sicherheit des Kindes in seiner Selbstentwicklung und beim Aufbau eigener Beziehungen bilden. Das kleine Kind ist zudem in größerem Maße von der Verfügbarkeit und Feinfühligkeit der Unterstützung durch die Bindungspersonen abhängig. Die Eltern sollten deshalb hier in erster Linie in ihren Fähigkeiten unterstützt werden, als sichere Basis für das Kind bei Bindung und Exploration fungieren können. Das beobachtbare Verhalten und die Arbeit an den Bindungsmustern steht hier im Vordergrund, daneben Interventionen zur Erhöhung der Feinfühligkeit, z. B. videogestützte Interaktionsanalysen (vgl. Schieche; Downing & Ziegenhain, in diesem Band), Beratung der Eltern über Entwicklungsprozesse und die Dynamik der sicheren Basis, praktische Entlastung durch Etablierung unterstützender Netzwerke, Stärkung der Paarbeziehung, damit die Ressourcen auf der Erwachsenenebene genutzt werden können, und bei gegebenem Auftrag der Eltern auch die Arbeit an eigenen Kindheitserfahrungen und der eigenen Bindungsrepräsentation.

Ab dem Kindergartenalter spielt die innere Welt des Kindes zunehmend eine Rolle, die Sprache als Mittel zur Integration von Gefühlen und Beziehungserfahrungen gewinnt neben der oben beschriebenen Familienbeziehungsarbeit an Bedeutung (siehe Bretherton in diesem Band). Durch eine offene Kommunikation über emotional belastende Situationen, z. B. die Trennung der Eltern und die dadurch ausgelösten Bindungsängste oder -ärger, durch reflektierendes Reden auch mit dem Kind alleine können verunsichernde Erfahrungen im Sinne einer Bewältigungsperspektive verändert werden: Wie Bowlby und in Folge Kobak (1999) betonen, ist die offene Kommunikation ein Bestandteil der emotionalen Verfügbarkeit und ein wesentliches Mittel, um Brüche und Verunsicherungen im Bindungsbereich integrieren zu können und ein Gefühl der eigenen Sicherheit und des eigenen Wertes herzustellen, auch wenn bisherige Erfahrungen dem widersprechen. Der Therapeut ist dabei der Partner in dieser Art der Kommunikation, das Wissen um die Bindungsdynamik, z. B. bei Vermeidung, erlauben ihm, angemessene Fragen zu stellen und vorsichtig in Richtung offener und sicherer Modelle mit den Klienten voranzugehen. Oftmals ist er dabei vorübergehend ein Übergangsobjekt, eine sichere Basis, von der aus das Kind, aber auch Eltern ihre eigenen Erfahrungen, Erwartungen, Motive, ihre Wahrnehmung der Realität neu ordnen können, um angemessen auf Veränderungen und Herausforderungen in Beziehungen und der Umwelt reagieren zu können (vgl. Grossmann 1999). Die Bindungsrepräsentation des Kindes kann aber bis weit in die Adoleszenz hinein nur dann durch therapeutische Aktivitäten verändert werden, wenn dies in einem Setting geschieht, das die familiäre Sicherheit gleichzeitig im Blick hat und verändert, da sonst das Kind in seinen primären Beziehungen, auf die es existentiell angewiesen ist, keine Entsprechung findet und z. B. größere Offenheit nicht erwidert wird, eventuell sogar zu erneuten Verletzungen führt. Die kindliche Kompetenz in eigenständigen Entwicklungsbereichen der Schule und der kognitiven Leistungen, der motorischen und sensorischen Fähigkeiten und der sozialen Fähigkeiten können dagegen relativ eigenständig in Gruppen- und Einzeltherapie gefördert werden und tragen neben den Bindungsinterventionen zur allgemeinen Sicherheit und Entwicklungskompetenz des Kindes bei.

Die Frage, auf welcher Ebene die Intervention ansetzen soll, auf wie viel Ebenen interveniert werden soll, und in welcher Reihenfolge, ergibt sich aus der genauen Betrachtung der Situation und dem Auftrag der Klienten (vgl. auch Fallbeispiel): So kann es im einen Fall besonders wichtig sein, zunächst die Sicherheit im Elternsystem durch Paargespräche und durch Abgrenzung zu belastenden Einflüssen aus der Herkunftsfamilie zu erhöhen, im anderen Falle kann es besonders wichtig sein, das Vertrauen zwischen der Kindergartenerzieherin und der Mutter zu erhöhen, oder im dritten Fall direkt die Sicherheit in der Eltern-Kind-Beziehung anzugehen. Häufig ist eine Intervention auf unterschiedlichen Ebenen gleichzeitig oder in Folge erforderlich. Wie tief Interventionen in das bestehende Beziehungssystem eingreifen, wird im Beratungsprozess mit den Ratsuchenden flexibel ausgehandelt (siehe auch Suess & Röhl 1999). Grundsätzlich dient die Erhöhung der Sicherheit und die Öffnung der Beziehungen und inneren Modelle in Richtung Sicherheit auf den verschiedenen dargestellten Ebenen der Stärkung der Ressourcen und der Aktivierung von Schutzfaktoren (vgl. auch Suess & Zimmermann in diesem Band).

Beratung und Therapie hat aus Bindungssicht die Aufgabe, selbst eine sichere Basis für die beteiligten Personen im Beratungsprozess bereitzustellen. Sicherheit ermöglicht erst die Erkundung und den Umgang mit ängstigenden oder beunruhigenden Beziehungserfahrungen und der eigenen Muster in der Kommunikation und Interaktion und deren Veränderung. Angst dagegen blockiert Entwicklungsprozesse. Der Therapeut ist ein gutes Modell für den offenen Umgang mit bindungsrelevanten Gefühlen und Bedürfnissen, er steht reell und verantwortlich als Beziehungspartner zur Verfügung und arbeitet auf der Basis von Feinfühligkeit und herausfordernder Feinfühligkeit. Die Bindungstheorie kann integrativ von allen therapeutischen Verfahren als

Grundlagentheorie genutzt werden, die in der Person des Therapeuten ein wesentliches Werkzeug der Veränderung begreifen. Beratung aus Bindungssicht betrachten den Entwicklungsweg des individuellen Menschen vor dem Hintergrund seiner wesentlichen Beziehungserfahrungen und lenkt den Blick auf die Frage nach Sicherheit und Geborgenheit als Grundlage für die Meisterung von Herausforderungen – nicht umgekehrt. Real erfahrene Bedrohungen der Sicherheit und schmerzliche Erfahrungen, sowie die ganze Bandbreite der Gefühle, insbesondere auch belastender, haben ihren Platz in der Betrachtung und tragen zur flexiblen Anpassung und Veränderung blockierter Beziehungsmuster und Entwicklungspfade bei.

Kriterien für eine effektive Veränderung beim Individuum und in der Familie wären dabei: Mehr erfahrene und beobachtbare Sicherheit in den wesentlichen Beziehungen, mehr Offenheit, wichtige Gefühle und Bedürfnisse spüren und einbringen zu können, damit verbunden ein höheres Maß an Feinfühligkeit im Umgang miteinander, flexible Reaktionen und Anpassungsprozesse in Veränderungssituationen, und eine ausgewogene Balance von Sicherheit und Eigenständigkeit, von Zufriedenheit und Spaß in den wichtigen Beziehungen.

Fallbeispiel: Vielfältige Bedrohung der Sicherheit in Familie und Hort: Sven, sieben Jahre, vier Monate[2]
Das Kind Sven wurde von der Mutter aufgrund sehr beunruhigender Symptome angemeldet, so dass die Beratung im Sinne einer Krisenintervention sofort begonnen wurde. Sven sei in der Schule seit einigen Wochen teilnahmslos apathisch und/oder aggressiv geworden, er »lüge das Blaue vom Himmel herunter«, um keine Hausaufgaben machen zu müssen. Zu Hause sei er kaum ansprechbar, verschließe sich und schweige einfach auf Nachfragen. Am bedrohlichsten sei aber, dass er nach der Schule nicht mehr in den Bus zum Hort einsteige, sondern mit anderen Bussen in der Stadt herum fahre. Bereits zwei Mal musste ihn die Polizei suchen und heim bringen, nachdem er im Hort nicht erschienen war. Sven gab wirre Antworten auf die Frage, warum er nicht zum Hort fahre. Schule und Hort verlangten sofortige Interventionen, da sie ansonsten die Verantwortung nicht mehr übernehmen könnten.

---

[2] Die Namen und der Kontext sind soweit verändert, dass die Anonymität der Familie gewährleistet ist, die psychodynamischen Zusammenhänge aber erhalten bleiben.

Allgemeine Informationen zur Familie:
Sven geht in die erste Klasse einer Förderschule, nachmittags in einen Hort. Die leiblichen Eltern sind seit ca. zwei Jahren endgültig getrennt, aber noch nicht geschieden. Es gibt ein zweites jüngeres Kind, Kevin, einen leiblichen Bruder von Sven, der noch zu Hause ist. Die Kinder haben unregelmäßigen Besuchskontakt zum Vater, in der Regel über die Großeltern väterlicherseits, bei denen Sven fast vier Jahre aufgewachsen ist. Nach der Trennung vor zwei Jahren ist die alleinerziehende Mutter weiter entfernt aufs Land gezogen, seit einem halben Jahr zog die Mutter mit einem neuen Lebensgefährten, der selber keine eigenen Kinder hat, in eine weitere neue Wohnung an einem anderen Ort zusammen. Die Mutter ist Mitte zwanzig, sie arbeitet als Fabrikarbeiterin, der Lebensgefährte (Mitte dreißig) als Angestellter im Büro.

Bindungsdiagnostik beim Kind, Bindungsgeschichte und Krisenintervention:
Sven wirkt im Erstgespräch sehr eingeschüchtert, sagt kaum etwas, sitzt nahe an der Mutter, aber geht auf ihre Fragen und Aufforderungen zum Reden kaum ein. Er wirkt eingefroren, die Mutter betont mehrmals, dass er zu Hause ganz anders sei, viel rede, sie herumkommandiere. Sven wirkt sehr traurig, ich spreche das mehrmals an, lasse dies so stehen, nachdem die Mutter darauf nicht eingeht. Mein Angebot, alleine zu kommen, um ihn besser kennen zu lernen und zu verstehen, was zur Zeit mit ihm vor sich gehe, nimmt Sven mit einem Nicken an. Die Beziehung der Mutter zu ihm scheint eher distanziert; sie will, dass er berichtet, was die Probleme seien; sie geht davon aus, dass sie selbst wenig beitragen könne, dass Sven wieder »funktioniere«. Aufgrund der Arbeitssituation sei sie darauf angewiesen, dass er im Hort bleiben könne. Den traurigen Gefühlsausdruck von Sven nimmt sie nicht wahr bzw. deutet ihn um: er sei ja nicht echt, zu Hause sei er ganz anders. Sie berichtet zusammen mit dem Stiefvater auch offen davon, dass sie gegenüber Sven sehr hart in der Erziehung gewesen seien, auch Schläge habe es gegeben, aber dies hätten sie wieder aufgehört, da es nichts bringe.

Im Einzelgespräch und den Beobachtungen beim Erstgespräch ergab sich eine klar bindungsvermeidende Haltung von Sven gegenüber der Mutter: Probleme mache er mit sich aus, seine Gefühle lasse er sich nicht anmerken. Es würde ihn in der Familie niemand verstehen, die hätten keine Zeit für ihn. Er beneidet den kleinen Bruder, der bei der neuen Oma (Mutter des Lebensgefährten) sein dürfe, wenn die Mutter arbeitet. Die Mutter empfindet er nicht nur nicht unterstützend, sondern bedrohlich: So habe sie mit Unterbringung in der Klinik gedroht, wenn er sich nicht ändere. Deshalb traut er sich nicht der Mutter ängstigende Erlebnisse zu erzählen, da er nicht einschätzen kann, ob das nicht zu einem Klinikaufenthalt führe. Im Gespräch ergeben sich weiter deutliche Anzeichen von Desorganisation in der Bindungsrepräsentation: Er übernimmt im Interview mit dem Therapeuten immer wieder die Kontrolle, wenn es um Familien- und Bindungsthemen geht: So wechselt er das Thema, steht unvermittelt auf und macht Spielvorschläge, gibt unklare, inkohärente Antworten auf Fragen oder überhört sie konsequent. Dennoch gelingt es, im Gespräch folgende Grunddynamik der Symptomatik zu ermitteln: Die eigentlichen Bindungspersonen für Sven waren die Großeltern väterlicherseits: Als sich die Eltern vor zwei Jahren trennten, und die Mutter umzog, wurde er abrupt von ihnen getrennt. Kurz vorher wurde der kleine Bruder geboren, die Mutter wurde alleinerziehend und der Stress in der Familie war sehr hoch. Es ist anzunehmen, dass der Verlust dieser warmen und unterstützenden Beziehungen (aus seiner Sicht) sehr verletzend und ängstigend war und die Mutter gleichzeitig nicht in der Lage war, als sichere Basis für ihn zu fungieren. Durch den Umzug vor einem halben Jahr, die neue Stieffamiliensituation, den Schulbeginn und die Situation in einer großen Gruppe im Hort (mit 26 altersgemischten Kindern bis zu 15 Jahren) wurde für Sven die Belastung zu groß: Es kam zu einigen aggressiven Auseinandersetzungen mit älteren Kindern im Hort, die er aber nicht zu Hause berichtete. Er entwickelte große Angst vor dem Hort, fühlte sich sehr allein und bekam Sehnsucht nach seinen eigentlichen primären Bindungspersonen, den abwesenden Großeltern. Allerdings übertrug er diese Sehnsucht auf die neuen – aus seiner Sicht verfügbaren – Großeltern (Eltern vom Stiefvater). Wenn nun nach der Schule die Angst vor dem Hort in ihm hochstieg, handelte er: Er stieg in Stadtbusse, um den Weg zu den Großeltern zu suchen und zu ihnen zu fahren, statt in den Hort. Er äußerte im Gespräch große Sehnsucht nach den Großeltern (den leiblichen und den neuen) und Eifersucht auf den Bruder. Im Gespräch mit der Mutter wurde folgendes sofort veranlasst: Sven sollte verlässlichen Kontakt zu den Stief-Großeltern – und in Abständen auch zu den leiblichen väterlicherseits – erhalten. Außerdem wurde die »Drohung« mit der Klinikeinweisung geklärt und ihm von der Mutter versichert, dass diesbezüglich nichts geplant sei, er sich somit sicher fühlen könne. Mit der Mutter und dem Stiefvater wurde die schwierige Situation Svens aufgrund der Familienentwicklung eingehend besprochen, ebenso der Verlust der Großeltern als Bindungspersonen verbunden mit der Erläuterung der Rolle der Sicherheit und sicheren Basis für Sven. Es wurde auch darauf hingewiesen, dass der Stiefvater noch keine Bindungsperson sei, es aber langsam werden könne, wenn Sven zu ihm Vertrauen fassen könne.

Die Bedeutung der Sicherheit in den Familienbeziehungen als Grundlage zur Bewältigung der schwierigen Situation und der Reduzierung der Symptome wurde herausgestellt.

Außerdem wurde Kontakt zum Hort und zur Schule hergestellt, Gespräche vereinbart. Sven stabilisierte sich jedoch bereits nach dem Elterngespräch in Folge der Exploration soweit, dass er wieder zuverlässig nach der Schule in den Hort fuhr und auch dort besser zurecht kam, so dass der akute Problemdruck einer gelasseneren Vorgehensweise Platz machen konnte.

Desorganisation und Trauma:

Dass Sven deutliche Anzeichen von Desorganisation aufwies wurde bereits berichtet. Neben den kontrollierenden Beziehungsmustern bei Bindungsthemen zeigte er ein sehr distanzloses Verhalten in der Therapie, so umarmte er den Therapeuten bereits nach der zweiten Spieltherapiestunde überschwänglich, hing sich an ihn und bezeichnete ihn als seinen besten Freund. Gleichzeitig vermied er Blickkontakt bei der Verabschiedung. Er zeigte eine sehr hohe Verletzungsangst, schreckte leicht zusammen und wirkte manchmal bizarr in seinen schnellen Themenwechseln und z. T. unverständlichen Äußerungen.

Die Mutter berichtete, dass er bei der Trennung der Eltern die massiven tätlichen Auseinandersetzungen der Eltern hautnah mitbekam, sich auch gegen den Vater vor die Mutter stellte. Es ist anzunehmen, dass diese Situationen, die mehrere Wochen andauerten, für Sven traumatisierend gewesen sein dürften, da beide Eltern als Bindungspersonen in die Konflikte involviert waren und als Sicherheitsbasis ausfielen. Außerdem ist der Verdacht, nicht von der Hand zu weisen, dass die »harten« Erziehungsmaßnahmen der Mutter, aber auch Vernachlässigungstendenzen nach der Trennung eine klare Misshandlung darstellten. Es war in der Beratung ersichtlich, dass die Mutter deshalb belastet und froh war, über den Beratungsweg andere Formen des Umgangs und der Unterstützung für Sven zu finden. Die Kindheit der Mutter war zudem sehr schwierig: Ihre Eltern trennten sich, als sie ein Jahr alt war, den Vater hat sie nie richtig kennen gelernt. Die Mutter zog sie allein auf, ab der mittleren Kindheit sei sie total auf sich gestellt gewesen, da die Mutter wieder voll gearbeitet habe. Als sie 15 war, starb die Mutter, sie kam in ein für sie sehr schlimmes Heim, anschließend noch in eine Pflegefamilie, in der sie aber keine intensiven Beziehungen mehr einging. Mit 18 Jahren zog sie mit dem ersten Mann zusammen und wurde dann bald schwanger.

Zusammenfassend ist festzuhalten, dass es mehrere Erklärungsmöglichkeiten für Desorganisation in der Bindungsstrategie und der inneren Repräsentation bei

Sven gibt. Für die Behandlung im Rahmen der Erziehungsberatung war die Mutter bzgl. ihrer eigenen Geschichte nicht auf Therapie hin orientiert, obwohl die Geschichte im Rahmen der Elterngespräche Thema waren und reflektierend eingebunden waren. Die Mutter und der neue Lebensgefährte waren jedoch sehr motiviert und offen, an den familiären Beziehungen und der Erziehung etwas zu verändern. Anregungen und Hinweise, sowie die Termine für Sven zur Spieltherapie nahmen sie wahr, manchmal allerdings mit Unpünktlichkeit aufgrund der belastenden Arbeitssituation.

Paar- und Familiendynamik:
Die Mutter und der Lebensgefährte sind seit ca. zwei Jahren ein Paar, seit einem halben Jahr leben sie zusammen. Sie sind also selbst als Paar in der Bindungsaufbauphase, haben wenig Zeit füreinander, da beide berufstätig sind und die zwei Kinder sehr anstrengend sind. Der Stiefvater scheint eher in der Lage zu sein, Beziehungen wertzuschätzen, auf Bedürfnisse einzugehen und er steht zu der Familie. Dies ist ein wesentliches stabilisierendes Element, er ist gut in der Lage, den Kindern Grenzen zu setzen, und unternimmt auch mit Sven etwas. Allerdings ist er für ihn noch keine Vertrauensperson, er hat keine eigenen Kinder und fühlt sich häufig sehr hilflos bei Auffälligkeiten der Kinder.

Der häufige Zeitmangel und ungünstige Arbeitszeiten der Mutter erzeugen einen ständigen Stress in der Familie, die Förderung der Kinder in den motorischen, sprachlich-intellektuellen und sozialen Bereichen ist gefährdet und marginal. Die Sicherheit in der Familie ist herabgesetzt und durch diese Faktoren zusätzlich bedroht. Wenn Sven zu wenig Zuwendung oder Unterstützung erfährt, wenn Spieltherapietermine ausfallen, treten bei ihm schnell Symptome (aggressives Verhalten gegenüber anderen Kindern oder ein Leistungsabfall) auf, die vor diesem Hintergrund verstehbar und beeinflussbar sind, wie im Rahmen der über einjährigen Beratung klar wurde. Ziele der Intervention in diesem Bereich waren: Unterstützung des Zusammenwachsens der neuen Stieffamilie durch Familiengespräche, entwicklungspsychologische Beratung bezüglich der Bindungsbedürfnisse und -dynamik der Kinder, Erhöhung der gegenseitigen Sensibilität für Bindungsbedürfnisse und Wertschätzung der Beziehungen als eigenes Gut im Vergleich zu Berufsanforderungen etc.

Weitere Entwicklungsthemen bei Sven:
Sven hat aufgrund seiner Bindungsprobleme aber auch aufgrund der Familiensituation und weiterer Beeinträchtigungen keine stabilen Freundschaftsbezie-

hungen aufbauen können. Er musste in zwei neuen Gruppen, der Schulklasse und dem Hort, Anschluss finden, womit er überfordert war. Er hat vor Gleichaltrigen eher Angst, geht ihnen aus dem Weg und kann z. T. körperlich und intellektuell nicht mithalten. Neben einer feststellbaren Beeinträchtigung in der Grobmotorik, fehlenden Sporterfahrungen und einer Neigung zum Übergewicht, die ihn dabei behindern, wirkte er durch bizarre kleinkindhafte Sprachäußerungen bei Anspannung für Gleichaltrige unverständlich oder lächerlich. Durch die Berufstätigkeit der Mutter und die Wohnverhältnisse gelang es ihm auch nicht, in der Nachbarschaft Kontakte und Austausch zu finden.

Auch im schulischen Bereich hatte er Startprobleme, er wurde aufgrund von Schuluntersuchungen in die Förderklasse eingeschult. Im Verlauf der Spieltherapie besserten sich seine Schulleistungen so, dass der Übertritt in die Grundschule erwogen werden kann und nicht ausgeschlossen werden kann, dass die schulische Leistung nicht unerheblich von der geringen Förderung zu Hause und den Bedrohungen der Sicherheit beeinflusst war. Durch den neuen Lebengefährten kam hier auch eine deutliche Wende in der Unterstützung. Im ersten halben Jahr der Beratung zeigte er noch massive Beeinträchtigungen in den Schulleistungen, Arbeitsverweigerung, Unpünktlichkeit und feindseliges Verhalten gegenüber Gleichaltrigen. Allerdings begann er ab Therapiebeginn auf die Lehrerin zuzugehen und eine Beziehung zu ihr aufzubauen, die es ihm ermöglichte, besser mit zu arbeiten.

Die Spieltherapie an der Beratungsstelle hatte vor allem neben der Unterstützung im emotionalen Bereich und der Bearbeitung von belastenden Erfahrungen die Förderung des Selbstwertgefühls und den Aufbau von Kompetenzen im sportlichen und körperlichen Bereich zum Ziel. Sven lernte Hockey-Spielen, Fußball Spielen, mit Werkzeug umgehen, »Fechten« etc.. Er nutzte die Spieltherapie von sich aus auch, um mit seinen Ängsten spielerisch umzugehen, z. B. im »Geisterbahnspiel«, wo ich ihn erschrecken sollte, allerdings unter kontrollierten Bedingungen (er bestimmte den Abstand zu ihm und die Aktionen sowie das Ende), was ihm viel Spaß machte.

Weitere soziale Systeme:
Sven fühlte sich vor allem im Hort, in der großen Gruppe mit deutlich älteren Kindern besonders unsicher, hier war auch die Zeit und der Umgang miteinander weniger geregelt als in der eher beschützten Förderschule. Im Rahmen eines baldigen Hortbesuches des Therapeuten nach der Anmeldung war zu beobachten, dass Sven den anderen Kinder ängstlich aus dem Weg ging, dass er für drei ältere Kinder

Zielscheibe von verbalen Angriffen war. Sven wandte sich in diesen Situationen nicht an die Horterzieherinnen, sondern nutzte sofort den Therapeuten als sichere Basis. Er kam alle fünf Minuten zu ihm, wollte ganz in die Nähe, fast auf den Schoß, äußerte Ängste, dass er angegriffen wird. Er freute sich über den Erwachsenenbesuch, der ihn in den Augen der anderen interessant machte und ihn mutiger werden ließ. Bei einer Rangelei mit einem gleichaltrigen Kind ließ er sich demonstrativ und vorschnell hinfallen, ging in eine Opferposition und aus dem Kontakt mit dem Kind und suchte anschließend Nähe. Obwohl er schon vier Monate in der Einrichtung war, entstand der Eindruck, dass Sven noch nicht dort angekommen war, noch nicht Fuß gefasst hatte, keinen Ansprechpartner und keine Bezugsperson hatte. Normalerweise haben dies Kinder im Schulalter nicht mehr so dringend notwendig, solange die Hortsituation nicht überfordernd wahrgenommen wird und Kontakt und Spiel mit anderen möglich ist sowie die Eltern über die Befindlichkeit des Kindes Bescheid wissen. Bei Sven waren diese Bedingungen aber nicht gegeben. So wurde der Hort für ihn immer bedrohlicher. Die Erzieherinnen berichteten, dass er von den anderen Kindern sehr stark abgelehnt werde, da er ungeschickt oder feindselig auf die Kinder zugehe, oft linkisch und unbeholfen wirke und auch vom Anziehen her nicht mithalten könne. Mit den Horterzieherinnen wurden die Beobachtungen und die Einschätzung von Sven besprochen und vereinbart, eine sichere Basis für ihn zu bilden, d. h. auf Vermeidungsprozesse, Überforderung etc. bei ihm vorübergehend stärker zu achten und ihm mehr Unterstützung zu geben, bis er sich in der Einrichtung sicherer fühlen kann. Dies gelang sehr gut, die Integration von Sven nahm – mit einigen Rückschlägen – kontinuierlich zu, er lehnte den Hort in der Folge dann nicht mehr ab, und die Symptome verschwanden. Nach einem Jahr hatte er eine Freundschaft zu einem Kind aufgebaut, die immerhin zu gegenseitigen Besuchen zu Hause führten.

Zur Beratung und Intervention:
- Die Ziele der Arbeit waren zunächst, die Situation von Sven und der Familie zu klären, um die Symptome des Weglaufens zu beenden.
- Mit Blick auf die festgestellten Beeinträchtigungen der kindlichen Sicherheit in der Familie und im Hort war das weitere Ziel, ein enges Unterstützungsnetz für Sven aufzubauen, v. a. durch Beratungsgespräche mit den Eltern mit dem Ziel, deren Fähigkeiten als sichere Basis zu erhöhen und Verständnis für die Situation von Sven zu erreichen. Unter diesem Aspekt wurde auch der direkte Kontakt zu den Horterzieherinnen hergestellt und die Situation von Sven sowie die Bedeutung des Gefühls von Sicherheit für

ihn erörtert und Unterstützungsmaßnahmen ergriffen. Dabei ging es vor allem um mehr Zuwendung, Beachtung und ein aktives Einbeziehen von Sven im Alltag der Gruppe, um seinen Vermeidungsstrategien neue Erfahrungen entgegenzusetzen.
- Die Beobachtungen bzgl. der Entwicklung von Sven in den verschiedenen alterstypischen Entwicklungsthemen legten es nahe, dass auch eine Einzelspieltherapie mit Sven sinnvoll sei, um seine Selbstsicherheit und seine Kompetenzen in wichtigen Entwicklungsbereichen in einem geschützten Rahmen zu erhöhen, aber auch, um belastende und desorganisierende Beziehungserfahrungen spielerisch zu verarbeiten.
- In Familiengesprächen in wechselnden Settings ging es um das Zusammenwachsen der neuen Stieffamilie, um die Sicherheit auf der Erwachsenenebene und die Meisterung der Erziehungsaufgaben durch die Mutter und den Stiefvater. Das Bewusstsein, dass Sicherheit nur aus entsprechenden unterstützenden Erfahrungen über einen längeren Zeitraum, aus stabilen Beziehungen erwachsen kann, entwickelte sich allmählich und löste den eher distanzierten und kritisierenden Blick der Eltern auf Sven ab, der bei problematischem Verhalten vorgeherrscht hatte.
- Die Kindheitsgeschichte und die erste Ehe der Mutter waren mehrfach Thema und konnten reflektierend unterstützend eingeordnet werden, z. B. dass die Mutter aktiv überfordernde Situationen verlassen hatte, sich und die Kinder geschützt hatte, dass sie trotz der schwierigen Geschichte schon viel an Stabilität erreicht habe und sich aktiv Hilfe gesucht habe. Für eine tiefergehende therapeutische Aufarbeitung nahm sich die Mutter jedoch nicht Zeit, die zeitliche Belastung durch Berufstätigkeit und Kindererziehung hielten sie davon ab, entsprechende Angebote anzunehmen.

Nach über einem Jahr Beratung und Spieltherapie in wechselnden Settings sowie Zusammenarbeit mit dem Hort hatte sich Sven in allen wesentlichen Bereichen stabilisiert. Seine Bindungshaltung in der Familie blieb unsicher vermeidend, aber die desorganisierenden Elemente waren verschwunden. Er verfügte über mehr Sicherheit in der Familie sowie in seinen eigenen Entwicklungsbereichen und hatte einen Freund gewonnen. Die Erziehungshaltung der Mutter (und des Stiefvaters) waren unterstützender geworden, aber die Zeitnot verhinderte eine noch intensivere Zuwendung und Auseinandersetzung mit Sven. Desorganisierende Erziehungshaltungen (Schläge, Abwertung) waren verschwunden, die vorgefallenen unangemessenen Bestrafungen waren offen angesprochen und geklärt worden.

In der Einzeltherapie entwickelte er zunehmend eine emotional offene Kommunikation, die neue Erfahrungen in Richtung offener und sicherer Bindungsorganisation möglich macht. Er bleibt jedoch bei kritischen Lebensereignissen in seiner Entwicklung gefährdet. Die Beratung wurde auf Wunsch der Mutter, die mit den erreichten Veränderungen zufrieden war, beendet. Derzeit wird überlegt, der Mutter für Sven noch eine therapeutische Kindergruppe mit Gleichaltrigen anzubieten, um seine Kompetenzerfahrungen im sozialen Bereich weiter zu erhöhen. Die Familie und auch Sven bekamen das aus Bindungssicht selbstverständliche Angebot, sich bei Problemen oder auch so jederzeit und ohne große Hürden wieder an die Beratungsstelle und den Therapeuten – als sichere Basis sozusagen – wenden zu können.

Literatur:

Ainsworth, M. D. S., Blehar, M.C., Waters, E. & Wall, S. (1978): Patterns of attachment:. A psychological study of the Strange Situation. Hillsdale, NJ (Lawrence Erlbaum Ass).

Ainsworth, M. D. S. & Eichberg, C. G. (1991): Effects on infant-mother attachment of mother's unresolved loss of an attachment figure, or other traumatic experience. In: Parkes, C.M., Stevenson-Hinde, J. & Marris, P. (Hg.): Attachment across the life cycle. London/New York (Tavistock, Routledge), S. 160–183.

Belsky, J. (1999): Interactional and contextual determinants of attachment security. In: Cassidy, J. & Shaver, Ph. R. (Hg.): Handbook of Attachment. New York, London (The Guilford Press), S.249–264.

Bowlby, J. (1986): Trennung. Psychische Schäden als Folge der Trennung von Mutter und Kind. Frankfurt/M. (Fischer).

Bowlby, J. (1995): Elternbindung und Persönlichkeitsentwicklung. Therapeutische Aspekte der Bindungstheorie. Heidelberg (Dexter Verlag).

Bretherton, I., Ridgeway, D. & Cassidy, J. (1990): Assessing internal working models of the attachment relationship. An attachment story completion task for three-year-olds. In: Greenberg, M., Cicchetti, D. & Cummings, M. (Hg.): Attachment in the preschool years. Cicago (University of Chicago Press), S. 273–308.

Brisch, K.-H. (1999): Bindungsstörungen. Stuttgart (Klett-Cotta).

Byng-Hall, J. (1999): Family and Couple Therapy. Toward Greater Security. In: Cassidy, J. & Shaver, Ph. R. (Hg.): a. a. O., S. 625–648.

Cassidy, J & Shaver, Ph. (Hg.) (1999): Handbook of attachment. London, New York (Guilford).

Crowell, J., Gao, Y., Pan, H. & Waters, E. (1997): The secure base scoring system for adults (SBSS). Unpublished measure. Department of psychology, SUNY, Stony Brook, NY 11794.

Davies, P. T. & Cummings, E. M. (1998): Exploring childrens' emotional security as a mediator of the link between marital relations and child adjustment. Child Development, 69, S. 124–139.

Feeney, J. A. (1999): Adult romantic attachment and couple relationships. In: Cassidy, J. & Shaver, Ph. R. (Hg.): a. a. O., S. 355–377.

George, C., Kaplan, N. & Main, M. (1985): The attachment interview for adults. Berkeley (University of California), Unpublished manuscript.

Grossmann, K.E (1977): Skalen zur Erfassung mütterlichen Verhaltens von M. D. S. Ainsworth. In: Grossmann, K. E. (Hg.): Entwicklung der Lernfähigkeit in der sozialen Umwelt. München (Kindler), S. 96–107.

Grossmann, K., Grossmann, K. E., Spangler, G., Suess, G. & Unzner, L. (1985): Maternal sensitivity and newborns' orientation responses as related to quality of attachment in northern Germany. In: Bretherton, I. & Waters, E. (Hg.): Growing points in attachment theory and research. Monographs of the Society for Research in Child Development.

Grossmann, K. E., Becker-Stoll, F., Grossmann, K., Kindler, H., Schieche, M., Spangler, G., Wensauer, M. & Zimmermann, P. (1997): Die Bindungstheorie Modell, entwicklungspsychologische Forschung und Ergebnisse. In: Keller, H. (Hg.): Handbuch der Kleinkindforschung. Göttingen (Hogrefe), S. 51–95.

Grossmann, K. E. (1999): Old and new internal working models of attachment: The organization of feelings and language. Attachment and Human Development, Vol. 1,3, London (Routledge), S. 253–269.

Grossmann, K. & Kassubek, B. (1999): Skala: Herausfordernde Feinfühligkeit im freien Spiel. Unveröffentlichtes Methodenpaper. Universität Regensburg.

Grossmann, K., Grossmann, K. E., Fremmer-Bombik, E., Kindler, H., Scheuerer-Englisch, H. & Zimmermann, P. (in Vorb.): The uniqueness of the child-father attachment relationsship. Fathers' sensitive and challenging play as the pivotal variable in a 16-year longitudinal study.

Hazan, C. & Zeifman, D. (1999): Pair bonds as attachments. Evaluating the evidence. In: Cassidy, J. & Shaver, Ph. R. (Hg.): a. a. O., S. 336–354.

Kobak, R. (1999): The emotional dynamics of disruptions in attachment relationships. Implications for theory, research and clinical intervention. In: Cassidy, J. & Shaver, Ph. R. (Hg.): a. a.O., S. 21–43.

Lyons-Ruth, K. & Jacobvitz, D. (1999): Attachment disorganization. Unresolved loss, relational violence, and lapses in behavioural and attentional strategies. In: Cassidy, J.& Shaver, Ph. R. (Hg.): a. a. O., S. 520–554.

Lyons-Ruth, K. (2000): Hostile and helpless relationship patterns within the desorganized attachment category. Convergence of representational and interactive measures. Vortrag International Conference. Attachment from Infancy to Adulthood. München Juli 2000.

Main, M. & Hesse, E. (1990): Parents' unresolved traumatic experiences are related to infant disorganized attachment status. Is frightened and/or frightening parental behavior the linking mechanism? In: Greenberg, M. T., Cicchetti ,D. & Cummings, E.M. (Hg.): Attachment in the Preschool Years. Chicago (University of Chicago Press), S. 161–184.

Main, M. & Solomon, J. (1990): Procedures for identifying disorganized/disoriented infants in the Ainsworth Strange Situation. In: Greenberg, M. T., Cicchetti, D. & Cummings, E.M. (Hg.): a. a. O., S. 121–160.

Reich, G. (1987): Partnerwahl und Ehekrisen. Eine familiendynamische Studie. Frankfurt, Eschborn.

Scheuerer-Englisch, H. (1989): Das Bild der Vertrauensbeziehung bei zehnjährigen Kindern und ihren Eltern: Bindungsbeziehungen in längsschnittlicher und aktueller Sicht. Unveröffentlichte Dissertation. Universität Regensburg.

Scheuerer-Englisch, H. (1995): Die Bindungsdynamik im Familiensystem. Impulse der Bindungstheorie für die familientherapeutische Praxis. In: Spangler, G.& Zimmermann, P. (Hg.): Die Bindungstheorie. Grundlagen, Forschung und Anwendung Stuttgart (Klett-Cotta), S. 375–395.

Scheuerer-Englisch, H. (1998): Auswirkungen traumatischer Erfahrungen auf Bindungs- und Beziehungsverhalten. In: Stiftung zum Wohl des Pflegekindes (Hg.): 1. Jahrbuch des Pflegekinderwesens Idstein (Schulz-Kirchner), S. 66–84.

Scheuerer-Englisch, H. (1999a): Bindungsdynamik im Familiensystem und familientherapeutische Praxis. In: Suess, G.J. & Pfeifer, W.-K (Hg.): Frühe Hilfen. Gießen (Psychosozial-Verlag), S. 141–164.

Scheuerer-Englisch, H. (1999b): Kinder – getrennt und doch gebunden. Entwicklungspsychologische Erkenntnisse und der Beitrag der Erziehungsberatung bei Fremdunterbringungen. In: Hundsalz, A., Menne, K. & Cremer, H. (Hg.): Jahrbuch für Erziehungsberatung 3, Weinheim (Juventa), S. 137–159.

Scheuerer-Englisch, H. (in Vorb.): Sicherheit schafft Vertrauen. Begleiteter Umgang aus bindungstheoretischer Sicht. In: Evang. Zentralinstitut für Familienberatung (Hg.): Dokumentation der 2. Bundesfachtagung für begleiteten Umgang. Berlin 2000.

Solomon, J. & George, C. (1999): The measurement of attachment security in infancy and childhood. In: Cassidy, J. & Shaver, Ph. R. (Hg.): a. a. O., S. 287–318.

Spangler, G. & Zimmermann, P. (1999): Bindung und Anpassung im Lebenslauf. Erklärungsansätze und empirische Grundlagen für Entwicklungsprognosen. In: Oerter, R., Röper, G., Hagen, C. v. & Noam, G. (Hg.): Lehrbuch der klinischen Entwicklungspsychologie. Weinheim (Psychologie Verlags Union), S. 760–786.

Spangler, G., Grossmann, K., Grossmann, K. E. & Fremmer-Bombik, E. (2000): Individuelle und soziale Grundlagen von Bindungssicherheit und Bindungsdesorganisation. Psychologie in Erziehung und Unterricht, 3/2000, S. 203–220.

Sroufe, L. A. (1989): Relationships, self, and individual adaptation. In: Emde, R. & Sameroff, A. (Hg.): Relationship disturbances in early childhood. New York (Basic Books), S. 70–96.

Suess, G. J., Grossmann, K. E., Sroufe, L. A. (1992): Effects of infant attachment to mother and father on quality of adaptation in preschool. From dyadic to individual organization of self. International Journal of Behavioral Development, 15, S. 43–65.

Suess, G. J. & Pfeifer, W.-K. (1999): Frühe Hilfen. Gießen (Psychosozial-Verlag).

Suess, G. J. & Röhl, J. (1999): Die integrative Funktion der Bindungstheorie in Beratung und Therapie. In: Suess, G.J.& Pfeifer, W. (Hg): a. a. O., S. 165–199.

Suess, G. J. & Fegert, J. M. (1999): Das Wohl des Kindes in der Beratung aus entwicklungspsychologischer Sicht. Familie, Partnerschaft und Recht, 1999/3, S. 157 ff.

Waters, E. & Cummings, M. (2000): A secure base from which to explore close relationships. Child Development, Vol. 71,1. S. 146–172.

Zeanah, C. H., Mammen, O., & Lieberman, A. (1993): Disorders of attachment. In: Zeanah, C.H. (Hg.): Handbook of infant mental health. New York (Guilford Press), S. 322–349.

Zimmermann, P., Suess, G., Scheuerer-Englisch, H. & Grossmann, K. E. (2000): Der Einfluss der Eltern-Kind-Bindung auf die Entwicklung psychischer Gesundheit. In: Petermann, F., Niebank, K. & Scheithauer, H. (Hg.): Risiken in der frühkindlichen Entwicklung. Göttingen (Hogrefe), S. 301–330.

Anhang: Tabelle1 - Bindungsstile und -organisation in unterschiedlichen Kontexten, siehe folgende Seite

Bindungs- und Beziehungsstile	Bindungsverhaltensorganisation in der Dyade (Beobachtung Fremde Situation, Sechsjährige)	Fürsorgeverhalten, Elternverhalten	Bindungsrepräsentation und mentaler Status bei Erwachsenen, Kindern, Jugendlichen (in Interviews	Dynamik in der Paarbeziehung	Familiendynamik
Sicher	Direkte und offene Kommunikation und Zugang zu Gefühlen; Nähe zur Bindungsperson bei Belastung; Bp. bildet sichere Basis bei der Exploration;	Feinfühlige Wahrnehmung und prompte und angemessene Reaktion auf die kindlichen Bedürfnisse und Gefühls-äusserungen; Zulassen von Körperkontakt und Akzeptieren des Kindes	Freier und eigenständiger Zugang zu eigenen Bindungserfahrungen, Integration negativer Gefühle und Erfahrungen; Wertschätzung von Bindungen und Gefühlen; beziehungsorientiert;	Gegenseitige Fürsorge gelingt, der Partner ist bei Belastung verfügbar; primäre Bindungsgefühle werden ausgedrückt; angemessene Reaktionen und flexible Anpassung ermöglichen Zufriedenheit und Exploration	Offenes System: gegenseitiges Vertrauen und Fürsorge ermöglicht Exploration und Autonomie; offener und flexibler Umgang mit Gefühlen und Bedürfnissen, wenig Spannungen, klare Rollenverteilung.
Vermeidend	Wenig, eingeschränkte Kommunikation und Zugang zu Gefühlen, Beziehungsvermeidende Haltung bei Belastung; überaktivierte Exploration bei geringer Intensität	Unfeinfühliger Umgang mit kindlichen Bedürfnissen, Zurückweisung bei Gefühlsäusserungen und Körperkontakt;	Abgeschnitten von Erinnerung an Bindungserfahrungen, Idealisieren der eher unglücklichen Kindheit; Rückzug aus der Beziehung bei Belastung; geringe Wertschätzung von Gefühlen;	Fehlender Zugang zu Gefühlen und Partner führt zu dysfunktionalen Beziehungsprozessen (Anklagen, Rationalisieren, Gewalt, Rückzug); Forderungs-, Rückzugszirkel; eingeschränkte Reflexion, Exploration	Geringe Feinfühligkeit und unerfüllte Bindungsbedürfnisse führen zu Anspannung, Ärger; beeinträchtigter Exploration; primäre Gefühle werden nicht kommuniziert; Tendenz zu Rigidität und Isolation (geschlossen)
Ambivalent	Übersteigerter Gefühlsausdruck, ärgerlich, angespannt; Anklammernd und hilflos bei Belastung; Bindungssystem überaktiviert; Exploration nicht möglich;	Inkonsistenter nicht einschätzbarer Umgang mit den kindlichen Bedürfnissen, fehlende Grenzen zwischen elterlichen und kindlichen Bedürfnissen, elterliche Bedürfnisse dominieren	Verstrickung in frühere Bindungserfahrungen, die das aktuelle Leben stark beeinflussen; fehlende Ablösung von Eltern; häufig Angst, Wut, Hilflosigkeit und Verwirrung im Gespräch	Inkonsistente Reaktionen des Partners führen zu Anklammern, Verstrickung und Ärger in der Paarbeziehung; die Prozesse sind vergleichbar wie bei vermeidenden Paarbeziehungen (s.o.);	Verstrickung, Ambivalenz und geringes Vertrauen führen zu Überengagement und Abhängigkeit bei gestörter Exploration und Individuation; schwache "Grenzen"
Desorganisiert	Unklarer, widersprüchlicher Gefühlsausdruck, z.T. geängstigt durch Bp.; deutlicher Annäherungs-/Vermeidungskonflikt gg. Bp., später kontrollierend und Rollenumkehr; Exploration beeinträchtigt	Ängstigender Umgang mit dem Kind, Traumatisierung durch Misshandlung, Missbrauch oder Vernachlässigung; Elternteil selbst traumatisiert und geängstigt beim Umgang mit dem Kind	Hinweise auf gedankliche Desorganisation im Gespräch über Bindungserfahrungen aufgrund unverarbeiteter traumatischer Erfahrungen und Verlust von Bindungsperson	Mit unverarbeitetem Trauma verbundene und abgespaltene Gefühle führen zu Irritationen, Misstrauen und Missverständnissen in der Interaktion und gefährden den Bestand der Beziehung	Traumatisierender Umgang der Eltern mit den Kindern oder intergenerationale Traumafolgen desorganisieren Familienstruktur, führen zu Rollenumkehr, Irritation und Zerfall der Familie

Tabelle 1: Überblick über Bindungsstile und -organisation beim Individuum, den Erziehungshaltungen und in unterschiedlichen Beziehungskontexten

BezugserzieherIn im Heim – eine Beziehung auf Zeit

Lothar Unzner

Einleitung

Mangelnde emotionale Verfügbarkeit von Bezugspersonen und weitere Belastungsfaktoren wie Verlust oder Trennung von wichtigen Bezugspersonen begünstigen eher abweichende Entwicklungsverläufe; unterstützende Beziehungserfahrungen tragen zu einer »gesunden« psychischen Entwicklung bei. Diese Erkenntnisse der Entwicklungspsychopathologie (vgl. Spangler & Zimmermann 1999) finden auch in der Kinder- und Jugendhilfe Berücksichtigung. Die Hilfen für Familien, vor allem für junge Frauen mit kleinen Kindern, wurden ausgebaut, um eine Trennung möglichst zu vermeiden. Diese ambulanten oder teilstationären Hilfsangebote stoßen jedoch immer wieder an ihre Grenzen. Dann ist die Jugendhilfe aufgerufen, Unterbringungsmöglichkeiten bereitzustellen, die in einem familienanalogen Rahmen den emotionalen Bedürfnisse der kleinen Kinder entsprechen (vgl. Bundesministerium für Familie, Senioren, Frauen und Jugend 1998). Neben (Bereitschafts-)Pflegefamilien und Erziehungsstellen kann in manchen Fällen die Unterbringung in einer stationären Einrichtung das angemessene Angebot sein.

Es sind immer schwerwiegende Gründe, wenn ein Kind fremduntergebracht wird. Häufig sind die Kinder verwahrlost oder unterernährt, sexuell missbraucht oder körperlich misshandelt worden; oder die Eltern können aufgrund von Alkoholabhängigkeit, Drogenmissbrauch oder psychischer Erkrankung die Erziehung der Kinder – vorübergehend oder auf Dauer – nicht gewährleisten, so dass die weitere Entwicklung der Kinder gefährdet ist (Beißwanger 1998; Blüml 1994, 1997; Textor 1995; Unzner 1995, 1999; Verband katholischer Einrichtungen der Heim- und Heilpädagogik 1994).

Häufig sind diese Kinder in unterschiedlichen Bereichen in ihrer Entwicklung verzögert; meist zeigen sie Symptome von Bindungsstörungen (vgl. auch Scheuerer-Englisch & Unzner 1997 a, b), denn sie haben häufig keine oder zu wenig Fürsorge von den Bindungspersonen bekommen. Sie erhielten wenig feinfühlige Zuwendung oder nur unter vorgeschriebenen Bedingungen der Eltern; sie erlebten ihre Beziehungspersonen als massiv angstauslösend und desorientierend und nicht als schützend. Zudem mussten sie häufige Bezugspersonenwechsel, Beziehungsabbrüche und Verluste hinnehmen.

Diese Kinder brauchen dringend Erwachsene, die sich ihrer zuverlässig annehmen, die ihnen korrigierende Beziehungserfahrungen ermöglichen und sie wieder Vertrauen gewinnen lassen in andere Personen. Nur so können die Kinder doch noch langfristig Selbstvertrauen, ein förderliches »Arbeitsmodell« (Bowlby 1973) von sich und ihrer Umgebung aufbauen. Ein Ziel muss es sein, den Kindern zu helfen, eine Qualität der internen Bindungsorganisation zu erreichen, die bei weiteren zukünftigen Belastungen als Schutzfaktor wirksam werden kann (Werner & Smith 1982).

Im Rahmen einer Fremdunterbringung kleiner Kinder haben die betreuenden Personen eine besondere Verantwortung bei diesen zutiefst bindungsgestörten Kindern; es erfordert ein besonders sorgfältiges, gut durchdachtes Vorgehen. Erschwert wird das Bemühen, den Bedürfnissen der Kinder gerecht zu werden durch ein Setting, das gekennzeichnet ist durch organisatorische und finanzielle Rahmenfaktoren wie Stellenpläne und Schichtdienst auf der einen Seite und Nichtwahrnehmen der kindlichen Bedürfnisse und Widerstand der Eltern auf der anderen Seite. Um zu erreichen, dass die Gestaltung der Bindungsbeziehungen, die häufig als entscheidender Kritikpunkt gegen Heimunterbringung gesehen werden, zu einem Qualitätsmerkmal von Heimerziehung wird, braucht es Konzepte, die neben den Bindungsbedürfnissen der Kinder sowohl die Belange der professionellen Betreuer, (institutionelle) Rahmenbedingungen sowie die Bedürfnisse und Nöte der Eltern berücksichtigen. Inhaltlich ist deshalb von besonderer Bedeutung die Gestaltung des ersten Kennenlernens, der Aufnahme und der Eingewöhnung, der Arbeit mit den Eltern und der Gestaltung der Beziehung zwischen Kind und (Bezugs-)ErzieherIn.

Gestaltung der Trennung

Eine Fremdunterbringung ist in der Regel mit einer zumindest zeitweiligen Trennung von (einer) bis dahin wichtigen Bezugsperson(en) verbunden. Da im Kleinkindalter diese Unterbringungen meist in einer krisenhaften Situation stattfinden, sind sie für das Kind weder durchschaubar noch kontrollierbar. Da das Zeitgefühl und die kognitive Fähigkeiten noch wenig ausgeprägt sind, stellen diese Trennungen eine große Belastung und Verunsicherung dar.

Kinder, die in »normalen« familiären Verhältnissen betreut werden, reagieren bei unfreiwilligen und unvorbereiteten Trennungen von den Bindungspersonen drastisch in einer vorhersagbaren Weise (Bowlby 1973, Heinicke & Westheimer (1966), Robertson & Robertson 1971): Zunächst weint das Kind und protestiert gegen die Trennung; es ruft und sucht verzweifelt nach der Bindungsperson. Es zeigt Widerstand gegen die neuen Betreuungspersonen. Es lässt sich von diesen nur schwer trösten und klammert sich statt dessen an ein Lieblingsspielzeug. Bei längeren Trennungen – je nach dem Alter der Kinder von Tagen bis Wochen – beginnt nach einer Phase des Wartens, verbunden mit Passivität und Apathie des Kindes, die allmähliche Ablösung des Kindes von der Bindungsperson.

Bei Kindern aus sehr belasteten Situationen ist dieses Muster häufig nicht zu beobachten. Sie scheinen sich sehr schnell zu trennen, ja manchmal ganz froh zu sein, in der neuen Umgebung mit anderen Kindern spielen zu können und von fremden Erwachsenen betreut zu werden. Sie suchen bei diesen die Zuwendung, die sie von ihren Müttern und Vätern nicht bekommen haben. Trotzdem ist es auch diesen neuen Bindungspersonen gegenüber zuerst misstrauisch und braucht lange Zeit für verlässliche positive Interaktionen, um sich auf eine Bindungsbeziehung einlassen zu können. Manche Kinder scheinen innerlich beschlossen zu haben, sich nicht mehr zu binden, um Verletzungen und Schmerzen zu vermeiden. Sie verweigern sich den neuen Bezugspersonen und sind durch ihre Gekränktheit sehr schwierig im Umgang. Diese Kinder sind in besonderem Maße gefährdet, bei einer Fremdunterbringung zu scheitern.

Grundvoraussetzung für eine gelingende Familienhilfe ist es, der Trennung Struktur zu geben, um möglichst wenig verletzend für das Kind zu sein. Um zu erfahren, dass Trennungen kein Verlassenwerden bedeuten, braucht es gleitende Übergänge und gezielte Möglichkeiten des Kennenlernens neuer Bezugspersonen und Verabschiedung der bisher vertrauten Personen. Plötzliche Trennungen von der bisherigen Bezugsperson sind – vor allem je jünger das Kind ist – möglichst zu vermeiden. Bei plötzlichen Krisensituationen, bei einer Gefährdung des Kindes und daraus erfolgender Inobhutnahmen durch das Jugendamt ist dies jedoch oft nicht zu umgehen. Aber auch dann sollte versucht werden, ein Minimum an gleitendem Übergang zu ermöglichen. Die Vorgehensweise im Einzelfall ist natürlich in hohem Maße vom Alter des Kindes, den speziellen Umständen und Möglichkeiten aller Beteiligten abhängig.

Wenn es möglich ist, sollte das Kind zusammen mit seiner bisherigen Bezugsperson die neue Situation kennenlernen und die Heimgruppe einige Male besuchen. Das Kind lernt aus dem Verhalten der vertrauten Person, wie es diese neue Situation einschätzen soll. Deshalb wird es dem Kind erleichtert, neue Beziehungen herstellen, wenn es erlebt, dass die bisherige Bezugsperson freundlich und ohne negative Gefühle (Ärger, Angst) auf die ErzieherInnen zugeht. Weiterhin wird dem Kind die neue Situation erleichtert, und es wird ihm ein Gefühl von Kontrolle vermittelt, wenn es sich aus seinem bisherigen Kontext (Krippe, Kindergarten, etc.) verabschieden kann. Das Kind braucht die Gewissheit, dass es Abschiedsschmerz und Trauer äußern darf und mit seinen Gefühlen ernst genommen und von seinen neuen Betreuungspersonen nicht allein gelassen wird. Die Besuchskontakte der Eltern sind zuverlässig zu organisieren. Diese Grundsätze gelten auch bei kurzfristigen Inobhutnahmen.

Frau A., eine Mitarbeiterin des örtlichen Jugendamtes fragt um einen Platz für das vierjährige Mädchen Katharina M. an. Da grundsätzlich die Möglichkeit einer Aufnahme besteht, wird vereinbart, dass Frau A. zusammen mit Katharina und ihrer Mutter, Frau M., die Einrichtung besucht. Zum vereinbarten Termin werden sie von Frau R., der Erziehungsleiterin, und Frau K., einer Erzieherin der Gruppe und möglicherweise späteren Bezugserzieherin für Katharina, erwartet. Bei Kaffee und Kuchen berichtet Frau M. über ihre momentane problematische Situation, über ihre Entscheidung, Hilfe annehmen zu wollen und Katharina vorübergehend im Heim unterbringen zu wollen, aber auch über ihre Ängste und Befürchtungen, die sie damit verbindet. Sie wird in ihrer Schilderung von Frau A. unterstützt. Katharina sitzt in der Spielecke, hört manchmal zu und malt. Im Verlaufe des Gesprächs setzt sich Frau K. zu Katharina, spricht mit ihr und beide malen zusammen ein Bild. Katharina schaut auch dabei immer wieder zu ihrer Mutter. Gegen Ende des Gesprächs kommen zwei etwa gleichaltrige Mädchen, die in dieser Gruppe leben, ins Zimmer und setzen sich zu Frau K. auf den Schoß. Katharina und ihre Mutter vereinbaren einen neuen Besuchstermin; bis dahin will sich Frau M. auch endgültig für oder gegen die Aufnahme entschieden haben.

Nach zwei weiteren gemeinsamen Besuchen wird der genaue Aufnahmetermin festgelegt; Katharina bringt erstes Spielzeug und Kleidung mit und bezieht ihr Zimmer, in dem sie mit zwei weiteren Mädchen schlafen wird. Am Tag der Aufnahme kommt Katharina am frühen Nachmittag mit ihren Lieblingstieren und mehreren Fotos von ihr und der Mama. Nach einiger Zeit verabschiedet sich Frau M. Es werden weitere Besuche und Telefonkontakte vereinbart. Kathari-

na ist traurig und weint; auch Frau M. fällt der Abschied schwer. Nachdem die Mutter gegangen ist, kommt Katharina zu Frau K. auf den Schoß und sucht Trost. Frau K., die mittlerweile von Katharina mit dem Vornamen Jutta angeredet wird, war bei allen diesen Besuchen dabei und ist auch am Aufnahmetag und in Katharinas ersten Nacht im Heim anwesend.

Frau H., Mutter des kleinen einjährigen Max, ist schwer alkoholabhängig. Als Frau H. zum wiederholten Mal von Frau Z., die als Sozialpädagogische Familienhilfe Frau H. unterstützt, in volltrunkenem Zustand in ihrer Wohnung angetroffen wird, bringt diese Max in der Inobhutnahmegruppe des Kinderheims unter. Sie bleibt einige Zeit, badet und füttert Max zusammen mit Frau L., die an diesem Tag Dienst hat. Nachdem Max vor Erschöpfung eingeschlafen ist, verabschiedet sich Frau Z.

Die schwierige Aufgabe des/der BezugserzieherIn im Heim

In der Zeit des Heimaufenthalts bildet die jeweilige Gruppe den Mittelpunkt des kindlichen Lebens und Erlebens. In ihr müssen die notwendigen kinderfreundlichen Merkmale wie Individualität, Intimität und Überschaubarkeit des Lebensraums sowie Kontinuität der Bezugspersonen und emotionale Zuwendung gewährleistet sein.

Für die Entwicklung einer sicheren Bindung bedeutet dies, dass eine Qualität der Betreuung realisiert werden muss, in der die Betreuungspersonen für das Kind physisch und psychologisch erreichbar und verfügbar sind und feinfühlig (die Bedürfnisse und Signale des Kindes wahrnehmen, diese richtig interpretieren und prompt und angemessen, vorhersagbar reagieren) auf das Kind eingehen. Eine feinfühlige Bezugsperson befriedigt die Bedürfnisse des Kindes nach Nähe, ist zärtlich und schmust mit ihm. Feinfühlig zu handeln heißt auch, das Kind nicht überzubehüten, sondern ihm auch Freiräume zu geben, damit es seine eigenen Fähigkeiten erproben kann und Zutrauen zu diesen gewinnt. Zu allen Zeiten ist eine positive Wertschätzung, Anerkennung als Individuum und individuelle Förderung notwendig (Ainsworth, Blehar, Waters & Wall 1978; Grossmann, Grossmann, Spangler, Suess & Unzner 1985).

Wenn das Kind nach einer Eingewöhnungszeit deutlich beginnt, zwischen vertrauten und unvertrauten Personen zu unterscheiden und insbesondere eine der vertrauten Personen vor den anderen zu bevorzugen, d. h. erste Anzeichen einer sich neu entwickelnden Bindung zeigt, ist es notwendig, dass eine Person als besondere Bezugsperson (BezugserzieherIn) zur Verfügung steht. Nach Möglichkeit sollte diese bei gegenseitiger Zuneigung entsprechend den kindlichen Vorlieben gewählt werden. Es müssen jedoch einige Voraussetzungen erfüllt sein: So sollte die zukünftige Bezugsperson die persönliche und fachliche Kompetenz besitzen, das jeweilige Kind in seiner besondere Problematik sehen und annehmen zu können, gleichzeitig aber auch die professionelle Distanz aufbringen zu können, um gut durchdacht dem Kind korrigierende Erfahrungen zu ermöglichen. Vor allem junge ErzieherInnen, die sich selbst gerade von ihrer Herkunftsfamilie ablösen und vielleicht unerfüllte Bindungswünsche hegen, brauchen dabei intensive Unterstützung. Darüber hinaus braucht diese Person freie Kapazitäten (nicht ausgefüllt durch andere Funktionen, weitere Bezugskinder). Um die zeitliche Verfügbarkeit des/r BezugserzieherIn für das Kind zu maximieren, sollte der Beschäftigungsumfang möglichst Vollzeit betragen und die geplante Beschäftigungsdauer der Mitarbeiterin länger sein als die voraussichtliche Verweildauer des Kindes.

Die Aufgabe der/s BezugserzieherIn ist es zunächst, ein Beziehungsangebot zu schaffen. Die Kinder erlebten in der Regel bisher Bezugspersonen als bedrohlich, angstauslösend, überwältigend und nicht als schützend und übertragen diese Erfahrungen erst einmal auf alle Erwachsenen. In einem therapeutischen Milieu brauchen die Kinder korrigierende Erfahrungen (unterstützt durch therapeutische Angebote, z. B. Spieltherapie), um ihre traumatischen Erfahrungen aufarbeiten zu können und so wieder Vertrauen in Erwachsene zu finden und bereit zu werden, neue Beziehungen einzugehen. Hat das Kind dann aufgrund feinfühliger Zuwendung Vertrauen gefasst, wird es die Grenzen austesten und seine Autonomiewünsche äußern. Dabei werden auch, je nach vorherigen therapeutischen Interventionen, der alte Bindungsärger, die traumatischen Erfahrungen und die damit verbundenen Gefühle erneut zum Vorschein kommen.

Im Alltag des Heims ist die Bezugsperson der emotionale Hauptansprechpartner des Kindes. Sie beachtet in besonderer Weise die emotionale Befindlichkeit des Kindes und geht entsprechend darauf ein. Sie ist vor allem zuständig für die Begleitung in allen emotionsbesetzten Situationen (trösten, füttern, wickeln etc. im Gruppenalltag; Krankenhaus- und Arztbesuche etc. außerhalb des Gruppenrahmens). Die Bezugsperson gibt dem Bezugskind Orientierung (social referencing), damit es verstärkt Selbstvertrauen und Sicherheit für das eigene Handeln gewinnt. Auf Grund dieser positiven Erfahrungen in bindungsrelevanten Situationen bildet das Kind Modelle bezüglich der Verfügbarkeit der Bindungsperson und der Einschätzung des Selbst; es hat vielleicht zum ersten

Mal die Möglichkeit, Vorstellungen von sich als liebenswerte und wertvolle Person zu entwickeln.

Weiterhin gehört es zu den Aufgaben einer Bezugsperson das Bezugskind in Einzelsituationen zu fördern. Sie stellt die »sichere Basis« für die Erkundung der kindlichen Umwelt dar und fördert so auf besondere Weise die Entwicklung des Kindes. Sie nimmt das Kind auch mit in ihr privates Leben und nimmt es z. B. zum Einkaufen und zur Bank mit und vermittelt dadurch einen Lebensweltbezug, der sonst im Heimgruppenalltag nur mit großem Aufwand zu erzielen ist.

Die Bezugsperson hat besondere Aufgaben für das Bezugskind, darf jedoch nicht vergessen, dass sie während der Dienstzeit die Verantwortung für alle Kinder der Wohngruppe trägt, d. h. andere Kinder dürfen dadurch nicht benachteiligt oder vernachlässigt werden. Im Gegenzug darf bei Urlaub oder sonstiger Abwesenheit der Bezugsperson dem Bezugskind keine Benachteiligung entstehen. Aus kindlicher Sicht ist es notwendig, dass die weiteren GruppenerzieherInnen als Nebenbezugspersonen zur Verfügung stehen.

Aufgrund der besonderen Beziehung begleitet die Bezugsperson auch die Verabschiedung des Kindes aus dem Heim, sei es die Rückführung in die Herkunftsfamilie oder in eine aufbauende Jugendhilfemaßnahme (Pflege- oder Adoptivfamilie, stationäre Wohnformen). Die Anbahnung stellt einen schwierigen und oft sehr schmerzhaften Aspekt der Rolle einer Bezugsperson dar. Hier ist ein allmähliches Zurücknehmen der Interaktionsintensität nötig, um das Ablösen und Neueingewöhnen des Kindes nicht zu behindern. Es ist von allen Seiten sorgfältig zu überlegen, ob die Bezugsperson sich vollständig verabschiedet oder über längeren Zeitraum als »Patentante« oder »Patenonkel« weiterhin für das Kind verfügbar ist.

Nur durch intensive Fortbildung der MitarbeiterInnen über die theoretischen Grundlagen der Bindungstheorie und durch konkrete Unterstützung bei fachlichen oder persönlichen Problemen kann ein Konzept »Bezugsperson« zu einem in einer Einrichtung gelebtem Konzept werden. Die/der BezugserzieherIn muss dabei immer bewusst sein, dass er/sie einerseits nicht in Konkurrenz zur (meist vorhandenen) leiblichen Mutter tritt und andererseits nur für begrenzte Zeit als Bezugsperson zur Verfügung zu stehen hat und das Kind wieder loslassen muss.

Trotzdem bleibt immer wieder die Frage, »was hat meine Arbeit, mein Engagement bewirkt?«. Die Arbeit der Bezugsperson hilft mit, durch den Aufbau und die Stabilisierung eines positiven inneren Arbeitsmodells die kindlichen Schutzfaktoren zu stärken. Anschaulich wird dies im Vergleich mit Ozonschicht und

Hautkrebsrisiko: Die Bezugsperson hat keinen Einfluss darauf, welchen widrigen Lebensumständen ein Kind nach der Entlassung aus dem Heim ausgesetzt ist; sie kann durch ihr Modell als zuverlässige Vertrauensperson »die Seele des Kindes mit einem Sonnenschutzmittel mit hohem Lichtschutzfaktor eincremen, so dass es auch bei intensiver und lang andauernder Sonneneinstrahlung (Risikofaktor) besser vor dem Krebs (psychische Auffälligkeiten) geschützt ist als ohne Sonnencreme (Beziehungserfahrung der Bezugsperson)«. Dadurch erhöht sich die Wahrscheinlichkeit, dass auch später eventuell notwendige (Jugend-)Hilfeangebote angenommen und genutzt werden können.

Nach der Eingewöhnungszeit sind sich Katharina und Jutta (Frau K.) sehr zugetan. Frau K. hat ihr letztes Bezugskind vor einigen Wochen in eine Pflegefamilie begleitet, so dass sie kein weiteres Bezugskind hat. Sie kann sich auch vorstellen, Zugang zu Frau M. zu finden und mit ihr ohne Konkurrenz zum Wohle Katharinas zusammenzuarbeiten. Deshalb wird im Teamgespräch Frau K. zur Bezugserzieherin bestimmt.

Frau K. intensiviert in den folgenden Wochen den Kontakt zu Katharina, nimmt sie mit zum Einkaufen, geht mit ihr ins Schwimmbad etc. Anfangs weint Katharina manchmal, wenn Frau K. nach Hause geht; sie erlebt jedoch, dass Frau K. immer zuverlässig zu den versprochenen Zeiten wieder kommt (eine Erfahrung, die sie bei ihrer Mutter nicht gemacht hatte). Dies stärkt ihr Vertrauen in Frau K. Obwohl deutlich wird, dass Katharina zu allen ErzieherInnen der Wohngruppe Vertrauen hat, fragt sie jedoch nach »ihrer Jutta« und freut sich, wenn Frau K. zum Dienst kommt, vor allem wenn sie Nachtbereitschaft hat, denn dann darf Katharina morgens zum Kuscheln noch zu ihr ins Bett kommen. Katharina sieht immer wieder auf den Gruppendienstplan, der mit Fotos anschaulich und für alle Kinder einsehbar an der Badezimmertür hängt. Sie lernt schnell, wann Jutta (2 x schlafen) wieder anwesend ist. Nach einem längeren Urlaub von Frau K. testet Katharina deutlich die Tragfähigkeit der Beziehung aus.

Als Katharina krank ist, will sie, dass Frau K. bei ihr schläft; dies kann dann durch Tauschen der Dienste auch durchgeführt werden. Während eines kurzen Krankenhausaufenthalts besucht Frau K. Katharina täglich; es kann jedoch erreicht werden, dass ihre Mutter mit im Krankenhaus bleiben kann.

Nachdem im Hilfeplan der genaue Zeitpunkt der Rückführung festgeschrieben ist, wird die Rolle der Mutter weiter gestärkt, Frau K. zieht sich langsam zurück, ohne jedoch zu vergessen, gemachte Versprechen, wie einen gemeinsamen Badeausflug, einzulösen. Katharina, ihre Mutter und ihre Bezugserziehe-

rin Jutta bereiten gemeinsam das Abschiedsfest vor. Mit vielen Geschenken, darunter ihr Fotoalbum, wird Katharina nach zwei Jahren entlassen.

Einige Tage nach der Unterbringung von Max meldet sich Frau H., um ihr Kind zu besuchen. Obwohl sie durch die Inobhutnahme aufgerüttelt ist und sehr motiviert erscheint, schnellstens eine stationäre Therapie zu beginnen, wird in den folgenden Wochen deutlich, dass dies doch ein langer und beschwerlicher Weg für sie werden wird. Frau S. kann sich vorstellen, Bezugserzieherin zu werden. Sie füttert, badet und wickelt Max, wann immer sie im Dienst ist; sie lässt sich dafür immer besonders viel Zeit, da sie weiß, dass dies Situationen sind, bei denen sie gut Kontakt zu Max aufbauen kann. Zu Beginn versucht Max ihr immer zu folgen, wenn sie den Raum verlässt, und weint, wenn dies nicht möglich ist. Nach und nach lernt er dies zu akzeptieren. Dass dies jedoch kein Zeichen von Resignation, sondern Ausdruck zunehmender Sicherheit ist, wird deutlich, als er beginnt, Frau S. freudig zu begrüßen, wenn sie wieder kommt.

Als Frau H. die Therapie abbricht, kann sie sich entschließen, Max in eine Pflegefamilie zu geben. Max zukünftige Pflegeeltern lernen ihn bei einem Besuch in der Gruppe auf dem Arm von Frau S. kennen. Mit Unterstützung durch Frau S. können die Pflegeeltern über mehrere Besuche im Heim, bei denen sich Frau S. immer mehr zurückzieht, schnell Anfänge einer Beziehung aufbauen, so dass Max nach einigen Wochen umziehen kann.

Bedürfnisse und Nöte der Herkunftseltern

Bei der Unterbringung eines kleinen Kindes im Heim ist darauf zu achten, dass nicht nur das Kind, sondern auch die Eltern Hilfe benötigen. Besonders wichtig ist ihre Bereitschaft, das Kind in eine neue Beziehung gehen zu lassen und damit einen Teil ihrer Elternverantwortung an andere Personen zu übertragen. Sie brauchen Unterstützung, damit sie sich dennoch als gute Eltern verstehen können, die bereit sind, eine positive Entwicklung des Kindes zu unterstützen, auch und obwohl sie diese allein nicht mehr gewährleisten können.

Nach der Gestaltung der ersten Trennung ist es ebenso wichtig, beim ersten Kontakt nach der Trennung die Eltern auf die Reaktion des Kindes vorzubereiten. Eltern erwarten in der Regel, dass das Kind sie sehr vermisst hat und deshalb sofort freudestrahlend auf sie zuläuft. Die Kinder sind jedoch durch die vorangegangene Trennung verletzt, weinen beim ersten Kontakt, sind scheu und wenden sich ab oder zeigen ihren Ärger. Die Eltern müssen erst wieder das

Vertrauen des Kindes erwerben. Diese Vorbereitung legt oft den Grundstein für eine weitere vertrauensvolle Zusammenarbeit.

Eltern brauchen oft direkte Hilfen und Unterweisung, wie sie mit dem Kind umgehen sollen; oft sind sie nicht in der Lage, die Signale des Kindes wahrzunehmen oder richtig zu interpretieren. Hier erweisen sich videogestützte Interaktiontrainings als sehr hilfreich.

Im Kleinkindbereich ist es meist notwendig, wenn – im Gegensatz zur Arbeit mit Familien mit älteren Kindern oder Jugendlichen – die Bezugsperson des Kindes nicht die Elternarbeit macht. Die Eltern erleben die Bezugsperson häufig als massive Konkurrenz, die den »besseren Elternteil« darstellt, die die Liebe des Kindes, die eigentlich ihnen gehört, auf sich zieht, und verweigern dann jede konstruktive Zusammenarbeit; auch für die Bezugsperson ist es sehr belastend. Deshalb ist es meist förderlicher, wenn die direkte Elternarbeit von einer Person gemacht wird, die – auch nicht vermeintlich – in die Konkurrenz um die Liebe des Kindes involviert ist. Es ist wichtig, den Eltern zu verdeutlichen, dass sie immer die Eltern des Kindes bleiben, dass ein Kind mehrere Bezugspersonen haben kann, und dass man ihnen helfen will, in der internen Hierarchie des Kindes wieder die oberste Stelle einzunehmen. Aufgabe des/r BezugserzieherIn ist es, in der Hierarchie des Kindes für die Zeit der Unterbringung einen wichtigen Platz einzunehmen und eventuell die Eltern zu vertreten. Es ist und darf niemals Motivation der Bezugsperson sein, die Eltern zu verdrängen.

Fremdunterbringungen werden auch in Zukunft nicht zu vermeiden sein und ein wichtiges Instrument der Erziehungshilfe bilden. Ein richtig angewandtes Konzept »BezugserzieherIn« kann dazu beitragen, dass die Zeit der Fremdunterbringung als Hilfe für die gesamte Familie genutzt werden kann.

Literatur:

Ainsworth, M. D. S., Blehar, M. C., Waters, E., Wall, S. (1978): Patterns of attachment. Assassed in the strange situation and at home. Hillsdale, N.J. (Erlbaum).
Beißwanger, T. (1998): Elternarbeit in der Heimerziehung. Unveröffentlichte Diplomarbeit, Berufsakademie Heidenheim.
Blüml, H. (1994): Das »Nürnberger Modell« der Bereitschaftspflege. München (DJI).
Blüml, H (1997): Modellprojekt «Bereitschaftspflege des Stadtjugendamtes München. München (DJI).
Bowlby, J. (1973): Attachment and loss. Vol. 2: Seperation. Anxiety and anger. New York (Basic Books).

Bundesministerium für Familie, Senioren, Frauen und Jugend (Hg.) (1998): Leistungen und Grenzen von Heimerziehung. Stuttgart (Kohlhammer).

Grossmann, K., Grossmann, K.E., Spangler, G., Suess, G., Unzner, L. (1985): Maternal sensitivity and newborns' orientation responses as related to quality of attachment in Nothern Germany. In: Bretherton, I., Waters, E. (Hg.): Growing points of attachment theory and research. Monographs of the Society for Research in Child Development, Vol. 50, Serial No. 209, S. 233–278.

Heinicke, C. M, Westheimer, I. (1966): Brief separations. London (Longmans).

Robertson, J., Robertson, J. (1971): Young children in brief separation. A fresh look. In: The Psychoanalytic Study of the Child, 26, S. 264–315.

Scheuerer-Englisch, H., Unzner, L. (1997a): Heimerziehung und Elternbindung (I): Zur Bedeutung der Bindungsmöglichkeiten und ihre Störungen. In: Jugendwohl. Zeitschrift für Kinder- und Jugendhilfe, 78, S. 424–433.

Scheuerer-Englisch, H., Unzner, L. (1997b): Heimerziehung und Elternbindung (II): Konsequenzen für die Gestaltung von Fremdunterbringungen. In: Jugendwohl. Zeitschrift für Kinder- und Jugendhilfe, 78, S. 474–485.

Spangler, G., Zimmermann, P. (1999): Bindung und Anpassung im Lebenslauf. Erklärungsansätze und empirische Grundlagen für Entwicklungsprognosen. In: Oerter, R., Hagen, C. v., Röper, G., Noam, G. (Hg.): Klinische Entwicklungspsychologie Weinheim. (PsychologieVerlagsUnion), S. 170–194.

Textor, M. R. (1995): Forschungsergebnisse zur Familienpflege. In: Textor, M. R., Warndorf, P. K. (Hg.): Familienpflege. Forschung, Vermittlung, Beratung. Freiburg (Lambertus), S. 43–66.

Unzner, L. (1995): Der Beitrag von Bindungstheorie und Bindungsforschung zur Heimerziehung kleiner Kinder. In: Spangler, G., Zimmermann, P. (Hg.): Die Bindungstheorie. Grundlagen, Forschung und Anwendung. Stuttgart (Klett-Cotta), S. 335–360.

Unzner, L. (1999): Bindungstheorie und Fremdunterbringung. In: Suess, G. J., Pfeifer, W.-K. P. (Hg.): Frühe Hilfen. Die Anwendung von Bindungs- und Kleinkindforschung in Erziehung, Beratung, Therapie und Vorbeugung. Gießen (Psychsozial-Verlag), S. 268–288.

Verband katholischer Einrichtungen der Heim- und Heilpädagogik (1994): Kleine Kinder im Heim. Beiträge zur Erziehungshilfe, Bd. 9. Freiburg (Lambertus).

Werner, E. E., Smith, R. S. (1982): Vulnerable but invincible. A longitudinal study of reselient children and youth. New York (McGraw Hill).

Autorenverzeichnis

Bost, Kelly K., Ph. D,
Assistant Professor of Human Development and Family Studies
University of Illinois at Urbana-Champaign
Department of Human and Community Development
Child Development Laboratory
1105 West Nevada Street
Urbana, IL 61801, USA
Frau Bost ist nun seit 5 Jahren Professor an der Universität von Illinois und erforscht, wie Kinder kompetente soziale Beziehungen entwickeln und aufrechterhalten. Ihr spezielles Interesse gilt den Auswirkungen von Eltern-Kind-Interaktionen auf die Gleichaltrigen-Kompetenz und die enstehenden sozialen Unterstützungsnetze von Kindern. Sie lehrt »Entwicklung über die Lebenspanne«, familiäre Interaktion und Forschungsmethoden. Sie hat auch ein umfassendes Training in Methoden der Bindungsforschung erhalten.

Bretherton, Inge, Ph. D,
Rothermel Bascom Professor of Human Ecology
Department of Child and Family Studies
1430 Linden Drive
University of Wisconsin-Madison
Madison, WI 53706, USA
Professor Bretherton gehört mit zu den Pionieren der Bindungsforschung. Sie promovierte bei M. Ainsworth und hat in zahlreichen Veröffentlichungen (z.B. *Growing Points of Attachment Theory and Research*) konzeptionelle Beiträge geliefert, die ihr einen zentralen Platz in der Bindungsforschung verschafften. Ihre Arbeiten zu den »inneren Arbeitsmodellen« zeichnen sich durch eine Beachtung des psychoanalytischen Erbes, der Einbeziehung der modernen Gedächtnispsychologie sowie sozialpsychologischer Aspekte aus und haben schließlich zur Entwicklung der »ASCT«-Methode zur Erfassung der Bindungsqualität im Kindergartenalter geführt.

Downing, George, Ph. D
 c/o Dumas
 Villa Yvonne
 60, rue Avaulee
 92240 Malakoff , Frankreich
Professor George Downing arbeitet in einem kinderpsychiatrischen Therapie- und Forschungsteam mit Kleinkindern (0-3) am Salpetriere Krankenhaus, Paris, und ist Gast-Professor für klinische Psychologie an der Universität Klagenfurt in Österreich. Er ist Autor von *Körper und Wort in der Psychotherapie* (Kösel Verlag) und bietet häufig Fort- und Weiterbildungskurse zur Eltern-Kleinkind-Psychotherapie in Deutschland an.

Grossmann, Klaus E., Ph. D, Dipl-Psych.
Professor am Institut für Psychologie
Lehrstuhl für Entwicklungspsychologie und Päd. Psychologie
Universität Regensburg
D-93040 Regensburg
Professor Grossmann ist habilitierter Verhaltensbiologe und Diplom-Psychologe. Er begann 1973 zusammen mit Dr. Karin Grossmann mit der aktiven Bin-dungsforschung, begründete sie damit in Deutschland und trägt mit drei Längsschnittstudien über den Zeitraum von mittlerweile 22 Jahren wesentlich zur internationalen Entwicklung der Bindungsforschung bei. Er lehrt Entwicklungspsychologie und Pädagogische Psychologie an der Universität Regensburg

Hartmann, Hans-Peter, Dr. med. Dipl.-Psych
Ärztlicher Direktor der Klinik für Psychiatrie und Psychotherapie
des Zentrums für Soziale Psychiatrie Bergstraße
Ludwigstraße 54
D-64646 Heppenheim,
Interessengebiete und Veröffentlichungen zur Psychodynamik des Suizids, Mutter-Kind-Behandlung in der Psychiatrie, narzißtische und Borderline-Persönlichkeitsstörungen, Säuglingsforschung und psychoanalytischen Selbstpsychologie.

Hazen, Nancy, Ph. D.
Associate Professor.
Human Development and Family Sciences
University of Texas
115 Gearing Hall
Austin, Texas 78712, USA
Professor Hazan hat 1979 am Instute of Child Development in Minneapolis promoviert und ist seitdem Professorin in Austin. Sie hat zahlreiche Zeitschriftenartikel und Buchkapitel zu den Ursprüngen elterlichen Verhaltens und ihrer Auswirkungen die Gleichaltrigenbeziehungen von Kindern veröffentlicht

Golby, Barbara MSW (Masters of Social Work)
12 Perigee Drive
Stony Brook, NY 11790, USA
Frau Golby studierte bei Inge Bretherton an der University of Wisconsin und schrieb ihre Magisterarbeit über »Erziehungsstile« (authoritative, authoritarian etc.) und Bindung. Sie ist Ko-Autorin eines Manuals für die Kodierung des ASCT (Bindungsgeschichtenergänzungsaufgabe). Sie arbeitet als Sozialarbeiterin in New York.

Heller, Carrol, M. S.
Doctoral Candidate
Department of Psychology
University of Memphis
21 Belair
Memphis, TN 38104, USA
Carrol Heller steht kurz vor Erreichung ihres Doktorgrades in Entwicklungspsychologie an der University of Memphis. Sie wurde von Mary Main in der Durchführung des AAI und von Inge Bretherton und Brian Vaughn in anderen Bindungs-Methoden trainiert.

Jacobvitz, Deborah, Ph. D.
Associate Professor
Human Development and Family Sciences
University of Texas
115 Gearing Hall
Austin, Texas 78712, USA
Professor Jacobvitz promovierte bei Alan Sroufe in Minneapolis und ist von Mary Main lizensierte AAI-Trainerin. Sie hat Zeitschriftenartikel und Buchkapitel zu den generationsübergreifenden Ursprüngen und Auswirkungen elterlichen Verhaltens auf kleine Kinder veröffentlicht.

Krappmann, Lothar, Dr. phil., Prof.
Max-Planck-Institut für Bildungsforschung
Lentzeallee 94; D-14195 Berlin
Poressor Krappmann ist Forschungsgruppenleiter am Forschungsbereich Adaptives Verhalten und Kognition und Honorar-Professor für Soziologie der Erziehung an der Freien Universität Berlin. Er ist Autor mehrerer Bücher (u.a. Soziologische Dimensionen der Identität und Alltag der Schulkinder zus. mit Oswald) und zahlreicher Übersichtsartikel und Forschungsberichte, die ihn als Experten der Sozialwelt der gleichaltrigen Kinder im deutschsprachigen Raum mit internationaler Anerkennung ausweisen. Er war Vorsitzender der Sachverständigenkommission des 10. Kinder- und Jugendberichts *Die Lebenssituation von Kindern und die Leistungen der Kinderhilfen in Deutschland*.

Marvin, Robert S. Ph. D.
Director, Child-Parent Attachment Clinic
Department of Psychiatric Medicine
University of Virginia Health System
Box 800623
Charlottesville, VA 22906, USA
Professor Marvin war einer der ersten Sudenten von Mary Ainsworth und ist Entwicklungs- und Klinischer Psychologe, der Bindungsforschung bei Hochrisiko-Gruppen und Gruppen mit niedrigem Risiko betreibt. Seine Klinik hat sich auf die Evaluation und Intervention bei Familien spezialisiert, deren Kinder in der Gefahr sind, problematische Bindungen zu entwickeln. Gleichzeitig ausgebildet in Struktureller Familientherapie, hat er familienorientierte Interventionen bei einer Reihe von pädiatrisch-medizinischen Problemen entwickelt. Aktuell arbeitetet er

mit einem Team von Therapeuten an der Feld-Erprobung einer video-gestützten Interventions-Standard bei Eltern von Kindern in Head Start-Programmen.

David Oppenheim, Ph. D.
Associate Professor
Center for the Study of Child Development
University of Haifa
Haifa, 31905, Israel
Professor Oppenheim ist Ko-Autor der MacArthur Story Stem Battery und Autor mehrerer Studien, die diese validiert haben. Er ist auch Autor eines einflußreichen »review«-Artikels über Geschichten-ergänzungsverfahren und vergleichbare Verfahren zur Erfassung von Bindungsmustern auf der repräsentationalen Ebene.

Pfeifer, Walter-Karl P., Diplom-Psychologe,
Bundeskonferenz für Erziehungsberatung (bke)
Herrnstr. 53,
D-90765 Fürth
Seit 1973 Leiter der Abteilung Wissenschaft und Weiterbildung der Bundeskonferenz für Erziehungsberatung, Zusammen mit G. Suess Herausgeber des Buches *Frühe Hilfen*.

Scheuerer-Englisch, Hermann, Dr. phil., Dipl.-Psych.,
Leiter der Erziehungs-, Jugend- und Familienberatungsstelle der Katholischen Jugendfürsorge der Diözese Regensburg e.V.,
Weißenburgstr. 17
D - 93055 Regensburg
Psychologischer Psychotherapeut, Familientherapeut und Erziehungsberater; Lehrauftrag an der Universität Regensburg; Schwerpunkte in Theorie und Praxis zu angewandter Bindungstheorie, Scheidungsbegleitung, Erziehungsberatung und Jugendhilfe, Familientherapie und Fremdunterbringung in Heim und Pflegefamilien

Schieche, Michael, Dr. phil. Dipl. Psych., Familientherapeut
Psychologe an der Münchner Sprechstunde für Schreibabys
(Leitung: Mechthild Papousek) im Kinderzentrum München
Heiglhofstraße 63
D-91377 München
Schwerpunkte in Säuglingsforschung, Eltern-Kind Säuglingstherapie, Psychodynamik von Familien mit sogenannten schwierigen Babys, kurzzeit- und lösungsorientierte Familientherapie sowie Veröffentlichungen zum exzessiven Schreien und Bindungsforschung, vor allem in Verbindung mit psychobiologischen und physiologischen Parametern.

Spangler, Gottfried, Prof. Dr., Dipl-Psych.
Professor für Entwicklungspsychologie an der Justus-Liebig-Universität Giessen, Fachbereich 06 Psychologie und Sportwissenschaft,
Otto-Behaghelstr. 10 F
D-35394 Giessen
Professor Spanglers Forschungsschwerpunkte sind: Determinanten der Bindungsentwicklung; psychobiologische Grundlagen der Bindungsentwicklung; emotionale Regulation in Anforderungssituationen; Wahrnehmung kindlicher Emotionen bei Eltern. Er ist Herausgeber (gemeinsam mit Peter Zimmermann) des Buches *Die Bindungstheorie: Grundlagen, Forschung und Anwendung* und Autor zahlreicher Beiträge in Fachzeitschriften zur Bindungsforschung.

Suess, Gerhard J., Dr. phil., Dipl.-Psych.
Psychologischer Psychotherapeut und Familientherapeut
Leiter des Projektes Frühintervention Hamburg-Langenhorn
Holitzberg 139 a
D-22417 Hamburg
Dr. Suess begann 1978 mit Bindungsforschung bei Grossmann und war 1 Jahr Forschungsassistent bei Alan Sroufe in Minneapolis. Seit 1987 ist er in der Erziehungsberatung tätig; Schwerpunkte seiner Arbeit sind die Anwendung von Entwicklungspsychologie/Bindungstheorie in Beratung und Therapie, Kindertagesbetreuung, bei Trennung und Scheidung, sowie in der Frühintervention. Vorträge und Fortbildung zu diesen Themengebieten. Zusammen mit W.-K. Pfeifer Herausgeber des Buches *Frühe Hilfen*.

Thalhuber, Kimberly, M. A..
Doctoral student
Human Development and Family Sciences
University of Texas
115 Gearing Hall
Austin, Texas 78712, USA
Frau Thalhuber hat einen Master-Abschluß (vergleichbar unserem Diplom) und hat mehrere Artikel zu den generationsübergreifenden Ursprüngen von Kindesmißbrauch veröffentlicht.

Unzner, Lothar, Dr. rer.nat Dipl.-Psych.
Frühförderstelle Erding des BZ Steinhöring
Münchner Str. 1
85435 Erding
Begann 1978 mit aktiver Bindungsforschung bei Grossmann in Regensburg und war ingesamt über 8 Jahre Assistent an den Universitäten Marburg und Bochum. Nach über einem Jahrzehnt in der Leitung eines Säuglings- und Kleinkinderheimes leitet er nun die Frühförderstelle in Erding. Veröffentlichungen u.a. zur Bedeutung der Bindungstheorie für die Gestaltung der Fremdunterbringung (kleiner) Kinder. Lehrbeauftragter der Berufsakademie Heidenheim. Vorträge und Workshops zur Anwendung der Bindungsheorie.

Vaughn, Brian E., Ph. D,
Human Sciences Professor of Human Development
Auburn University
203 Spidle Hall
Auburn, AL 36849-5604, USA
Professor Vaughn studierte zusammen mit E. Waters und D. Cicchetti in Minneapolis bei Alan Sroufe und erhielt sein Training zur Einstufung der Fremden Situation bereits 1976. Seit Mitte der 80iger Jahre führt er Trainingskurse durch. Er hat Zeitschriftenartikel und Buchkapitel zu Verhaltens- und emotionalen Korrelaten der Bindungssicherheit sowie der sozialen Kompetenz von Kindern und ihren Freundschaftsbeziehungen veröffentlicht und ist Ko-Autor der Monographie *New Growing Points of Attachment Theory* (SRCD, 1995).

Witte, Erich H., Porfessor Dr. phil, Dipl.Psych.
Leiter des Arbeitsbereiches Sozialpsychologie
(Social Economic,and Political Psychology (SEP))
Universität Hamburg
Von-Melle-Park 6
D-20146 Hamburg
Professor Witte forscht und lehrt neben anderen Gebieten seit mehr als 25 Jahren auf dem Gebiet der Paarbeziehungen und hat mehrere Bücher und Zeitschriftenartikel hierzu publiziert. Er ist u.a. Autor eines 1994 erschienenen Lehrbuchs der Sozialpsychologie und (zusammen mit Wallschlag) des 2000 erschienenen Buches *Die fünf Säulen der Liebe*.

Ziegenhain, Ute, Dr. phil.
Wissenschaftliche Assistentin
Klinik für Kinder- und Jugendneuropsychiatrie/Psychotherapie der
Universität Rostock
Gehlsheimer Straße 20 18147 Rostock
Frau Dr. Ziegenhain hat auf bindungstheoretischem Hintergund u.a. über Intervention bei jugendlichen Müttern bzw. über frühe Beziehungsförderung, außerfamiliale Tagesbetreuung und Bindung im Erwachsenenalter geforscht und publiziert. Hierzu bietet sie auch Vorträge, workshops und Trainingsseminare an.

Zimmermann, Peter, Prof. Dr., Dipl.-Psych.
Lehrstuhl für Entwicklungspsychologie und Pädagogische Psychologie
Universität Erlangen
Bismarckstr.6
91054 Erlangen
Prof. Zimmermann forscht und publiziert zu den Themen Stabilität und Veränderung der Bindungsorganisation von der frühen Kindheit bis zum Jugendalter, internale Arbeitsmodelle von Bindung, Auswirkungen von Bindungserfahrungen auf die weitere Persönlichkeitsentwicklung und seelische Gesundheit, auf die Gestaltung von Gleichaltrigen- und Liebesbeziehungen und auf die Regulation von Gefühlen im Umgang mit Anforderungen. Ausbildung in Gesprächstherapie.

Wolfgang E. Milch und Hans-Jürgen Wirth (Hg.)
Psychosomatik und Kleinkindforschung

2001 · ca. 220 Seiten
Broschur
DM 59,– · öS 431,–
SFr 53,50 · EUR 30,17
ISBN 3-89806-062-4

Pathogene Einflüsse der frühesten Lebenszeit, insbesondere der frühen Mutter-Kind-Beziehung, sind ein wesentlicher Faktor für das spätere Auftreten psychosomatischer Erkrankungen. Der averbale »Dialog« (Spitz) zwischen Mutter und Kind bildet die Grundlage für die weitere psychische Entwicklung, auf der sich u.a. die Objektbeziehungen, die Realitätsprüfung und die Möglichkeit einer befriedigenden narzisstischen Regulation aufbauen.
Die Säuglings- und Kleinkindforschung hat eine Fülle empirisch begründeter Ergebnisse geliefert, die eine mangelnde psychophysische Belastbarkeit im späteren Leben und eine Anfälligkeit für psychosomatische Symptome erklären können. Auf dem Hintergrund der älteren Arbeiten von René Spitz, Hans Müller-Braunschweig u. a. werden die wichtigsten neuen Ergebnisse aus der Säuglings- und Kleinkindforschung aufgenommen und in ihrer Relevanz für die Entstehung psychosomatischer Erkrankungen diskutiert.

P✻V
Psychosozial-Verlag

Gerhard J. Suess,
Walter-Karl P. Pfeifer (Hg.)
Frühe Hilfen
Die Anwendung
von Bindungs-
und Kleinkindforschung
in Erziehung, Beratung
und Therapie

1999 · 290 Seiten
Broschur
DM 68,– · öS 496,–
SFr 62 · EUR 34,77
ISBN 3-932133-88-9

Die Brauchbarkeit der Bindungstheorie als Anleitung zum helfenden Handeln wird dokumentiert. Schwerpunkt ist der Praxisbezug. Die Bandbreite der Beiträge reicht von einer neuen Sichtweise von Kindheit, Psychopathologie und Prävention über Therapie und Beratung bei Kindern, Eltern sowie Erwachsenen in unterschiedlichen Settings bis zur Fremdunterbringung von Kindern.

Die Autorinnen und Autoren des Bandes tragen damit zum Verständnis helfender und problemlösender Interventionen bei. Da sie alle auch als Praktiker tätig sind, stehen der Praxisbezug und die Wirkung helfenden Tuns im Vordergrund.

P V
Psychosozial-Verlag